EUSTACE MULLINS

DIE WELTORDNUNG

UNSERE GEHEIMEN HERRSCHER

Eine Studie über die Hegemonie des Parasitismus

ℰMNIA VERITAS®

EUSTACE CLARENCE MULLINS
(1923-2010)

DIE WELTORDNUNG
UNSERE GEHEIMEN HERRSCHER
*Eine Studie über die
Hegemonie des Parasitismus*

*The World Order – Our Secret Rulers
A study in the hegemony of parasitism
1985 & 1992*

Aus dem Amerikanischen übersetzt
von Omnia Veritas Ltd.

© Omnia Veritas Ltd - 2022

Herausgegeben von
OMNIA VERITAS LTD

www.omnia-veritas.com

Gewidmet den amerikanischen Patrioten
und ihrer Leidenschaft für die Freiheit

DANKSAGUNGEN

Ich möchte den Mitarbeitern der folgenden Institutionen für ihre unermüdliche Höflichkeit, Zusammenarbeit und Unterstützung bei der Vorbereitung dieser Arbeit danken:

DIE BIBLIOTHEK DES KONGRESSES, WASHINGTON, D.C.

NEWBERRY-BIBLIOTHEK, CHICAGO, KRANK.

ÖFFENTLICHE BIBLIOTHEK DER STADT NEW YORK,

BIBLIOTHEK DES STADTRATS VON NEW YORK,

BIBLIOTHEK DER UNIVERSITÄT VON VIRGINIA MCCORMICK,

WASHINGTON & LEE-UNIVERSITÄT

VORWORT

ls ihm von seinen Mitbürgern der Schierlingsbecher gereicht wurde, waren Sokrates' letzte Worte,

"Crito, ich schulde Äskulap einen Hahn; werden Sie daran denken, die Schuld zu bezahlen?"

Ein Gentleman ist für seine Verpflichtungen verantwortlich, und dieses Buch ist die Rückzahlung der Bemühungen dreier großer Männer, die mich als ihren Schützling wählten - Ezra Pound, die dominierende literarische Figur unserer Zeit; George Stimpson, der angesehenste Journalist in Washington (der Titel ist seit seinem Tod unbesetzt); und H. L. Hunt, dessen spektakulärer Geschäftserfolg die Öffentlichkeit für seine brillanten philosophischen Errungenschaften blind machte. Es war H.L. Hunt, der den Begriff "The Mistaken" für die selbstkorrumpierten Mitglieder der neuen Klasse erfand, die heute unsere Welt kontrollieren - er hätte hinzufügen können, dass man sie wegen ihres verzerrten und perversen Werteempfindens auch als "The Misshapen" bezeichnen könnte.

Das vorliegende Werk ist auch Ausdruck einer anderen griechischen Haltung - der Dankbarkeit für das Leben. Michael Lekakis hat mir dieses erstaunliche griechische Attribut vor etwa dreißig Jahren vorgestellt. Ich bezeichne es als "verblüffend", weil heute niemand mehr daran denkt, für das Leben dankbar zu sein. Wer kann sich "Dankbarkeit für das Leben" in einer Existenz ewiger und weltweiter Sklaverei vorstellen, die der Menschheit von den Günstlingen der Weltordnung aufgezwungen wird?

In *The Greek Way* sagt Edith Hamilton,

"Die Tragödie war eine griechische Schöpfung, weil in Griechenland das Denken frei war."

Wir haben heute keine Tragödie wegen der von der Weltordnung auferlegten Gedankenkontrolle. Stattdessen haben wir "Newspeak" und "Doublethink" in der Welt von *1984*. Ich hatte das Privileg, an einer Reihe von Gesprächen zwischen Edith Hamilton und Ezra Pound teilzunehmen, in denen das Gespräch ungehemmt und weitreichend war - Gedankenfreiheit in einer föderalen Institution, in der einer der Redner als politischer Gefangener festgehalten wurde! Pound beschreibt diese Gespräche in *The Cantos*,

„Und sie wollen wissen, worüber wir gesprochen haben? 'de litteris et de armis, praestanti busque ingeniis."

Nietzsche sprach auch von der „tragischen Lust", die nicht mehr existiert, weil die Weltordnung in ihrem Bestreben, die Kontrolle über jeden Aspekt unseres Lebens zu behalten, die Leidenschaft verboten hat. Als armseliger Ersatz gibt sie uns Drogen und Degeneration.

Es gibt viele Fakten in diesem Buch, die Sie, der Leser, nicht akzeptieren wollen. Ich bitte Sie, nichts zu akzeptieren, sondern Ihre eigenen Nachforschungen anzustellen. Sie werden vielleicht noch erstaunlichere wahre Tatsachen finden, als ich sie in fünfunddreißig Jahren intensiver und gründlicher Forschung herausfinden konnte.

Schließlich haben wir Edith Hamiltons Wiedergabe von Sokrates' bemerkenswertester Ermahnung,

„Stimmen Sie mir zu, wenn ich Ihnen die Wahrheit zu sagen scheine; oder, wenn nicht, widerstehen Sie mir mit aller Macht, dass ich Sie und mich selbst in meinem Begehren nicht täusche und wie die Biene meinen Stachel in Ihnen lasse, bevor ich sterbe. Und nun lassen Sie uns fortfahren."

Eustace Mullins,
1. November 1984

VORWORT ZUR ZWEITEN AUSGABE

D ie Suche nach den Namen und Adressen der geheimen Herrscher der Welt wurde zu einer mittelalterlichen Suche nach dem Heiligen Gral, der die Türen der Freiheit für die unterdrückten und verratenen Völker der Welt, insbesondere in meinem eigenen Land, öffnen sollte. Diese Günstlinge der Weltordnung fürchten die Entlarvung mehr als Waffengewalt oder ein Rechtssystem, das sie für ihre Verbrechen gegen die Menschlichkeit bestrafen würde. Ich entdeckte, dass die verborgenen Manipulatoren der Weltordnung ihre Macht durch eine sehr einfache Technik aufrechterhalten hatten, die ich mit einem Maskenball verglichen habe. Die Ballmaske ermöglicht es den Gnostikern, den Wissenden, ihre Freunde und Feinde zu identifizieren, weil sie allein wissen, wer welches Kostüm trägt. Es ist eine Maskerade, die ganz von der Verkleidung abhängt, d.h. von Dingen, die nicht das sind, was sie zu sein scheinen. H. T. Martineau schrieb 1833, in *Three Ages*, 1.1

„Eine Truppe von Herren, deren Land sich nicht aus ihrer Hautfarbe erahnen ließ, da jeder eine Maske trug."

Personen, deren Land sich nicht aus ihrer Hautfarbe ablesen lässt - Banditen trugen eine Maske, um ihre Opfer daran zu hindern, sie zu identifizieren. Den Banditen der Weltordnung ist es gelungen, durch die Technik der Bal-Maske, der Verkleidung, die es ihnen ermöglicht, ihr satanisches Werk fortzusetzen, ohne identifiziert und strafrechtlich verfolgt zu werden, die ganze Welt auszurauben.

Die Ballmaske ist das ideale Vehikel für dieses Programm, da die Weltordnung im Europa des neunzehnten Jahrhunderts ihre heutige Macht erlangte. Es war eine Binsenweisheit in der alten europäischen Aristokratie, dass „Bälle für diejenigen gegeben werden, die nicht eingeladen sind" . Die Gäste kommen aus Pflicht oder Karriere, um einen Abend in Gesellschaft langweiliger Personen zu verbringen, wenn sie viel lieber woanders wären. Die Belohnung dafür, Gast bei einem Ballmaskottchen zu sein, besteht darin, zu den Wissenden zu gehören, zu denen, die wissen, welches Maskottchen das Gesicht des Königs verbarg, welches Kostüm das des Großwesirs ist. Die anderen Gäste wussten nie, ob sie mit einem einfachen Kurier oder mit einer mächtigen Persönlichkeit sprachen. Die Massen, deren Gesichter an die Fenster des Ballsaals gepresst sind, kennen keinen der Zelebranten und werden es auch nie wissen. Das ist die Technik der Weltordnung, die sich in Geheimnisse hüllt, deren Hierarchie durch ihre Anonymität und ihre Masken geschützt wird, so dass diejenigen, die sich auflehnen, gegen die falschen Ziele vorgehen, unbedeutende Beamte, die entbehrlich sind.

Der Rekord der Weltordnung ist ein Rekord des Grauens, da die Geister der massakrierten Milliarden nach Vergeltung schreien. Ihr wahres Wesen wird von dem Meister des Makabren, Edgar Allan Poe, in *Die Maske des roten Todes* beschrieben,

> „Während die Pest im Ausland am wütendsten wütete, unterhielt der Prinz Prospero seine tausend Freunde auf einem Maskenball von ungewöhnlicher Pracht. Und nun wurde die Anwesenheit des Roten Todes anerkannt. Er war gekommen wie ein Dieb in der Nacht. Und einer nach dem anderen warf die Feiernden in die blutgetränkten Hallen ihres Festes und jeder starb in der verzweifelten Haltung seines Sturzes. Und die Finsternis und der Verfall und der Rote Tod hielten eine grenzenlose Herrschaft über alles."

Was Poe schildert, ist das, was tatsächlich mit der gegenwärtigen Welt unter den Diensten und Verschwörungen der Weltordnung geschieht - zunehmende Umweltverschmutzung, Krankheiten und Hungersnöte, die in weltweiter Verwüstung und dem Verschwinden unserer Spezies enden. Was ist die Alternative? Wir können überleben, indem wir dem Roten Tod die Maske vom Gesicht reißen und ihn in jene Hölle zurückschicken, aus der er gekommen ist. Gott schuf die Erde für die Lebenden, und wir sind mit unserem Angriff auf die Bruderschaft des Todes überfällig. Wir dürfen uns nicht in noch ausgeklügeltere „Kriege" um den Profit der Weltordnung verleiten lassen, noch können wir es uns leisten, uns weiterhin durch ihre Kontrolle über die Medien, den Bildungsprozess und unsere Regierungsinstitutionen in die Irre führen zu lassen.

KAPITEL 1

DIE „NEUE" WELTORDNUNG

Im Jahr 1985 veröffentlichte dieser Autor als Fortsetzung der Geschichte des Federal Reserve System[1] *die Weltordnung* als Kompendium mit zusätzlichen Informationen zu diesem Thema. Es kam mir nie in den Sinn, sie „Die neue Weltordnung" zu nennen, da meine Forschungen ihre Plünderungen seit etwa fünftausend Jahren zurückverfolgt hatten. Vielleicht als Antwort auf die Enthüllungen in diesem Band ging der Sprecher der Bruderschaft des Todes mit ihren Forderungen nach einer „Neuen Weltordnung" an die Öffentlichkeit, die im Wesentlichen die von Aldous Huxley in seinem bahnbrechenden Roman beschriebene Schöne Neue Welt war. Hinter allen Forderungen nach dieser neuen Ordnung standen die gleichen Imperative, wie sie von Professor Stanley Hoffman in *Primat oder Weltordnung* aufgeführt wurden,

> „Was geschehen muss, ist eine allmähliche Anpassung des sozialen, wirtschaftlichen und politischen Systems der Vereinigten Staaten an die Erfordernisse der Weltordnung."

Wie Professor Hoffmann hervorhebt, sind die Vereinigten Staaten das Hauptziel der Raketen der Neuen Weltordnung, weil sie, wenn auch pervertiert und verzerrt, immer noch die wesentliche Maschinerie für eine Republik darstellen, die die Freiheit ihrer Bürger gewährleistet. Die heutigen Ziele des Ordens wurden von Lord Castlereagh auf dem Wiener Kongress 1815 ins Leben gerufen, als er Europa an die siegreiche Geldmacht übergab, wie die Anwesenheit des Hauses Rothschild zeigt. Es handelte sich dabei um „das Gleichgewicht der Kräfte", das keineswegs ein Gleichgewicht der Kräfte war, sondern

---

[1] *The Secret of the Federal Reserve*, Omnia Veritas Ltd, www.omnia-veritas.com.

vielmehr ein weltweites Kontrollsystem, das nach Belieben der Verschwörer manipuliert werden sollte. Henry Kissinger hat dieses Programm für eine erneute Kontrolle eifrig wiederbelebt, wie er in einem Think-Stück für *Newsweek*, 28. Januar 1991, schrieb,

> „Wir stehen jetzt vor 'einem neuen Kräfteverhältnis'. Heute übersetzt sich dies in den Begriff „eine neue Weltordnung", die aus einer Reihe von rechtlichen Regelungen hervorgehen würde, die durch kollektive Sicherheit zu schützen sind."

Wenn Lakaien der Weltordnung wie Henry Kissinger nach „kollektiver Sicherheit" rufen, dann suchen sie in Wirklichkeit eine Schutzordnung, hinter der sie ihre Plünderungen gegen die gesamte Menschheit sicher durchführen können. Dies wurde von Präsident George Bush nur sehr widerwillig erkannt, nachdem er monatelang Fragen über die „neue Weltordnung", die er öffentlich gefordert hatte, ausgewichen war, als er schließlich erklärte, dass es sich in Wirklichkeit um eine „Friedenstruppe der Vereinten Nationen" handele. Dies führte uns zurück zum Zweiten Weltkrieg, aus dem die Vereinten Nationen hervorgingen. Walter Millis, in *„Road to War, America 1914-17"*, entfernte dieses Programm weiter in den Ersten Weltkrieg, als er schrieb,

> „Die einzige Rechtfertigung des Colonels (Edward Mandel House) für die Vorbereitung eines solchen Blutbades für seine Landsleute war seine Hoffnung, damit eine neue Weltordnung des Friedens und der Sicherheit zu errichten."

Man beachte den Ruf nach „Sicherheit"; dies ist wieder einmal der Schrei der internationalen Verbrecher nach Schutz bei der Ausübung ihrer universellen Sabotage- und Zerstörungsarbeit. House hatte das Programm für diese „Weltordnung" erstmals in seinem Buch *Philip Dru-Administrator dargelegt*, in dem Dru (House selbst) zur führenden Kraft hinter der Regierung wurde und sie auf die Ziele der Weltordnung ausrichtete. Dieselben Kräfte begründeten einen Zweiten Weltkrieg, aus dem die Vereinten Nationen als neuer Garant der „kollektiven Sicherheit" hervorgingen. Das Random-House-Lexikon erzählt uns, dass die Vereinten Nationen am 2. Januar 1942 in Washington gegründet wurden, als sich sechsundzwanzig Nationen gegen die Achse oder „faschistische" Mächte verbündeten. In *The American Language* sagt H.L. Mencken, dass Präsident Roosevelt den Begriff „Vereinte Nationen" in einer Konferenz mit Premierminister Winston Churchill im Dezember 1941 im Weißen Haus am Vorabend des Angriffs auf Pearl Harbor, der uns in den Zweiten Weltkrieg manipulierte, prägte. Die Vereinten Nationen wurden 1944 auf der Konferenz von

Dumbarton Oaks aktiv, als Großbritannien, die Vereinigten Staaten und Russland sie als Finanzdiktator in Gang setzten.

Wenn die Vereinten Nationen geschaffen wurden, um den „Faschismus" zu bekämpfen, so endete ihre Mission 1945, als der Faschismus mit militärischer Gewalt besiegt wurde. Der Faschismus verdankt seinen Namen dem Bündel von Ruten, das antike römische Beamte vor Gericht trugen, um Straftäter zu bestrafen. Faschismus bedeutet also historisch gesehen Recht und Ordnung, Rechtsstaatlichkeit und die Absicht, Verbrecher zu bestrafen. Das ist es natürlich, was die Verschwörer der Weltordnung um jeden Preis vermeiden wollen. Das Oxford English Dictionary definiert den Faschismus als „Teil einer Gruppe italienischer Nationalisten, die 1919 organisiert wurde, um sich dem Kommunismus in Italien entgegenzustellen" . „Andere Definitionen besagen einfach, dass die Faschisten „zum Kampf gegen den Bolschewismus" organisiert waren. So wurden die Vereinten Nationen im Wesentlichen gegründet, um gegen „Antikommunisten" zu kämpfen, wie es Deutschland, Italien und Japan vorleben. Als dieses Ziel 1945 erreicht wurde, hatten die Vereinten Nationen keinen historischen Auftrag mehr. Dennoch funktionierten sie weiter, und die Rockefellers spendeten das teuerste Grundstück in Manhattan für ihr Welthauptquartier. Vor diesem Hintergrund hielt der Gouverneur von New York, Nelson Aldrich Rockefeller, am 26. Juli 1968 im Sheraton Park Hotel eine Rede, in der er zur Schaffung „einer neuen Weltordnung" aufrief.

Rockefeller ignorierte die Tatsache, dass es Adolf Hitler war, der diesen Titel als „Meine neue Ordnung" für Europa vorweggenommen hatte. Der Satz war für unsere Politiker attraktiv, wie Präsident Bush in seiner Rede vor dem Kongress am 11. September 1990 in einer landesweit im Fernsehen übertragenen Rede zeigte, in der er „eine neue Welt ..." forderte. Eine Welt, die ganz anders ist als die, die wir kennen ... eine neue Weltordnung. „Diese Forderung wiederholte er auch in nachfolgenden Fernsehansprachen und erklärte am 29. Januar 1991 in seiner jährlichen Rede zur Lage der Union,

> „Es ist eine große Idee - eine neue Weltordnung, in der verschiedene Nationen zusammengeführt werden, um die universellen Bestrebungen der Menschheit, Frieden und Sicherheit, Freiheit und Rechtsstaatlichkeit zu erreichen."

Er wiederholte dieses Gift am 1. Februar 1991 in drei verschiedenen Ansprachen am selben Tag, in denen er den Aufruf zur neuen Weltordnung betonte. Er nahm bescheiden davon Abstand, darauf hinzuweisen, dass es sich dabei nicht um einen neuen Satz handelte und dass er 1782 vom Kongress für das Grosse Siegel der Vereinigten Staaten, die unvollständige Pyramide mit ihrem okkulten Auge und den darunter liegenden Satz „Novus Ordo Seclorum" angenommen worden war, womit er diese Nation als einer „neuen Weltordnung" oder einer neuen Ordnung für die Zeitalter, deren Erfüllung offenbar von der Macht der Pyramide abhing, verpflichtet bezeichnete. Dieses Symbol stammt aus dem Jahr 1776, als Adam Weishaupt, der Gründer der Illuminaten-Sekte, ein Programm formulierte, das dem der heutigen Weltordnungsverschwörer bemerkenswert ähnlich ist. Weishaupt forderte:

1. Abschaffung aller Monarchien und aller geordneten Regierungen.

2. Abschaffung von Privateigentum und Erbschaften.

3. Abschaffung von Patriotismus und Nationalismus.

4. Abschaffung des Familienlebens und der Institution der Ehe sowie die Einführung von Gemeinschaftserziehung für Kinder.

5. Abschaffung aller Religionen.

Es war kein Zufall, dass die Rothschilds, als sie Karl Marx und den Bund der Gerechten anheuerten, um ein Programm zu formulieren, das Kommunistische Manifest von 1848 erhielten, das die obige Formel enthielt. Weishaupts Aktivisten hatten 1782 die Freimaurerbewegung übernommen, die dann eines der Vehikel für die Verabschiedung dieses Programms wurde. Sein wahrer Ursprung im alten orientalischen Despotismus wurde auf der redaktionellen Seite der *Washington Post* vom 5. Januar 1992 enthüllt, als der Philosoph Nathan Gardels warnte, dass „das ideale Gebiet für die neue Weltordnung China und nicht die Vereinigten Staaten sein würde. „Gardels weist darauf hin, dass der Marxismus ein Produkt der westlichen Philosophie, d.h. Hegel, sei, dass aber eine Weltordnung einen orientalischen Despotismus hervorbringen würde. Er untermauerte seine These mit Zitaten des japanischen Premierministers, der beklagte, dass „abstrakte Vorstellungen von Menschenrechten" die Außenpolitik nicht behindern dürften, und von chinesischen Führern, die Forderungen nach unabhängiger Freiheit als „Müll" anprangerten.

Präsident Bush wies bescheiden auf einen seiner Helfer, General Brent Scowcroft, als Autor des magischen Satzes „Neue Weltordnung" hin. In *der Zeitschrift People* vom 25. November 1991 hieß es,

„Scowcrofts Einfluss zeigte sich erstmals im vergangenen Jahr, einige Wochen nach der irakischen Invasion in Kuwait.

Wiederum beim Fischen kamen er und Bush auf die Idee einer „neuen Weltordnung", ein ehrgeiziger Satz, der eine neue Außenpolitik der Vereinigten Staaten in der Ära nach dem Kalten Krieg suggerieren sollte."

Wer ist Scowcroft? In Washington ist er seit Jahren als einer von Henry Kissingers allgegenwärtigen Lakaien bekannt, der bekannt wurde, als er Kissinger im Nationalen Sicherheitsrat diente. Danach trat er der Firma Kissinger Associates bei, deren Präsident er wurde. Kissinger lobt ihn in der Zeitschrift People's und sagt

> „Er ist sehr unaufdringlich, aber er kämpft verdammt hartnäckig für seinen Standpunkt. Er ist kein Ja-Sager."

Dies war eine erstaunliche Behauptung von Kissinger, der in all den Jahren, in denen er ihm diente, nie ein „Nein" von Scowcroft gehört hatte. Das People-Magazin erwähnte auch Scowcrofts mangelnde Aufmerksamkeit für das anstehende Geschäft.

> „Oft gehänselt, weil er während langer, ereignisloser Treffen döste, bürstet Scowcroft solche Scherze ab."

Die Medien waren entsetzt, als sie erfuhren, dass Präsident Reagan gelegentlich während langer, langweiliger offizieller Präsentationen einnickte, finden es aber entschuldbar, dass Scowcroft, von dem man als gegenwärtiger Vorsitzender ihres Nationalen Sicherheitsrates erwarten könnte, dass er bei klarem Verstand bleibt, sich desselben Vergehens schuldig macht. Die übermäßig freundliche Haltung der Medien gegenüber Scowcroft spiegelt sich auch in der Zeitschrift Parade wider, die in der Ausgabe vom 15. Dezember 1991 begeisterte,

> „Brent Scowcroft, 66, ist ein hoch angesehener Militärstratege, der noch nie vom Pinsel des Skandals geteert wurde."

Ja, Männer wagen sich selten in skandalöse Situationen.

KAPITEL 2

DIE ROTHSCHILDS

„Lassen Sie mich nur das Geld einer Nation ausgeben und kontrollieren, und es ist mir egal, wer ihre Gesetze schreibt. "

Mayer Amschel Bauer (Rothschild)

In seiner Ausgabe vom 19. Dezember 1983 stellte das *Forbes* Magazine fest, dass

„Die Hälfte der zehn größten deutschen Banken hat ihren Sitz in Frankfurt."

Das moderne Weltfinanzsystem, eine Aktualisierung des babylonischen Geldsystems aus Steuern und Geldschöpfung, wurde im hessischen Frankfurt am Main perfektioniert. Mayer Amschel Bauer (später Rothschild) entdeckte, dass Kredite an Landwirte und kleine Unternehmen zwar profitabel sein konnten, die wirklichen Gewinne aber in der Vergabe von Krediten an Regierungen lagen. Mayer Amschel wurde 1743 in Frankfurt geboren und heiratete Gutta Schnapper. Er absolvierte eine dreijährige Lehre in Hannover beim Bankhaus Oppenheim. Während dieser Zeit hatte er Gelegenheit, in den Diensten von Generalleutnant Freiherr von Estorff zu stehen. Von Estorff war der Hauptberater von Landgraf Friedrich II. von Hessen, dem reichsten Mann Europas. Friedrich war 70 bis 100 Millionen Gulden wert, ein Großteil davon erbte er von seinem Vater, Wilhelm dem Achten, dem Bruder des Königs von Schweden. Baron von Estorff berichtete dem Landgrafen, dass Mayer Amschel eine unheimliche Fähigkeit zeigte, durch seine Investitionen Geld zu vermehren. Der Landgraf schickte sofort nach ihm.

Zu dieser Zeit versuchte König George III. die amerikanische Rebellion niederzuschlagen. Seine Truppen wurden von den zähen Amerikanern, die an Kämpfe in der Wildnis gewöhnt waren, besiegt. Mayer Amschel veranlasste, dass König Georg 16.800 kräftige junge hessische Soldaten vom Landgrafen anheuerte, eine beträchtliche Bereicherung des hessischen Vermögens. Dieses vorteilhafte Verhältnis kam mit dem plötzlichen Tod des erst fünfundzwanzigjährigen Landgrafen 1785 zum Erliegen. Mayer Amschel erlangte jedoch absoluten Einfluss auf seinen Nachfolger, Kurfürst Wilhelm I., der wie Mayer Amschel ebenfalls 1743 geboren worden war. Es wurde gesagt, dass sie wie zwei Schuhe seien, so gut passten sie zusammen. Es war eine angenehme Abwechslung zu Mayer Amschels Beziehung zu dem ehemaligen Landgrafen, der ein sehr schwieriger und anspruchsvoller Mensch gewesen war. Tatsächlich hatte der plötzliche Tod des Landgrafen Mayer Amschel glücklicherweise die Verantwortung für das größte Vermögen in Europa übertragen.

Als er aufblühte, legte Mayer Amschel ein großes rotes Schild über seine Tür des Hauses in der Judengasse, das er mit der Familie Schiff teilte. Er nahm den Namen „Rothschild" von seinem Schild. Im Jahre 1812, als er starb, hinterließ er seinen fünf Söhnen eine Milliarde Francs. Der älteste, Anselm, wurde mit der Leitung der Frankfurter Bank betraut. Er hatte keine Kinder, und die Bank wurde später geschlossen. Der zweite Sohn, Salomon, wurde nach Wien geschickt, wo er bald das Bankmonopol übernahm, das zuvor von fünf jüdischen Familien, Arnstein, Eskeles, Geymuller, Stein und Sina, geteilt wurde. Der dritte Sohn, Nathan, gründete die Londoner Filiale, nachdem er von einigen Textil- und Farbstoffgeschäften in Manchester profitiert hatte, die ihn weithin gefürchtet und gehasst machten. Karl, der vierte Sohn, ging nach Neapel, wo er Leiter der okkulten Gruppe, der Alta Vendita, wurde. Der jüngste Sohn, James, gründete den französischen Zweig des Hauses Rothschild in Paris.

So strategisch günstig gelegen, begannen die fünf Söhne ihre lukrativen Geschäfte im Bereich der Staatsfinanzen. Heute konzentrieren sich ihre Bestände auf den Five Arrows Fund of Curaçao und die Five Arrows Corp. Toronto, Kanada, konzentriert. Der Name leitet sich vom Rothschild-Zeichen eines Adlers mit fünf Pfeilen in den Krallen ab, das für die fünf Söhne steht.

Das erste Erfolgsgeheimnis bei der Vergabe von Staatskrediten liegt in der „Schaffung einer Nachfrage", d.h. in der Beteiligung an der Entstehung von Finanzpaniken, Depressionen, Hungersnöten, Kriegen und Revolutionen. Der überwältigende Erfolg der Rothschilds lag in ihrer Bereitschaft, das zu tun, was getan werden musste. Wie Frederic Morton im Vorwort zu *den Rothschilds* schreibt, ist der überwältigende Erfolg der Rothschilds in ihrer Bereitschaft zu tun, was getan werden musste,

> „In den letzten einhundertfünfzig Jahren war die Geschichte des Hauses Rothschild in erstaunlichem Maße die Geschichte hinter den Kulissen Westeuropas..... Aufgrund ihres Erfolgs bei der Vergabe von Krediten nicht an Einzelpersonen, sondern an Nationen, erzielten sie enorme Gewinne. Jemand sagte einmal, dass der Reichtum von Rothschild aus dem Bankrott von Nationen besteht."

In *The Empire of the City*, sagt B.C. Knuth,

> „Die Tatsache, dass das Haus Rothschild sein Geld in den großen Crashs der Geschichte und in den großen Kriegen der Geschichte verdiente, genau in den Perioden, in denen andere ihr Geld verloren, steht außer Frage."

Am 8. Juli 1937 bemerkte die *New York Times*, dass Prof. Wilhelm, ein deutscher Historiker, gesagt habe,

> „Die Rothschilds führten die Herrschaft des Geldes in die europäische Politik ein. Die Rothschilds waren die Diener des Geldes, die sich verpflichteten, die Welt als ein Bild des Geldes und seiner Funktionen zu rekonstruieren. Geld und der Einsatz von Reichtum sind zum Gesetz des europäischen Lebens geworden; wir haben keine Nationen mehr, sondern wirtschaftliche Provinzen."

Am 4. Juni 1879 bemerkte die *New York Times*,

> „Baron Lionel N. de Rothschild, Chef des weltberühmten Bankhauses der Herren Rothschild & Co. starb im Alter von 71 Jahren. Er war der Sohn des verstorbenen Barons N.M. Rothschild, der das Haus 1808 in London gründete und 1836 starb. Sein Vater kam zu dem Schluss, dass es zur Aufrechterhaltung des bereits weltweit gewordenen Ruhmes und der Macht der Rothschilds notwendig sei, die Familie zusammenzuhalten und sich der gemeinsamen Sache zu widmen. Um dies zu erreichen, schlug er vor, dass sie untereinander heiraten und keine ehelichen Verbindungen außerhalb der Familie eingehen sollten. 1826 wurde in Frankfurt ein Rat der Oberhäupter der Häuser einberufen, und die Ansichten von Baron Nathan wurden gebilligt."

John Reeves stellte in seiner autorisierten Biografie *The Rothschilds, die Finanzherrscher der Nationen*, fest, dass Disraeli (Premierminister von England) erklärte, als sich die Familie 1857 in London zur Hochzeit von Lionels Tochter Leonora mit ihrem Cousin Alphonse, dem Sohn von James Rothschild aus Paris, traf,

> „Unter diesem Dach befinden sich die Familienoberhäupter von Rothschild - ein Name, der in jeder Hauptstadt Europas und in allen Teilen der Welt berühmt ist. Wenn Sie so wollen, werden wir die Vereinigten Staaten in zwei Teile teilen, einen für Sie, James, und einen für Sie, Lionel. Napoleon wird genau das tun und alles, was ich ihm raten werde."

Dies war der politische Ursprung des amerikanischen Bürgerkriegs. Die Rothschilds fürchteten die rasch wachsende und immer wohlhabendere freie amerikanische Republik, und sie beschlossen privat, dass es für ihre weltweiten Interessen weniger gefährlich wäre, wenn sie in zwei kleinere und schwächere Nationen aufgeteilt würde.

In *The Rothschilds: the Financial Rulds of Nations* schreibt John Reeves,

> „Die erste Gelegenheit, bei der Nathan die englische Regierung unterstützte, war 1819, als er das Darlehen von 60 Millionen Dollar aufnahm; von 1818-1832 gab Nathan acht weitere Darlehen in Höhe von insgesamt 105.400.000 Dollar aus; danach gab er achtzehn Regierungsanleihen in Höhe von insgesamt 700 Millionen Dollar aus. Für die Rothschilds hätte sich nichts günstiger ereignen können als der Ausbruch der amerikanischen Revolte und der Französischen Revolution, da beide es ihnen ermöglichten, den Grundstein für den immensen Reichtum zu legen, den sie seitdem erworben haben. Das Haus Rothschild war (und ist) die herrschende Macht in Europa, denn alle politischen Mächte waren bereit, die Herrschaft des großen finanziellen Despoten anzuerkennen und wie gehorsame Vasallen ihren Tribut ohne Murren zu zollen... Sein Einfluss war so allmächtig, dass es ein Sprichwort war, kein Krieg könne ohne die Hilfe der Rothschilds geführt werden. Sie nahmen in der politischen und kommerziellen Welt eine so mächtige Stellung ein, dass sie zu den Diktatoren Europas wurden. Für die Öffentlichkeit sind die Archive der Familie, die so viel Licht in die Geschichte werfen konnten, ein tiefes Geheimnis, ein versiegeltes, gut verstecktes Buch."

Am 27. Juli 1844 sagte Mazzini,

„Rothschild könnte König von Frankreich sein, wenn er dies wünschte."

Die *Jüdische Enzyklopädie* vermerkt (Ausgabe 1909),

„Im Jahr 1848 wurde der Wert des Pariser Hauses (von Rothschild) auf 600.000.000 Francs geschätzt, verglichen mit 352.000.000 Francs, die alle anderen Pariser Bankiers besaßen."

schrieb Prof. Wemer Sombart,

„Die wichtigsten Leihgeber der Welt, die Rothschilds, waren später die ersten Eisenbahnkönige. Die Zeit ab 1820 wurde zum 'Zeitalter der Rothschilds', so dass es Mitte des Jahrhunderts ein gemeinsames Diktum war: Es gibt nur eine Macht in Europa, und das ist Rothschild. „(*Juden und der moderne Kapitalismus*).

Hearst's *Chicago Evening American* kommentierte am 3. Dezember 1923,

„Die Rothschilds können Kriege beginnen oder verhindern. Ihr Wort kann Imperien schaffen oder zerstören."

Reeves bemerkt: „Der Sturz Napoleons war der Aufstieg Rothschilds. „Napoleon wurde später von einem Rothschild-Agenten langsam mit Arsen vergiftet. Sie brauchten keine weitere „Rückkehr aus dem Exil" .

Die *New York Evening Post* vermerkte den 22. Juli 1924,

„Der Kaiser musste Rothschild konsultieren, um herauszufinden, ob er den Krieg erklären könne. Ein anderer Rothschild trug die ganze Last des Konflikts, der Napoleon stürzte."

Der Reichskanzler Bethmann-Hollweg, der den Ersten Weltkrieg tatsächlich auslöste, war ein Mitglied der Frankfurter Bankiersfamilie Bethmann und ein Cousin der Rothschilds.

Nach dem Sturz Napoleons überredete Salomon den Herrscher von Österreich, den fünf Brüdern Adelspatente zu erteilen. Der Wiener Kongress war das Auftauchen der Motte aus ihrem Kokon. Das Diktat dieses Kongresses war ein einfaches: Die Aristokratien Europas müssen sich unserem Willen unterwerfen, sonst sind sie dem Untergang geweiht. Das Todesurteil über die adeligen Linien Europas wurde von denen ausgesprochen, die den Willen hatten, ihr Edikt auszuführen. Es dauerte ein weiteres Jahrhundert, um das Werk zu vollenden, nicht weil die Mörder schwach waren, sondern weil sie vorsichtig vorgehen wollten, ohne ihre volle Stärke zu offenbaren. Im Kampf ist die entscheidende Waffe diejenige, von der Ihr Gegner nichts weiß.

Es war nicht notwendig, ein Todesurteil gegen die herrschenden Familien Amerikas auszusprechen, denn es gab keine. Während des [19.] Jahrhunderts hatten einige wenige Nachkommen kolonialer Unternehmer Reichtum angehäuft und konnten sich ein Leben voller Freizeit und Reisen leisten. Sie blieben in jeder Angelegenheit, die persönlichen Geschmack und Urteilsvermögen erforderte, sklavisch von kontinentalen Schiedsrichtern abhängig. Da sie keine Leitphilosophie und kein Programm hatten, schaffte es diese amerikanische „Oberschicht" nie bis ganz nach oben. Sie blieben „unter der Treppe" als Diener der Londoner Prinzen der Weltordnung. Ihre Selbsterniedrigung äußerte sich nicht nur in einer ungewöhnlich hohen Selbstmordrate, sondern auch in den langsameren Formen der Selbstzerstörung, des Alkoholismus, der Drogenabhängigkeit und der Homosexualität.

Homosexualität ist weniger eine Art sexueller Antrieb als vielmehr der Ausdruck tieferer Bedürfnisse, der Wunsch nach Selbsterniedrigung oder die Suche nach einem Partner, den man demütigen und erniedrigen kann. Es konnte kaum unerwartet sein, dass eine solche „herrschende Klasse" den Kreuzzug des zwanzigsten Jahrhunderts, den Kommunismus als Vehikel der Weltordnung zu inthronisieren, begierig begrüßen würde.

In ihrem Streben nach Reichtum übersahen die Rothschilds weder den Kleinbauern noch die Lagerung und den Großhandel mit Getreide. Sie entwickelten ein „Betriebskredit" -System, das seit mehr als einem Jahrhundert der Fluch der Bauern ist. R. F. Pettigrew notiert im *British Guardian,*

> „Dieses Bankensystem (das den endgültigen Ruin all derer verursacht, die den Boden bestellen) war die Erfindung von Lord Overstone, mit der Unterstützung der Rothschilds, der Bankiers Europas."

Einer ihrer größten Triumphe war der erfolgreiche Ausgang des langwierigen Krieges der Rothschilds gegen die russische kaiserliche Familie. Der Familienname der Romanows wurde von Roma Nova, Neu Rom, abgeleitet. Er verkörperte die alte Prophezeiung, dass Moskau „das neue Rom" werden sollte. „Die Familie ging auf Prinz Preus zurück, den Bruder des Kaisers August von Rom, der Preußen gründete. Im Jahr 1614 wurde Michael der erste Zar von Romanow.

Nach dem Sturz Napoleons richteten die Rothschilds ihren ganzen Hass gegen die Romanows. Sie vergifteten 1825 Alexander I., 1855 vergifteten sie Nikolaus I. Weitere Attentate folgten, die in der Nacht vom 6. November 1917 gipfelten, als ein Dutzend Rotgardisten mit einem Lastwagen auf das Gebäude der Kaiserlichen Bank in Moskau fuhren. Sie luden die kaiserliche Juwelensammlung und 700 Millionen Dollar Gold, insgesamt eine Beute von mehr als einer Milliarde Dollar. Das neue Regime beschlagnahmte auch die 150 Millionen Hektar in Russland, die sich im persönlichen Besitz des Zaren befanden.

Von ebenso großer Bedeutung waren die enormen Bargeldreserven, die der Zar im Ausland bei europäischen und amerikanischen Banken angelegt hatte. Die *New York Times* gab an, dass der Zar 5 Millionen Dollar im Guaranty Trust und 1 Million Dollar in der National City Bank hatte; andere Behörden gaben an, dass es 5 Millionen Dollar in jeder Bank waren. Zwischen 1905 und 1910 hatte der Zar mehr als 400 Millionen Dollar überwiesen, die bei sechs führenden New Yorker Banken, Chase, National City, Guaranty Trust, J.P. Morgan, Hannover, und Manufacturers Trust, eingezahlt wurden. Dies waren die wichtigsten Banken, die vom Haus Rothschild über ihre amerikanischen Agenten J.P. Morgan und Kuhn, Loeb Co. Dies waren auch die sechs New Yorker Banken, die 1914 die Mehrheitsbeteiligung an der Federal Reserve Bank of New York erwarben. Seitdem halten sie die Kontrolle über die Aktien.

Der Zar verfügte außerdem über 115 Millionen Dollar in vier englischen Banken. Er besaß 35 Millionen Dollar in der Bank of England, 25 Millionen Dollar in Barings, 25 Millionen Dollar in Barclays und 30 Millionen Dollar in der Lloyd's Bank. In Paris hatte der Zar 100 Millionen Dollar in der Banque de France und 80 Millionen Dollar in der Rothschild Bank of Paris. In Berlin verfügte er über 132 Millionen Dollar in der Mendelsohn-Bank, die lange Zeit Bankiers in Russland gewesen war. Keine dieser Summen wurde jemals ausgezahlt; nach Zinseszinsen seit 1916 belaufen sie sich auf mehr als 50 Milliarden Dollar. Später erschienen zwei Antragsteller, ein Sohn, Alexis, und eine Tochter, Anastasia. Trotz zahlreicher Beweise zur Untermauerung ihrer Ansprüche stellt Peter Kurth in *Anastasia* fest, dass

> „Lord Mountbatten stellte das Geld für Gerichtskämpfe gegen Anastasia zur Verfügung. Obwohl er der Neffe von Kaiserin Alexandra war, war er die führende Kraft hinter Anastasias Opposition.“

Die Battenbergs, oder Mountbattens, waren ebenfalls mit der Familie Rothschild verwandt. Sie wollten nicht, dass das Vermögen des Zaren zurückgefordert und von den Rothschild-Banken entfernt wurde.

Kurth bemerkt auch

> „In einer 1959 erschienenen Serie über die Geschichte der großen britischen Banken bemerkte beispielsweise der Observer of London über Baring Brothers: 'Die Romanows gehörten zu ihren vornehmsten Kunden. Es wird bestätigt, dass Barings noch immer eine Einlage von mehr als vierzig Millionen Pfund hält, die ihnen von den Romanows hinterlassen wurde. Anthony Sampson, Chefredakteur, sagte, es habe keine Proteste gegeben. Diese Geschichte wird allgemein als wahr angesehen.“

Zu Beginn des [19.] Jahrhunderts begannen die Rothschilds, ihre Gewinne aus staatlichen Anleihen in verschiedenen Unternehmen zu konsolidieren, was ihnen sehr gut gelungen ist. Durch den zufälligen Handel an der Londoner Börse nach Waterloo erhielt Nathaniel Mayer Rothschild einen beträchtlichen Teil der Consols, die den Großteil der Einlagen der Bank of England bildeten. Joseph Wechsberg-Noten in *The Merchant Bankers,*

> „Es gibt die Sun Alliance Lebensversicherungsgesellschaft, die aristokratischste aller Versicherungsgesellschaften, die 1824 von Nathan Rothschild gegründet wurde; Brinco, die britische New foundland corp. die von den britischen und französischen Rothschilds im Jahre 1952 gegründet wurde; die anglo-amerikanische Corp.; Bowater, Rio Tinto und andere.“

Der Leitzinssatz der Bank von England beeinflusst nicht nur die Zinssätze in anderen Ländern; der Goldpreis spielt auch eine entscheidende Rolle in den Währungsangelegenheiten von Nationen, selbst wenn diese nicht mehr dem Goldstandard unterliegen. Die dominierende Rolle, die das Haus Rothschild in der Bank von England spielt, wird durch eine weitere besondere Aufgabe des Unternehmens ergänzt, nämlich die tägliche Festlegung des Weltgoldpreises. Die *News Chronicle* vom 12. Dezember 1938 beschreibt dieses Ritual:

> „Die Geschichte der Goldfixierung ist oft erzählt worden. Wie sich an jedem Wochentag um 11 Uhr morgens die Vertreter von fünf Goldmaklerfirmen und einer Raffineriefirma im Büro von Herrn Rothschild treffen (außer am Samstag) und dort den Sterling-Goldpreis festlegen. Hinter seiner letzten Handlung - der Zentralisierung der Nachfrage und des Angebots von Gold in einem Büro und der Festsetzung des Goldpreises auf dieser

Grundlage - verbirgt sich jedoch eine große Aktivität. Ein Goldpreis wird zunächst vorgeschlagen, wahrscheinlich von dem Vertreter von Herrn Rothschild, der auch für die Bank of England und das Devisenausgleichskonto tätig ist."

Die Bankhäuser, die das Privileg hatten, sich mit den Rothschilds zu treffen, um den Weltgoldpreis festzulegen, sind als „Club of Five" bekannt. Im Jahr 1958 waren sie das: N.M. Rothschild, Samuel Montagu, Mocatta und Goldsmid, Sharps Pixley und Johnson Matthey.

1961 waren die Londoner Accepting Houses mit Genehmigung des Gouverneurs der Bank von England tätig: Barings: Brown, Shipley; Arbuthnot Latham; Wm. Brandt's & Sons; Erlangers; Antony Gibbs & Co.; Guinness Mahon Hawkins; S. Japhet; Kleinwort & Sons; Lazard Bros.; Samuel Montagu; Morgan Grenfell; N.M. Rothschild; M. Samuel, J. Henry Schroder; und S.G. Warburg; Diese ausgewählten Firmen beherrschen das Finanzinstitut in der „City" von London.

1961 wurden die führenden Unternehmensgruppen in England von Wm. M. Clarke als

1. Morgan Grenfell Ltd. (Lord Bicester) die Firma Peabody J.P. Morgan;

2. Jardine Mathieson;

3. Rothschild-Samuel-Oppenheimer, bestehend aus Rio Tinto, British South Africa Co. Shell Petroleum, Brinco (britische Neufundland Corp.);

4. Lazard Brothers - Shell, English Electric, Canadian Eagle Oil;

5. Lloyd's Bank;

6. Barclay's Bank;

7. Linien der Halbinsel und des Orients;

8. Cunard;

9. Mittellandgruppe Adler Stern-Higginson (Cavendish-Bentinck);

10. Prudentiell;

11. Kaiserliche Chemische Industrie;

12. Bogenschütze;

13. Courtauld's;

14. Unilever.

Obwohl diese Liste die Rothschild-Gruppe nur als eine von vierzehn Gruppen ausweist, haben sie in den anderen Gruppen dieser Liste tatsächlich große Positionen bzw. großen Einfluss.

1982 hatten die Londoner Rothschilds die wichtigsten Direktorenposten inne: Lord Rothschild - N.M. Rothschild & Sons, Arcan N.V. Curaçao, chmn Rothschilds Continuation und Rothschild Inc. USA. Edmund Leopold de Rothschild - N.M. Rothschild & Söhne, Alfred Dunhill Ltd., Rothschild Continuation, Rothschild Trust, Rothman's International, chmn Tokyo Pacific Holdings NV; Baron Eric Rothschild - N.M. Rothschild & Sons; Evelyn de Rothschild - chmn N.M. Rothschild & Sons, DeBeers Consolidated Mines Ltd. Südafrika, Eagle Star Insurance Co., chmn The Economist Newspaper Ltd., IBM UK Ltd., La Banque Privee S.A., Hersteller Hannover Ltd., Rothschild Continuation Ltd., chmn United Race Courses Ltd; Leopold de Rothschild - N.M. Rothschild& Sons, Alliance Assurance Co., Bank of England, The London Assurance, Rothschild Continuation Ltd; Rothschild Continuation Holdings AG Schweiz, Sun Alliance und London Assurance Co., Sun Insurance Office Ltd.

Die britischen Firmen, die die Hauptgrundlage des Rothschild-Vermögens bilden, sind: Sun Alliance Assurance, Eagle Star, DeBeers und Rio Tinto. Zu den Direktoren von Eagle Star gehören Duncan Mackinnon vom Hambro Investment Trust, Earl Cadogan, dessen Mutter eine Hambro war, Sir Robert Clark, chmn Hill Samuel Co., Marquess Linlithgow (Charles Hope), dessen Mutter eine Milner war - er heiratete Judith Baring, Evelyn de Rothschild und Sir Ian Stewart von Brown Shipley Co. der seit 1979 parlamentarischer Privatsekretär des Schatzkanzlers war.

Zu DeBeers Direktoren gehören Harry F. Oppenheimer, Sir Philip Oppenheimer, A.E. Oppenheimer, N.F. Oppenheimer, Baron Evelyn de Rothschild und Sidney Spiro. Spiro ist auch Direktor von Rio Tinto, Hambros Bank, Barclays Bank und der Canadian Imperial Bank of Commerce. DeBeers arbeitet mit der Anglo-American Corp. of South Africa zusammen, deren Vorsitzender Harry F. Oppenheimer ist, sowie mit der Anglo-American Gold Investment Co., deren Vorsitzender Julian Ogilvie Thompson und Direktor Harry F. Oppenheimer ist.

DeBeers arbeitet mit der Hambros Bank zusammen, deren Direktorin Jocelyn Hambro ist; Direktoren sind R.N. Hambro, C.E. Hambro, Hon. H.W. Astor, Sir Ian Morrow, chmn UKO Int. und The Laird Group, International Harvester, Rolls Royce und die Brush

Group; J.M. Clay, Direktor der Bank of England; Mark Weinberg und Sidney Spiro.

Der Präsident von Rio Tinto ist Sir Anthony Tuke; er ist auch Präsident der Barclay's Bank und Mitglied der Trilateralen Kommission. Direktoren sind Lord Shackleton, Lord Privy Seal, chmn RTZ Dev. Corp.; Lord Charter ist von Amisfield, Enkel des Earl of Wemys, verheiratet mit der Tochter von Viscount Margesson, Privatsekretärin von Königin Elizabeth, Direktor des Claridge's Hotel und des Connaught Hotel; Sir David Orr, chmn Unilever; und Sidney Spiro, Hambros Bank. Das Unternehmen firmiert nun als RTZ Corp. beschrieben als

> „eine Rothschild-Holdinggesellschaft für Bergbaugeschäfte, die im Juli 1989 die weltweiten Schürfrechte von British Petroleum für 3,7 Milliarden Dollar kaufte, das bisher größte private Geschäft zwischen zwei britischen Unternehmen."

Die wichtigste Rothschild-Firma ist die Sun Alliance Assurance, die Nathan Mayer Rothschild 1824 zusammen mit Sir Alex Baring, Samuel Gurney und Sir Moses Montefiore mit einem Anfangskapital von fünf Millionen Pfund gründete. Chmn of Sun Alliance ist Lord Aldington (Toby Low), der auch chmn Westland Aircraft, Direktor der Citibank, Citicorp und Ge Ltd, ist; Lord Aberconway, dep chmn; H. VA. Lambert, chmn Barclay's Bank; Earl of Crawford (Robert A. Lindsay, dessen Mutter eine Cavendish war - er ist auch chmn National Westminster Bank, ehemaliger Privatsekretär des Finanzministers. Staatsminister für Verteidigung, Staatsminister für auswärtige und kommerzielle Angelegenheiten; Lord Astor, dessen Mutter die Tochter des Earl of Minto war - er ist der ehemalige Vorsitzende der *Times*; Sir Charles Ball, von Kleinwort Benson, auch Direktor von Chubb & Sons., Barclay's Bank, Cadbury Schweppe; Sir Alan Dalton, Direktor der Natl Westminster Bank; Herzog von Devonshire (seine Mutter war eine Cecil, eine der drei englischen Herrscherfamilien seit dem Mittelalter; Sir Derek Holden-Brown, chmn Allied Breweries, Direktor Hiram Walker; J.N.C. James, Treuhänder der Grosvenor Estates, der große Teile Londons besitzt; Henry Keswick, chmn Matheson & Co.Lord Kindersley, Geschäftsführer, Direktor von Lazard Bros., Direktor von Marconi, English Electric, British Match, Swedish Match; Sir Peter Matthews, kfr. Vickers; J.M. Ricchie, kfr. British Enkalon, Direktor von Vickers, Bowater Ltd.; Evelyn de Rothschild, kfr. N.M. Rothschild & Sons.

Die Rothschilds haben seit vielen Jahren eine große Position in Vickers. Chmn ist Sir Peter Matthews, ebenfalls Direktor der Lloyd's

Bank und der Sun Alliance; Direktoren sind T. Neville; Baron Braybrooke; Earl of Warwick (die Salisburys, eine der drei herrschenden Familien in England); Sir Alastair Frame, Chief Exec. Rio Tinto Zinc, Direktor von Plessey & Co. UK, und der Atomenergiebehörde. Chmn of Vickers 1956 war Edward Knollys, Sohn des Privatsekretärs von König Edward VII. vierzig Jahre lang, & George V. fünf Jahre lang.

Seit mehr als einem Jahrhundert wird in den Vereinigten Staaten bewusst der weit verbreitete Glaube gepflegt, dass die Rothschilds in der amerikanischen Finanzszene von geringer Bedeutung seien. Mit dieser Deckung haben sie die politischen und finanziellen Entwicklungen in diesem Land zu ihrem eigenen Vorteil manipulieren können. Im Jahre 1837 ließen die Rothschilds ihren amerikanischen Vertreter, W.L. & M.S. Joseph, beim Crash bankrott gehen, während sie ihre Barreserven hinter einen Neuankömmling, August Belmont, und ihren geheimen Vertreter, George Peabody aus London, warfen. Bermingham-Notizen in *Our Crowd,*

> „In der Panik von 1837 war Belmont in der Lage, einen Dienst zu verrichten, den er in späteren Paniken dank der Größe des Rothschild-Kapitalreservoirs wiederholen würde, um in Amerika mit seinem eigenen Federal Reserve System zu beginnen."

Nach 1837 wurde August Belmont (Schonberg) in der Finanzpresse öffentlich als amerikanischer Vertreter der Rothschilds beworben. Als Belmont sich an einer Finanzoperation beteiligte, wusste jeder, dass die Rothschilds beteiligt waren. Als Belmont sich nicht beteiligte und die Transaktion von J.P. Morgan & Co. abgewickelt wurde, wusste jeder, dass die Rothschilds beteiligt waren. und oder von Kuhn, Loeb Co. abgewickelt wurde, „wusste" jeder, dass die Rothschilds nicht involviert waren.

George Peabody hatte sein Geschäft in England durch seine Verbindung mit Brown Bros, (jetzt Brown Bros Harriman) und Brown, Shipley) aufgebaut. Er war bereits 1835 ein nicht identifizierter Agent von Lord Rothschild geworden. Obwohl es keine Statue von George Peabody in der Wall Street gibt, gibt es eine in London, genau gegenüber der Bank von England. George Peabody wurde „der Lieblingsamerikaner" von Königin Victoria. Seine alte Lunchbox nimmt bis heute einen prominenten Platz im Londoner Büro von Morgan Stanley ein. Bis 1861 war George Peabody zum größten Händler amerikanischer Wertpapiere in der Welt geworden. Um Druck auf die Regierung in Lincoln auszuüben, begann er, sie zu entladen und die Preise nach unten zu treiben. Zur gleichen Zeit erschöpfte J.P. Morgan, verbündet mit Morris Ketchum, den amerikanischen Goldvorrat, indem er ihn nach England verschiffte. Er ließ den Preis von 126 $ pro Unze auf 171 $ pro Unze steigen, machte gute Gewinne und setzte die Regierung in Lincoln stärker unter finanziellen Druck. Dies war eine von vielen Finanzoperationen, die von den Rothschilds für ihre eigenen politischen und finanziellen Ziele geleitet wurden. Da George Peabody keinen Sohn hatte, der seine Firma übernehmen konnte, nahm er Junius Morgan als Partner auf; Junius Sohn, John Pierpont Morgan, wurde als „der mächtigste Bankier der Welt" bekannt, obwohl seine Hauptaufgabe darin bestand, heimlich Aufträge für das Haus Rothschild auszuführen. Morgan war ein direkter Nachfahre von Alexander Hamilton, der auf Geheiß von Rothschild-Interessen unsere erste Zentralbank, die Bank of the United States, gegründet hatte.

Die *New York Times* vom 26. Oktober 1907 bemerkte im Zusammenhang mit den Aktionen von J.P. Morgan während der Panik von 1907,

> „Im Gespräch mit dem Korrespondenten der *New York Times* zollte Lord Rothschild J.P. Morgan hohe Anerkennung für seine Bemühungen in der gegenwärtigen finanziellen Krise in New York. Er ist seinem Ruf als großer Finanzier und ein Mann der Wunder würdig. Seine jüngste Aktion erfüllt einen mit Bewunderung und Respekt für ihn."

Dies ist der einzige aufgezeichnete Fall, in dem ein Rothschild einen Bankier außerhalb seiner eigenen Familie lobte.

Am 28. März 1932 bemerkte die *New York Times*,

> „London: N.M. Victor Rothschild, der einundzwanzigjährige Neffe von Baron Rothschild, geht bald in die Vereinigten Staaten, um eine Stelle bei J.P. Morgan & Co. Das wurde heute Abend bekannt. Es ist üblich, dass fortschrittliche britische Bankiers ihre jungen Männer vorübergehend in westliche Staaten schicken, wobei das anglo-amerikanische Bankhaus J. Henry Schroder & Co. einer der bekanntesten Vertreter dieser Praxis ist."

Die Verbindung zwischen Morgan und Rothschild erklärt das ansonsten unverständliche Rätsel, warum J.P. Morgan, der als „mächtigster Bankier der Welt" bekannt ist, bei seinem Tod 1913 ein so bescheidenes Vermögen hinterließ, nur 11 Millionen Dollar, nachdem seine Schulden gesichert waren. Obwohl die heutigen

Mitglieder der Familie Morgan finanziell abgesichert zu sein scheinen, zählt keiner von ihnen zu den „großen Reichen" .

In *Brandeis, Das Leben eines freien Menschen*, bemerkt Arpheus T. Mason,

> „Der junge Adolph Brandeis (der Vater von Justice Brandeis) kam in New York an, reiste eine Zeit lang in den Osten und ging dann in den Mittleren Westen weiter. Das Reisevergnügen und die Reisefreudigkeit des jungen Brandeis wurden durch die Begleitung eines jungen Freundes der Wehles, der sich damals auf einer Geschäftsreise in die Vereinigten Staaten befand, um für das Haus Rothschild Informationen über amerikanische Investitionen zu beschaffen, erheblich gesteigert. Dank der Kontakte und Einführungsbriefe seiner Begleiterin sah Adolph Orte und traf Menschen, die für die meisten Ausländer nicht zugänglich waren."

Bermingham notiert in *Our Crowd,*

> „Im Herbst 1874 berief Baron Rothschild Isaac Seligman in sein Büro - etwa 55 Millionen Dollar an US-Anleihen sollten von drei Häusern angeboten werden, dem Haus Seligman, dem Haus Morgan und dem Haus Rothschild."

Dies war das erste Mal, dass die Seligmans gebeten wurden, sich an einer Angelegenheit mit den Rothschilds zu beteiligen. Sie waren mehr als dankbar, und so begann ein weiterer Verbündeter der Rothschilds in Amerika zu operieren.

Ein bemerkenswerter Vorteil von J.P. Morgans Arbeit für das Haus Rothschild war der sorgfältig kultivierte Glaube, dass Morgan, wenn nicht offen „antisemitisch", so doch die Beteiligung an Geschäften mit jüdischen Bankgesellschaften vermied und dass seine Firma niemanden mit jüdischem Hintergrund einstellen würde. Es war dieselbe Täuschung, mit der Nathan Mayer Rothschild Morgans Vorgänger, George Peabody, in London beauftragt hatte. Es war ein traditioneller Glaube an der Wall Street, dass man, wenn man mit einer Firma „nur für Nichtjuden" zu tun haben wollte, zu J.P. Morgan ging; wenn man eine jüdische Firma wollte, gab es eine Reihe von verfügbaren Häusern, aber das bei weitem einflussreichste war Kuhn, Loeb Co. In beiden Fällen wurde dem Kunden nie bewusst gemacht, dass er es mit einem amerikanischen Vertreter des Hauses Rothschild zu tun hatte.

Jacob Schiff, der die Firma Kuhn, Loeb zu ihrer herausragenden Rolle im amerikanischen Finanzwesen führte, wurde im Rothschild-Haus in der Frankfurter Judengasse 148 geboren, das die Rothschilds mit der Familie Schiff teilten. Im Jahr 1867 gründeten Abraham Kuhn und Solomon Loeb, zwei Cincinnati-Trockenwarenhändler, das Bankhaus Kuhn, Loeb. 1875 traf Jacob Schiff aus Frankfurt ein, um der Firma beizutreten. Er heiratete Therese, Solomons Tochter. Er brachte auch eine große Menge an Rothschild-Kapital in die Firma ein, wodurch sie um das Zehnfache expandieren konnte. 1885 ging Loeb in den Ruhestand; Jacob Schiff leitete die Firma von 1885 bis 1920, als er starb.

Zu keinem Zeitpunkt hat das Haus Rothschild jemals öffentlich zu erkennen gegeben, dass es irgendein Interesse an der Firma Kuhn, Loeb Co. George R. Conroy erklärte in der *Zeitschrift TRUTH*, Boston, 16. Dezember 1912, dass es an der Firma Kuhn interessiert sei,

> „Herr Schiff ist Chef des grossen Privatbankhauses Kuhn, Loeb & Co. das die Rothschild-Interessen diesseits des Atlantiks vertritt. Er wurde als Finanzstratege beschrieben und war jahrelang der Finanzminister der großen unpersönlichen Macht, die als Standard Oil bekannt ist. Er war Hand in Hand mit den Harrimans, den Goulds und den Rockefellers in all ihren Eisenbahnunternehmen und ist zur dominierenden Macht in der Eisenbahn- und Finanzwelt Amerikas geworden."

Dies ist eine weitere Enthüllung der verborgenen Macht der Rothschild-Interessen in Amerika. Sie hat nicht nur die Rockefeller-Unternehmen seit der Zeit geleitet, als die National City Bank of Cleveland, eine Rothschild-Bank, die frühe Expansion von Rockefeller, South Improvement Co. finanzierte, die es ihm ermöglichte, seine Konkurrenten durch illegale Eisenbahnrabatte zu vernichten, sondern sie war auch die Macht hinter den Kulissen des Harriman-Vermögens (heute Brown Brothers Harriman). Es erklärt die häufigen Ernennungen (nie Wahlen) von W. Averell Harriman, der dominierenden Macht in der Demokratischen Partei, während der Sohn seines Partners, George Bush, der republikanische Präsident ist. Es erklärt die geheime Abfassung des Federal Reserve Act durch Paul Warburg von Kuhn, Loeb & Co. und die noch geheimeren Geschäfte, die dazu führten, dass es vom Kongress in Kraft gesetzt wurde. Es erklärt, wie die Vereinigten Staaten den Ersten Weltkrieg mit Paul Warburg an der Spitze ihres Bankensystems durch den Vize-Vorsitz des Federal Reserve Board, Bernard Baruch als Diktator der amerikanischen Industrie als Vorsitzender des War Industries Board und Eugene Meyer, der den Krieg durch seine Position als Vorsitzender der War Finance Corporation finanzierte (indem er Staatsanleihen in zweifacher Ausführung druckte), bekämpfen konnten; Kuhn, Loeb Partner Sir William Wiseman mit Col. House korrelierten britische und amerikanische Geheimdienstoperationen; Kuhn, Loeb-Partner Lewis L. Strauss war amtierender Leiter der U.S. Food Administration unter Herbert Hoover. In der Zwischenzeit leitete Pauls Bruder Max Warburg das deutsche Spionagesystem; ein weiterer Bruder war deutscher Handelsattaché in Stockholm, traditioneller Abhörposten für kriegführende Nationen, und Jacob Schiff hatte zwei Brüder in Deutschland, die die deutschen Kriegsanstrengungen finanzierten. Es handelte sich um den klassischen Fall eines „gemanagten Konflikts", bei dem die Rothschilds hinter den Kulissen beide Seiten manipulierten. Auf der Friedenskonferenz von Versailles war Bernard Baruch Leiter der Reparationskommission; Max Warburg akzeptierte im Namen Deutschlands die Reparationsbedingungen, während Paul Warburg, Thomas Lamont und andere Wall-Street-Banker Wilson und die Dulles-Brüder berieten, wie die „amerikanischen" Interessen auf dieser so wichtigen diplomatischen Konferenz gehandhabt werden sollten.

Die Rothschilds hatten sich für die Formel eines „geführten Konflikts" für den Ersten Weltkrieg entschieden, weil sie von 1899 bis 1901 Schwierigkeiten hatten, die Buren zu besiegen. Nachdem sie 1881 den Transvaal illegal annektiert hatten, waren die Briten mit einer klingenden Niederlage bei Majubaby durch Paul Kruger zurückgedrängt worden. 1889 kehrten die Rothschilds aufgrund der Entdeckung riesiger Reichtümer an Gold und Diamanten in Südafrika zurück, um die Nation mit 400.000 britischen Soldaten auszuplündern, die gegen 30.000 „Irreguläre", d.h. Bauern mit Gewehren, die die Buren ins Feld schicken konnten, kämpften. Der Burenkrieg wurde von Rothschilds Agenten, Lord Alfred Milner, gegen den Willen einer Mehrheit des britischen Volkes begonnen. Seine Pläne wurden von einem anderen Rothschild-Agenten, Cecil Rhodes, unterstützt, der später sein gesamtes Vermögen der Förderung des Rothschild-Programms über den Rhodes Trust vermachte, eine keineswegs seltene Abspaltung unter Rothschild-Agenten und die Grundlage des gesamten heutigen „Foundation" -Imperiums.

Die Briten kämpften einen „Keine Gefangenen", einen verbrannten Erdkrieg, zerstörten Farmen und schossen gnadenlos Buren ab, die versuchten, sich zu ergeben. In diesem Krieg wurde die Institution der „Konzentrationslager" in die Welt gebracht, als die Briten in unhygienischen, vom Fieber geplagten Lagern zusammengetrieben und inhaftiert wurden, von denen jeder dachte, dass sie den Buren sympathisch seien, darunter viele Frauen und Kinder, die zu Tausenden starben. Diese Völkermordpolitik sollte als nächstes von den von Rothschild finanzierten Bolschewiken in Russland angewandt werden, die das Konzept des Burenkriegs übernahmen, um zwischen 1917 und

1967 66 Millionen Russen zu ermorden. Es gab nie eine Reaktion der Bevölkerung auf diese beiden Gräueltaten, da die Kontrolle der Medien die Diskussion über diese Katastrophen zu einem Tabuthema macht.

Die Karriere von Lord Alfred Milner (1854-1925) begann als Schützling von Sir Evelyn Baring, dem ersten Earl of Cromer, Partner von Baring Bros. und Bankier, der zum Generaldirektor der Buchhaltung in Ägypten ernannt worden war. Baring war damals der Finanzberater des Khedive von Ägypten. Milner war seit 1864 in der Kolonialgesellschaft aktiv, die in jenem Jahr in London gegründet wurde. Sie wurde 1868 in Royal Colonial Institute umbenannt und in hohem Maße von der Barclays Bank sowie von den Barings, Sassoons und Jardine Mathieson finanziert, die alle an der Gründung der Hongkong Shanghai Bank beteiligt waren und sich stark für den asiatischen Drogenhandel interessierten. Stabsökonomin der Royal Colonial Society war Alfred Marshall, Begründer der monetaristischen Theorie, mit der Milton Friedman nun unter der Ägide der Hoover Institution und anderer angeblich „rechter" Think-Tanks hausieren geht. Marshall wurde durch die Oxford-Gruppe zum Förderer von Wesley Clair Mitchell, der dann Burns und Friedman unterrichtete.

1884 ergänzte Milner die Arbeit der Royal Colonial Society um eine innere Gruppe, die Imperial Federation League; beide Gruppen fungieren heute als Royal Empire Society. Wladimir Halperin schreibt in *Lord Milner und das Kaiserreich,*

> „Durch Milner und einige seiner Freunde wurde die Round-Table-Gruppe ins Leben gerufen. Man muss sagen, dass der Runde Tisch bis heute eine Autorität für alle Interessen des Commonwealth ist."

Er gibt an, dass Milner eine beträchtliche Summe für die Arbeit des Runden Tisches aufgebracht hat, darunter 30.000 Pfund von Lord Astor, 10.000 Pfund von Lord Rothschild, 10.000 Pfund vom Herzog von Bedford und 10.000 Pfund von Lord Iveagh. Milner brachte eine Zeitschrift namens *Empire Review* heraus, die später *vierteljährlich am Runden Tisch erscheinen sollte.*

Halperin nimmt auch einen weiteren Beitrag von Milner zur Kenntnis,

> „Er spielte eine wichtige Rolle bei der Abfassung der berühmten Balfour-Erklärung im Dezember 1917. Es ist eine Tatsache, dass er zusammen mit Balfour deren Mitverfasser war. Bereits 1915 hatte Milner die Notwendigkeit eines Jüdischen Nationalheims erkannt, und er hatte nie aufgehört, seine

Gründung nachdrücklich zu befürworten. Milner sah, wie Lloyd George, Amery und viele andere, dass das Jüdische Heim auch zur Sicherheit des Reiches im Nahen Osten beitragen könnte."

Aus dem Runden Tisch von Milner wurde später das Kombinat Royal Institute of International Affairs-Council on Foreign Relations, das für die Weltordnung die ungehinderte Kontrolle über die Außen- und Geldpolitik sowohl der Vereinigten Staaten als auch Großbritanniens ausübt. Milner bildete eine Gruppe ehrgeiziger junger Männer aus, die als sein „Kindergarten" bekannt wurde. Dazu gehörten John Buchan, der spätere kanadische Generalgouverneur, Geoffrey Dawson, der spätere Herausgeber der *Times* und prominente Befürworter der „Beschwichtigung" mit dem „Cliveden-Set" (unter der Leitung von Lord Astor, dem die *Times* gehörte); Philip Kerr, 11. Marquess, Lord Lothian, das jüngste Mitglied des Kindergartens; er war von 1916-20 Privatsekretär von Lloyd George und wurde als weitgehend verantwortlich für die deutschen Bestimmungen des Versailler Vertrags angesehen. In seinem Who's Who heißt es weiter, dass er eine wichtige Rolle im Umgang mit Indien, allen Herrschaftsgebieten und den Vereinigten Staaten spielte. Er war 1935-40 Botschafter in den Vereinigten Staaten und war ein enger Freund von Waldorf und Lady Astor; George Joachim Goschen, ein Liberaler, der als größter Schatzkanzler, Chef des Bankhauses Cunliffe Goschen und Lord Cunliffe, Gouverneur der Bank von England, gefeiert wurde. Goschen war auch Kanzler von Oxford und der Universität von Edinburgh; sein Bruder, Baron Sir Edward Goschen, war Botschafter in Berlin, als Bethmann-Hollweg ihm sagte, dass der belgische Vertrag nur ein „Stück Papier" sei; Leopold S. Amery, der zwei Söhne hatte, Leopold, der 1945 als Verräter hingerichtet wurde, und Julian, der die Tochter von Premierminister Harold MacMillan heiratete und 1938-9 als linker Korrespondent an der Spanischen Front diente, Churchills persönlicher Vertreter bei Chiang Kai-Shek, 1945, Konferenz am Runden Tisch über Malta, 1955, Europarat, 1955-56. Der ranghohe Leopold Amery wird als „leidenschaftlicher Verfechter des britischen Imperialismus" beschrieben; er gehörte dem Stab der *Times an* und schrieb für die *Times* eine 7-bändige Geschichte des Südafrikanischen Krieges; diente von 1916-22 im Kabinett, MP 1911-45, erster Lord of Admiralty, 1922-24, Außenminister für Indien, 1940-45, und sorgte für die Unabhängigkeit Indiens. Er war ein Treuhänder des Rhodes Trust.

Die Beziehung zwischen Milner und Rothschild wurde in der Biografie von Terence O'Brien, *Milner*, S. 97, beschrieben,

„Milner reiste nach Paris wegen einiger Geschäfte mit Alphonse de Rothschild Geschäftsgespräche in der Stadt umfassten einen formellen Besuch bei Rothschilds Wochenende mit Lord Rothschild in Tring und einen Besuch bei Edward Cecil, Lord Salisbury in Hatfield, während er ein Wochenende mit Lord Rothschild in Tring verbrachte - ein Presselord verschaffte ihm eine schlaflose Nacht (ohne weitere Erklärung) Gespräche mit Rothschild."

Milner nahm an einem zionistischen Abendessen teil, das von Lord Rothschild gegeben wurde, der neben Lawrence von Arabien saß, der für ihn bei einem Gespräch mit König Feisal dolmetschte. Auf S. 364 notiert O'Brien,

> „Milner verlor keine Zeit, seine Verbindungen zur Stadt wieder herzustellen. Zuerst ging er nach Rio Tinto, das ihn wieder in seinen Vorstand wählte, und bald darauf bat Rothschild ihn, dessen Vorsitzender zu werden."

Rio Tinto war eine der Schlüsselfirmen im Rothschild-Imperium. Herbert Hoover wurde ebenfalls zum Direktor von Rio-Tinto ernannt; er sollte bald gebeten werden, die „Belgische Hilfskommission" zu leiten, die den Ersten Weltkrieg von 1916 bis 1918 verlängerte.

Die Rolle Milners bei der Auslösung des südafrikanischen Krieges wird in *British Supremacy in South Africa* beschrieben. Kap. 1 trägt die Überschrift „Sir Alfred Milners Krieg", die wie folgt erklärt wird:

> „Am 19. März telegrafierte Chamberlain ihm: 'Das Hauptziel der Regierung Seiner Majestät in Südafrika ist der Frieden. Nichts als ein höchst flagrantes Vergehen würde die Anwendung von Gewalt rechtfertigen."

p. 22,

> „Milner war zu der Überzeugung gelangt, dass ein Krieg mit dem Transvaal sowohl unvermeidlich als auch wünschenswert sei. Milner hatte Chamberlain endlich davon überzeugt, dass die britische Vorherrschaft in Südafrika gefährdet wäre, wenn die Macht des Transvaal nicht gebrochen würde."

Es gibt Beweise dafür, dass Rothschilds Lakai am Runden Tisch, Milner, den Burenkrieg kaltblütig und zum Vorteil seines Herrn herbeigeführt hat.

John Hays Hammond, leitender Bergbauingenieur für das Haus Rothschild, wurde ebenfalls nach Südafrika geschickt, um den Krieg zu beschleunigen. Zusammen mit Lionel Phillips, dem Leiter der Gold- und Diamantenminenfirma Eckstein-the Comer House, George Farrar von East Rand Property Mines und Colonel Frank Rhodes, dem Bruder von Cecil Rhodes, bildete er das *Outlanders Reform Committee*. Das Komitee wurde von Abe Bailey, Solly Joel, Barney Barnato und den Ecksteins finanziert, die alle große Gewinner bei der Aufteilung der Gold- und Diamantengrundstücke nach dem Krieg waren. Während dieser Tätigkeit wurde Hammond von Paul Kruger verhaftet, wegen Förderung der Revolution zum Tode verurteilt und durfte das Komitee erst nach Zahlung einer Geldstrafe von 100.000 Dollar verlassen. Danach wurde er von den Guggenheims für 500.000 Dollar Jahresgehalt eingestellt und 1921 zum Hauptlobbyisten für den Rat für Auswärtige Beziehungen in Washington ernannt.

Wie andere Unternehmen, mit denen die Rothschilds verbunden sind, ist die Bank of England seit ihrer Gründung 1694 ein Zentrum internationaler Intrigen und Spionage. Obwohl die Rothschilds erst 1812 mit der Bank in Verbindung kamen, vergrößerte Nathan Mayer Rothschild sein Vermögen um das 6.500fache, indem er sich falsche Gerüchte zunutze machte, die irgendwie die Londoner Börse überschwemmten und behaupteten, England habe bei Waterloo verloren. Die Bank von England ging aus einer Revolution hervor, als Wilhelm III., Prinz von Oranien, König James II. vom Thron vertrieb. Seit die Charta der Bank von England 1694 von Wilhelm verliehen wurde, hat es nie wieder einen Aufstand gegen die Krone gegeben. Die königliche Familie war sicher, weil die für eine Revolution entscheidende Geldquelle unter Kontrolle geblieben ist.

König Karl II. hatte es dank der Unterstützung durch den Herzog von Buckingham (George Villiers) und andere, deren Vornamen das Wort „CABAL" bildeten, geschafft, eine wackelige Position zu behalten, wodurch ein neuer Begriff für Intrige eingeführt wurde. Sein Nachfolger, James II., versuchte, die mächtigen Lords von England zu besänftigen, aber selbst seine langjährigen Unterstützer, die einen Machtwechsel witterten, begannen geheime Verhandlungen mit dem Prinzen von Oranien. Wilhelm I., Prinz von Oranien, war mehrfach verheiratet, mit Anna von Sachsen, Charlotte de Bourbon und Prinzessin de Coligny. Heute ist jedes herrschende Haus in Europa, auch diejenigen, die nicht an der Macht sind, ein direkter Nachfahre von König Wilhelm, darunter Königin Juliana der Niederlande, Margaretha, Königin von Dänemark, Olaf V. von Norwegen, Gustaf von Schweden, Konstantin von Griechenland, Prinz Rainier von Monaco und Jean, Großherzog von Luxemburg, dessen Sohn die Tochter von C. Douglas Dillon heiratete.

Lord Shrewsbury (Charles Talbot) hatte sowohl von Charles II. als auch von James II. Plätze erhalten; dennoch spielte er eine führende Rolle in der Revolution. Er brachte 1688 12.000 Pfund nach Holland, um William zu unterstützen, kehrte mit ihm zurück und wurde zum Außenminister ernannt. Sidney Godolphin, einer der letzten Anhänger von Jakob II., schloss sich vor der Invasion Englands mit dem Herzog von Sunderland und der Herzogin von Portsmouth in Korrespondenz mit William zusammen und wurde von William zum Leiter der Staatskasse ernannt. Henry Compton, Graf von Northampton und Bischof von London, war von Jakob II. abgesetzt worden; er unterzeichnete die Einladung an William, nach England zu kommen; 1688 wurde er wieder in seinen Sitz eingesetzt; sein Sohn Francis wurde Lord Privy Seal. John Churchill, erster Herzog von Marlborough, hatte im Oktober 1687 Verhandlungen mit dem Prinzen von Oranien aufgenommen und im August 1688 seine Bereitschaft bekundet, ihn zu unterstützen. Um den Verdacht von James II. zu zerstreuen, unterzeichnete Marlborough dann am 10. November 1688 einen erneuten Treueeid auf ihn. Am 24. November 1688 schloss er sich den Streitkräften von Wilhelm von Oranien an.

Obwohl William Mary, die Tochter von Jakobus II., geheiratet hatte und einen legitimen Anspruch auf den Thron von England hatte, konnte er die Macht nicht übernehmen, solange Jakobus II. auf dem Thron saß. Daher betrat er England mit einer Truppe von 10.000 Fußsoldaten und 4.000 Pferden, einer kleinen Streitmacht, mit der er ein großes Königreich erobern konnte. Mit ihm waren Churchill, Bentinck, (der erste Earl of Portland), Earl of Shrewsbury und Lord Polwarth, dessen Nachfahre ein prominentes Mitglied des angloamerikanischen Bankensystems ist. James II. floh an den Hof Ludwigs XIV. und wurde für abgedankt erklärt.

Dieses Ereignis wurde später in der englischen Geschichte als die „Glorreiche Revolution" gefeiert. König Jakob II. hatte 1673 eine Katholikin, Maria von Modena, geheiratet und eine Kampagne gestartet, um England nach mehr als hundert Jahren protestantischer Herrschaft wieder in die römische Hierarchie zurückzuführen. Seine beiden Töchter wurden protestantisch erzogen, aber er gebar dann einen Sohn, der als Katholik getauft wurde, woraufhin ein katholischer Thronfolger folgte. Es war diese Situation, die die Glorreiche Revolution auslöste. 1688 hatte Jakobus eine Armee von 40.000 Mann, deren Offiziere alle römisch-katholisch waren. Der Eindringling, William, hatte nur 13.000 Mann. Um seine Probleme zu verschlimmern, wurden seine Schiffe vom Kurs abgebracht und verfehlten ihr Landungsziel. James wurde mitgeteilt, dass seine Truppen, von denen die meisten protestantisch waren, ihren katholischen Offizieren nicht gehorchen würden und dass sie ihn nicht verteidigen würden. Er dankte dann bei Frankreich ab. Auch ein anschließender Versuch eines Comebacks in Irland stieß auf eine Niederlage, was die „Unruhen" auslöste, die dort bis heute andauern.

Als König von England unterzeichnete Wilhelm am 13. Februar 1689 eine Erklärung der Rechte, die dem König die Befugnis entzog, das Parlament auszusetzen oder auf seine Gesetze zu verzichten. England war nun eine konstitutionelle Monarchie, eine Form, die bis heute fortbesteht. Dieses Abkommen verpflichtete die Monarchie zu einem Jahresgehalt, über das das Parlament abstimmen musste. Die finanziellen Bedingungen waren nun fest in den Händen der Gesetzgeber. Im Jahre 1694 gründete William die Bank of England. Seit dieser Zeit hat es nie wieder eine Revolution gegeben, da keine politische Kraft in England in der Lage war, Geld zur Finanzierung einer solchen Herausforderung aufzubringen.

Im Jahr 1701 erließ das Parlament den „Act of Settlement", der den katholischen Stuarts verbot, jemals einen Anspruch auf den Thron zu erheben. Zukünftige Monarchen müssen Mitglieder der anglikanischen Kirche sein und dürfen nicht mit einem Katholiken verheiratet sein. Unter dieser vereinigten Regierung erlebte England eine große Blüte der Kultur, daher der Name, die Glorreiche Revolution. Mit der Gründung der Bank von England wurden riesige Vermögen geschaffen, und im ganzen Land wurden große Anwesen gebaut. William wurde von Königin Anne abgelöst, die siebzehn Kinder gebar, von denen keines überlebte. Ihr Personal versorgte sie mit reichhaltigem Essen, so dass sie sehr dick wurde und eine schlechte Gesundheit hatte. Als sie starb, gab es zahlreiche Anwärter auf den Thron. Der erfolgreiche Anwärter, der Kurfürst von Hannover, aus Deutschland, untermauerte seinen Anspruch durch die Forschungen des Gelehrten Gottfried Wilhelm Leibniz (1646-1716). Leibniz arbeitete zwanzig Jahre lang an der Dokumentation des Anspruchs der Braunschweiger Familie und veröffentlichte seine Ergebnisse als Codex Juris Gentium Diplomaticus Hannoverae. Leibniz war 1667 Sekretär der Rosenkreuzergesellschaft in Nürnberg gewesen. Er diente der Braunschweiger Familie von Hannover treu als Genealoge und Historiker. Er dokumentierte, dass Elisabeth, die protestantische Tochter von König Jakob I., Friedrich den Fünften, Kurfürst von der Pfalz, geheiratet hatte. Ihre Tochter Sophie heiratete Ernest Augustus, den ersten Kurfürsten von Hannover. Obwohl sie vor Königin Anne starb, konnte ihr Sohn, der jetzt Kurfürst von Hannover ist, aufgrund der sorgfältig dokumentierten Berichte von Leibniz die anderen Anspruchsberechtigten besiegen. Leibniz brachte nicht nur die Hannoveraner nach England, sondern auch die Freimaurerei. Seine rosenkreuzerischen Verbindungen, die er mit seinem englischen Amtskollegen Francis Bacon teilte, setzten einen

Freimaurer auf den Thron Englands. Unter dem Namen Georg I. sprach Hannover kein Englisch und weigerte sich empört, die Sprache seiner neuen Domäne zu lernen.

Marlborough, Vorfahre von Winston Churchill (dessen ehemalige Schwiegertochter Pam Harriman die führende Macht in der Demokratischen Partei ist), wird in *Der Generalkapitän* von Ivor Brown beschrieben,

> „Der Beauftragte für öffentliche Finanzen stellte fest, dass der Herzog von Marlborough Geschenke in Höhe von etwa 60.000 Pfund von Antonio Machado und Sir Solomon de Medina, Auftragnehmer für Brot und Wagen für die Armee im Ausland, sowie 20 % aller für die Bezahlung der Truppen vorgesehenen Gelder, etwa 175.000 Pfund (später revidiert auf 350.000 Pfund), angenommen hatte."

Marlborough behauptete, es sei alles für den Geheimdienst ausgegeben worden, aber Zeugen sagten aus, dass er in all seinen Kampagnen nicht mehr als 5000 Pfund für diesen Zweck ausgegeben haben konnte. Donald Chandlers Biographie von Marlborough weist darauf hin, dass

> „Die Brotlieferanten wie Solomon und Moses Medina, Mynheer Hecop, Solomon Abraham, Vanderkaa und Machado waren zum größten Teil spanische oder niederländische Juden von unterschiedlicher Zuverlässigkeit und Bestechlichkeit."

Chandler sagt, dass sie durchweg kurzes Gewicht gaben oder Sand in ihre Maissäcke fügten. Einige Jahre lang zahlte Medina als Hauptunternehmer der Armee eine jährliche Provision von 6000 Pfund an Marlborough als sein Rechengeld für Armeeaufträge.

Zusätzlich zu seinen englischen Anhängern, die zuvor König James II. treu waren, brachte William aus Amsterdam die Gruppe der geizigen Finanziers mit, die auch die Lieferanten seiner Armeen waren. Eine seiner ersten Amtshandlungen war die Verleihung des Rittertitels an Salomon de Medina. Machado und Pereira versorgten seine Armeen in Spanien und Holland; Medina belieferte Marborough in Flandern; Joseph Cortissot belieferte Lord Galway in Spanien, und Abraham Prado belieferte die britische Armee während des Siebenjährigen Krieges.

Der wichtigste Akt in Williams Regierungszeit war die Verleihung der Charta der Bank of England im Jahre 1694, obwohl die meisten seiner Biographen diese hervorstechende Tatsache auslassen. Das Konzept einer Zentralbank, die die Befugnis zur Ausgabe von

Banknoten oder zur Ausgabe von Geld haben sollte, hatte sich in Europa bereits durchgesetzt. Die Bank von Amsterdam wurde 1609 gegründet; ihre Mitglieder unterstützten William bei seiner Eroberung Englands. Die Bank von Hamburg wurde 1619 gegründet; die Bank von Schweden begann 1661 mit der Ausgabe von Banknoten. Diese Banken wurden von Finanziers gechartert, deren Vorfahren Bankiers in Venedig und Genua gewesen waren. Als sich die Weltmacht in Europa nach Norden verlagerte, verlagerten sich auch die Finanziers. Die Hamburger Warburgs hatten als die Familie Abraham del Banco, die größten Bankiers in Venedig, begonnen.

Eine interessante Technik zeigt sich in der Charta der Bank of England - sie wurde als Teil eines Tonnagegesetzes durchgeschoben, das später zu einer anerkannten parlamentarischen Technik werden sollte. Die Charta sieht Folgendes vor

> „Raten und Abgaben auf die Tonnage von Schiffen werden solchen Personen zur Sicherheit gegeben, die freiwillig die Summe von 1.500.000 Pfund zur Fortsetzung des Krieges gegen Frankreich vorstrecken."

Andere europäische Banken, wie die Banken von Genua, Venedig und Amsterdam, waren in erster Linie Einlagenbanken, aber die Bank von England begann mit der Praxis, ihren eigenen Kredit in Geld zu prägen, der Beginn der monetaristischen Bewegung. Die Bank von England schuf bald eine „neue Klasse" von Geldinteressen in der Stadt, im Gegensatz zur Macht der alten Barone, deren Vermögen sich aus ihrem Landbesitz ergab. Von den fünfhundert Altaktionären lebten vierhundertfünfzig in London. Dies war der Beginn der Vormachtstellung der „City", die heute das führende Finanzzentrum der Welt ist. Aus diesem Grund identifizierten die Rothschilds ihre wichtigsten amerikanischen Banken mit dem Codewort „City" .

Frühe Beschreibungen der Aktionäre der Bank of England identifizieren sie als „eine Gesellschaft von etwa 1300 Personen" . Dazu gehörten der König und die Königin von England, die Anteile im Wert von jeweils 10.000 Pfund erhielten; Marlborough, der 10.000 Pfund investierte - er investierte auch große Summen aus seinen „Kommissionen" in die East India Co. im Jahr 1697 und wurde später Gouverneur der Hudson Bay Company, die eine Dividende von 75% ausschüttete; Lord Shrewsbury, der 10.000 Pfund investierte; Godolphin, der 7.000 Pfund investierte - er sagte voraus, dass die Bank von England nicht nur den Handel finanzieren, sondern auch die Last ihrer Kriege tragen würde, was sich in den nächsten dreihundert Jahren bewahrheitete. Virginia Cowles schreibt in *The Great Marlborough*,

„England ging aus dem Krieg als die dominierende Kraft hervor, weil das Kreditsystem der Bank von England es ihr ermöglichte, die Last des Krieges ohne übermäßige Belastung zu tragen."

Andere Charta-Abonnenten waren William Bentinck, später der erste Earl of Portland; er war ein Page im Haushalt von Wilhelm von Oranien gewesen, begleitete Wilhelm 1670 bei seinem ersten Besuch nach England, führte 1677 die heiklen Verhandlungen über seine Heirat mit Mary und bereitete die Einzelheiten von Williams Invasion in England vor. Er erhielt den Titel eines Earl of Portland und wurde zum vertrauenswürdigsten Vertreter von Williams Außenpolitik. Herzog, Cavendish Bentinck, ist chmn von Bayers UK Ltd. und Nuclear Chemie Mittchorpe GMBH, Deutschland. Er hatte auch eine herausragende Karriere im auswärtigen Dienst vorzuweisen und trat 1922 in das Auswärtige Amt ein; er vertrat England bei den aufeinanderfolgenden Konferenzen in Paris, Den Haag und Locarno, war chmn Joint Intelligence für die Generalstabschefs 1939-45 und Botschafter in Polen während der kritischen Jahre 1945-47, als dieses Land mit Englands heimlicher Unterstützung an die Sowjetunion übergeben wurde.

Andere Gründungszeichner der Bank von England waren der Herzog von Devonshire (William Cavendish), der Chatsworth erbaute; er hatte auch die Einladung an William unterschrieben, den Thron von England zu übernehmen; er war 1702 High Steward bei Annes Krönung und soll ein verschwenderisches Privatleben geführt haben - (der jetzige Herzog verkaufte im Juli 1984 sieben Zeichnungen für 9 Dollar.Herzog heiratete Deborah Freeman Mitford, die Tochter von Baron Redesdale - sein heutiger Schwager, Baron Redesdale, ist Vizepräsident der Chase Manhattan Bank; der Herzog von Leeds, Sir Thomas Osborne, der auch die Einladung an William unterzeichnete - er war Lord High Treasurer und hatte die Hochzeit von Mary arrangiert - wurde später angeklagt, weil er ein hohes Bestechungsgeld erhalten hatte, um die Charta der East India Co. im Jahre 1691 - wegen seiner bevorzugten Stellung bei Hofe wurde das Verfahren nie abgeschlossen, und er hinterließ eines der größten Vermögen in England; Earl of Pembroke, (Thomas Herbert), der der erste Lord der Admiralität und später Lord Privysiegel wurde; Earl of Carnarvon, der auch Earl of Powis und Earl of Bradford ist; Lord Edward Russell, der 1697 Earl of Orford schuf; er war 1683 in den Dienst von William eingetreten, wurde 1689 zum Schatzmeister der Marine, 1696-17 zum ersten Lord der Admiralität und 1697-1714 zum Lord der Gerechtigkeit ernannt (Sir Robert Walpole, der berühmte britische Führer, wurde in der zweiten Schöpfung zum Earl of Orford ernannt); William Paterson, dem man gewöhnlich zuschreibt, dass er der Gründer der Bank von England war - er wurde innerhalb eines Jahres hinausgeworfen; Sir Theodore Janssen, der 10.000 Pfund investierte; Dr. Hugh Chamberlen; John Asgill, ein exzentrischer Schriftsteller und Pamphletist; Dr. Nicholas Barbon, Sohn von Praisegod Barebones, der die erste Versicherungsgesellschaft in Großbritannien gründete: John Holland, ein angesehener Engländer, der 1695 auch die Bank von Schottland gründete; Michael Godfrey, der in Namur, Belgien, auf dem Weg nach Antwerpen starb, um eine Filiale der Bank von England zu gründen - er war der erste stellvertretende Gouverneur der Bank von England und Neffe von Sir Edward Godfrey, der 1678 von Titus Oakes ermordet wurde; Sir John Houblon und zwanzig Mitglieder seiner Familie waren ebenfalls frühe Aktionäre; Sir John wurde Lord of the Admiralty und Lord Mayor of London; sein Bruder James war stellvertretender Gouverneur der Bank von England; Salomon de Medina, später von William III. zum Ritter geschlagen; Sir William Scawen; Sir Gilbert Heathcote, Direktor der Bank von England 1699-1701, und von 1723-25; er war Sheriff und später Lord Mayor of London, gründete die New East India Co. 1693; seine Sparsamkeit wurde von Alexander Pope in seinen Quatrains lächerlich gemacht; Sir Charles Montague, erster Earl of Halifax und Schatzkanzler - der jetzige Earl ist Direktor der Hambros Bank; Marquess Normandy, John Sheffield, trug auch den Titel eines Duke of Buckingham - er ist in Westminster Abbey begraben; Thomas Howard, Earl of Arundel, Rechnungsprüfer des königlichen Haushalts; Charles Chaplin und der Philosoph John Locke.

In seinem Buch *The Bank of England, A History* stellt Sir John Clapham fest, dass bis 1721 eine Reihe von spanischen und portugiesischen Juden Aktien der Bank of England kauften - Medina, zwei Da Costas, Fonseca, Henriquez, Mendez, Nunes, Roderiquez, Salvador Teixera de Mattos, Jacob und Theodore Jacobs, Moses und Jacob Abrabanel, Francis Pereira. Clapham weist darauf hin, dass seit 1751 nur sehr wenig mit Aktien der Bank of England gehandelt wurde; sie werden seit mehr als zwei Jahrhunderten sehr eng gehalten.

Die Bank of England hat in der amerikanischen Geschichte eine herausragende Rolle gespielt - ohne sie würde es die Vereinigten Staaten nicht geben. Die amerikanischen Kolonisten betrachteten sich als loyale Engländer gegenüber einem Mann, aber als sie begannen, durch den Druck und die Verbreitung ihres eigenen kolonialen Ritzels unvergleichlichen Wohlstand zu genießen, gingen die Aktionäre der Bank of England zu George III. und informierten ihn, dass ihr Monopol der verzinslichen Banknoten in den Kolonien auf dem Spiel stand. Er verbot das Wechselgeld mit der Folge, dass eine sofortige Depression im kommerziellen Leben Amerikas entstand. Dies war der Grund für die Rebellion; wie Benjamin Franklin darauf hinwies, hätte die geringe Teesteuer in Höhe von etwa einem Dollar pro Jahr und amerikanischer Familie getragen werden können, aber die Kolonisten konnten das Verbot ihres eigenen Geldes nicht überleben.

Die Bank of England und die Rothschilds spielten weiterhin eine dominierende Rolle im kommerziellen Leben der Vereinigten Staaten und verursachten Panik und Depressionen bei den Rothschilds, wann immer ihre Beamten dazu aufgefordert wurden. Als die Second Bank of the United States 1836 auslief und Präsident Jackson sich weigerte, sie zu erneuern, und in den Vereinigten Staaten großen Wohlstand schuf, als Regierungsgelder in anderen Banken eingezahlt wurden, bestraften die Rothschilds die Emporkömmlinge, indem sie die Panik von 1837 verursachten. Wie Henry Clews schreibt, *Achtundzwanzig Jahre an der Wall Street*, S. 157,

> „Die Panik von 1837 wurde von der Bank of England noch verschlimmert, als sie an einem Tag alle mit den Vereinigten Staaten verbundenen Papiere wegwarf."

Durch die Verweigerung der Gutschrift amerikanischer Banknoten und Aktien schuf die Bank von England eine finanzielle Panik unter den Inhabern dieser Papiere. Die Panik ermöglichte es Rothschilds Agenten Peabody und Belmont, ein Vermögen zu ernten, indem sie während der Panik abgeschriebene Aktien aufkauften.

Die Bank of England hat eine herausragende Rolle in Kriegen, Revolutionen und Spionage sowie in Paniksituationen der Wirtschaft gespielt. Als Napoleon 1815 von Elba floh, sprang der Londoner Goldmarkt über Nacht von 4 lb. 6d auf 5 lb.7. Der führende Käufer war Nathan Mayer Rothschild, der vom britischen Finanzministerium den Auftrag erhielt, Gold an den Herzog von Wellington zu senden, der sich zusammenschloss, um Napoleon zu stoppen. Nach Waterloo fiel der Goldpreis.

Im zwanzigsten Jahrhundert war der wichtigste Name der Bank von England Lord Montague Norman. Sein Großvater, George Warde Norman, war von 1821-1872 Gouverneur der Bank von England, länger als jeder andere Mann; sein anderer Großvater, Lord Collet, war von 1887-89 Gouverneur der Bank von England und fünfundzwanzig Jahre lang geschäftsführender Gesellschafter der Brown Shipley Co. in London. 1894 wurde Montague Norman nach New York geschickt, um in den Büros von Brown Bros. zu arbeiten; er war mit der Familie W.A. Delano befreundet und lebte bei der Familie Markoe, den Partnern von

Brown Bros. 1907 wurde Norman an den Hof der Bank von England gewählt. 1912 erlitt er einen schweren Nervenzusammenbruch und wurde von Jung in der Schweiz behandelt. Er wurde 1916 stellvertretender Gouverneur der Bank of England und diente später bis 1944 als Gouverneur. *Das Wall Street Journal* schrieb 1927 über ihn,

„Mr. M. Collet Norman, der Gouverneur der Bank of England, steht jetzt an der Spitze aller anderen britischen Bankiers. Kein anderer britischer Bankier war jemals so unabhängig und überlegen in der britischen Finanzwelt wie Mr. Norman heute. Er ist gerade zum achten Mal in Folge zum Gouverneur gewählt worden. Vor dem Krieg durfte kein Gouverneur sein Amt länger als zwei Jahre ausüben; aber Mr. Norman hat alle Präzedenzfälle gebrochen. Er leitet auch seine Bank und sein Schatzamt. Er scheint außer seinen Angestellten keine Vereinigungen zu haben. Er gibt keine Interviews. Er lässt die britische Finanzwelt hinsichtlich seiner Pläne und Ideen völlig im Dickicht."

Der Gedanke, dass eine Einzelperson die Bank of England nach eigenem Gutdünken und ohne Einflüsse führte, ist zu lächerlich, um in Betracht gezogen zu werden. Was ist mit den Rothschilds? Was ist mit den anderen Aktionären? Carroll Quigley stellt in *Tragödie und Hoffnung* fest, dass die Rothschilds

M. Norman sagte: „Ich habe die Hegemonie über die Währung. - Man nennt ihn den Währungsdiktator Europas."

Lionel Fraser von J. Henry Schroder Wagg bemerkt in seiner Autobiographie *„Alles zum Guten"*, dass er für die persönlichen Investitionen von Lord Norman verantwortlich war. Er erwähnt auch die Firma von Helbert Wagg, ehemaliger Juwelier aus Halberstadt und heute ein Londoner Bankhaus (später J. Henry Schroder Wagg),

„Die Firma war offizieller Börsenmakler des großen und allmächtigen Hauses Rothschild."

Sowohl Wagg als auch Schroder waren 159 Jahre lang in London im Geschäft, als sie 1960 fusionierten. Ein anderer Autor stellt fest, dass Lord Norman sich häufig mit J.P. Morgan beriet, bevor er seine Entscheidungen für die Bank of England traf. Gordon Richardson, Vorsitzender von J. Henry Schroder von 1962-72, wurde dann von 1972-83 Gouverneur der Bank von England, als sein Nachfolger Robert Leigh-Pemberton, Chef der National Westminister Bank, ebenfalls Direktor von Equitable, in die Familie Cecil-Burghley einheiratete.

Die derzeitigen Direktoren der Bank of England sind: G. W. McMahon, stellvertretender Gouverneur seit 1964, Wirtschaftsanalyst des Finanzministeriums 1953-57, Berater der britischen Botschaft Washington 1957-60; Sir Adrian Cadbury, chmn Cadbury Schweppes, dir. IBM UK; Leopold de Rothschild, N.M. Rothschild & Sons usw.; George V. Blunden, Direktor des britischen Finanzministeriums. Bank of England seit 1947, diente 1955-58 beim IWF; A.D. Lochnis, dir. J. Henry Schroder Wagg; G. A. Drain, Mitglied der Trilateralen Kommission, Schatzmeister European Movement, Franco-British Council, British North American Committee, Anwalt vieler Gewerkschafts- und Gesundheitsverbände; Sir Jasper Hollom, Vorstandsmitglied seit 1936; D.G. Scholey, chmn S.G. Warburg Co., Orion Insurance, Union Discount of London, Mercury Securities, die jetzt S.G. Warburg Co. Irwin Holdings besitzt; J.M. Clay, dep. chmn Hambros Bank, chmn Johnson and Firth Brown Ltd; Hambros *Life* Assurance; Sir David Steel, chmn British Petroleum, dir. Kuwait Oil Co., The Wellcome Trust, Treuhänder The Economist (chmn Evelyn de Rothschild); Lord Nelson of Stafford, chmn GE Ltd. chmn Royal Worcester Co. Natl Bank of Australasia, International Nickel, British Aircraft, English Electric, Marconi Ltd. chmn World Power Conference, Worshipful Co. of Goldsmiths, Middle Eastern Assn; Lord Weir, chmn The Weir Group, chmn Great Northern Investment Trust; E.A.J. George, exec, Leitung Bank of England, Leitung Bank of England, Leitung Lord Nelson of Stafford, chmn GE Ltd. Gilt-Edged Division Bank of England, IWF 1972-72, Bank für Internationalen Zahlungsausgleich 1966-69; Sir Hector Laing, chmn United Biscuit, Allied Lyons, Royal Insurance; Sir Alastair Pilkington, chmn Pilkington Bros. British Petroleum, British Railways Board.

Die Bank of England dominiert auch die Bank of Scotland, deren Chef Robert Bruce, Lord Balfour, ist; sein Titel Balfour of Burleigh wurde 1607 geschaffen; er ist Manager von English Electric und Viking Oil; er heiratete die Tochter des Magnaten E.S. Manasseh. Zu den Direktoren der Bank von Schottland gehört Lord Clydesmuir, ebenfalls dir. Lord Polwarth, Direktor der Halliburtons, die mit der Rothschild First City Bank of Houston und der Citibank, Imperial Chemical Industries, Canadian Pacific und Brown and Root Wimpey Highland Fabricators, die mit George Wimpey PLC, dem größten Bauunternehmen des Britischen Empires, dessen 44 Unternehmen einen Umsatz von 1,2 Milliarden Pfund pro Jahr erzielen, zusammenarbeitet. Lord Polwarths Tochter heiratete den kanadischen Hochkommissar Baron Moran, der zuvor als Botschafter in Ungarn und im Tschad diente; die Tochter von Baron Moran heiratete Baron Mountevans, den Manager von Consolidated Goldfields.

Zu den Direktoren von George Wimpey PLC gehörten S.S. Jardine; Viscount Hood, chmn Petrofina UK, und Direktor J. Henry Schroder Wagg sowie Union Miniere; und Sir Joseph Latham, chmn Ariel International, Direktor Deutsche Kreditbank.

Wimpey Co. steht in Verbindung mit Schroder Ltd, der Muttergesellschaft von J.Henry Schroder Wagg. The Earl of Airlie (David Ogilvy) ist der Sohn von Schroder; er heiratete Virginia Ryan, die Enkelin von Otto Kahn und Thomas Fortune Ryan; The Earl ist auch Direktor der Royal Bank of Scotland; zu den Direktoren von Schroder gehören Lord Franks, Direktor der Rockefeller Foundation, des Rhodes Trust und des Kennedy Center; er ist ehemaliger Botschafter in den Vereinigten Staaten; G.W. Mallinkrodt; Sir E.G. Woodruffe von Unlever und Daniel Janssen von der Bank of England.

Einer der großen Rothschild-Hoaxes war die „Abrüstungsbewegung" der frühen 1930er Jahre. Es ging nicht um Abrüstung, sondern darum, die Nationen dazu zu bewegen, die Waffen, die sie besaßen, zu verschrotten, damit sie später neue Waffen verkaufen konnten. Die „Kaufleute des Todes", wie sie damals im Volksmund genannt wurden, waren nie mehr als Laufburschen für ihre wahren Herren, die „Bankiers des Todes" oder, wie sie auch „die Bruderschaft des Todes" genannt wurden. 1897 kaufte Vickers, an dem Rothschilds die größte Beteiligung hielt, die Naval Construction and Armament Co. und die Maxim Nordenfeldt Guns & Ammunition Co. Die neue Vickers-Maxim Co. um das weiße Gold (Zucker) Kubas zu erlangen; im Burenkrieg von 1899-1901, um die Gold- und Diamantenfelder des Witwatersrand zu beschlagnahmen, und im Russisch-Japanischen Krieg von 1905, der darauf abzielte, den Zaren zu schwächen und die Kommunistische Revolution unausweichlich zu machen. Diese drei Kriege lieferten den Vorwand für die Ausrüstung für die Massenproduktion der Ersten und Zweiten Weltkriege. 1897 wurde ein internationaler Macht-Trust, bestehend aus DuPont, Nobel, Koln und Rottweiler, gegründet, der die Welt in vier verschiedene Verkaufsgebiete aufteilte.

Der chmn von Vickers, Sir Herbert Lawrence, war Direktor des Sun Assurance Office Ltd; Sun Life Assurance und chmn des Londoner Komitees der Ottomanischen Bank; zu den Direktoren gehörten Sir Otto Niemeyer, Direktor der Bank of England und der Anglo International Bank; S. Loewe, der deutsche Rüstungsmagnat, Loewe & Co; Sir Vincent Caillard, Präsident des Ottomanischen Schuldenrats, Finanzexperte für den Nahen Osten; und Sir Basil Zaharoff, der „geheimnisvolle Mann Europas" .

Die Hochwassermarke des „Händler des Todes" -Schwindels wurde bei den Anhörungen des Nye-Ausschusses 1934 erreicht, von denen in den Regierungsbibliotheken ausnahmslos Kopien fehlen. Alger Hiss war Ermittler und Berater des Ausschusses. Typisch war die Befragung von Mr. Carse von der Electric Boat Co. durch den Vorsitzenden Nye. (eine Tochtergesellschaft von Vickers):

> **„Chmn NYE**: 1917 verfassten Sie, Herr Carse, einen Brief, um Zaharoff zu helfen, die Zahlung von Einkommenssteuer auf Ihre Provisionen an ihn in Höhe von 766.852 Dollar zu vermeiden. Es gibt Anlage 24, einen Brief vom 21. September 1917, adressiert an Mr. H.C. Sheridan, Washington, D.C. Wer ist Mr. Sheridan, Mr. Carse?
>
> **CARSE**: Ihm gehört das Hotel Washington. Zu dieser Zeit war er der Vertreter von Vickers Ltd. in diesem Land, und er war auch ein Vertreter von Zaharoff. Mr. Sheridan wickelte Mr. Zaharoffs Einkommenssteuer mit White und Case ab.
>
> **CHMN**: Wussten Sie, dass dies falsch war, dass diese Unterlassung von einer Million Dollar, auf die Bezug genommen wurde, in Wirklichkeit Sir Basil Zaharoffs Einkommen war?
>
> **CARSE**: Nein, ich wusste nichts über Zaharoffs Einkommen.
>
> **CHMN**: Aber Sie haben uns gesagt, dass ein Brief von Zaharoff sechs Wochen zuvor, in dem 82.000 Francs genannt wurden, sein eigenes persönliches Einkommen war.
>
> **CARSE**: Ich weiß nicht, was Zaharoff in seinem Geschäft getan hat. Er hat es mir nicht gesagt.
>
> **CHMN**: Ist es Zaharoff gelungen, der Zahlung der Einkommenssteuer an die Vereinigten Staaten zu entgehen?
>
> **CARSE**: Ich glaube, es wurde eine Einigung erzielt. Sheridan hat sich darum gekümmert. Soweit ich weiß, war Zaharoff nie ein Aktionär. Die Männer, die mit sehr großen Aktien handeln, geben die Aktien nicht auf ihren eigenen Namen heraus.
>
> **CHMN**: Zaharoff schrieb Ihnen am 19. Mai 1925: „Ich möchte mich nicht für das bedanken, was ich getan habe, denn ich bin verpflichtet, die Interessen meiner Firma Vickers und der Electric Boat Co. zu wahren, an denen ich beteiligt bin.
>
> **CARSE**: Ich weiß, dass er mir das gesagt hat, aber ich konnte nie etwas zurückverfolgen.

Senator Clark ging dann der Frage nach, wie die Rüstungs- und Ölfirmen Kriege förderten:

CLARK: Diese ganze Gelegenheit der Bewaffnung Perus und der Revolution in Bolivien auf der Grundlage der Bewaffnung gegen Chile beruhte also auf falschen Gerüchten?

MR. SPEZAR: Das ist mein Eindruck.

CLARK: Sie wollten die großen Ölkonzerne für die Finanzierung eines Rüstungsprogramms für Südamerika interessieren.

CARSE: Ich war bereit, jeden Vorschlag zu unterbreiten, den die Regierung in Bezug auf interessierte Ölgesellschaften genehmigen könnte."

Das Nye-Komitee kam häufig auf Zaharoffs Aktivitäten zurück und bezeichnete ihn als „eine Art Superspion in hohen sozialen und einflussreichen Kreisen". Viele Jahre lang übte er großen Einfluss auf den englischen Premierminister Lloyd George aus. Zaharoff, der seine Karriere als Bordelltout und harter Unterweltler begann, arrangierte für Lloyd George eine Affäre mit Zaharoffs Frau. Arthur Maundy Gregory, ein Mitarbeiter von Lloyd George, war ebenfalls ein Agent von Zaharoff. Viele Jahre lang ging Maundy Gregory regelmäßig mit Peerages in Londoner Clubs hausieren; Ritterschaften, nicht erblich, betrugen 10.000-12.000 Pfund; Baronetcies gingen bis zu 40.000 Pfund in die Höhe, von denen er Lloyd George jeweils 5000 Pfund zahlte. Maundy Gregory war auch eng mit Sir Basil Thompson in der britischen Gegenspionage verbunden. Zaharoff, der 1851 in Konstantinopel geboren wurde, heiratete eine Emily Ann Burrows aus Knightsbridge. Maundy Gregory machte Emily Ann dann mit dem unersättlichen Lloyd George bekannt. Von da an war er Zaharoffs Gnade ausgeliefert. Obwohl Zaharoff mit Lloyd George während des gesamten Ersten Weltkriegs bis 1922 eng verbunden war, als ihre Verbindung die politische Karriere von Lloyd George effektiv beendete, taucht der Name Zaharoff in den umfangreichen Memoiren von Lloyd George nirgends auf. Die politische Karriere von Lloyd George endete, nachdem Zaharoff ihn 1920 überredete, den Griechen gegen die Türkei zu helfen, ein katastrophales Abenteuer, das Lloyd George den Sturz von der politischen Macht brachte. George Donald McCormick stellt in *The Mask of Merlin*, dem endgültigen Werk über Lloyd George, fest,

„Zaharoff hielt ihn (Lloyd George) über den Balkan auf dem Laufenden. Während des Krieges wurde Zaharoff von Lloyd

George auf verschiedene geheime Missionen geschickt. Die Großen Drei, Wilson, Lloyd George und Clemenceau, trafen sich in Zaharoffs Haus in Paris. Bei einer Gelegenheit ging Zaharoff auf persönliche Anweisung von Lloyd George, verkleidet in der Uniform eines bulgarischen Armeearztes, nach Deutschland (1917). Clemenceau sagte später: „Die Informationen, die Zaharoff in Deutschland für Lloyd George beschaffte, waren die wichtigsten Informationen des ganzen Krieges. '"

Für diese Mission wurde Zaharoff 1918 mit dem Order of British Empire ausgezeichnet. Auch McCormick stellt fest,

> „Zaharoff war an den Briey-Öfen des Comité des Forges beteiligt. Während des ganzen Krieges wurde nichts gegen Briey oder das nahegelegene Thionville unternommen, ein für die deutsche Armee lebenswichtiges deutsches Gebiet. Der Befehl, Briey zu bombardieren, wurde auf Befehl Zaharoffs aufgehoben. M. Barthe protestierte gegen dieses Ereignis in einer Rede vor dem französischen Parlament am 24. Januar 1919" .

McCormick fand heraus, dass Zaharoff einige interessante Geständnisse gegenüber engen Vertrauten gemacht hatte. Er prahlte vor Rosita *Forbes,*

> „Ich habe Kriege geführt, damit ich Waffen an beide Seiten verkaufen konnte. „Er gab Sir Robert Lord Boothby einen klugen politischen Rat: „Fangen Sie in der Politik auf der linken Seite an und arbeiten Sie sich dann, wenn nötig, auf die rechte Seite hinüber. Denken Sie daran, dass es manchmal notwendig ist, diejenigen von der Leiter zu stoßen, die Ihnen geholfen haben, sie zu erklimmen."

Zusätzlich zu seinem Bestand an Vickers und Elektrobooten besaß Zaharoff große Beteiligungen an anderen Rüstungsunternehmen, Krupp und Skoda. Die Skoda-Werke der Tschechoslowakei wurden von der mächtigen Schneider-Familie Schneider-Creusot kontrolliert, an deren Spitze Eugene Schneider stand, dessen Enkelin den heutigen Herzog von Bedford heiratete. Der Nye-Ausschuss stellte fest, dass sich Vickers mit Brown Boveri aus der Schweiz, Fokker, Banque Ottomane, Mitsui, Schneider und zehn weiteren Rüstungsfirmen in der ganzen Welt verzahnte. Vickers gründete eine Torpedofabrik, die Societe Françaises des Torpilles Whitehead, mit der ehemaligen Whitehead Co. deren Eigentümer James B. Whitehead dann englischer Botschafter in

Frankreich wurde. Frau Margareta von Bismarck war Direktorin der Société Françaises, ebenso wie Graf Edgar Hoyos von Fiume.

Auf seinem Höhepunkt in den 1930er Jahren umfasste das Vickers Netzwerk Harvey Steel, Chas. Cammell & Co. Schiffbau, John Brown & Co., Krupp und Dillinger aus Deutschland, Terni Co. aus Italien, Bethehem Steel and Electric Boat in den USA, Schneider, Chatillon Steel, Nobel Dynamite Trust und Chilworth Gunpowder Co. Der Treuhänder für die Schuldverschreibungen der Rüstungsfirmen war die Royal Exchange Assurance Co. in London, deren Direktor E. Roland Harriman von Brown Bros Harriman war.

Als Erster Lord der Admiralität änderte Winston Churchill als Gefallen für die Familie Samuel, der die Royal Dutch Shell gehörte, den Treibstoff der gesamten englischen Flotte von Kohle auf Öl.

Die aufschlussreichsten Arbeiten über die Waffenhändler, die Anhörungen des Nye-Ausschusses und die *Händler des Todes* sind jetzt fünfzig Jahre alt. Auf S. 167 von *„Merchants of Merchants"* finden wir

> „Die Société Minière de Penarroya kontrolliert die wichtigsten Bleiminen der Welt, auf die ein Achtel der Weltproduktion entfällt. Seit 1833 kontrollieren die französischen Bankiers, die Rothschilds, diese Minen, aber 1909 ging die Rothschild-Bank eine Allianz mit der Frankfurter Metallgesellschaft ein, an der sowohl der Kaiser als auch Krupp stark interessiert waren. Dieses Unternehmen blieb während des Krieges etwa zwei Jahre lang unter deutscher und französischer Kontrolle. Bei Ausbruch der Feindseligkeiten wurden 10.000 Tonnen Blei aus diesen Minen über die Schweiz nach Deutschland verschifft. Als die Lieferungen nach Frankreich wieder aufgenommen wurden, wurde der Preis so weit erhöht, dass er mehr als doppelt so hoch war wie der Preis, den die Engländer für ihr Blei zahlten. Der freie Handel zwischen Deutschland und Frankreich mit wichtigen Chemikalien, für Pulver usw. wurde fortgesetzt; die Schweizer versorgten beide Seiten mit elektrischer Energie. Entlang ihrer Grenze entstanden große Kraftwerke, die von Italien aus Deutschland gegenüberstanden und Eisen, Bauxit, Chemikalien und Strom produzierten. Zeiss-Produkte wurden während des ganzen Krieges nach Grossbritannien exportiert."

Dr. Ellis Powell berichtete am 4. März 1917 vor einer Zuhörerschaft in der Queens Hall in London;

„Zu Beginn des Krieges durften viele tausend deutsche Reservisten nach Deutschland zurückkehren, obwohl unsere Flotte sie hätte aufhalten können. Deutsche Einzelpersonen, Firmen und Unternehmen handelten weiterhin fröhlich in britischen Namen, trieben ihre Schulden ein und finanzierten indirekt, ohne Zweifel, den deutschen Militarismus. Genau in dem Moment, als die Deutschen unser Eigentum durch Zeppelinbomben zerstörten, zahlten wir ihnen eigentlich Geld, anstatt ihre Besitztümer als Teil der Entschädigung für die angerichteten Schäden zu nehmen. Im Januar 1915 kam die bösartige Entscheidung von Lord Reading (Rufus Isaacs) und dem Berufungsgericht, derzufolge der Kaiser und Little William Co. ein gutes britisches Unternehmen war, das in der Lage war, die eigenen Untertanen des Königs vor den eigenen Gerichten des Königs zu verklagen. ...Die ununterbrochene Aktivität des Frankfort Metal Octopus in diesem Land ist kein Zufall... Lassen Sie mich einen reißerischen Fall analysieren, der in der Öffentlichkeit Empörung und Zorn bis in die Tiefe geschürt hat. Ich meine das unverschämte Überleben der deutschen Banken. Wir befinden uns nun seit fast drei Jahren im Krieg. Doch ihre Türen sind noch immer offen. Sie haben nach Kriegsbeginn große Mengen an Goldbarren nach Deutschland geschickt."

Während des Ersten Weltkriegs gab es unter den kriegführenden Nationen ein bemerkenswertes Maß an gutem Willen und Freihandel. Natürlich wollten die Amerikaner nicht von der großen Ausgießung des guten Willens, bei der vierzig Millionen Menschen getötet wurden, ausgeschlossen werden. Es reichte nicht aus, dass die Amerikaner den Krieg über ihr Federal Reserve System und die persönliche Einkommenssteuer finanzierten, die, wie Cordell Hull es in seinen *Memoiren* so treffend formulierte, „im letzten Augenblick" vor Ausbruch des Krieges verabschiedet worden war; es reichte auch nicht aus, dass die Amerikaner die „Belgier", eigentlich die Deutschen, über die Belgische Hilfskommission ernährten, so dass der Krieg verlängert werden konnte, bis die Vereinigten Staaten ein kriegführender Staat wurden. Besorgte Amerikaner widmeten sich dem Vorschlag, dass amerikanische Jungen in den Schützengräben mit den Briten, Franzosen, Deutschen und anderen Nationalitäten getötet werden sollten.

Die Kriegshetzer gründeten drei Hauptorganisationen, um die Vereinigten Staaten in den Ersten Weltkrieg zu zwingen - den Rat für Nationale Verteidigung, die Marine-Liga und die Liga zur Durchsetzung des Friedens. Der Rat für Nationale Verteidigung wurde durch ein Gesetz des Kongresses vom August 1916 autorisiert, obwohl es keine Nation auf der Erde gab, von der bekannt war, dass sie einen Angriff auf die Vereinigten Staaten in Erwägung zog. Pancho Villa hatte eine kleine Gruppe von Banditen gegen Kolumbus, N.M., angeführt, aber dieser Überfall war kaum eine Gelegenheit für eine nationale Mobilisierung. Es handelte sich um einen Vergeltungsschlag wegen der Aktionen der New Yorker Bankiers in Mexiko - die Warburgs hielten die Anleihen der National Railways of Mexico; George F. Peabody und Eugene Meyer und Cleveland H. Dodge besaßen die Kupferminen von Mexiko; Seligman & Co. besaßen Electric Power and Light of Mexico. Die mexikanische Revolution war ein Aufstand gegen Präsident Porfirio Diaz, der jahrelang gewinnbringend mit den Warburgs und Rockefellers zusammengearbeitet hatte. Percy N. Furber, Präsident der Oil Fields of Mexico Ltd. sagte gegenüber C.W. Barron: „Die mexikanische Revolution war ein Aufstand gegen Präsident Porfirio Diaz,

> „Die mexikanische Revolution wurde in Wirklichkeit von H.Clay Pierce verursacht, der 35% der Pierce-Waters Oil Co. besaß; Standard Oil besaß die restlichen 65%. Er wollte meinen Besitz bekommen. Er verlangte von Diaz, dass er die Steuern auf Ölimporte abziehen sollte, damit Standard Oil Produkte aus den USA einführen konnte."

Furber sagte, er habe das Geld für Francisco Madero bereitgestellt, um Diaz zu stürzen. Madero wurde dann von Victoriano Huerta ermordet, dem Bauern von Lord Cowdray, dem Chef der britischen Ölinteressen in Mexiko. In dem daraus resultierenden Chaos traten Villa und Zapata in den Vordergrund, was zu der Razzia in Columbus führte.

Den Vorsitz im Rat für Nationale Verteidigung führte Daniel Willard, Vorsitzender. B&O RR; weitere Mitglieder waren Bernard Baruch, Julius Rosenwald, Samuel Gompers, Walter S. Gifford, Präsident von A T & T, auch Direktor der Commission on Industrial Preparedness; Hollis Godfrey, Präsident des Drexel Institute, verheiratet mit einem Lawrence von Boston; und Howard Coffin, Präsident der Hudson Motor Car Co. Der Sekretär von Coffin, Grosvenor Clarkson, leitete den Rat. Godfrey behauptet im Who's Who, dass der Rat eigentlich von ihm selbst, Howard Coffin und Elihu Root, gegründet wurde.

Die Direktoren der Navy League waren J.P. Morgan von U.S. Steel, Charles Schwab von Bethlehem Steel, Col. R.M. Thompson von International Nickel und B.F. Tracy, Anwalt der Carnegie Steel Co. Die

Direktoren der Liga zur Durchsetzung des Friedens waren Elihu Root, der Anwalt von J.P. Morgan; Lincoln Filene; Oscar Straus; John Hays Hammond, der wegen revolutionärer Aktivitäten in Südafrika zum Tode verurteilt worden war; Isaac Seligman; Perry Belmont, der offizielle Vertreter der Rothschilds, und Jacob Schiff von Kuhn, Loeb & Co. Die Parole dieser millionenschweren Bankiers war „Bereitschaft", und der Asst. Sec. der Marine Franklin Delano Roosevelt vermietete bereits 1916, ein Jahr bevor wir in den Krieg eintraten, große Verträge mit der Marine.

Oberst House schrieb am 29. Mai 1914 aus London an Präsident Wilson,

> „Wann immer England zustimmt, werden Frankreich und Russland Deutschland und Österreich einholen."

Während er sich auf den Krieg vorbereitete, führte Woodrow Wilson 1916 eine Kampagne unter dem Motto „Er hielt uns aus dem Krieg heraus" . Anmerkungen von H.C. Peterson in *Propaganda für den Krieg*, Univ. Oklahoma Press, 1939,

> „Die 9 Millionen Menschen, die für Wilson stimmten, taten dies zu einem großen Teil wegen des Satzes: 'Er hat uns aus dem Krieg herausgehalten. „'"

Oberst House erzählte Viereck später, dass Wilson 1916, lange vor seinem Feldzug, ein Abkommen mit den Briten geschlossen hatte, um uns in den Krieg einzubeziehen. Roosevelt wiederholte den Prozess 1939.

Als wir in den Ersten Weltkrieg zogen, ernannte Wilson seinen Wahlkampf-Spendensammler Bernard Baruch zum Leiter des War Industries Board. Baruch wurde später vom Graham-Ausschuss untersucht. Er sagte aus,

> „Ich hatte wahrscheinlich mehr Macht als vielleicht jeder andere Mann im Krieg; das ist zweifellos wahr."

Er sprach von seinen Aktionen vor dem Krieg,

> „Ich bat um ein Interview mit dem Präsidenten. Ich erklärte ihm so ernsthaft, wie ich konnte, dass ich über die Notwendigkeit der Mobilisierung der Industrien des Landes zutiefst besorgt bin. Der Präsident hörte sehr aufmerksam und wohlwollend zu, wie er es immer tut, und das Nächste, was ich einige Monate später hörte, war, dass meine Aufmerksamkeit auf diesen Nationalen Verteidigungsrat gelenkt wurde."

MR. GRAHAM: Hat sich der Präsident dazu geäußert, ob es ratsam ist, das von Ihnen vorgeschlagene Schema anzunehmen?

BARUCH: Ich glaube, ich habe die meisten Gespräche geführt.

GRAHAM: Haben Sie ihn mit Ihrer Überzeugung beeindruckt, dass wir in den Krieg geraten würden?

BARUCH: Wahrscheinlich habe ich das.

GRAHAM: Das war Ihre damalige Meinung?

BARUCH: Ja. Ich dachte, wir würden in den Krieg ziehen. Ich dachte, ein Krieg käme lange vorher.

MR. JEFFRIES: Dann hat das System, das Sie eingeführt haben, der Lukens Steel & Iron Co. nicht den gleichen Gewinn beschert wie den niedrig produzierenden Unternehmen?

BARUCH: Nein, aber wir haben den anderen 80% weggenommen.

MR. JEFFRIES: Das war das Gesetz, nicht wahr?

BARUCH: Das hat die Regierung getan.

GRAHAM: Was meinten Sie mit der Verwendung des Wortes „wir" ?

BARUCH: Das war die Regierung. Verzeihung, aber ich meinte uns, den Kongress.

GRAHAM: Sie meinten, dass der Kongress ein entsprechendes Gesetz verabschiedet hat.

BARUCH: Ja, Sir.

GRAHAM: Hatten Sie etwas damit zu tun?

BARUCH: Gar nichts.

GRAHAM: Dann würde ich an Ihrer Stelle nicht das Wort „wir" verwenden.

Obwohl Baruch eine entscheidende Rolle bei der Finanzierung von Wilsons Kampagne spielte, hatte er 1916 Wilsons fast erfolgreichen Gegner, Charles Evans Hughes, nicht ignoriert. Carter Field weist in seiner Biografie über Baruch darauf hin,

> „Meine persönliche Meinung ist, dass Baruch bei den Hughes-Wahlen enorm wichtig gewesen wäre, wenn Hughes in der knappen Wahl von 1916 gewählt worden wäre, sowohl bei

der Führung des Krieges als auch bei der Schaffung des Friedens."

Feld geht weiter,

> „Unter diesem merkwürdigen Deckmantel der Anonymität übte Baruch in jenen frühen Wilson-Tagen eine sehr ungewöhnliche Art der politischen Macht aus. Er wurde von den meisten Wilson-Leuchten kultiviert, die schnell herausfanden, dass er mehr für sie tun konnte, als sie durch einen direkten Appell an Wilson tun konnten. Natürlich gab es für all dies keine Publicity."

Feld sagt auch,

> „Zum einen liebte Wilson Baruch nicht nur, er BESTÄTIGTE ihn. Frau Wilson macht diese spezielle Aussage in ihren Memoiren."

Wilsons Beziehungen zu anderen waren nicht immer von so tiefer Zuneigung geprägt. David Lawrence stellt in seiner Biografie über Wilson, *The True Story of Woodrow Wilson*, fest, dass der ehemalige Präsident Grover Cleveland, ein Treuhänder von Princeton, im Juni 1907 Wilsons Pläne, den Charakter der Schule zu verändern, öffentlich anprangerte und damit einen „bitteren Angriff" startete. Cleveland war nach seinem Ausscheiden aus dem Weißen Haus nach Princeton gekommen und war der Universität zutiefst verbunden. Er starb im Sommer 1908. In jenem Herbst, als Wilson als Präsident der Schule seine jährliche Eröffnungsrede hielt, erwähnte er weder den Tod von Cleveland, noch setzte er jemals eine Gedenkveranstaltung an, wie es Brauch war, wenn ein Treuhänder verstarb.

Das Baruch-War Industries Board ist für die gegenwärtige Arbeit besonders wichtig, nicht nur wegen der diktatorischen Macht, die Baruch während der Kriegsjahre ausübte, sondern weil die WIB-Mitglieder die Vereinigten Staaten weiterhin regieren. Aus dem WIB und der Amerikanischen Kommission zur Aushandlung des Friedens entstand die Brookings Institution, die fünfzig Jahre lang nationale Prioritäten setzte, die NRA und die gesamte Roosevelt-Administration sowie den Zweiten Weltkrieg. Die Zusammenarbeit mit Baruch am WIB war die seines ersten Vorsitzenden, Clarence Dillon von Dillon, Read; Robert S. Brookings, chmn Preisfestsetzungskomitee des WIB, gründete später die Brookings Institution; Felix Frankfurter, chmn vom War Policies Labor Board; Herbert Hoover und T.F. Whitmarsh von der U.S. Food Administration; H.B. Swope, Werbeagent für Baruch; Harrison Williams; Albert Ritchie, später Gouverneur von Maryland;

General Goethals und Rear Admins F.F. Fletcher. Goethals wurde durch General Pierce ersetzt, der dann durch General Hugh Johnson ersetzt wurde, der für viele Jahre Baruchs rechte Hand wurde. Field sagt uns, dass

> „General Hugh Johnson blieb zwei Monate lang auf Baruchs Gehaltsliste, nachdem er Chef der NRA wurde (während des New Deal)" .

Field zitiert Woodrow Wilson als Baruch bei der WIB,

> „Lassen Sie den Hersteller den Schläger hinter Ihrer Tür sehen."

sagte Baruch vor dem Graham-Ausschuss,

> „Wir haben die Preise mit Hilfe eines möglichen Bundeszwangs festgesetzt."

Ausgeschlossen in der Baruch-Wilson-Gesellschaft der gegenseitigen Wertschätzung war William Jennings Bryan, der langjährige Chef der Demokratischen Partei. Bryan war nicht nur gegen unseren Eintritt in den Zweiten Weltkrieg - er wagte es, die Familie, die den Krieg organisiert hatte, die Rothschilds, zu kritisieren. Weil er es wagte, die Rothschilds zu erwähnen, wurde Bryan prompt als „antisemitisch" denunziert. Er antwortete: „Unsere Gegner haben manchmal versucht, den Anschein zu erwecken, wir hätten ein Rennen angegriffen, als wir die Finanzpolitik der Rothschilds anprangerten. Aber das sind wir nicht; wir sind ebenso sehr gegen die Finanzpolitik von J.P. Morgan wie gegen die Finanzpolitik der Rothschilds."

Wegen der geheimen Planung, die für die Auslösung eines großen Krieges erforderlich war, war die Kontrolle der Kommunikationsmedien unerlässlich. Kent Cooper, Präsident der Associated Press, schreibt in *Life*, 13. November 1944, „Informationsfreiheit",

> „Vor und während des Ersten Weltkriegs war die große deutsche Nachrichtenagentur Wolff im Besitz des europäischen Bankhauses Rothschild, das seinen Hauptsitz in Berlin hatte. Ein führendes Mitglied der Firma war auch der persönliche Bankier Kaiser Wilhems (Max Warburg). Was tatsächlich im kaiserlichen Deutschland geschah, war, dass der Kaiser Wolff benutzte, um sein Volk so zu binden und zu begeistern, dass es dem Ersten Weltkrieg entgegenfieberte. Zwanzig Jahre später wurde dieses Muster unter Hitler von der DNB, Wolffs Nachfolgern, wiederholt und enorm vergrößert."

Cooper bemerkte später in seiner Autobiografie *„Barriers Down"*,

> „internationale Bankiers unter dem Haus Rothschild erwarben eine Beteiligung an den drei führenden europäischen Agenturen. (Havas, Frankreich; Reuters, England; Wolff, Deutschland)."

Am 28. April 1915 erschoss sich Baron Herbert de Reuter, Chef der Reuters Agency, selbst. Die Ursache dafür war der Zusammenbruch der Reuters Bank, die von Baron Julius de Reuter, dem Gründer von Reuters, organisiert worden war, um ausländische Überweisungen abzuwickeln, ohne sie einer Buchhaltung zu unterziehen. Sein Nachfolger wurde Sir Roderick Jones, der in seiner Autobiographie schreibt

> „Kurz nachdem ich 1915 die Nachfolge von Baron Herbert de Reuter angetreten hatte, erhielt ich zufällig eine Einladung von Herrn Alfred Rothschild, dem damaligen Chef des britischen Hauses Rothschild, zum Mittagessen mit ihm im historischen New Court in der Stadt."

Jones verzichtet klugerweise darauf, uns zu sagen, was bei diesem Treffen besprochen wurde.

Nur ein Mitglied des Kongresses stimmte gegen die Kriegserklärung der USA an Deutschland im Ersten Weltkrieg, Jeanette Rankin. Sie war auch das einzige Mitglied des Kongresses, das gegen unseren Eintritt in den Zweiten Weltkrieg stimmte. Die Gegner von Wilsons Aktion wurden oft geschlagen und inhaftiert. Eugene Debs wurde zu einer langen Gefängnisstrafe verurteilt. Der Kongressabgeordnete Charles Lindbergh kandidierte für das Amt des Gouverneurs von Minnesota auf einer Plattform, die sich gegen unsere Beteiligung am Krieg aussprach. Die *New York Times* prangerte seine Kampagne regelmäßig scharf an. Am 9. Juni 1918 stellte sie fest,

> „Abgeordneter Clarence H. Miller prangerte Lindbergh und die Non Partisan League als aufrührerisch an. Laut Herrn Lindbergh ist das Liberty-Darlehen ein von den Geldhaien erfundenes Instrument. Es scheint unentschuldbar, dass eine Person, der es erlaubt ist, in den Vereinigten Staaten auf freiem Fuß zu sein, eine solche Ansicht darüber unterhalten oder zum Ausdruck bringen könnte. '"

Harrison Salisbury von der *New York Times* erklärt,

> „Ich habe die Aufzeichnungen durchsucht und sie zeigen, dass der Mob Charles K. Lindbergh Sr. während seiner

Kampagne von 1918 für die republikanische Nominierung für das Gouverneursamt in Minnesota verfolgt hat. Er wurde zusammen mit den Non Partisan Leaguers unter dem Vorwurf der Verschwörung verhaftet; eine Kundgebung in Madison, Minnesota, wurde mit Feuerwehrschläuchen abgebrochen; er wurde als Bildnis in Red Wing gehängt, von der Rednertribüne geschleift, mit Lynchmord bedroht, und er floh inmitten einer Salve von Schüssen aus der Stadt."

Salisbury versäumt zu erwähnen, dass ein Trupp von Bundesagenten des Bureau of Investigation unter der Leitung von J. Edgar Hoover bei seiner ersten wichtigen Aktion Lindbergh und seine Familie angriff, alle Exemplare von Lindberghs Your Country at War herausholte und sie auf dem Rasen verbrannte; als der junge Charles vorstürmte, um das Feuer zu löschen, schlug Hoover ihn nieder.

Im Sommer 1917 ernannte Woodrow Wilson Oberst House zum Leiter der amerikanischen Kriegsmission bei der Inter-Alliierten Kriegskonferenz, der ersten amerikanischen Mission zu einem europäischen Rat. Bei House waren sein Schwiegersohn, Gordon Auchincloss, und Paul Cravath, der Anwalt von Kuhn Loeb. Auchincloss war Direktor von Chase Natl. Bank, Solvay, Sofina und Cross Sc Blackwell.

Währenddessen arbeiteten Walter Lippman und eine andere Gruppe eifrig an den Plänen für den Völkerbund. Lippmann hatte 1905 den amerikanischen Zweig der Fabian Society als Intercollegiate Socialist Society gegründet, aus dem später die Students for a Democratic Society hervorging, nach einer Zeit, in der sie als League for Industrial Democracy bekannt war; James T. Shotwell und andere Internationalisten arbeiteten mit Lippmann an dieser Organisation.

Obwohl der Krieg für diejenigen, die ihn befördert hatten, gut lief, wurden die Feindseligkeiten durch die unvorhergesehene Intervention eines Adjutanten des Zaren von Russland, Generalmajor Graf Tscherep Spiridowitsch, der sagt, etwas abrupt beendet,

„Ich hatte ein langes Gespräch mit General McDonough, dem Chef des Kriegsgeheimdienstes in London; am 1. September 1918 legte ich einen Bericht vor, in dem ich ihm empfahl, dass Frieden mit Bulgarien einen Aufstand im slawischen Österreich, Panik in Deutschland und die Kapitulation seiner Armeen auslösen würde; mein Rat wurde angenommen; zwei Wochen später wurde Frieden mit Bulgarien unterzeichnet, zwei Wochen später war Österreich aus dem Krieg heraus, zwei Wochen später kapitulierte Deutschland."

L.L. Strauss von Kuhn, Loeb Co. gibt an, einer von vier amerikanischen Delegierten gewesen zu sein, die sich im März 1919 in Brüssel mit den Deutschen über den endgültigen Waffenstillstand beraten haben. Am 11. November 1918 titelte die *New York Times,*

> „ROTER GRIFF AUF DEUTSCHLAND: Königsberg, Frankfurt/Main, Straßburg jetzt von Spartacist-Sowjets kontrolliert" .

Am 12. November 1918 schrieb die *New York Times,*

> „Die Revolution in Deutschland ist heute in jeder Hinsicht eine vollendete Tatsache."

Am selben Tag titelte die *New York Times,*

> „Der Glanz regiert wieder; die Juwelen lodern auf"

Anlass war ein Galaabend in der Metropolitan Opera, bei dem Caruso und Homer Samson und Delilah sangen. Anwesend waren die Otto Kahns mit dem französischen Generalkonsul; George F. Bakers und seine Schwester Goadby Loew; Cornelius Vanderbilt und seine Töchter; die Whitney s, die J.P. Morgans und die E.T. Stotesburys; die Fricks; Frau Bernard Baruch; ihr Ehemann war für wichtige Geschäfte in Europa; Frau Adolf Ladenburg. Diese Jubilare waren auch die Hauptinvestoren der American International Corporation, die die bolschewistische Revolution in Russland finanzierte.

Der Amerikanischen Kommission für Friedensverhandlungen gehörten erwartungsgemäß Walter Lippmann, die Brüder Dulles, die Warburg-Brüder (Paul aus den USA, Max aus Deutschland) L.L. Strauss, Thomas W. Lamont sowie House, Wilson und Wilsons Außenminister Robert Lansing, der Onkel der Dulles, an. Ihr freundlicher Gastgeber war Baron Edmond de Rothschild. Frankreich wurde auf der Friedenskonferenz von Finanzminister Klotz vertreten, der laut Nowell-Baker seit Jahren von den Rothschilds in nützlicher Weise für die Verteilung von Bestechungsgeldern an die Presse eingesetzt worden war. Die Reparationskommission wurde am 25. Januar 1919 gegründet, wobei Bernard Baruch aus den USA, Klotz aus Frankreich und Lord Cunliffe, Gouverneur der Bank von England, England vertraten. Noten von Carter Field,

> „Fast jeden Nachmittag hatte Baruch eine angenehme Sitzung im Crillon mit drei oder vier seiner alten Kumpanen aus dem War Industries Board."

Wilson kehrte am 8. Juli 1919 in die Vereinigten Staaten zurück, beladen mit Schmuck im Wert von einer Million Dollar, Geschenken von dankbaren Europäern als Belohnung für sein Versprechen, die USA in den Völkerbund zu bringen. Nicht ein einziges Kongressmitglied war mit ihm auf der Pariser Friedenskonferenz gewesen. Seine Mitarbeiter waren die Fabians of America, Dr. James T. Shotwell, Eugene Delano und Jacob Schiff. Herbert Hoover schloss sich Oberst House sofort als lautstärkster Fürsprecher für unseren Beitritt zum Völkerbund an.

Baruch sagte später vor dem Graham-Ausschuss aus;

„Ich war Wirtschaftsberater bei der Friedenskommission.

GRAHAM: Haben Sie den Präsidenten häufig beraten, während Sie dort waren?

BARUCH: Wann immer er mich um Rat fragte, habe ich ihn gegeben. Ich hatte etwas mit den Reparationsklauseln zu tun. Ich war der amerikanische Kommissar, der für die so genannte Wirtschaftsabteilung zuständig war. Ich war Mitglied des Obersten Wirtschaftsrats, der für die Rohstoffe zuständig war.

GRAHAM: Saßen Sie im Rat mit den Herren, die über den Vertrag verhandelten?

BARUCH: Ja, Sir, manchmal.

GRAHAM: Alle außer den Treffen, an denen die Großen Fünf teilgenommen haben.

BARUCH: Und häufig auch diese.“

Die Reparationskommission ordnete an, dass die Deutschen vier Emissionen von Anleihen ausgeben sollten, die alle wie folgt an die Reparationskommission zu liefern waren:

1. 20 Milliarden Goldmark, 5 Milliarden Papiermark bis zum 1. Mai 1921 für die Besatzungsarmee.

2. Kriegskosten von Belgien - 4 Milliarden Goldmark, fällig am 1. Mai 1926.

3. 40 Milliarden Goldmark zu 20% Zinsen von 1921-26, die 1951 in den Ruhestand treten sollen.

4. ein vorläufiger Fonds für allgemeine Reparationen mit einer Laufzeit von 30 Jahren. (Vertrag von Versailles, Finanzklauseln 248-63).

Die Bankiers begannen sofort damit, diese gigantischen Summen als Kapitalquellen zu behandeln, die durch Kredite und andere handelbare Instrumente monetarisiert werden sollten. Das sagte Lloyd George dem *N.Y. Journal American* am 24. Juni 1924;

> „Die internationalen Bankiers diktierten die Reparationszahlung an Dawes. Das Protokoll, das zwischen den Alliierten und assoziierten Mächten und Deutschland unterzeichnet wurde, ist der Triumph des internationalen Finanziers. Ohne die schroffe und brutale Intervention der internationalen Bankiers wäre eine Einigung nie zustande gekommen. Sie fegten Staatsmänner, Politiker und Journalisten beiseite und erteilten ihre Befehle mit der Herrschsucht absoluter Monarchen, die wussten, dass ihre rücksichtslosen Dekrete keinen Reiz hatten. Die Einigung ist die gemeinsame Ukase von King Dollar und King Sterling. Dawes Bericht gehörte ihnen. Sie inspirierten und redigierten die Mode. Der Dawes-Bericht wurde von den Money Kings herausgegeben. Die Befehle der deutschen Finanziers an ihre politischen Repräsentanten waren ebenso streng wie die der verbündeten Bankiers an ihre politischen Vertreter."

Obwohl die Reparationsklauseln das erwünschte Ergebnis erzielten, die Deutschen zu einem Zweiten Weltkrieg zu zwingen, war das primäre Ergebnis die Bildung einer „Front" -Weltregierung, des Völkerbundes, während im Hintergrund die Verschwörer über das Royal Institute of International Affairs und dessen amerikanische Tochter, den Council on Foreign Relations, ihr eigentliches Regierungsorgan, die Weltordnung, gründeten.

1895 gründete Cecil Rhodes, südafrikanischer Agent der Rothschilds, eine Geheimgesellschaft, deren erklärter Zweck wie folgt lautete

> „Am Ende soll Großbritannien eine Macht errichten, die so überwältigend ist, dass die Kriege aufhören und das Millennium verwirklicht werden muss."

Um dieses Ziel zu erreichen, hinterließ er dem Rhodes Trust 150 Millionen Dollar. Die Rothschild hatten bereits eine Gruppe mit ähnlichen Zielen, den von Lord Alfred Milner gegründeten Runden Tisch, für den J.P. Morgan 1899 rekrutiert worden war.

Im Handbuch des Council on Foreign Relations von 1936 heißt es,

> „Am 30. Mai 1919 trafen sich mehrere führende Mitglieder der Delegationen der Pariser Friedenskonferenz im Hotel Majestic in Paris, um die Einrichtung einer internationalen Gruppe zu erörtern, die ihre jeweiligen Regierungen in

internationalen Angelegenheiten beraten sollte. Die USA waren vertreten durch General Tasker H. Bliss (Stabschef der U.S. Army), Col. Edward M. House, Whitney H. Shepardson, Dr. James T. Shotwell und Prof. Archibald Coolidge. Großbritannien wurde inoffiziell durch Lord Robert Cecil, Lionel Curtis, Lord Eustace Percy und Harold Temperley vertreten. Bei diesem Treffen wurde beschlossen, die vorgeschlagene Organisation Institute of International Affairs zu nennen. Bei einem Treffen am 5. Juni 1919 beschlossen die Planer, dass es am besten wäre, wenn getrennte Organisationen miteinander kooperieren würden. Folglich organisierten sie den Rat für auswärtige Beziehungen mit Sitz in New York und eine Schwesterorganisation, das Royal Institute of International Affairs in London, auch bekannt als die Chatham House Study Group, um die britische Regierung zu beraten. Eine Unterorganisation, das Institut für pazifische Beziehungen, wurde gegründet, um sich ausschließlich mit fernöstlichen Angelegenheiten zu befassen. Weitere Organisationen wurden in Paris und Hamburg gegründet, wobei die Hamburger Zweigstelle den Namen Institut für Auswartige Politik und die Pariser Zweigstelle den Namen Centre d'Études de Politique Étrangère, 13 Rue de Four, Paris VI, trug."

Die Hamburger Filiale wurde natürlich wegen der dortigen Warburg-Familienbank gegründet.

Nachdem Baron Edmond de Rothschild die Pariser Friedenskonferenz dominiert hatte, sah er die Errichtung der Weltordnung durch diese Gruppen als die Krönung seines Lebens an. Die „Gründer" des RIIA waren allesamt Rothschild-Männer; Ehrenvorsitzender des CFR war Elihu Root, Anwalt von Morgan und Kuhn, Loeb Co.; Alexander Hemphill, ein Bankier von Morgan, und Otto Kahn von Kuhn, Loeb Co.

Die Gründer des RIIA waren Rothschilds wichtigste südafrikanische Agenten; Sir Otto Beit, Treuhänder von Rhodes Estate und Direktor der British South Africa Co.; Percy Alport Molteno, Sohn des ersten Premierministers der Kapkolonie; Sir Abe Bailey, Besitzer der Transvaal-Minen, der bei der Auslösung des Burenkrieges eng mit Sir Alfred Milner zusammenarbeitete; John W. Wheeler-Bennett, der 1944-45 General Eisenhowers politischer Berater bei SHAEF London wurde, Sir Julien Cahn und Lionel Curtis, Kolonialsekretär der Transvaal-Minen, der seine Ansprache am Runden Tisch hielt, 175 Piccadilly Rd. London. Später wurde er zum Beit-Dozenten für die Kolonialgeschichte Südafrikas ernannt.

Zu den weiteren Gründern des RIIA gehörten vier Mitglieder der Familie Astor - Vicomte Astor, Hon. F.D.L. Astor, M.L. Astor und H.J.J. Astor, wobei letzterer der Chef von The *Times* und Direktor der Hambros Bank war. Der erste Präsident des RIIA war Oberstleutnant R.W. Leonard, Präsident der Coniagas-Minen. Der Schirmherr war Ihre Majestät die Königin. Alle Premierminister und Vizekönige der Kolonien seit 1923 waren Ehrenpräsidenten des RIIA. Stephen King Hall sagt in seinem endgültigen Werk *„Chatham House",*

> „Der Prinz von Wales nahm das Amt des Besuchers gnädigerweise an. Diese Ernennung stellte sicher, dass das Institut niemals zu Partei- oder Propagandazwecken pervertiert werden konnte."

Die Liste der Mitglieder des RIIA von 1934 umfasste Sir Austin Chamberlain, Premierminister, Schatzkanzler, Lordsiegelbewahrer und Außenminister; Harold MacMillan, der die Tochter des Herzogs von Devonshire heiratete und später Premierminister wurde, und Lord Eustace Percy, Herzog von Northumberland. Die Mitgliederliste von 1942 enthält Sir Roderick Jones, Chef von Reuters; G.M. Gatheren-Hardy; Sir Andrew McFadyen, chmn North British Borneo Co. und United Rubber Estates - er diente 1910-1917 im britischen Finanzministerium, vertrat das Finanzministerium bei der Pariser Friedenskonferenz 1919-20, war Generalsekretär der Reparationskommission, 1922-25; Kommissar für kontrollierte Einnahmen Berlin 1924-30, später bei S.G. Warburg Co.; Oberst Vickers; und Lord Brand, Geschäftsführer Lazard Bros., der Lady Astors Schwester Phyllis Langhorne heiratete, war 1917-18 dep. chmn Britische Mission in Washington, Finanzberater von Lord Robert Cecil, chmn Oberster Wirtschaftsrat bei der Pariser Friedenskonferenz; George Gibson, dir. Bank of England; John Hambro von der Hambros Bank; Lord Derby (Edward Villiers), Lord of Treasury, Kriegsminister, 1916-1918, der ein 69.000 Acre großes Anwesen in Lancashire besaß, und Lord Cromer (Baring).

In den Anfangsjahren wurde das RIIA hauptsächlich von den Rothschilds durch Spenden finanziert, die über Sir Abe Bailey und Sir Alfred Beit geleitet wurden, mit etwa 100.000 Dollar pro Jahr; seitdem wurde es mit vielen Millionen Dollar von der Rockefeller Foundation und der Carnegie Corporation finanziert.

Im Jahr 1936 wurde das Budget des RIIA in Höhe von 400.000 $ auch von den folgenden korporativen Abonnenten finanziert: N.M. Rothschild & Sons; British South Africa Co.; Bank of England; Reuters News Agency; Prudential Assurance Co.; Sun Insurance Office Ltd.

und Vickers-Armstrong Ltd., die alle als Rothschild-Unternehmen bekannt waren. Weitere Abonnenten waren J.Henry Schroder Co., Lazard Freres, Morgan Grenfell, Erlangers Ltd. und E.D. Sassoon Co.

In einer Reihe populärer Bücher, die jetzt im Umlauf sind, wird behauptet, der Council on Foreign Relations sei die geheime Regierung der Vereinigten Staaten. Nichts könnte falscher sein. Die Mitglieder des Rates für auswärtige Beziehungen haben nie auch nur einen einzigen Politikpunkt für die US-Regierung entwickelt. Sie übermitteln lediglich Befehle vom RIIA und dem Haus Rothschild in London an unsere Regierungsbeamten. Es stimmt, dass der CFR eine herrschende Elite in den Vereinigten Staaten umfasst, aber sie sind bloße Kolonialgouverneure, die gegenüber ihren Aufsehern in der Weltordnung absolut verantwortlich sind. Jeder prominente Amerikaner, der in diesem Buch erwähnt wird, ist jedoch Mitglied des CFR, und deshalb ist es nicht notwendig, ihn jedes Mal zu vermerken, wenn ein Name erwähnt wird. Sie übermitteln nicht nur Befehle an das Weiße Haus, das Kabinett, den Federal Reserve Board of Governors und andere Regierungsinstitutionen, sondern sie behalten auch die absolute Kontrolle über die Stiftungen, deren Aufgabe es ist, Politik zu formulieren oder in akzeptabler Form zu organisieren, um sie der Regierung zu übermitteln. Shoups *Imperial Brain Trust*, 1969, stellt fest, dass dem CFR 22 Trustees der Brookings Institution angehören, 29 bei Rand, 14 bei Hudson, 33 beim Middle East Institute, 14 von 19 Trustees der Rockefeller Foundation, 10 von 17 bei Carnegie, 7 von 16 bei der Ford Foundation, 6 von 11 beim Rockefeller Bros. Dies beweist, dass der CFR diese großen Stiftungen leitet. In der akademischen Welt zählt das CFR 58 Mitglieder an der Fakultät in Princeton, 69 an der Universität von Chicago und 30 in Harvard. Von den Banken, die die Haupteigentümer der Aktien der Federal Reserve Bank sind, gehören den Direktoren von Chase 7 CFR-Mitglieder an, 8 bei J.P. Morgan, 7 bei [1st] Natl. City (jetzt Citibank), 6 bei der Chemical Bank und 6 bei Brown Bros.

Die Liste der CFR-Mitglieder von 1968 umfasste John J. McCloy, Vorsitzender des Vorstands, Frank Altschul, Sekretär und Vizepräsident, David Rockefeller Vizepräsident und die Direktoren Robert V. Roosa, Douglas Dillon und Allen Dulles. McCloy diente auch als chmn Ford Foundation 1953-65, als Direktor der Rockefeller Foundation und als persönlicher Anwalt der Interessen der Rockefeller-Familie. Seine Karriere ist typisch für einen führenden Beamten der Weltordnung. Während seines Studiums in Harvard wurde er ein Schützling von Felix Frankfurter. Er trat in die Kanzlei Cravath, Swaine & Moore ein, Anwälte von Kuhn, Loeb Co., wo er von 1925-40 blieb.

1940 empfahl Frankfurter ihn Henry Stimson als Asst. Sec. des Krieges, wo er von 1941-45 blieb. Er schrieb und veröffentlichte die berüchtigten politischen Ansichten von Soldaten

> „es sei denn, es gibt eine spezifische Feststellung, dass der Betroffene eine Loyalität gegenüber der Kommunistischen Partei hat, die seine Loyalität gegenüber den USA aufhebt".

Senator McCarthy bezeichnete diese Richtlinie als „verräterisch".

McCloy trat 1947-49 die Nachfolge von Eugene Meyer als Präsident der Weltbank an, wurde zum Hohen Kommissar Deutschlands ernannt, wo er von 1949-52 diente, war von 1953-61 Vorstandsmitglied der Chase Natl Bank und seither Rockefellers Anwalt. Er ist Direktor von Union Pacific, Westinghouse, ATT, Dreyfus, Squibb und Mercedes Benz. Er heiratete Ellen Zinsser, die in McCloy's Current Biography von 1947 nicht anders identifiziert wird; in der Ausgabe von 1961 wird sie als Nichte des Bakteriologen Hans Zinsser identifiziert. Dies ist seltsam, denn sie ist auch die Tochter von John Zinsser, Partner von J.P. Morgan Co. und Mitglied des Vorstands von Sharp & Dohme Chemicals. Es ist eine interessante Fußnote zur Geschichte, dass der Schwiegersohn eines Partners von J.P. Morgan zum U.S.-Hochkommissar eines besiegten Deutschlands ernannt werden sollte.

Die *New York Times* bemerkte am 6. August 1965,

> „JJ. McCloy schlägt Stiftungsmuster für europäische Spenden vor."

Dies erklärte er in Salzburg,

> „Ich wünschte, dass in Europa ein Stiftungskomplex errichtet werden könnte, dessen Vertreter sich mit denen amerikanischer Stiftungen austauschen und so eine Art informellen Ansatz für einige der großen Probleme der damaligen Zeit bilden könnten."

„Informell" ist das Codewort der Weltordnung. Es bedeutet „vom Welthauptquartier ausgehend". McCloy stellte nicht das Offensichtliche fest, dass fünf Männer alle großen US-Stiftungen kontrollieren, und dass er sich wünschte, sie könnten in Europa dasselbe System haben.

Das RIIA hat eng mit der London School of Economics zusammengearbeitet, die als Ausbildungsstätte für die Bürokraten der Weltordnung eingerichtet wurde. Die Schule wurde 1920 mit finanzieller Unterstützung der Rothschilds und Sir Julius Wernher gegründet. Sir Ernest Cassel gab der Schule später 472.000 Pfund. Prof. J.H. Morgan schrieb im *Quarterly Review*, Jan. 1939,

> „Als ich Lord Haldane einmal fragte, warum er seinen Freund Sir Ernest Cassel, den Großvater von Lady Mountbatten, überredete, testamentarisch große Summen auf die London School of Economics zu setzen, antwortete er: 'Unser Ziel ist es, diese Institution zu einem Ort zu machen, an dem die Bürokratie des zukünftigen sozialistischen Staates aufgezogen und ausgebildet wird. „'"

Sir William Beveridge, Autor von Großbritanniens ruinösem politischen Programm „Cradle to the Grave", war von 1920-1937 Direktor der London School of Economics.

Das Britische Empire hat durch Piraterie, Sklaverei und Drogenhandel floriert. Aus Drakes Pirates wurde die Merchants Adventurers Co. (Sebastian Cabot), aus der später die Chartered Co. of East India hervorging. Sie wurde 1700 neu organisiert. Ursprünglich bezahlte sie den Hongkong von Kanton Silber für Tee, entdeckte aber, dass sie stattdessen Opium annehmen würden. Dieses zufällige Arrangement stieß bei einigen chinesischen Führern auf Widerstand, was England veranlasste, zehn Opiumkriege gegen China zu führen, vom Opiumkrieg 1840-43 bis zur Eroberung der Mandschurei 1931.

1715 eröffnete die British East India Co. ihr erstes Fernost-Büro in Kanton. Die Crown Policy förderte bewusst die Opiumsucht der Einheimischen, um die britische politische Kontrolle zu erleichtern. Dem Britischen Empire drohte dann der Bankrott, wenn es die amerikanischen Kolonien verlöre. Um die Rebellen zu besiegen, wurden die Gewinne aus dem Opiumhandel mit China über Mayer Amschel Rothschild an den Kurfürsten von Hessen geschickt, um 16.800 hessische Truppen anzuheuern. Damit spielten der Drogenhandel und die Rothschilds eine zentrale Rolle in der amerikanischen Geschichte, obwohl sie ignoriert oder aus den Geschichtsbüchern gestrichen wurden.

David Ricardo, Vater der Quantitätstheorie des Geldes und der „Miete" oder Beute-Theorie, war am Court of Proprietors of the East India Co. Er ließ John Stuart Mill zum Chefprüfer ernennen. Der Kolonialminister Englands während der Opiumkriege war Edward Bulwer Lytton, der 1842 den Vertrag von Nanking verfasste, der England 21 Millionen Dollar in Silber und die Kontrolle über den Freihafen von Hongkong einbrachte. Großbritannien verbündete sich dann mit der Hongkonger Gesellschaft, den Triaden und Attentätern, um die Chinesen bis in die Gegenwart zu regieren. Bulwer Lyttons

Sohn war in den 1880er Jahren, auf dem Höhepunkt des Opiumhandels, Vizekönig von Indien und förderte die Schriften Rudyard Kiplings über den britischen Raj in Indien. Zu den Profiteuren des Drogenhandels gehörte William, Earl of Shelburne, der den ersten britischen Geheimdienst organisierte, dessen Agenten aus den führenden Familien Großbritanniens stammten. Sein Vorsitzender war George Baring, und er beschäftigte Adam Smith, Jeremy Bentham und Thomas Malthus. Das Genfer Hauptquartier wurde von der Familie Mallet Prevost geleitet, zu deren Nachkommen Allen Dulles vom CIA gehört.

Basil Lubbocks Werk *The Opium Clippers*, 1933, listet die Haupteigentümer britischer Schiffe, die im Opiumhandel tätig sind, mit farbigen Abbildungen ihrer Flaggen auf. Die meisten von ihnen waren Ex-Sklavenschiffe. Nr. 1 war Hon. East India Co. (den Chinesen bekannt als Hon John Co.); 2. Jardine Matheison; 3. Dent & Co.; 4. Pybus Bros.; 5. Russel & Co.; 6. Cama Bros.; 7. Herzogin von Atholl; 8. Earl of Bale arras; 9. George IV.; 10. Prinzregent; 11.

Am 1. Februar 1927 nahm die *New York Times* das Ableben von Sir Robert Jardine zur Kenntnis,

> „der Sohn und Erbe des verstorbenen Sir Robert Jardine und Nachfolger seines Vaters als Chef von Jardine Mathieson & Co. Hongkong, das lange Zeit fast ein Monopol auf die Einfuhr von indischem Opium nach China hatte."

Sir Robert hatte 20 Millionen Dollar und 20.000 Acres in Schottland geerbt. Dr. William Jardine hatte sich 1819 in Kanton niedergelassen.

Der derzeitige Herzog von Atholl besitzt 202.000 Acres im Schloss Blair Castle und ist die einzige Person in England, die von der Krone autorisiert ist, eine Privatarmee zu unterhalten. Lady Melvilles Vorfahre, Georg, der erste Earl, hieß Wilhelm von Oranien 1688 auf dem Thron willkommen und wurde zum Lord Privy Seal ernannt.

Zu den Direktoren der Banque Rothschild in Paris gehören Elie de Rothschild, Direktor von New Court Securities, Banque Leumi de Israel, Five Arrows Fund N.V. Curaçao; Alain de Rothschild, Five Arrows Fund Curaçao, Banque Lambert de Bruxelles; Guy de Rothschild - Rio Tinto Zinc, New Court Securities, NY; Sir James Goldsmith; Hubert Faure, Botschafter in Kolumbien, Präs. Schneider Madrid und zehn Otis-Unternehmen; Bernard de Villemejane, Präs. Imetal, Direktor Copperweld. Sir James Goldsmith ist auch chmn Generale Occidentale, dem die Lebensmittelgeschäfte Grand Union und Colonial in den USA, Cavenham USA und Banque Occidentale gehören; zu seinen Direktoren gehören David de Rothschild (Sohn von

Guy), der auch Direktor der Compagnie du Nord und der Societe de Nickel ist.

Durch den belgischen Zweig der Rothschild-Familie können wir den Einfluss der Rothschilds in Afrika im vergangenen Jahrhundert nachvollziehen. Baron Leon Lambert finanzierte das belgische Reich von König Leopold; zum Kongo-Syndikat gehörte Baron Empain (la compagnie d'Orient) F. Philippson & Co. und Banque Outremer. Dieses Syndikat war mit der Banque de Paris, der anglo-italienischen Gruppe und dem Peking-Syndikat verbündet. Das Kongo-Imperium entstand 1885, nachdem Leopold Stanleys Erkundungen finanziert hatte. Es umfasste ein Gebiet von der Größe Polens und brachte fabelhafte Erträge aus Kautschuk, Elfenbein und Sklaven aus dem Kongo. Später erwarb die Union Miniere riesige Kupferminen, die Compagnie de Katanga. Einer ihrer skrupellosesten Agenten war Emile Francqui, der später Hoovers Partner in China und in der belgischen Hilfskommission wurde; sein Name überlebt im kongolesischen Port Francqui. Die Interessen des Kongo werden heute von den Lamberts durch die Société Générale de Banque kontrolliert, die die 1822 gegründete Société Générale de Belgique, die älteste Bank in Brüssel, und die 1827 gegründete Banque d'Anvers fusionierte; ihr Sekretär ist Baron Fauconval, ein Direktor der Rockefeller Foundation. Die Société Générale erwarb im Dezember 1981 die Union Miniere; 1972 hatte sie die Compagnie Outremer, ehemals Banque Outremer, und im Dezember 1964 25% der SOFINA, Société Financier de Transport & Enterprises Industrielles, der größten Holdinggesellschaft Europas, erworben. Diese Unternehmen werden von der Rothschild-Bank, Banque Bruxelles Lambert, kontrolliert, die 1840 von Baron Lambert gegründet wurde. Der jetzige Baron ist Direktor der Société Générale de Banque und Präsident der Compagnie Generale d'Enterprises Electrique, die fünfzig Energieunternehmen besitzt.

Die Banque Lambert de Bruxelles ist auch der Lambert der Wall-Street-Firma Drexel Burnham Lambert, die 19% der Anteile hält. Als belgischer Zweig des Hauses Rothschild hatten die Lamberts einen enormen Einfluss auf die amerikanischen Finanzmärkte, als sie Pionierarbeit bei der weitverbreiteten Verwendung von hochverzinslichen und risikoreichen Anleihen, den so genannten „Junk Bonds", leisteten, um viele der Fortune-500-Unternehmen in den Vereinigten Staaten zu übernehmen und aufzukaufen. Insiderhandel wurde zu einem zunehmenden Skandal, da viele Milliarden Dollar an schnellen Gewinnen von Drexel Burnham Lambert-Mitarbeitern wie Michael Milken gemacht wurden, der mit dem Handel von Junk Bonds jährlich 500 Millionen Dollar verdiente. Er verbüßt nun eine

Gefängnisstrafe. Diese Operationen schufen das Klima für eine große Rezession, die nun die Nation plagt.

Gerard Eskenazi ist Direktor der Compagnie Generale; er ist auch Geschäftsführer von Electrorail. A., einer Holdinggesellschaft für Schneider S.A., European Trading and African Corp. und Canadian Investment Trust. Der Präsident von Electrorail ist Baron Empain. Eskenazi ist auch Direktor der Compagnie International des Wagons Lits (Reisebüro Thomas Cook). Baron Edouard Empain und sein Sohn Baron Francois Empain sind ebenfalls Direktoren der Compagnie Generale.

Eine andere belgische Holdinggesellschaft, Delhaizes Frere et Cie Leon, gegründet 1867, besitzt jetzt Food Giant und Food Town Stores in den USA, die in Food Lion umbenannt wurden.

Über die Banque Bruxelles und ihre ineinander greifenden Gesellschaften kontrollieren die Rothschilds Belgien effektiv. Sie verzahnen sich auch mit den Interessen von Thurn und Taxis in Deutschland. Prinz Johannes Erbprinz Thurn und Taxis gilt als der reichste Mann Europas und kontrolliert die Bayerische Vereinsbank, die viertgrößte Bank in Deutschland, die vier Tochtergesellschaften in Frankfurt hat, darunter das Bankhaus Gebruder Bethmann. Bethmann-Hollweg aus dieser Familie war Kanzler unter Kaiser Wilhelm gewesen und hatte den Ersten Weltkrieg ausgelöst. Die Bayerische Vereinsbank besitzt auch Mehrheitsbeteiligungen an der Banque de Paris et des Payes und der Banque de l'Europeene Paris. Thurn und Taxis ist ein direkter Nachfahre von Wilhelm von Oranien, der die Bank von England gegründet hat; seine Mutter, die Prinzessin von Braganza aus dem ehemaligen Herrscherhaus von Portugal, hat drei direkte familiäre Verbindungen zum heutigen Haus Windsor; Prinz Thurn und Taxis hat ebenfalls vier Verbindungen zum Haus Windsor.

Die Familie Thurn und Taxis genießt seit achthundert Jahren eine herausragende Stellung in Europa. Ursprünglich Tasso von Bergamo, emigrierten sie später nach Brüssel. Sie beaufsichtigten den Postdienst und den Nachrichtendienst der Republik Venedig und bekleideten später den gleichen Posten im Habsburgerreich. Der heutige Prinz besitzt riesige Ländereien in Brasilien; er ist der Finanzberater der Rolling Stones; und sein Palast von St. Emmerans ist größer als der Buckingham-Palast; sein Unterhalt kostet 2,5 Millionen DM pro Jahr. Der Regensburger Zweig der Familie war mit den Fuggern und den Wessern verbündet. Sie finanzieren heute die Paneuropäische Union, an deren Spitze der habsburgische Erbe Erzherzog Otto steht, und die Mont-Pelerin-Gesellschaft, eine Tochtergesellschaft von Paneuropa.

Das Haus Hessen, das bei der Gründung des Rothschild-Vermögens und bei der Gründung Amerikas eine so entscheidende Rolle spielte, taucht selten in den Nachrichten auf. Am 17. November 1937 kamen sechs Mitglieder der Familie beim Absturz eines Sabena-Flugzeugs auf dem nebelumhüllten Flugplatz in Ostende ums Leben. Das Oberhaupt der Familie, Großherzog Ernst Ludwig (der versucht hatte, den Ersten Weltkrieg durch eine verzweifelte Mission nach Russland zu beenden, um sich mit dem Zaren zu beraten), war am 9. Oktober gestorben, was dazu führte, dass die Hochzeit von Prinz Ludwig mit Margaret Campbell Geddes in London um sieben Wochen verschoben wurde. Großherzog George, das neue Oberhaupt der Familie, seine Frau Prinzessin Cecilia von Griechenland und Dänemark, zwei Söhne und die Herzoginwitwe sowie der neugeborene Sohn von Prinzessin Cecilia wurden alle getötet. Die unerwartete Ankunft des Kindes verursachte offenbar die Tragödie, da der Pilot versuchte, in Ostende zu landen, was zu einem außerplanmäßigen Stopp führte. Prinz Ludwig, Sozialattaché an der deutschen Botschaft in London, setzte die Hochzeit am folgenden Tag fort; sein Trauzeuge war sein Cousin Prinz Louis Mountbatten. Zwei hessische Prinzen hatten zwei Töchter von Königin Victoria geheiratet; Beatrice hatte Prinz Heinrich von Battenberg geheiratet, den Großvater des jetzigen Gemahls von Königin Elisabeth.

Prinz Ludwigs Schwiegervater, Sir Auckland Campbell Geddes, hatte ebenfalls eine Verbindung zu Rothschild; er war chmn von Rio Tinto. Er diente als Minister für den Nationalen Dienst (1917-19) und als britischer Botschafter in den USA (1920-24). Sein Bruder, Sir Eric Geddes, war Mitglied des kaiserlichen Kriegskabinetts und Erster Lord der Admiralität 1917-18, Minister für nationalen Transport 1919-21 und später chmn Imperial Airways und Dunlop Rubber. Sein Sohn, Sir Anthony Geddes, der in die Matthey-Familie einheiratete, wurde Direktor der Bank of England, dep chmn Midland Bank, Direktor Shell Transport & Trading und ist heute chmn Dunlop Holdings. Sir Aucklands Sohn, der [2.] Baron, war 1931-46 bei Shell Oil, 1942-44 bei der British Merchant Shipping Mission in Washington, 1944-44 Minister für Kriegstransport und ist heute Direktor der Peninsular & Orient Steamship Lines.

Am 7. Juni 1946 titelte die *New York Times* eine Titelgeschichte aus Frankfurt am Main; die Armee suchte nach gestohlenen Juwelen im Wert von 1.500.000 Dollar, die später auf einen Wert von 3 Millionen Dollar revidiert wurden. Die Juwelen, die dem Hessischen Haus gehörten, waren 1944 in den Kellerräumen ihres Schlosses versteckt worden. Sie gehörten Prinzessin Margaretha, der Schwester von Kaiser Wilhelm. Eine Gruppe von Offizieren der U.S. Army hatte im hessischen Schloss ein Fest zum Jahrestag des D-Day gefeiert. Waehrend der Feier entdeckten sie 1600 Flaschen Wein, die im Keller vergraben waren; unter dem Wein fanden sie die Juwelen. Zehn der Jubilarinnen und Jubilar tranken den Wein und teilten die Juwelen auf. Generalmajor J.M. Bevans, der zurechtgewiesen wurde, gab später seinen Teil der Beute zurück. Wac. Captain Kathleen Durant und ihr Ehemann, Col. J. Durant, wurden vor Gericht gestellt, nachdem zwei Quarts Diamanten im Hinterhof ihres Hauses in Falls Church ausgegraben worden waren. Maj. David Watson wurde ebenfalls verurteilt; er war zuvor von General Eisenhower persönlich mit der Bronzemedaille für seine Versorgungsarbeit ausgezeichnet worden und erhielt auch die russische Medaille für Schlachtverdienste von Marschall Zhukov.

Das Haus Hessen ist auch bekannt für den Fluch der Hessen, die Einschleppung der Familienkrankheit Hämophilie in viele der herrschenden Häuser Europas, insbesondere in das spanische Königshaus und die Romanow-Familie in Russland.

Das Erbe des alten Mayer Amschel hat sich intakt erhalten, so die *Washington Post vom* 20. Dezember 1984, die feststellt, dass Frankfurt am Main die Finanzhauptstadt Deutschlands ist, Sitz der fünf dominierenden deutschen Banken, mit 175 dort ansässigen ausländischen Banken. Frankfurt am Main ist auch der Hauptsitz der Zentralbank und die größte Börse des Landes. Wie Manhattan ist es auch ein Zentrum von Laster und Korruption, mit Sexshops, Drogen und häufigen Unruhen wegen der Anwesenheit von 11.000 amerikanischen Besatzungstruppen.

Das Vordringen in die Vereinigten Staaten wird durch eine ganzseitige Anzeige im *Wall Street Journal* vom 21. Dezember 1984 gezeigt, eine Aufforderung zum Kauf aller ausstehenden Aktien von Scovill, Inc. durch First City Properties, Inc. mit dem von Rothschild, Inc. One Rockefeller Plaza, New York, verwaltet wird. „First City" ist der Rothschild-Code für Banken, die unter ihrem Einfluss aus dem Finanzdistrikt „City of London" stammen. First City Properties, Beverly Hills, Kalifornien, wird von Samuel Belzberg geleitet, der auch die First City Financial Corp. Vancouver, First City Trust, Edmonton, und First City Development Ltd. Er ist Direktor der Dead Sea Canal Co. Die Belzbergs begannen in Kanada mit einem Laden für gebrauchte Möbel (Lumpen- und Knochenmänner) und sind heute einflussreiche Wheeler-Händler auf dem amerikanischen Aktienmarkt.

Rothschilds Inc. mit Sitz an der Rockefeller-Adresse, ist Nachfolgerin der Banque Rothschild in Paris. Ihre Ko-Vorsitzenden sind Guy de Rothschild und Evelyn de Rothschild. Direktoren sind Lord Rothschild, Leiter von N.M. Rothschilds & Sons, London; David de Rothschild, Nathaniel de Rothschild, Eric de Rothschild; Thomas L. Piper III, sr. vp Dillon Read und Manager der Rothschild's New Court Securities; Geschäftsführer ist Wilbur L. Ross Jr., der auch Direktor von Peabody International ist, und N.M. Rothschild's & Sons International. Weitere Direktoren von Rothschild International sind John Loudon, ehemaliger Vorsitzender von Shell Oil, Direktor von Ford Motor Co., der Ford Foundation, der Orion Bank und Vorsitzender des Atlantic Institute. Er ist Großoffizier des Ordens von Oranien-Nassau, einer Gruppe, die zum Gedenken an die Gründung der Bank von England durch Wilhelm von Oranien im Jahre 1694 gegründet wurde. Ein weiterer Direktor von Rothschild Inc. ist G. Peter Fleck, geboren in Amsterdam, Vorsitzender von New Court Securities, früher bei Erlangers, und der Banque de Pays de L'Europe Central in Paris, die von Higham während der Nazi-Besetzung Frankreichs als Schlüsselbank genannt wurde. Fleck ist auch Offizier des Ordens von Oranien-Nassau.

Die Banque de Pays de l'Europe in Paris, (Paribas) wurde kürzlich von Merrill Lynch gekauft. Paribas kaufte 50% von Dillon Read Ltd. in einem Konsortium mit Bruxelles Lambert (den belgischen Rothschilds), der Power Group und der Laurentian-Gruppe aus Kanada, der Tata Group aus Indien, der Elders IXL Holding Company aus Australien, der Swiss Bank Can trade und zwei britischen Gruppen, Investors in Industry, einer Gruppe der Bank of England mit neun englischen und schottischen Banken und der britischen Postpensionskasse.

Zu den Direktoren der Power Corp. of Canada gehörten G. Eskenazi von den belgischen Rothschild-Firmen und William Simon, ehemaliger US-Finanzminister. Die „kanadische Verbindung", die Belzbergs und Bronfmans, zeigt die wachsende Macht der Rothschilds in Milliarden-Dollar-Fusionen und Übernahmen der US-Industrie, einschließlich DuPont. Diese Fusionen erinnern an die gleiche Art von Aktivitäten, die 1929, kurz vor dem Börsendebakel, stattfanden, und stellen die Schottung der Luken vor dem Sturm dar.

Power Corp. verzahnt sich mit der führenden Zeitungskette Kanadas, der Hollinger Group, die vor kurzem die wichtigste Zeitung Israels, die *Jerusalem Post*, die nationale Zeitung der Rekorde, gekauft hat, die zum führenden Falken für die aggressiven Handlungen von General Ariel Sharon wurde und die nun eine neue und stärkere Allianz zwischen Mossad, israelischem Geheimdienst und KGB befürwortet, angeblich um den „Antisemitismus" zu bekämpfen und die industrielle

Produktivität Deutschlands zu entmutigen. Hollinger's kaufte auch eine wichtige englische Zeitung, den *London Daily Intelligencer*. Auf dem 6. Jahresbankett der Hollinger-Gruppe in London lobte William F. Buckley, Herausgeber der *National Review*, des führenden neokonservativen und CIA-Sprachrohrs, überschwänglich den Vorsitzenden von Hollinger's, Conrad B. lack, und schwärmte von seinem „enzyklopädischen Wissen, seinem absoluten Orientierungssinn und seinen bescheidenen Manieren" . Die ehemalige Premierministerin Margaret Thatcher hielt die Hauptansprache, nach der Blackroseto „die große Schuld, die ich ihr unter so vielen schulde", erwähnte."

Weitere Direktoren von Hollinger's sind Henry Kissinger, von denen später mehr dazu kommen werden; der Spirituosen-Tycoon Peter Bronfman, Vorsitzender von Brascan Ltd. einem kanadischen Unternehmen der Rothschilds, das im Mai 1945 als British Newfoundland Corp. begann. Es wurde von William Stephenson, dem berühmten Attentäter und Spymaster „Intrepid", neu gegründet, der es in British American Canadian Co. umbenannte; er änderte dann den Namen in World Commerce Corp., die von Panama aus operierte, bis sie ihren heutigen Namen Brascan erhielt. Ebenfalls im Vorstand von Brascan sitzt Edgar Bronfman, Präsident des Jüdischen Weltkongresses und Vorsitzender von Seagrams liquor in New York. Ebenfalls im Vorstand der Hollinger Group sitzt Lord Carrington, ehemaliger Außenminister Großbritanniens, ein Cousin der Rothschilds, der zusammen mit Henry Kissinger Kissinger Kissinger Kissinger Associates mitbegründete, später NATO-Vorsitzender in Brüssel war und heute Direktor des Kunstauktionshauses Christie's ist.

Conrad Black war der Schützling von Edward Plunket Taylor, dem Kriegsspionier von William Stephenson. Hollinger besitzt achtzig Zeitungen und einhundertfünfzehn Wochenzeitschriften in Kanada, den Vereinigten Staaten, Israel und England. Die Rothschilds drängten Black, die *Jerusalem Post* zu kaufen, die über die Gee Corp. aus Vancouver finanziert wurde, eine finanzielle Deckung für Li Ka-Shing, den stellvertretenden Vorsitzenden der Hongkong Shanghai Bank, die historisch als Bank der Drogenbarone bekannt ist. Black fügte dann Evelyn de Rothschild, von N.M. Rothschild's & Sons, London, zusammen mit Henry Jardine und Sir James Goldsmith, einem weiteren Verwandten der Rothschilds, dem Vorstand hinzu. Die Hollinger-Gruppe wurde ursprünglich von Churchill während des Zweiten Weltkriegs durch Edward P. Taylor gegründet; sie fusionierte mit einer Firma namens Argus, die Canadian Breweries, die größte Brauerei der Welt, kontrollierte. Die Operation war Teil von Churchills Verwendung von Kriegsgeldern zur Gründung riesiger Unternehmenskonglomerate wie der War Supplies Corp. ein „gemeinnütziges Unternehmen", zu gründen. Später machte es während des Zweiten Weltkriegs eine Milliarde Dollar Gewinn. Weitere Vorstandsmitglieder der Hollinger Group waren der Finanzier Frederick S. Eaton, Allan Gotlieb, ehemaliger kanadischer Botschafter in den Vereinigten Staaten, bis seine Frau mit einem Sekretär in Schwierigkeiten geriet, und Paul Reichmann von der Milliarden-Dollar-Immobilienholding Olympia and York.

Neben der Hollinger-Gruppe ist der größte Eigentümer von Zeitungen in Kanada und den Vereinigten Staaten Thomson International. Lord Kenneth Thompson wurde kürzlich von Fortune mit einem Vermögen von sechs Milliarden Dollar aufgeführt. Diese beiden Ketten kontrollieren den Denkprozess der meisten Kanadier und Amerikaner.

KAPITEL 3

SOWJETRUSSLAND

*„Die Religion des Marxismus ist die Fälschung von Wissen,
woher dieser heftige Hass der Intellektuellen auf die am
wenigsten barbarischen Gesellschaften der
Menschheitsgeschichte kommt, und diese Wut, die einzigen
Zivilisationen zu zerstören, die bisher der Intelligenz
nachdrücklich eine dominierende Herrschaft verliehen haben."*

Jean François Revel, *Die Flucht vor der Wahrheit;
die Herrschaft der Täuschung im Zeitalter der Information*

Soviet Russland durfte als einer der Sieger aus der Zerstörung
des Zweiten Weltkriegs hervorgehen, nur weil es als nächstes
„böses Imperium" gebraucht wurde, gegen das der
zivilisierte Westen einen neuen Kreuzzug führen konnte. Weil
Russland bankrott war, 40 Millionen seiner Bevölkerung im Krieg
verloren hatte, plus weitere 66 Millionen, die seit 1917 von den
Bolschewiken ermordet worden waren, und sich nicht ernähren konnte,
war die Weltordnung erneut gezwungen, mit enormen Subventionen
von Nahrungsmitteln und Material aus den USA einzuspringen, um
eine „feindliche Macht" aufrechtzuerhalten. Die Belgische
Hilfskommission von 1916 wurde zum Marshallplan von 1948. Wieder
einmal wurden die Hilfslieferungen nach Europa verschifft, angeblich
für unsere Verbündeten, aber dazu bestimmt, den Sowjetblock
aufrechtzuerhalten.

Obwohl Jacob Schiffs persönlicher Agent, George Kennan, in der
zweiten Hälfte des 19. Jahrhunderts regelmäßig durch Russland gereist
war und Geld und Waffen für die kommunistischen Revolutionäre
mitbrachte (sein Enkel sagte, Schiff habe 20 Millionen Dollar
ausgegeben, um die bolschewistische Revolution herbeizuführen),
wurde mehr konzertierte Hilfe zur Unterstützung eines ganzen Regimes

gefordert. Kennan unterstützte Schiff auch bei der Finanzierung der Japaner im Russisch-Japanischen Krieg von 1905; die Japaner zeichneten Kennan mit der Goldenen Kriegsmedaille und dem Orden des Heiligen Schatzes aus. 1915 wurde in New York die American International Corporation gegründet. Ihr Hauptziel war die Koordinierung der Hilfe, insbesondere der finanziellen Unterstützung für die Bolschewiki, die zuvor von Schiff und anderen Bankiers auf informeller Basis geleistet worden war. Die neue Firma wurde von J.P. Morgan, den Rockefellers und der National City Bank finanziert. Vorsitzender des Vorstandes war Frank Vanderlip, ehemaliger Präsident der National City und Mitglied der Jekyll Island-Gruppe, die 1910 den Federal Reserve Act verfasste; Direktoren waren Pierre DuPont, Otto Kahn von Kuhn, Loeb Co., George Herbert Walker, Großvater von Präsident George H. Bush, William Woodward, Direktor der Federal Reserve Bank of New York; Robert S. Lovett, rechte Hand der Harriman-Kuhn, Loeb Union Pacific Railroad; Percy Rockefeller, John D. Ryan, J.A. Stillman, Sohn von James Stillman, dem Hauptorganisator der National City Bank; A.H. Wiggin und Beekman Winthrop. Auf der Liste der Direktoren der AIC von 1928 standen Percy Rockefeller, Pierre DuPont, Elisha Walker von Kuhn, Loeb Co. und Frank Altschul von Lazard Freres. In ihrem Programm der Hilfe für die Kommunisten arbeitete die AIC eng mit dem Guaranty Trust von New York (heute Morgan Guaranty Trust) zusammen. Zu den Direktoren des Guaranty Trust gehörten 1903 George F. Baker, Gründer der First National Bank; August Belmont, Vertreter der Rothschilds; E.H. Harriman, Gründer der Union Pacific Railroad; der ehemalige Vizepräsident der USA, Levi Morton, der Direktor von U.S. Steel und der Union Pacific war; Henry H. Rogers, Partner von John D. Rockefeller in Standard Oil, ebenfalls Direktor der Union Pacific; H. McK. Twombly, der die Tochter von William Vanderbilt heiratete und nun Direktor von fünfzig Banken und Industrieunternehmen war; Frederick W. Vanderbilt und Harry Payne Whitney.

Niemand würde ernsthaft glauben, dass Bankiers dieser Größenordnung eine „antikapitalistische" Revolution für die Kommunisten finanzieren würden, doch genau das ist geschehen. Dieselben Männer finanzierten Woodrow Wilsons politische Kampagnen, und es waren dieselben Männer, auf die sich Wilson in seiner Eröffnungsrede vor der Pariser Friedenskonferenz bezog, als er sagte,

> „Darüber hinaus gibt es eine Stimme, die diese Definitionen von Prinzipien und Zielen fordert, die, so scheint es mir, spannender und zwingender ist als jede der bewegenden

Stimmen, mit denen die aufgewühlte Luft der Welt erfüllt ist. Es ist die Stimme des russischen Volkes. Es gibt in den Vereinigten Staaten Männer von feinstem Temperament, die mit dem Bolschewismus sympathisieren, weil es ihnen so erscheint, als biete er dem Individuum jenes Regime von Möglichkeiten, das sie herbeiführen wollen. „(*Die große Verschwörung gegen Russland*, Seghers und Kahn).

Die Männer von „feinstem Temperament", auf die sich Wilson bezog, die Morgans und die Rockefellers, wollten nicht wirklich eine Chance für den Einzelnen; was sie wünschten, war die lebenslange Auferlegung der Sklaverei unter der Weltordnung, und dies ist das Ziel, das sie weiterhin weltweit anstreben.

Diese Amerikaner „von feinstem Temperament" wählten Lenin für ihre Arbeit, weil er den von ihnen gewünschten Plan in *Die drohende Katastrophe* im September 1917 skizziert hatte.

„1. die Verstaatlichung der Banken. Das Eigentum an Kapital, das von den Banken manipuliert wird, geht nicht verloren oder verändert sich, wenn die Banken verstaatlicht und zu einer Staatsbank verschmolzen werden, so dass es möglich ist, ein Stadium zu erreichen, in dem der Staat weiß, wo und wie, woher und zu welcher Zeit Millionen und Milliarden fließen.

2. Nur die Kontrolle über die Bankgeschäfte, sofern sie in einer Staatsbank zusammengelegt werden, ermöglicht gleichzeitig mit anderen Maßnahmen, die leicht umgesetzt werden können, die tatsächliche Erhebung der Einkommensteuer ohne Verschleierung von Vermögen und Einkommen. Der Staat wäre zum ersten Mal in der Lage, alle monetären Operationen zu überwachen, sie zu kontrollieren und dann das Wirtschaftsleben zu regulieren.

ENDLICH, um Millionen und Milliarden für große staatliche Operationen zu erhalten, ohne den kapitalistischen Herren himmelhohe Provisionen für ihre Dienste zu zahlen. Es würde die Verstaatlichung der Syndikate, die Abschaffung der Geschäftsgeheimnisse, die Verstaatlichung des Versicherungswesens, die Kontrolle und die Zwangsorganisation der Arbeit in Gewerkschaften und die Regulierung des Konsums erleichtern. Die Verstaatlichung der Banken würde den Umlauf von Schecks für alle Reichen gesetzlich verpflichtend machen und die Beschlagnahme von Eigentum zur Verschleierung von Einkommen einführen. Die fünf Punkte des angestrebten Programms sind also die Verstaatlichung der Banken, die Verstaatlichung der Syndikate, die Abschaffung des Geschäftsgeheimnisses und die obligatorische Organisation der Bevölkerung in Verbraucherverbänden."

Es war die Veröffentlichung dieses Programms, die Lenin über die bolschewistische Revolution in die Führung Russlands katapultierte. 1917 bezeichnete Frank Vanderlip Lenin öffentlich als „die moderne Version von George Washington" ."

Das Lenin-Programm ist nicht nur das Programm Sowjetrusslands - es ist das Programm von Roosevelts New Deal, Trumans Sozialismus, der Labor-Regierung in England nach dem Krieg und das Leitprinzip der nachfolgenden amerikanischen Regierungen. Die Labor-Regierung in England bewies Lenins Diktum, dass das Eigentum am Kapital durch die Verstaatlichung der Banken nicht beeinträchtigt wird, als sie die Bank von England verstaatlichte. Das Lenin-Programm ist das gesamte Programm des U.S. Internal Revenue Service, „die tatsächliche Erhebung der Einkommenssteuer ohne Verheimlichung von Vermögen oder Einkommen", „die Beschlagnahme von Vermögen zur Verheimlichung von Einkommen" . Das Lenin-Programm ist das Programm der großen Reichen, gerade weil es das Privateigentum abschafft und es unter die Kontrolle des Staates stellt. Der Staat wird von den Großreichen, der Weltordnung, kontrolliert.

Die endgültige Autorität des Lenin-Programms erregte die Aufmerksamkeit der Geldgeber. Hier bot sich die Gelegenheit, jeden künftigen Wettbewerb mit der Macht eines totalitären Staates zu unterdrücken und zu kontrollieren, die künftige Entwicklung zu ersticken und die gesamte Weltbevölkerung ihrer Gier zu unterwerfen. Dieses Programm führte Lenin nach Moskau zurück, um die Regierung mit Gewalt zu ergreifen und durch Terrorismus zu regieren. In *Deutschland und in der Russischen Revolution* finden wir das Telegramm Nr. 952 D 2615, Staatssekrctär, zu min. in Kopenhagen:

„Ihre Botschaft ist befugt, eine Million Rubel an Helphand zu zahlen. Die entsprechende Summe ist aus dem Legationsvermögen zu entnehmen. Minister Kopenhagen 23.01.1916 - Dr. Helphand; Die Summe von einer Million Rubel ist bereits in Petrograd angekommen und für die Zwecke, für die sie bestimmt war, bestimmt."

Am 8. Mai 1916 beantragte Berlin 130.000 M. für russische Propaganda. Unterstaatssekretär beim Minister in Bern, Telegramm Nr. 348;

„Man hielt es für vorteilhaft für Deutschland, die etwa vierzig Mitglieder der Lenin-Partei, die Bolschewiki, hervorzubringen. Der Sonderzug wird unter militärischer Eskorte fahren."

Vernadsky sagt in seinem *Leben von Lenin*,

„Im Herbst 1915 kündigte der deutsch-russische Sozialdemokrat Parvus Helphand (Israel Lazarewitsch), der früher in der Revolution von 1905 aktiv gewesen war, das von ihm in Berlin veröffentlichte Papier 'Die Glocke' an, seine Mission, 'als intellektuelles Bindeglied zwischen den bewaffneten Deutschen und dem revolutionären russischen Proletariat zu dienen... Während des Krieges war Helphand damit beschäftigt, die deutsche Armee in großen Mengen mit Nachschub zu versorgen, und so gingen beträchtliche Geldmengen durch seine Hände... Ein Eisenbahnwagen, in dem sich Lenin, Martow und andere Exilanten befanden, war an dem Zug befestigt, der am 8. April 1917 aus der Schweiz nach Deutschland abfuhr. Am 13. April schiffte sich Lenin auf den Dampfer ein, der von Sassnotz nach Schweden fuhr. Die Reise durch Deutschland dauerte also mindestens vier Tage."

Die Leninisten erschöpften schnell die von den Deutschen vorgestreckten Mittel, als sie Russland erreichten, und wieder einmal schien das bolschewistische Gebot der absoluten Macht in Frage gestellt. An wen sollte sich Lenin wenden, wenn nicht an seinen mächtigen Freund im Weißen Haus? Wilson schickte Elihu Root, Rechtsanwalt von Kuhn Loeb und ehemaliger Außenminister, umgehend mit 20 Millionen Dollar aus seinem Kriegssonderfonds, die den Bolschewiki gegeben werden sollten, nach Russland. Dies wurde in der Kongressanhörung über russische Anleihen, HJ 87 14.U5, enthüllt, die den Finanzbericht von Woodrow Wilson über die Ausgaben der 100 Millionen Dollar zeigt, die ihm vom Kongress als Kriegssonderfonds zugewiesen wurden. Die Erklärung, aus der die Ausgaben von 20 Millionen Dollar in Russland durch Root's Kriegssondermission in Russland hervorgeht, ist auch im Kongressprotokoll vom 2. September 1919 festgehalten, das von Wilsons Sekretär, Joseph Tumulty, vorgelegt wurde.

Um an Großzügigkeit nicht zu übertreffen, leistete J.P. Morgan & Co. auch den belagerten Lenin-Terroristen schnell finanzielle Hilfe. Oberst Raymond Robins leitete eine Mission des Roten Kreuzes in Russland. Henry P. Davison, J.P. Morgans rechte Hand (auch ein Mitglied des Jekyll Island-Teams, das 1910 heimlich den Federal

Reserve Act verfasste), hatte während des Ersten Weltkriegs 370 Millionen Dollar in bar für das Rote Kreuz gesammelt, von denen mehrere Millionen von Robins Team den Russen gebracht wurden. Unterstützt wurde er bei dieser wohltätigen Arbeit von Frank Vanderlip, dem Vorsitzenden der American International Corp. und William Boyce Thompson, ein weiterer Direktor der Federal Reserve Bank of New York, unterstützten ihn bei dieser wohltätigen Arbeit. Major Harold H. Swift, das Oberhaupt der Fleischverpackungsfamilie, begleitete Robins bei dieser Mission der Barmherzigkeit, oder sollten wir sagen, des Geschäfts? Swift nutzte die Gelegenheit, um eine Fleischbestellung im Wert von 10 Millionen Dollar für seinen Schwager Edward Morris von Morris Co. Am 22. Januar 1920 bestellten die Sowjets weitere 50 Millionen Dollar Fleisch von Morris Co.

Auch der Wall-Street-Anwalt Thomas D. Thacher war ein Schlüsselmann der Robins-Mission der Barmherzigkeit. Die Verwicklung der Firma J.P. Morgan in die bolschewistische Revolution wird in Harold Nicholsons Biographie von Dwight Morrow (Morrow war der Schwiegervater von Charles Lindbergh Jr.) wie folgt offenbart,

„Sein (Morrows) Interesse an Russland datiert vom März 1917, als Thomas D. Thacher, sein Anwaltspartner, während der Revolution Mitglied der Mission des Amerikanischen Roten Kreuzes gewesen war. Es wurde verstärkt durch seine Freundschaft mit Alex Gumberg, der als Vertreter des Allrussischen Textil-Syndikats nach New York gekommen war. Ich habe gespürt, schrieb er im Mai 1927, dass die Zeit kommen würde, in der etwas für Russland getan werden müsse. Er war selbst aktiv an der Förderung der offiziellen Beziehungen zwischen den sowjetischen Abgesandten und der Staatsabteilung beteiligt, und er übergab M. Litvinoff ein herzliches Empfehlungsschreiben an Sir Arthur Salter in Genf. Das war auch nicht alles. In Paris gab er eine Dinnerparty bei Foyot, zu der er M. Rakovsky und andere sowjetische Vertreter einlud."

Morrows Vorgehen mag für einen Wirtschaftsprofessor am Polytechnic U. verständlich sein, aber von einem Partner des weltweit bekanntesten Bankunternehmens sind sie unglaublich. Alex Gumberg war kein quäkender Sozialarbeiter, sondern ein Hardcore-Propagandist, der 1918 als Trotzkis literarischer Agent in die USA zurückkehrte und prompt zwei Trotzki-Manuskripte bei Verlagen platzierte. Gumberg wurde auch Berater der Chase National Bank sowie von Simpson Thacher und Bartlett. Während der ersten Monate der Revolution in

Russland war er Geschäftsführer der sowjetischen Zeitung Novy Mir gewesen; als Raymond Robins' Rot-Kreuz-Mission in Russland eintraf, diente Gumberg als Dolmetscher und Berater der Mission und arbeitete eng mit Thacher zusammen. Der derzeitige Seniorpartner von Simpson Thacher und Bartlett ist Cyrus Vance, der als Carters Außenminister diente und jetzt Direktor der Rockefeller Foundation ist.

Die internationalen Finanziers, beraten von Gumberg, starteten nun eine weltweite Propagandakampagne, um die Bolschewiki als Idealisten, selbstlose Humanisten und moderne Jünger Christi zu verkaufen, die nur die Brüderlichkeit und universelle Liebe in der ganzen Welt verbreiten wollten. Die Melodie erklang merkwürdig vor dem Hintergrund der ständig klappernden Maschinengewehre in Russland, als die „Jünger der Liebe" Millionen von Frauen und Kindern massakrierten, aber keiner ihrer frommen Bewunderer in den Vereinigten Staaten hörte dies als einen bitteren Ton.

Von Anfang an zeigten die „Humanisten" eine übertriebene Sorge um den materiellen Reichtum, den sie den rechtmäßigen Eigentümern abgenommen hatten. Die *New York Times* bemerkte am 30. Januar 1918 eine Depesche aus Petrograd,

> „Die Volkskommissare haben ein Staatsmonopol, aus Gold, verordnet. Kirchen, Museen und andere öffentliche Einrichtungen sind verpflichtet, ihre Goldgegenstände dem Staat zur Verfügung zu stellen. Goldwaren, die Privatpersonen gehören, müssen dem Staat übergeben werden. Informanten erhalten ein Drittel des Wertes der Gegenstände."

sagte Lenin,

> „Die Sowjetunion muss ihr Gold sorgfältig retten. Wenn Sie mit den Wölfen leben, heulen Sie wie die Wölfe."

Eine der ersten Anordnungen des neuen Regimes war,

> „Das Bankgeschäft wird zum Staatsmonopol erklärt. „Unterzeichnet: Lenin, Krylenko, Podwolski, Gorbunow.

Die Geschichtsphilosophie von Marx behauptet, dass die Welt allein durch die wirtschaftliche Organisation der Gesellschaft funktioniert, die auf der Produktion und dem Austausch von Gütern beruht. Dies ist jedoch die Weltanschauung des Parasiten, dem es nur darum geht, seinen Lebensunterhalt vom Gastgeber zu erhalten. Die materialistische Reduzierung des Lebens auf die Beschaffung von Nahrung auf Kosten eines anderen Menschen eliminiert erstens das geistige Leben des Menschen, zweitens alle Ideen, weil die materialistische Idee alle anderen Ideen ausdrücklich ausschließt, und drittens die langfristige Sichtweise, das Konzept, über einen bestimmten Zeitraum hinweg zu investieren, um eine Rendite zu erzielen, die erst in Jahren oder vielleicht nie verfügbar sein wird. Die parasitäre Sichtweise beschränkt sich auf die nächste Mahlzeit oder darauf, eine Situation zu schaffen, in der er nicht vor der nächsten Mahlzeit vertrieben werden kann. Diese marxistische kurzfristige Sichtweise ist zur Standarddoktrin in den amerikanischen Graduiertenschulen für Wirtschaft geworden, insbesondere in Harvard, das von George F. Baker und J.P. Morgan finanziert wurde. Das Ergebnis ist, dass die amerikanische Industrie, begrenzt durch die kurzfristige Sichtweise, seit fünfundzwanzig Jahren stetig zurückgegangen ist. Die von den internationalen Bankiers auferlegten hohen Zinssätze zwingen die Industrie auch dazu, sich auf kurzfristige Gewinne zu konzentrieren, nur um die Zinsen für ihre Kredite zu zahlen.

sagte Marx,

> „Die erste Funktion des Goldes besteht darin, der kommerziellen Welt ein Material an die Hand zu geben, mit dem sie den Wert ausdrücken kann, d.h. den Wert aller anderen Güter als homynen Variablen, die qualitativ identisch und quantitativ vergleichbar sind. „Karl Marx Soc. v. 23, S.104.

Die wirtschaftlichen Ansichten von Marx waren völlig kompatibel mit den Ansichten des Bankinstituts in der Londoner City und insbesondere des Hauses Rothschild. Es ist kein Zufall, dass Karl Marx nicht in Moskau, sondern in London beerdigt ist, und es ist auch kein Zufall, dass der Triumph und das Blutbad der Bolschewiki in Russland den Rothschilds und ihren Mitarbeitern eine Milliarde Dollar in bar bescherte, die der glücklose Zar in ihren europäischen und New Yorker Banken eingezahlt hatte. Nur wenige Menschen wissen, dass Marx durch seine Heirat mit Jenny von Westphalen enge Beziehungen zur britischen Aristokratie hatte. Sie war verwandt mit den schottischen Herzögen von Argyll, die lange Zeit Revolutionäre gewesen waren, und den Campbells, die die baptistische Splittergruppe, die Campbellites, gründeten.

Jenny von Westphalens Vorfahrin, Anna Campbell, Gräfin von Balcarras und Argyll, war von 1657-59 Gouvernante des Prinzen von Oranien, des späteren Königs William, der später die Charta der Bank von England erteilte; Archibald Campbell, erster Herzog von Argyll, begleitete William 1688 auf seiner Reise nach England, um den Thron zu besteigen. Der heutige Earl of Balcarras ist verwandt mit Viscount Cowdray, Weetman John Churchill Pearson, dessen Mutter die Tochter von Lord Spencer Churchill war; seine Schwester heiratete den Herzog von Atholl, und er heiratete die Tochter des Earl of Bradford. Die Familie Argyll-Balcarras wird durch die Familien Lindsay und Campbell vertreten; der jetzige Earl of Crawford, Robert A. Lindsay ist der 29. Earl und auch der 12. Earl of Balcarras. Er ist auch Vorsitzender der National Westminster Bank und Direktor von Rothschild's Sun Alliance Assurance. Seine Mutter war eine Cavendish. Er war früher Privatsekretär des Außenministers und später Staatsminister für Verteidigung und Staatsminister für auswärtige und kommerzielle Angelegenheiten.

Trotz eines späteren Rufs des „Antikommunismus" war Herbert Hoover nicht nur der unermüdlichste Befürworter des Völkerbunds in Partnerschaft mit Oberst House; er war auch der erste Amerikaner, der mit großangelegter Hilfe einschritt, um einen massiven Aufstand gegen das stockende bolschewistische Regime zu verhindern. Hoover rettete die Bolschewiki, indem er ein massives Programm organisierte, um den belagerten Kommunisten Lebensmittel zukommen zu lassen. Hoover verpflichtete einen seiner alten Kollegen vom Weltkriegshilfswerk, Generalmajor William N. Haskell, der Leiter der amerikanischen Hilfsmission in Rumänien gewesen war und später die gesamte Hilfe im Kaukasus und in Russland leitete.

Am 23. September 1921 begann Haskall mit seiner neuen Mission der Barmherzigkeit, die Bolschewiki zu ernähren, damit sie die Kraft hätten, ihre Massenmorde an den Grundbesitzern und Geschäftsleuten fortzusetzen. Haskell setzte diese Hilfsarbeit bis 1923 fort, als festgestellt wurde, dass das bolschewistische Regime nicht mehr in Gefahr war. Für diese Anstrengung gewann Herbert Hoover in seiner späteren politischen Karriere als „Antikommunist" massive Opposition. Tatsächlich sind die Dinge unter der Herrschaft der Weltordnung nicht immer das, was sie zu sein scheinen. Die Hoover-Bemühungen hatten siebenhundert Tonnen Nahrungsmittel und andere Hilfsgüter zu einem Preis von 78 Millionen Dollar bereitgestellt. 20 Millionen Dollar wurden vom Kongress für das Programm bewilligt; 40 Millionen Dollar kamen von öffentlichen Wohltätigkeitsorganisationen; medizinische Hilfsgüter im Wert von 8 Millionen Dollar wurden von der US-Armee gespendet; und die Russen selbst zahlten 8 Millionen Dollar aus ihren Goldlieferungen vom verstorbenen Zaren). Nach General Haskells Abreise verhaftete Stalin jeden, der mit ihnen an diesem Programm gearbeitet hatte. Er konnte es sich nicht leisten, jemandem zu gestatten, die Hilfe zu erwähnen, die sein Regime von einem kapitalistischen Land erhalten hatte. Am 28. November 1917 hatte sein Mitarbeiter Oberst House wenige Tage nach der Machtübernahme der Bolschewiki ein Telegramm an Wilson geschickt, in dem er darauf drängte, dass es äußerst wichtig sei, jegliche amerikanische Zeitungskritik an den Bolschewiki zu unterdrücken: „Es ist überaus wichtig, dass solche Kritik unterdrückt wird. „Das Telegramm wurde in einer vertraulichen Akte abgelegt und kam erst sechs Jahre später ans Licht.

Im *Unbekannten Krieg mit Russland* bemerkte Robert J. Maddox 1977,

> „Wilson begrüßte die Märzrevolution in Russland als einen großen Schritt zur Verwirklichung der Art von Nachkriegswelt, die er sich vorstellte. Er sorgte dafür, dass die USA als erste die Provisorische Regierung anerkannten."

Maddox weist darauf hin, dass Wilson darauf beharrte, dass Nr. 6 seiner berühmten vierzehn Punkte in Versailles lautete, dass „Russland unter Institutionen seiner eigenen Wahl weitermachen sollte", womit er die Zukunft des bolschewistischen Regimes garantierte. Sein engster politischer Berater, Oberst House, schickte 1920 seinen eigenen Sekretär, Kenneth Durant, nach Russland, um Sekretär im Sowjetbüro zu werden!

William Laurence Sanders, Vorsitzender von Ingersoll Rand und stellvertretender Vorsitzender der Federal Reserve Bank of New York, schrieb am 17. Oktober 1918 an Wilson,

> „Ich habe Verständnis für die sowjetische Regierungsform als die für das russische Volk am besten geeignete."

George Foster Peabody, seit 1914 auch stellvertretender Vorsitzender der Federal Reserve Bank of New York, und bekannter „Philanthrop", der den Allgemeinen Bildungsrat für die Rockefellers organisierte, erklärte, er unterstütze die bolschewistische Form des staatlichen Monopols. So hatten wir drei der prominentesten Beamten der Federal Reserve Bank of New York als Unterstützer des Bolschewismus in den Akten, Sanders, Peabody und William Boyce Thompson. Thompson kündigte daraufhin an, dass er eine Million Dollar zur Förderung der bolschewistischen Propaganda in den Vereinigten Staaten zur Verfügung stellen werde! Da die Federal Reserve Bank of New York von fünf New Yorker Banken kontrolliert wurde, die 53% ihrer Aktien besaßen, und da diese fünf Banken direkt von N.M. Rothschild & Sons of London kontrolliert wurden, können wir nur zu dem Schluss kommen, dass diese drei Männer lediglich die Präferenzen ihres Arbeitgebers angaben. William Boyce Thompson führte eine der merkwürdigsten Migrationen der Geschichte an, als fünfzehn prominente Anwälte und Finanziers von der Wall Street nach Russland reisten, um das wankende bolschewistische Regime zu retten. J.P. Morgan telegrafierte Thompson für diese Mission eine Million Dollar von der Filiale der National City Bank in Petrograd, die bezeichnenderweise die einzige Bank war, die nie von der bolschewistischen Regierung belästigt wurde. In der *Washington Post* vom 2. Februar 1918 hieß es,

> „William Boyce Thompson, der sich bis November in Petrograd aufhielt, hat den Bolschewiki einen persönlichen Beitrag von einer Million Dollar für die Verbreitung ihrer Doktrin in Deutschland und Österreich geleistet."

An der Thompson-Mission beteiligten sich Henry P. Davison, Leiter des amerikanischen Roten Kreuzes und einer der Verschwörer von Jekyll Island im Jahr 1910, der heimlich den Federal Reserve Act entwarf; Thomas Thatcher und Harold Swift, die alle Gründer des Council on Foreign Relations waren. Die National City Bank hatte Russland bereits 50 Millionen Dollar geliehen, und der Guaranty Trust, dessen Direktoren die führenden Finanziers in New York waren, wurde nun zum Finanzkorrespondenten für sowjetische Interessen in Amerika. Im Januar 1922 brachte Handelsminister Herbert Hoover im Namen des Guaranty Trust eine Resolution ein, die Beziehungen zur „neuen Staatsbank in Moskau" ermöglichte. Außenminister Charles Evans Hughes lehnte diese Resolution entschieden ab, aber Hoover gelang es, sie durchzusetzen. Ein deutscher Bankier, Max May, jetzt Vizepräsident von Guaranty Trust, wurde 1923 Leiter der Auslandsabteilung der Ruskombank, der ersten internationalen Bank der Sowjetunion. Im Who's Who steht, dass Max May 1883 in die USA kam, 1888 eingebürgert wurde und Vizepräsident war. Guaranty Trust 1904-18, Direktor und Vorstandsmitglied der Russischen Kommerzbank 1922-25. J.P. Morgan und Guaranty Trust fungierten als Fiskalagenten der Sowjetregierung in den USA; die ersten Lieferungen von „sowjetischem" Gold, das eigentlich das Gold des Zaren war, wurden bei Guaranty Trust deponiert.

In einem typischen Schritt zur Verschleierung ihrer Operationen gründeten Otto Kahn und mehrere Beamte des Guaranty Trust dann eine „antikommunistische" Gruppe, United Americans, die virulente antikommunistische und antijüdische Propaganda verbreitete. Wie die meisten dieser Organisationen war sie dazu bestimmt, jeden, der sich dem Kommunismus widersetzte und sich an seiner Arbeit beteiligte, zu diskreditieren und impotent zu machen.

Am 1. Februar 1919 sagte Edward L. Doheny, der Ölmagnat, gegenüber C.W. Barron, dem Gründer des *Wall Street Journal,*

> „Präsident Eliot von Harvard lehrt Bolschewismus. Die schlimmsten Bolschewiken in den USA sind nicht nur College-Professoren, zu denen Präsident Wilson gehört, sondern auch Kapitalisten und die Ehefrauen von Kapitalisten. Frank C. Vanderlip ist ein Bolschewist. Der Sozialismus ist das Gift, das die Demokratie zerstört. Der Sozialismus birgt die Hoffnung in sich, dass ein Mann seine Arbeit aufgeben und besser dran sein kann. Der Bolschewismus ist die wahre Frucht des Sozialismus."

Das Welthauptquartier der bolschewistischen Bewegung befand sich nun am Broadway 120 an der Wall Street. Die Equitable Life Bldg. am 120. Broadway war von einem von General T. Coleman DuPont organisierten Unternehmen gebaut worden. In den frühen 1920er Jahren beherbergte der 120 Broadway nicht nur Equitable Life, sondern auch die Federal Reserve Bank of New York, deren Direktoren die Bolschewiki enthusiastisch unterstützten, die American International Corporation, die zur Unterstützung der Sowjetunion gegründet worden war, Weinberg und Posner, die 1919 von der Sowjetunion einen 3-Millionen-Dollar-Auftrag für Maschinen erhielten und deren Vizepräsident Ludwig Martens, der erste sowjetische Botschafter in den USA, war.John McGregor Grant, dessen Operationen von Olaf Aschberg von den Nya Banken, Stockholm, finanziert wurden, der große Summen überwiesen hatte, die von den Warburgs für die bolschewistische Revolution bereitgestellt worden waren; der Londoner Agent der Nya Banken war die British Bank of North Commerce, deren Vorsitzender Earl Grey, ein enger Mitarbeiter von Cecil Rhodes, war - Grant war von der US-Regierung für seine Unterstützung Deutschlands während des Ersten Weltkriegs auf die schwarze Liste gesetzt worden; und im obersten Stockwerk des 120 Broadway befand sich der exklusive Bankers Club. Dies waren die Organisatoren der Weltordnung. Ihr Machtinstrument war Gold. Die Große Sowjetische Enzyklopädie bemerkte,

> „Unter sozialistischen Wirtschaftsbedingungen ist Gold auch ein universelles Äquivalent, das als Wertmaßstab und Preiskala verwendet wird. Der Goldgehalt des sowjetischen Rubels wurde zum 1. Januar 1961 auf 0,987412 Gramm festgelegt. Auf dem sozialistischen Weltmarkt wird Gold als universelles Geld verwendet."

Viele Amerikaner sind verblüfft über die unermüdliche Hingabe der Rockefeller Foundation an die Finanzierung kommunistischer Organisationen in vielen Teilen der Welt. Diese Hingabe an den Kommunismus lässt sich auf einen entscheidenden Moment auf dem Marsch der Bolschewiki an die Macht zurückführen. Im Jahr 1917 hatte Mackenzie King eine lebenslange Beziehung zu John D. Rockefeller jr. aufgebaut, den er im Juni 1914 kennenlernte. Sie waren im selben Jahr, 1874, geboren worden und schienen sich in allem einig zu sein. Bald arbeitete King eng mit Frederick T. Gates und Ivy Lee zusammen, um die Rockefeller-" Philanthropie" zu fördern, die den Kommunismus als ideales Vehikel zur Schaffung einer Weltbruderschaft zu betrachten schien. King schrieb an diese Freundin Violet Markham: „John D. Rockefeller Jr., der treueste Nachfolger Christi, hat ein Ziel - seinen Mitmenschen zu dienen. „King beschloss, dass sein einziger Zweck darin bestehe, Rockefeller zu dienen; er sagte vor dem Walsh-Ausschuss vor dem Prozess zur Untersuchung des Massakers von Colorado Iron and Fuel Co. für ihn aus (die Rockefellers versuchten später, Walsh hereinzulegen und aus dem Senat zu verweisen, scheiterten aber an der Hartnäckigkeit von Burton J. Wheeler; J. Edgar Hoover spielte eine entscheidende Rolle bei der Einrichtung des Rahmens).

Die Rockefellers halfen Mackenzie King während des Ersten Weltkriegs, Regierungsverträge für die kanadische Armee zu erhalten, die King für spätere Erpressung einsetzte (die „Panama" -Herrschaft über die Vasallen). King verkaufte Hunderte Tonnen Gammelfleisch, das der kanadischen Armee in Europa geschickt werden sollte; Stiefel aus „Leder", die meist aus Pappe bestanden und sich in den wassergetränkten Schützengräben sofort auflösten; Gewehre, die beim Schuss klemmten; und kragenartige Schwimmwesten (früher verurteilt), die den Soldaten beim Sprung ins Wasser das Genick brachen.

Während Leo Trotzki 1917 in New York war, erhielt er die Nachricht, sofort nach Russland zurückzukehren, um die bolschewistische Machtergreifung zu unterstützen. Die Rockefellers gaben ihm 10.000 Dollar in bar für seine Reise, besorgten ihm einen Sonderpass von Präsident Woodrow Wilson und schickten Lincoln Steffens, um ihn auf der Reise zu beschützen. Als Trotzkis Schiff in Halifax stoppte, warnte der kanadische Geheimdienst, dass er an Bord war, verhaftete ihn am 3. April 1917 und internierte ihn in Neuschottland. Die patriotischen Agenten wussten, dass Trotzki auf dem Weg nach Russland war, um Russland aus dem Krieg gegen Deutschland herauszuführen, wodurch viele deutsche Divisionen frei würden, um die kanadischen Truppen an der Westfront anzugreifen. Premierminister Lloyd George kabelte empört Forderungen aus London nach Trotzkis Freilassung, aber der Geheimdienst ignorierte ihn. Mit Mitteln, die nie erklärt wurden, trat Mackenzie King dann in die Bresche und erlangte Trotzkis Freiheit. Trotzki setzte seinen Weg nach Russland fort und wurde Lenins oberster Stellvertreter bei der Ausrottung russischer Bürger; er organisierte auch die Rote Armee mit der fähigen Hilfe des Wall-Street-Anwalts Thomas D. Thacher. Die Agenten, die Trotzki verhaftet hatten, wurden aus dem Dienst entlassen; ihre Karriere war beendet. Als Belohnung für seine Intervention ernannten die Rockefellers Mackenzie King zum Leiter der Abteilung Industrielle Forschung der Rockefeller Foundation mit einem Gehalt von 30.000 Dollar pro Jahr (der Durchschnittslohn in den USA betrug damals 500 Dollar pro Jahr). Frank P. Walsh sagte vor einer U.S.-Kommission aus, dass die Rockefeller Foundation ein Deckmantel für den Rockefeller-Plan war, organisierte Arbeiter in die Sklaverei zu führen.

King wurde auch Direktor der Carnegie Corporation. Eine Lady Laurier hinterließ ihm ein großes Herrenhaus in Ottawa, das 1921 von einer Gruppe von Gratulanten unter der Leitung von Peter Larkin für 255.000 Dollar renoviert und mit Personal ausgestattet wurde. Daraufhin ernannte König Larkin in London zum Hohen Kommissar Kanadas für Larkin. 1940 wählte das kanadische Parlament King, den damaligen Premierminister Kanadas, zum „absoluten und diktatorischen Machthaber für die Dauer der Amtszeit". An Kings 74. Geburtstag 1948 schenkte ihm John D. Rockefeller Jr. 100.000 Dollar. Die Rockefeller Foundation stellte daraufhin 300.000 Dollar zur Verfügung, um das Schreiben von Kings Memoiren zu finanzieren. In seinen letzten Lebensjahren wurde King, der immer noch bestechlich war, als Auftraggeber des 30-Millionen-Dollar-Betrugs der Beauharnais Power Co. beim Bau des St. Lawrence Seaway entlarvt. King hatte 700.000 Dollar von Beauharnais für die Liberale Partei angenommen und unter anderem eine Reise auf die Bermudas erhalten.

Die Rockefellers waren in den 1920er Jahren an vielen prosowjetischen Geschäften beteiligt. Aufgrund des Machtkampfes, der sich zwischen Stalin und Trotzki entwickelte, griffen die Rockefellers im Oktober 1926 ein und unterstützten Stalin und verdrängten Trotzki. Jahre später griffen sie erneut ein, als der Kreml von Meinungsverschiedenheiten heimgesucht wurde; David Rockefeller entließ Chruschtschow kurzerhand. John D. Rockefeller wies 1925 seinen Presseagenten Ivy Lee an, den Kommunismus in den USA zu fördern und eine Öffentlichkeitsarbeit in Gang zu setzen, die 1933 mit der Anerkennung Sowjetrusslands durch die US-Regierung gipfelte. 1927 errichtete Standard Oil aus New Jersey eine Raffinerie in Russland, nachdem ihm 50% der Ölförderung im Kaukasus zugesagt worden waren. Die Rockefeller-Firma Vacuum Oil unterzeichnete einen Vertrag mit dem sowjetischen Naptha-Syndikat über den Verkauf russischen Öls in Europa und gewährte Russland ein Darlehen von 75 Millionen Dollar. John Moody hatte 1911 erklärt,

> „Die Standard Oil Co. war in Wirklichkeit eine Bank gigantischen Charakters - eine Bank innerhalb einer Branche, die bedürftigen Kreditnehmern riesige Geldsummen leiht, so wie es andere große Banken taten... das Unternehmen war bekannt als die Standard Oil Bank. Da Rockefeller kein Bankier war, bedeutete dies, dass die Standard Oil von professionellen Bankern geleitet wurde."

Die Standard Oil Operation wurde immer von den professionellsten Bankiers der Welt, den Rothschilds, geleitet; folglich haben die Rothschilds durch ihre Agenten, Kuhn Loeb Co., das „Rockefeller" - Vermögen genau überwacht.

1935 enteignete Stalin viele ausländische Investitionen in Russland, aber die Besitztümer von Standard Oil wurden nicht angetastet. Die Fünfjahrespläne (1928-32, 1933-37 und 1938-42) wurden alle von den internationalen Bankhäusern finanziert. In den 1920er Jahren waren die wichtigsten Firmen, die mit Russland Geschäfte machten, Vacuum Oil, International Harvester, Guaranty Trust und New York Life, alles Firmen, die von den Morgan-Rockefeller-Interessen kontrolliert wurden.

Arthur Upham Pope's Biographie von Litvinoff stellt fest, dass im März 1921 ein Handelsabkommen mit Großbritannien unterzeichnet wurde, das vorsah, dass Gold, das als Bezahlung für von Russland gekaufte Maschinen geschickt wurde, nicht für alte Schulden oder Forderungen beschlagnahmt werden sollte. Dadurch wurde sichergestellt, dass nach England geschicktes zaristisches Gold nicht von seinen Cousins, der britischen Königsfamilie, beschlagnahmt werden würde. Am 7. Juli 1922 enthüllte Litvinoff, dass die russische Delegation bei der Haager Konferenz mit einer wichtigen Gruppe von Finanziers verhandelte, darunter Otto H. Kahn von Kuhn Loeb Co. Eine Woche später traf Kahn in Den Haag ein. Er erklärte,

> „Die Konferenz mit den Russen wird nützliche Ergebnisse bringen und zu einer Annäherung an die Einheitlichkeit der Ansichten und der Politik Englands, Frankreichs und der USA in Bezug auf die russische Situation führen."

Als Otto Kahns Frau 1936 Russland besuchte, wurde sie wie eine königliche Besucherin behandelt.

1922 hatte die Chase-Nationalbank die amerikanisch-russische Handelskammer gegründet, um den Handel mit Russland und die staatliche Anerkennung Russlands zu fördern. Ihr Vorsitzender war Reeve Schley, ein Vizepräsident von Chase; er war Direktor zahlreicher Unternehmen, darunter Howe Sound, Electric Boat, die Yale Corp. Vorsitzender von Sundstrand und Underwood; er war von 1917-1919 Direktor der U.S. Fuel Administration gewesen. Sein Sohn, Reeve Schley jr., war Kapitän in der O.S.S. unter General Donovan im Zweiten Weltkrieg. Sowohl Chase als auch Equitable Trust waren in den 1920er Jahren führend bei der Vergabe von Krediten an die Sowjetunion. 1934 gründete Roosevelt die Export Import Bank, um den Handel mit der Sowjetunion zu finanzieren. Während des Zweiten Weltkriegs war Chase die Hauptbank der AMTORG bei der Abwicklung der vielen Milliarden Dollar an Lend-Lease-Transaktionen für Russland. Roosevelt setzte alles daran, die Sowjets zu unterstützen, vielleicht weil alle drei seiner persönlichen Assistenten, Alger Hiss, Lauchlin Currie und Harry Dexter White, als sowjetische Agenten identifiziert wurden. Hiss' Mentor war Dean Acheson, früher bei J.P. Morgan Co. Asst Secretary of State A. A. Berle Jr. sagte vor dem Ausschuss für unamerikanische Aktivitäten des Hauses am 30. August 1948 aus, dass „Acheson der Leiter der pro-russischen Gruppe im Außenministerium war. „Acheson wurde später Seniorpartner von Covington und Burling und erhielt die Position für die Firma als Rechtsvertreter in Washington für neun kommunistische Regierungen. Am 29. April 1943 erteilte das Board of Economic Warfare der Chematar Corp. aus New York eine Sonderlizenz, um eine Bestellung der sowjetischen Einkaufskommission für 200 Pfund Uranoxid, 220 Pfund Urannitrat und 25 Pfund Uranmetall, damals praktisch unbekannte Rohstoffe, auszuführen und damit das sowjetische Atomprogramm zu starten.

Am 29. Januar 1944 teilte Sonderbotschafter W. Averill Harriman in Moskau der Staatsabteilung mit, dass „wir" den Russen die Währungsdruckplatten, die von der *Forbes* Co. in Boston für das US-Finanzministerium graviert worden waren, übergeben müssen. Das State Department verzögerte die Bearbeitung dieses Antrags mehrere Wochen lang. Am 22. März traf Harry Dexter White mit Gromyko in der sowjetischen Botschaft zusammen und versicherte ihm, dass die Platten geliefert würden. Sowohl Harriman als auch White stellten täglich Forderungen, bis die Platten am 14. April 1944 an die Sowjetunion übergeben wurden. Die Sowjetunion druckte dann 300

Millionen Dollar in einer Währung, die von den amerikanischen Steuerzahlern eingelöst wurde.

Nach Beginn des „Kalten Krieges" setzten die Finanziers ihre Bemühungen zur Unterstützung der Sowjets fort. 1967 gab die *New York Times* bekannt, dass ein neues Konsortium zur Förderung des Handels mit Russland gebildet worden war, das sich aus Cyrus Eatons Tower Corp., Rockefellers International Basic Economy Corp. und N.M. Rothschild & Sons of London zusammengesetzt war. Eaton hatte seine Karriere als $2-pro-Tag-Faktotum für John D. Rockefeller begonnen, der später den Kauf der Canadian Gas & Electric Corp. Eaton erklärte, dass Rockefeller ihn bald für russische Angelegenheiten interessierte. In einem Interview mit Mike Wallace behauptete Eaton, dass das Volk der Sowjetunion unter dem Kommunismus völlig zufrieden gewesen sei.

> „Sie waren glücklich. Ich war erstaunt über ihr Glück und ihre Hingabe an das System."

Eaton war 1939 einer der ersten Verteidiger des Stalin-Hitler-Pakts.

Die Rothschilds wurden selten mit kommunistischen Ursachen in Verbindung gebracht und hielten sich lieber im Hintergrund. Nur ein Mitglied, N.M. Victor Rothschild, der eine Lehrzeit bei J.P. Morgan Co. absolvierte, hatte sich im Apostelclub in Cambridge engagiert, der, wie Michael Straight beschreibt, hauptsächlich aus Kommunisten bestand, die auch homosexuell waren. Seine bekannten Mitglieder waren Guy Burgess und Donald Mac Lean, Anthony Blunt, Keeper of the Queen's Pictures, und der Doppel- oder Dreifachagent Kim Philby. Während des Zweiten Weltkriegs lieh Victor Rothschild, der für den MI5 tätig war, Burgess seine Londoner Wohnung in der Bentinck St. Nr. 5, während seine Mutter, Frau Charles Rothschild, Burgess als Anlageberaterin einstellte. Blunt verließ das Personal des Warburg Institute, um mit dem MI5 zusammenzuarbeiten; er stellte Victor Rothschild seiner Tante Teresa Mayor vor, die später Lady Rothschild wurde. Blunt wurde kürzlich beschrieben, er habe eine „liebevolle" Beziehung zur Königin gehabt.

Die Rockefeller-Familie wird manchmal als die erste Familie der Sowjetunion bezeichnet. Als Nelson Rockefeller 1967 für das Amt des Vizepräsidenten nominiert wurde, prangerte die Pravda seine Kritiker empört an und sagte, dass die Anklagen gegen Rockefeller nur darauf abzielten, ihn zu diskreditieren, und dass die Anschuldigungen von rechtsextremen Organisationen stammten. Senator Frank Church, der 1971 an der Dartmouth-Konferenz in Kiew teilnahm, stellte mit Erstaunen fest, dass

„David Rockefeller wurde behandelt, wie wir in diesem Land Königshäuser behandeln würden. Das russische Volk scheint eine Verehrung Rockefellers zu zeigen, die rätselhaft ist. Als David Rockefellers Flugzeug in Russland landet, stehen die Menschen in einer Schlange, um ihn am Flughafen zu begrüßen, und säumen die Straßen Moskaus, während seine Limousine vorbeifährt und ihn mit RAHK FAWLER-Schreien begrüßt.

George Gilder bemerkte, dass niemand weiß, wie man einen Rockefeller halb so gut verehren, schmeicheln und verherrlichen kann wie die Marxisten.

Nach dem Zweiten Weltkrieg setzte sich Dean Acheson verzweifelt für ein zusätzliches Darlehen von 300 Millionen Dollar an die Sowjetunion ein. Ed Burling, der Schwager von Frederic A. Delano, hatte zusammen mit Donald Hiss, dem Bruder von Alger, die Firma Covington and Burling gegründet, deren Partner Acheson war. Als es Achesons Lobbyarbeit nicht gelang, die russische Hilfe zu entwickeln, entwarf der Rat für Auswärtige Beziehungen als alternative Maßnahme den Marshallplan. Ihre Publikation „Auswärtige Angelegenheiten" veröffentlichte dann den „Eindämmungsplan", wie er von „X" (George Kennan. Die Politik der Eindämmung, die seit 1947 die offizielle Außenpolitik der USA gegenüber der Sowjetunion ist, garantiert nicht nur die Grenzen Sowjetrusslands, sondern auch die fortgesetzte Versklavung der „gefangenen Nationen", die sie mit militärischer Gewalt hält. Henry Luce, der den internationalen Propagandisten stets ein Forum bot, druckte den gesamten Text des Artikels über Auswärtige Angelegenheiten vom Juli 1947 in der Zeitschrift *Life* vom 28. Juli 1947 nach. Sein Schlüsselsatz lautete

„Das Hauptelement jeder US-Politik gegenüber der Sowjetunion muss die langfristige, geduldige, aber feste und wachsame Eindämmung der russischen Expansionstendenzen sein."

Die Zeitschrift Luce's *Time* bezeichnete Kennan als „Amerikas führenden politischen Entscheidungsträger" . Später wurde er Fellow des Institute of Advanced Study in Princeton. Kennan war der Neffe und Namensvetter des George Kennan, der vor der bolschewistischen Revolution viele Jahre lang als marxistischer Agent für Jacob Schiff in Russland tätig war und schließlich von der zaristischen Regierung vertrieben wurde. Kennans Pseudonym „X" war eine Lieblingskennung der sozialistischen Agenten. 1902 war der Socialist „X" Club in New York von John Dewey gegründet worden, dessen sozialistisches Programm das amerikanische Bildungswesen während des zwanzigsten

Jahrhunderts dominierte. Die anderen Gründer des „X" -Clubs waren James T. Shotwell, Gründer des Völkerbunds, der Vereinten Nationen usw.; Morris Hillquit, der kommunistische Kandidat für das Amt des Bürgermeisters von New York, Charles Edward Russell, und Rufus Weeks, Vizepräsident und Geschäftsführer von *New York Life*, das von J.P. Morgan kontrolliert wurde.

Als Nikolai Chruschtschow, Diktator der Sowjetunion, am 17. September 1959 nach New York kam, war er zum Abendessen im Haus von W. Averill Harriman eingeladen. Es nahmen dreißig Personen teil, die ein Gesamtvermögen von 40 Milliarden Dollar kontrollierten, darunter der in Russland geborene David Sarnoff, Chef der RCA, Philip Mosely vom Council on Foreign Relations, Herbert H. Lehman von Lehman Bros., Dean Rusk von der Rockefeller Foundation, George A. Woods, First Boston Corp., Thomas K. Finletter von Coudert Bros.

Im September 1960 wurde Kruschev im Hyde Park bei einem Abendessen zu seinen Ehren von Eleanor Roosevelt bewirtet. Bei dieser erlesenen Zusammenkunft war Victor Hammer anwesend, der die Romanow-Juwelen in den USA eingezäunt hatte. Er verkaufte viele Faberge-Artikel an Lillian Pratt, die Frau des General-Motors-Tycoons; die Sammlung befindet sich jetzt im Virginia Museum in Richmond, Va.

1973 wurde der Handels- und Wirtschaftsrat U.S.-USSR, bestehend aus führenden US-Konzernchefs, gegründet, um den „Handel" (Geschenke) mit der Sowjetunion zu fördern. 1976 wurde G.M. Miller von Textron zum Leiter des Rates ernannt. Kurz darauf wurde er von Carter zum Vorsitzenden des Federal Reserve Board of Governors ernannt. Die bolschewistische Revolution, die in ihren schwierigsten Tagen von drei Direktoren der Federal Reserve Bank of New York, William Boyce Thompson, George Foster Peabody und William Woodward, genährt wurde, wird auch heute noch vom Federal Reserve System unterstützt. Das Federal Reserve System unterhält enge Beziehungen zur Gosbank, der sowjetischen Zentralbank, die die Kommunistische Partei der UdSSR kontrolliert. Die Gosbank beschäftigt 5000 Wirtschaftswissenschaftler und ist eher als „passive" denn als „aktive" Notenbank bekannt, was bedeutet, dass sie, ebenso wie der Gouverneursrat der Federal Reserve, Anweisungen aus anderen Quellen befolgt. Die „Zusammenarbeit" zwischen der Gosbank und dem Federal Reserve System in sowjetischen Finanzfragen wird über die Bank für Internationalen Zahlungsausgleich in der Schweiz abgewickelt.

1949 entstand die gegenwärtige Flut von „Eurodollars" als europäische Einlagen kommunistischer Dollarhorte bei der sowjetischen Eurobank von Paris, Banque Commerciale pour Europe du Nord. Die Finanziers erkannten dann, dass sie eine neue und noch unauffindbarere Quelle von Papiergeld schufen, das keine Rückendeckung hatte. Anthony Sampson schreibt, dass

> „Die kosmopolitischeren Banken mit ausländischen Experten und Direktoren, wie Warburgs, Montagus, Rothschilds und Kleinworts, hatten auf dem Markt für Eurodollars ebenfalls eine riesige neue Gewinnquelle entdeckt."

Diese Gewinne belaufen sich jetzt auf etwa zwei Billionen Dollar, die alle Verpflichtungen des amerikanischen Steuerzahlers sind. Diese Ponzi-Operation wurde durch den exklusiven „Central Bankers Club", die Bank für Internationalen Zahlungsausgleich, ermöglicht, die von Hjalmar Schacht, dem Finanzier der Nazi-Bewegung, Emile Francqui, dem führenden Genie von Hoovers Belgischer Hilfskommission, und John Foster Dulles, dem Erben des Titels „gefährlichster Mann Amerikas", gegründet worden war. Sie wurde im Mai 1930 durch den Haager Vertrag eingerichtet, um deutsche Reparationszahlungen abzuwickeln, die natürlich nie ausgezahlt wurden. Die BIZ kontrolliert heute ein Zehntel des Weltgoldes, das sie mit Gewinn vermietet. Ihr Vermögen ist in den letzten zwanzig Jahren um astronomische 1200% gestiegen. Die US-Aktien der BIZ werden von der Citibank gehalten.

Das Wall Street Journal bemerkte redaktionell am 10. März 1986,

> „Ist es den meisten westlichen Politikern nicht seltsam aufgefallen, dass die Sowjetunion mit einem jährlichen Hartwährungseinkommen von insgesamt etwa 32 Milliarden Dollar aus allen Quellen (einschließlich Waffenverkäufen) ein globales Imperium aufrechterhalten kann?"

Das Journal stellte fest, dass die Sowjetunion seit vielen Jahren ein wichtiger Akteur auf dem Interbankenmarkt ist und dass sechs sowjetische Banken im Westen die Hauptnutznießer dieses globalen Flusses von Interbankengeldern sind.

> „Zu den größten Banken in sowjetischem Besitz im Westen gehören die Banque Commerciale pour l'Europe du Nord oder Eurobank in Pairs, die Moskauer Narodny Bank of London, die Ost-West Handelsbank in Frankfurt und andere in Luxemburg, Zürich und Wien. Die westlichen Einlagen bei Banken in sowjetischem Besitz belaufen sich auf etwa 5 Milliarden Dollar."

Was geht hier vor sich? Westliche Nationen legen Milliarden von Dollar in sowjetischen Banken an. Wo ist die Rivalität zwischen Kommunisten und Kapitalisten? Die Antwort ist, dass sie genau dort ist, wo das sagenumwobene Sowjetimperium gewesen ist, im Nimmerland.

Die American International Corporation übte bis zum Zweiten Weltkrieg, als W.A. Harrimans Anwesenheit in Moskau, um Stalins Umgang mit dem Krieg zu lenken, ihre Pflichten usurpierte, weiterhin eine Rolle hinter den Kulissen in den sowjetischen Geschäften der USA aus. Standard and Poors zeigt 1982 eine American International Group, eine Versicherungs-Holdinggesellschaft mit einem Vermögen von 3,4 Milliarden Dollar, deren Anwälte Sullivan & Cromwell sind. Sie entstand aus dem Versicherungsnetzwerk Cornelius V. Starr, das zu den asiatischen Operationen der CIA gehörte. Zu ihren Direktoren gehören Harry Kearns, chmn Eisenhower-Nixon Präsidentschaftskampagne, jetzt chmn American Asian Bank, diente 1969-73 als Präsident der Export Import Bank; William L. Hemphill, Präsident. United Guaranty, Direktor von Cone Mills (die Familie Hemphill ist seit vielen Jahren mit J.P. Morgan verbündet); Douglas MacArthur II, Diplomat; John I. Howell, chmn J.Henry Schroder Bank und Schroders Ltd. aus London; Edwin A. Granville Mentin aus England, der von 1946-1979 Vorsitzender von American International war, jetzt Direktor der Starr Foundation; und J. Milburn Smith, Direktor von Lloyd's of London.

Prominente amerikanische Geschäftsleute und politische Führer wie W. Averill Harriman geben sich keine Mühe, ihre prosowjetischen Aktivitäten zu verbergen. Der russische Botschafter Dobrynin verwies beiläufig auf die Doppelrolle Henry Kissingers,

„Ich bin der lachende dritte Mann, der stillsitzt. Kissinger verhandelt auch für uns."

Der russische Diktator Breschnew wurde gefragt, warum die Sowjetunion in den Nahostverhandlungen keine Rolle spiele. Er antwortete,

„Wir brauchen keine Vertretung. Kissinger ist unser Mann im Nahen Osten."

Bei dieser Art von Einfluss erscheint es merkwürdig, dass die Kommunisten keinen Staatsstreich durchführen und in den USA nicht die absolute Macht ergreifen, wie sie es 1917 in Russland taten. Es gibt 200.000.000 Antworten auf diese Frage, nicht 200.000.000 Amerikaner, sondern 200.000.000 Gewehre, die sich in Privatbesitz amerikanischer Bürger befinden. Eine vertrauliche Studie der Ford

Foundation zeigte, dass nur 5 bis 10% der Amerikaner sich aktiv gegen eine kommunistische Machtergreifung wehren würden. Das war die gute Nachricht. Die schlechte Nachricht war, dass nur 1% unserer Bürger, bewaffnet und gegen die Machtübernahme, sie besiegen würde. Seit 1948 haben die Amerikaner diesen Schriftsteller gefragt, wann die Kommunisten die Macht in den USA ergreifen werden. Die Antwort ist, dass sie die Macht ergreifen werden, nachdem sie die 200.000.000 Gewehre konfisziert haben. Gewehre sind in der Sowjetunion verboten. Nur den höchsten Beamten ist es erlaubt, sie zu besitzen. Kriminelle verstehen nur ein Gesetz - das Gesetz der Gewalt. Die kriminellen Syndikalisten, die versuchen, die ganze Welt zu versklaven, können nicht durch Demut oder Mitgefühl besiegt werden, sondern nur durch die entschlossensten und härtesten Maßnahmen. Um die amerikanische Situation aus der Perspektive zu betrachten, gibt es nur fünfhundert Männer, vor allem in den großen Stiftungen, die sich aktiv für die Übermittlung internationaler bankerisch-sozialistischer Befehle an unsere Regierung einsetzen. Unter ihnen sind zehntausend Politiker, Geschäftsleute, Medienpersönlichkeiten und Akademiker, die mit Hilfe religiöser Mitarbeiter die Befehle aus London ausführen. Das ist eine viel kleinere Zahl als die Mitglieder der Kommunistischen Partei der UdSSR, die die Sowjetunion regiert.

Um diese Verräter zu schützen, hat die US-Regierung 25 Millionen Ausländer in die Vereinigten Staaten importiert, darunter 5000 intensiv ausgebildete Terroristen und 100.000 hartgesottene Kriminelle. Diese Truppe soll die Opposition des amerikanischen Volkes gegen den Kommunismus neutralisieren. Die Regierung fördert die Kriminalität, denn es ist die landesweite kriminelle Kraft, nicht die Polizei, die die Bevölkerung unter Kontrolle hält. Die Amerikaner müssen all ihre Energie darauf verwenden, sich gegen die Berufsverbrecher zu verteidigen, ihre Häuser und Familien zu schützen und ihnen keine Möglichkeit zu lassen, sich gegen die kriminellen Syndikalisten der Weltordnung zu organisieren. Dieser clevere Plan der Subventionierung des kriminellen Elements war die einzige Errungenschaft der Law Enforcement Administration, ein von einer Stiftung organisierter Plan, der seinen Ursprung an der Universität von Chicago hatte.

Die Bundesregierung setzt ihre bewaffnete Polizei, die IRS, das FBI, die BATF und die CIA ausschließlich dazu ein, ihre amerikanischen Untertanen in Übereinstimmung mit dem Programm der Weltordnung zu terrorisieren. Die meisten amerikanischen Bürger mußten zu der schmerzlichen Erkenntnis kommen, daß es dem FBI nicht um die Bekämpfung des Kommunismus geht, sondern nur um den

Kampf gegen amerikanische Antikommunisten. Sie erkennen jetzt, dass die IRS als eine bewaffnete Gruppe von Terroristen funktioniert, nicht um Gelder zu sammeln, die die Regierung nicht braucht, sondern einzig und allein, um mit Gewalt Geld von amerikanischen Bürgern zu erpressen, als Teil des Programms der Weltordnung. Die Absicht besteht darin, sie zu verarmen und zu terrorisieren, so dass sie impotent und unfähig werden, sich gegen die Weltordnung zu organisieren. Das ist das Programm von *1984*.

Selbst wenn sie anders geplant haben, haben die fünf Herren der Weltordnung jetzt eine Situation geschaffen, die zum Weltkrieg, zum Zusammenbruch der Weltwirtschaft oder zu beidem führen muss. Der dreißigjährige Aufbau der Sowjetunion als nächster Gegner in einem andauernden Weltkonflikt wurde von Srully Blotnick in der Zeitschrift *Forbes* vom 7. November 1983 festgestellt:

> „Ein wohlhabender New Yorker Anwalt, dessen Portfolio beträchtliche Anteile von McDonnell Douglas, Raytheon und General Dynamics enthielt, kommentierte: 'Es beunruhigt mich sogar, wenn ich daran denke, was passieren würde, wenn die Russen sich dazu entschließen würden, unsere Lösung von 5% pro Jahr für das Wettrüsten zu übernehmen. Wenn wir erst einmal begonnen haben, unsere strategischen Waffen abzubauen, werden die Verteidigungsvorräte die Hitech-Gruppe im Vergleich dazu stabil erscheinen lassen. Der 60-prozentige Verlust, den ich bei meinem Fortune-Computersystem hinnehmen musste, könnte ein Vorzeichen für die Zukunft sein. '"

Die Weltordnung hat kein religiöses, politisches oder wirtschaftliches Programm außer der Weltsklaverei. Nur durch Unterwerfung aller potentiellen Opposition kann der Parasit seine Position der Unterbringung auf dem Gastgeber garantieren. Die Weltordnung gründet unzählige Gruppen, um jede Art von Idee zu fördern, und setzt dann andere Gruppen ein, die sich ihnen fanatisch entgegenstellen, aber die Herren widmen sich nichts anderem als der Sklaverei. Wie R.E. McMaster in *The Reaper* schrieb,

> „Das Ziel des internationalen Kommunismus ist es nicht, den westlichen internationalen Schuldkapitalismus zu zerstören. Das Ziel des internationalen Kommunismus ist es, die Menschheit auf Geheiß des westlichen internationalen Schuldkapitalismus zu versklaven."

Dies ist alles, was Sie jemals über die gegenwärtige Weltlage wissen können, und es ist alles, was Sie wissen müssen.

1985 stellte ich in der Erstausgabe von *Die Weltordnung* eine Worst-Case-Theorie für die US-Wirtschaft auf, die fast vollständig von der „sowjetischen Bedrohung" abhängig ist, eine russische Revolution würde den Zusammenbruch der US-Wirtschaft bedeuten. 1992 haben wir den Zusammenbruch des Sowjetimperiums erlebt, und die US-Wirtschaft liegt in Trümmern. Natürlich versuchen die Funktionäre der Bush-Liga verzweifelt, die Amerikaner davon zu überzeugen, dass es keinen Zusammenhang zwischen den beiden Ereignissen gibt. Tatsächlich ist das Sowjetimperium das Imperium, das es nie gab. Es gab ein Russisches Reich unter den Romanows, aber nach dem größten Raubüberfall der Geschichte, als der reichste Mann der Welt, Zar Nikolaus, ausgeraubt und er und seine Familie von Schlägern ermordet wurden, die sich selbst als „Kommunisten" bezeichneten, hat eine gewaltige Propagandakampagne, unterstützt und gefördert von der geführten Presse der Welt, versucht, uns davon zu überzeugen, dass der Kommunismus existiert und dass das Sowjetimperium existiert. Ich habe die finanzielle und andere Unterstützung, die den „Sowjets" von den Amerikanern und vor allem vom amerikanischen Steuerzahler seit 1917 bis heute kontinuierlich gewährt wird, im Detail beschrieben. Präsident Bush schlägt nun die Büsche für Hunderte von Milliarden zusätzlicher Hilfe für Russland. Das ist nichts Neues. Er setzt die Tradition fort, die sein Großvater und Namensgeber George Herbert Walker begründete, als er Direktor der American International Corp. wurde. einer Firma an der Wall Street, die zur Finanzierung der bolschewistischen Revolution gegründet wurde. Was geschah wirklich 1917 in Russland? Durch die Heimlichtuerei britischer Geheimdienstagenten in Moskau wurde die Romanow-Regierung gestürzt und eine Provinzregierung eingesetzt. 1917 trat Russland den Vereinigten Staaten als Kolonie der Bank von England bei. Das Vermögen des Zaren wurde unter anderem dazu verwendet, die Aktien der Federal Reserve Banks für 144.000.000 Dollar zu kaufen. Heute sind die rechtmäßigen Eigentümer dieser Aktien die Erben der Romanows. George Orwell stellte sich die Welt des *Jahres 1984* vor, in der zwei rivalisierende Mächte fortwährende Feindschaft und das Kriegsrecht aufrechterhielten, aber nie gegeneinander in den Krieg zogen. *1984* blieb so lange in Kraft, bis ein Akteur, die Vereinigten Staaten, schwächer wurde und es sich nicht mehr leisten konnte, seinen Rivalen zu subventionieren. Was mit der kommunistischen Weltdrohung geschah, war, dass der amerikanische Steuerzahler, geplündert und verraten von den Lakaien der Weltordnung, es sich nicht mehr leisten konnte, den Kommunismus in Russland zu bezahlen.

Die Scharade drohte während der Burgess-MacLean-Episode zusammenzubrechen, als diese britischen Agenten nach Russland

„überliefen" . Ihnen folgte ihr Vorgesetzter Kim Philby, der Generalleutnant beim KGB wurde. Diese Episode enthüllte beinahe das Bühnenbild hinter den Kulissen, in dem der britische SIS, der Mossad, der KGB und der CIA ein eigenes Feenland bewohnten und in das die harte Realität nie eindringen durfte. Warum ließen sich diese Finanziers auf diese Scharade ein? Aus einem ganz einfachen wirtschaftlichen Grund. Seit 1917 wurden der Welt der enorme Reichtum und die potenzielle Produktivität des russischen Volkes vorenthalten. Einem großen Rivalen wurden Handschellen angelegt und er wurde zu einer Gefängnisstrafe verurteilt. Das Problem, vor dem die Verschwörer der Welt jetzt stehen, ist, wie sie Russland weiterhin festhalten können.

Ein Grund dafür, dass diese Farce auf dem Großen Weißen Weg so lange dauerte, war der Eifer der CIA, ein falsches Bild von Russland zu vermitteln. Heute wissen wir, dass die russische Wirtschaft nie mehr als ein Zehntel der jährlichen Zahlen betrug, die unseren Beamten von der CIA vorgelegt wurden. Finanzjournalisten wie Henry Rowen und Charles Wolf, die argumentierten, dass die sowjetische Produktion weniger als ein Drittel der Produktion der Vereinigten Staaten ausmachte, wurden von den CIA-Statistikern niedergeschrieen. Als Russland Anzeichen des Zusammenbruchs zeigte, wurden die Führer der Weltordnung nach Moskau gehetzt, um die Ruinen zu stützen. Präsident Bush selbst reiste wiederholt für die Trilaterale Kommission nach Russland, um die sowjetische Diktatur zu bewahren. In Kiew am 1. August 1991 ermahnte Bush die Ukrainer, gute Sowjetbürger zu sein, „weil die Sowjetunion sich reformiert" . „Achtzehn Tage später brach sie zusammen. Soviel zu den Wünschen der Trilateralen Kommission. George Bushs Leidenschaft für Gorbatschow kann die historische Tatsache nicht verdecken, dass das „böse Imperium" von 1917 bis 1990 nie existierte, das von Geschenken aus Washington überlebte, die vom amerikanischen Steuerzahler eingefordert wurden. Als die Vereinigten Staaten in eine Rezession gerieten, brach Sowjetrussland zusammen.

Präsident Bush unternahm so viele Reisen nach Russland, um das sowjetische KGB-Regime zu retten, dass er ernsthafte Probleme hat, die Wiederwahl in seinem eigenen Land zu gewinnen. Viele Monate lang widmete sich Bush der Aufgabe, Gorbatschow als KGB-Protege der Weltordnung an der Macht zu halten. Während Bush Boris Jelzin verhöhnte und ihn öffentlich brüskierte, lobte er Gorbatschow ausgiebig und vermerkte in seiner Ansprache an die Nation den 26. Dezember 1991,

> „Ich möchte Michail Gorbatschow für sein jahrelanges, nachhaltiges Engagement für den Weltfrieden und für seinen Intellekt, seine Vision und seinen Mut danken."

Bush war am 30. Oktober 1991 in *USA Today mit* den Worten zitiert worden, Gorbatschow, der in Russland täglich mit der Verdrängung konfrontiert war, sei beruhigt worden: „Du bist immer noch der Meister. „Das russische Volk ignorierte Bushs trilaterale Empfehlung und entschied sich für Jelzin.

Jelzin selbst geriet schnell unter die Belagerung durch aufstrebende Agenten der Weltordnung. Alt gewordene und diskreditierte Trotzkisten krochen aus dem Gebälk und schrien, dass sie immer noch wichtige Figuren seien. Die *Washington Post* nannte einige seiner Möchtegern-Agenten als Allen Weinstein, der sich selbst als „Jelzins Mann in Washington" bezeichnet, eine Reihe von Flüchtlingen aus der Hoover-Institution in Palo alto und einen Straßenbahnbetreiber aus Washington, D.C., namens O. Roy Chalk.

KAPITEL 4

FRANKLIN D. ROOSEVELT

D er Crash von 1929 und die daraus resultierende Depression sind in einem früheren Werk (*Secrets of the Federal Reserve*[2], 1983) ausführlich behandelt worden. Roosevelt wurde 1932 in einer Kampagne zum Präsidenten gewählt, die Hoovers Rothschild-Verbindungen und seinen Rekord aus dem Ersten Weltkrieg ignorierte. Stattdessen machte Roosevelt Hoover für eine Depression verantwortlich, die von der Bank of England herbeigeführt worden war. So schreibt Hoover in seinen *Memoiren*,

> „Als ich auf Roosevelts Aussage antwortete, dass ich für die Spekulationsorgie verantwortlich sei, überlegte ich eine Zeit lang, ob ich die Verantwortung des Federal Reserve Board durch seine bewusste Inflationspolitik von 1925-28 unter europäischem Einfluss und meine Ablehnung dieser Politik aufdecken sollte."

Hoover schwieg und wurde aus dem Amt geworfen. Später bezeichnete er Gerard Swopes „Wirtschaftsplanung" für den New Deal als „das genaue Muster des Faschismus" . „Die New Dealers" . von einem inoffiziellen Beobachter, Literary Guild 1934, bemerkte, dass der New Deal W.A. Harriman, den für die Schwerindustrie zuständigen Verwalter, und seine Schwester Mary Rumsey, die *Newsweek* mit Vincent Astor unterstützte, sowie die *Wochenzeitung New Deal* Today einschloss. „Observer" bemerkte auch, dass Oberst House der ältere Staatsmann hinter dem New Deal war und dass House nur zwei Präsidentschaftskandidaten, Wilson und FDR, unterstützt hatte. Roosevelt setzte die Politik von Wilson (eigentlich die Politik des

---

[2] *The Secret of the Federal Reserve*, Eustace Mullins, Omnia Veritas Ltd, www.omnia-veritas.com.

Hauses, die in *Philip Dru, Administrator,* dargelegt wurde) mit dem gleichen Personal fort und endete wie Wilson, indem er Amerika in einen weiteren Weltkrieg verwickelte. Beobachter stellen fest, dass die New Yorker Wohnung von Col. House nur zwei Blocks vom Roosevelt-Haus in der E. 65th St. in New York entfernt war und dass das Haus 1932 dort fast jeden Tag gesehen wurde. Er besuchte auch Roosevelt in Neuengland und auf der Roosevelt-Jacht.

Der Rat für auswärtige Beziehungen hatte ein Hauptquartiergebäude in der 45 E. 65th St. gekauft, das sich neben Franklins Herrenhaus befindet. Mit der Wahl Roosevelts 1933 strömten die untätigen Reichen der Weltordnung nach Washington, um sich mit Regierungsprogrammen zu amüsieren. Ray Tucker berichtete in der Zeitschrift *Collier's,*

> „Washington verwandelte sich von einer ruhigen, gemächlichen Stadt im Süden, mit eingefrorenen Gesichtern und Bräuchen, in ein fröhliches, luftiges, kultiviertes und großstädtisches Zentrum."

Tuckers Verwendung von „schwul" erwies sich als sehr prophetisch. Arthur Krock von der *New York Times* schrieb,

> „Sie sind eine fröhliche Gruppe, die New Dealers. Sie singen und tanzen gerne und trinken gerne."

Einige Jahre später hatte Washington die höchste Pro-Kopf-Menge an Alkoholkonsum in den Vereinigten Staaten. Mit der Menge der Weltordnung kamen ihre Verbündeten, die Kommunisten. Harold Ware, Sohn von Ella Reeve B loor, der altgedienten kommunistischen Agitatorin, kam nach Washington, um die berüchtigte Harold Ware-Zelle unter den Regierungsangestellten zu organisieren. Er hatte mehrere Jahre in der Sowjetunion verbracht und war mit persönlichen Aufträgen von Lenin in die USA zurückgekehrt. Die Zelle traf sich im Musikstudio seiner Schwester in der Connecticut Ave. Als Zeichen der Zeit erließ das Landwirtschaftsministerium eine offizielle Verfügung, dass

> „Ein Mann, der bei der Regierung beschäftigt ist, hat genauso viel Recht, Mitglied der Kommunistischen Partei zu sein, wie er Mitglied der Demokratischen oder Republikanischen Partei sein muss."

Um Roosevelts Macht zu festigen, benutzten seine Befürworter das typische Schema der Weltordnung - sie bauten seine „Opposition" auf. Im August 1934 gründeten die wichtigsten Architekten und Finanziers seines New Deal die Liberty League, die sofort als eine „rechtsextreme"

Organisation bezeichnet wurde. Pierre und Irenee DuPont stellten dafür 325.000 Dollar bereit. Die Liga wurde auch von J.P. Morgan, den Rockefellers, J. Howard Pew und William J. Knudsen (der später vom FDR in eine wichtige Position berufen wurde!) finanziert. Die Unterstützer der Liberty League, die Roosevelt und seine Mitarbeiter eifrig als „Kommunisten" anprangerten, was viele von ihnen waren, waren auch die Organisatoren der American International Corporation, die gegründet worden war, um den Zusammenbruch der Wirtschaft der Sowjetunion zu verhindern. Liberty League gelang es, die Gegner der FDR einzufangen und sie als „rechtsgerichtete Verrückte" zu brandmarken. Roosevelt erhielt die Gelegenheit, gegen seine Gegner als „wirtschaftliche Royalisten", „die alte Garde" und „Prinzen der Privilegien" zu wettern. Dann wurde Gerald L. K. Smith ins Spiel gebracht, um Roosevelts Opposition als „antisemitisch" zu verleumden. Der Trick funktionierte von 1934 bis zu den Wahlen von 1936, als er Landons Kampagne effektiv zerstörte. Gegen Roosevelt wurde für den Rest seines Lebens im Amt keine wirksame politische Opposition organisiert. Es war einer der erfolgreichsten politischen Schwindel in der amerikanischen Geschichte. Roosevelt heiratete dann seinen Sohn mit einer Erbin der DuPont-Dynastie. Genau zu der Zeit, als Eugene DuPont, Cousin von Pierre, eines der aktivsten Mitglieder der Liberty League war, warb F. D. Roosevelt Jr. um seine Tochter Ethel! Sie heirateten am 28. Juni 1937, im Time Magazine als „Hochzeit des Jahres" bezeichnet, unter dem Vorsitz von Dr. Endicott Peabody. Das Paar schaffte es auf die Titelseite des Time Magazine, als einzige Neuvermählte, die dies jemals taten.

Diese Maßnahmen waren notwendig, weil die Hintermänner der FDR planten, die USA in den Zweiten Weltkrieg einzubeziehen. Jegliche populäre politische Opposition gegen Roosevelt hätte ihn 1940 aus dem Amt fegen können, gerade als er gebraucht wurde, um den Angriff auf Pearl Harbor durchzuführen. Am Morgen von Pearl Harbor traf sich General Marshall, sein Stabschef, heimlich mit Maxim Litvinoff (verheiratet mit Ivy Low aus England), um den Russen zu versichern, dass alles nach Plan verlief. Marshall sagte später vor dem Kongress aus, dass er „sich nicht erinnern konnte", wo er sich am Tag von Pearl Harbor befand.

Der „geführte Konflikt" war auf dem besten Wege. Jacques Rueff weist darauf hin, dass Schacht die Geldpolitik Hitlers nicht erfunden hat; sie wurde Deutschland „von amerikanischen und britischen Gläubigern auferlegt, um Kriegsvorbereitungen zu finanzieren und schließlich den Krieg selbst zu entfesseln" (*Die Währungssünden des Westens*). Rueff weist auch darauf hin, dass das Stillhalteabkommen von 1931, das Deutschland bis in die 1930er Jahre ein Moratorium für Kriegsschulden gewährte, ein freundschaftlicher Pakt zwischen den Londoner, New Yorker und deutschen Zweigstellen des Warburg- und des Schroder-Hauses war. Max Warburg blieb bis 1938 Schachts Stellvertreter bei der Reichsbank; Kurt von Schroder wurde dann sein Stellvertreter. (Schachts Vater war in Berlin als Agent für die Equitable *Life* Insurance Co. of New York tätig gewesen). Die Industriellenabgaben für Hitler (der Freundeskreis) wurden in die Schroder-Bank eingezahlt.

Während der 1930er Jahre wurde Hitler in seinem Wunsch nach Freundschaft mit England, einem Bündnis, das ursprünglich 1898 von Theodore Roosevelt und dem Kaiser gemeinsam zwischen den drei nordischen Mächten England, Deutschland und den Vereinigten Staaten vorgeschlagen worden war, dazu überlistet, an seinem Wunsch nach Freundschaft mit England festzuhalten. Die Schröder versicherten Hitler, dass ihre deutsch-englische Freundschaft in England hundertmal einflussreicher sei, als sie tatsächlich war. Mit Persönlichkeiten wie den Astors und den Chamberlains, die die Beziehungen zu Deutschland unterstützten, war Hitler überzeugt, dass ein Krieg mit England unmöglich war. Im Jahre 1933 hatte er seine Entdeckung bekannt gegeben, dass Marx, Lenin und Stalin alle gesagt hatten, dass England und sein Reich zerstört werden müssten, bevor der internationale Kommunismus siegen könne. „Ich bin bereit, bei der Verteidigung des Britischen Empire mit Gewalt zu helfen, wenn ich dazu aufgefordert werde", erklärte er. 1936 arrangierte Hitler Treffen zwischen englischen und deutschen Diplomaten, aber das gewünschte Ergebnis wurde nie erreicht, da die Briten nur ein Ziel hatten: Hitler in falscher Sicherheit zu wiegen, bis sie ihm den Krieg erklären konnten.

Um Hitler in den Zweiten Weltkrieg zu locken, war es notwendig, ihm eine ausreichende Versorgung mit so lebensnotwendigen Dingen wie Kugellagern und Öl zu garantieren. Jacob Wallenberg von der schwedischen Enskilda Bank, die das riesige SKF-Kugellagerwerk kontrollierte, lieferte während des gesamten Krieges Kugellager an die Nazis. Die Flugabwehrgeschütze, die Flakfeuer gegen amerikanische Flugbesatzungen aussandten, drehten sich auf SKF-Kugellagern. Sein amerikanisches Werk, SKF in Philadelphia, wurde wiederholt auf die Proklamationsliste gesetzt, und jedes Mal wurde es von Dean Acheson entfernt.

Präsident William S. Farish von Standard Oil betankte Nazischiffe und U-Boote über Stationen in Spanien und Lateinamerika. Als Königin Elizabeth kürzlich in die USA kam, besuchte sie als einzige Familie die Farish. Während des gesamten Krieges zahlten die Briten

Lizenzgebühren an die Ethyl Standard Corp. für das Benzin, das von den deutschen Bombern verwendet wurde, die London zerstörten. Das Geld wurde bis nach dem Krieg auf Bankkonten von Farben eingezahlt. Die I. G. Farben wurde 1925 von den Warburgs als Zusammenschluss von sechs riesigen deutschen Chemieunternehmen, Badische Anilin, Bayer, Agfa, Hoechst, Welierter-Meer und Griesheim-Elektron, organisiert. Max Warburg war Direktor der I. G. Farben, Deutschland, und der I. G. Chemie, Schweiz. Die amerikanische I. G. Farben wurde von seinem Bruder Paul, dem Architekten des Federal Reserve System, Walter Teagle von Standard Oil und Charles Mitchell von der National City Bank kontrolliert. Kurz vor Ausbruch des Zweiten Weltkriegs lieferte Ethyl-Standard über die I. G. Farben 500 Tonnen Ethyl-Blei an das Reichsluftministerium, wobei die Zahlung durch ein Schreiben von Brown Bros. Harriman vom 21. September 1938 gesichert wurde.

Während des gesamten Zweiten Weltkriegs führten die Pariser Filialen von J.P. Morgan und der Chase National Bank ihre Geschäfte wie gewohnt weiter. Am Ende des Krieges erteilten die Besatzungsbehörden wiederholt den Befehl, die I. aufzulösen. G. Farben-Werke, wurden aber von General William Draper von Dillon Read, der in den 1920er Jahren die deutsche Wiederaufrüstung finanziert hatte, widerrufen.

Winston Churchill bemerkte zu diesem „geführten Konflikt" 1945, kurz bevor er endete: „Nie war ein Krieg leichter zu beenden. „(zitiert in der *Washington Post vom* 11. Juni 1984). Die einzige wirkliche Schwierigkeit bestand darin, ihn in Gang zu bringen. Churchill gelang es, den Krieg um mindestens ein Jahr zu verlängern, indem er 1943 General Wedemeyers Plan für eine Kanalüberquerung vereitelte und sich auf seinen ruinösen nordafrikanisch-sizilianischen Schwung einließ, eine Wiederholung seines verheerenden Gallipoli-Feldzugs des Ersten Weltkriegs. *Das Leben* enthüllte am 9. April 1951, dass Eisenhower Stalin über die US-Militärmission in Moskau über seinen Plan, an der Elbe Halt zu machen und den Russen die Einnahme Berlins zu gestatten, per Funk mitgeteilt hatte. Die Botschaft war von Ikes politischem Berater, John Wheeler Bennett vom RIIA, verfasst, von W. Averell Harriman empfangen und an Stalin übermittelt worden. In Washington versicherte General Marshall Präsident Truman, dass wir „verpflichtet" seien, den Russen die Einnahme Berlins zu gestatten. Senator Joseph McCarthy nannte Marshall später „eine lebende Lüge"
.

Das eroberte deutsche Volk wurde nun systematisch geplündert und von den Besatzungsmächten rücksichtslos regiert. Henry Kissinger, John J. McCloy (Schwiegersohn eines Partners von J.P. Morgan),

Benjamin Buttenweiser, Partner von Kuhn, Loeb & Co. (seine Frau war die Anwältin von Alger Hiss bei seinem Prozess wegen Meineids), und andere Rothschild-Agenten kamen wie Heuschrecken über die niedergeschlagene Nation. Die Hilfe für Sowjetrussland wurde unter dem Deckmantel des Marshall-Plans fortgesetzt, einer Wiederholung von Hoovers belgischer Hilfskommission im Ersten Weltkrieg. Der Marshall-Plan entstand als eine Sonderstudie von David Rockefeller für den Rat für Auswärtige Beziehungen, „Wiederaufbau Westeuropas", die 1947 abgeschlossen wurde. Er wurde in „Marshallplan" umbenannt und als großer Beitrag zur „Demokratie in Europa" beworben. (Imperial Brain Trust-Shoup). W. Averell Harriman wurde in Rothschilds Pariser Herrenhaus, dem Hotel Talleyrand, als Leiter des Marshallplans eingesetzt.

Die siegreichen Rothschilds festigten ihre Kontrolle über die Weltwährungssysteme durch den Bretton-Woods-Pakt, eine Nachbildung der Charta der Bank von England. Er gewährte Immunität vor gerichtlichen Verfahren, seine Archive waren unantastbar und unterlagen keiner gerichtlichen oder kongressrechtlichen Einsichtnahme; auf Sicherheitsdividenden oder Zinsen des Fonds durften keine Steuern erhoben werden; alle leitenden Angestellten und Mitarbeiter waren immun gegen gerichtliche Verfahren. Der Pakt plünderte systematisch Westeuropa und die Vereinigten Staaten. Am 3. April 1984 berichtete AP, dass die „britischen" Investitionen in den USA nun 115 Milliarden Dollar betrugen und die Briten 28 Milliarden Dollar an US-Bankguthaben hielten. Mindestens ein US-Senator ist ein Mitglied der britischen Aristokratie, Malcolm Wallop (R. Wyo.), Sohn des Hon. Oliver Wallop, dessen Bruder der Earl of Portsmouth (1743 gegründet) ist. Die Schwester von Sen. Wallop, Lady Porchester, heiratete Lord Porchester, Sohn des Earl of Carnarvon. Lord Porchester ist der Master of Horse der Königin und ihr Rennmanager.

Lord Carrington, langjähriger britischer Außenminister, ist jetzt Henry Kissingers Partner bei Kissinger Associates und wurde kürzlich zum Chef der NATO ernannt. Er ist Chef der GE chmn Australian New Zealand Bank, Direktor von Rio Tinto, Barclay's Bank, Cadbury Schweppes, Amalgamated Metal, British Metal und Hambros Bank. Seine Mutter war die Tochter von Viscount Colville, der 1936-38 Finanzsekretär des Finanzministeriums war. Richard Davis stellt in *The English Rothschilds* fest, dass Lionel Rothschild ein häufiger Besucher in Lord Carringtons Haus in Whitehall war. Tatsächlich war Lord Carrington mit der Familie Rothschild durch Heirat verwandt. Der erste Lord Carrington war Archibald Primrose. Sein Sohn wurde Vicomte

Rosebery. Der 5. Earl Rosebery heiratete 1878 Hannah Rothschild, Tochter von Mayer. Sie wurde von Disraeli weggegeben.

Der Zweite Weltkrieg lieferte die Völker der Welt in die Hände der Weltordnung, mit dem vorhersehbaren Ergebnis, dass sie in weiteren „gemanagten Konflikten" systematisch geplündert, terrorisiert, unterdrückt und massakriert wurden, nicht zuletzt im Vietnamkrieg, in dem amerikanische Jungen mit wenig oder keiner Kampfausbildung gegen die gut ausgebildeten Guerillatruppen von Ho-Chi-Minh und General Giap in den Kampf geschickt wurden, kommunistische Truppen, deren Führer von der Spezialeinheit OSS Deer intensiv ausgebildet worden waren.

Die Rothschilds regieren die USA durch ihre Stiftungen, den Council on Foreign Relations und das Federal Reserve System, ohne dass ihre Macht ernsthaft in Frage gestellt wird. Teure „politische Kampagnen" werden routinemäßig durchgeführt, mit sorgfältig geprüften Kandidaten, die dem Programm der Weltordnung verpflichtet sind. Sollten sie vom Programm abweichen, würden sie einen „Unfall" erleiden, einer sexuellen Anklage ausgesetzt oder wegen einer finanziellen Unregelmäßigkeit angeklagt werden. Senator Moynihan erklärte in seinem Buch „*Loyalitäten*" : „Ein britischer Freund, weise im Umgang mit der Welt, drückte es so aus: Sie befinden sich jetzt auf Seite 16 des Plans. '" Moynihan fragte klugerweise nicht, was Seite 17 bringen würde.

Der amerikanische Bürger arbeitet hart und zahlt Steuern, ohne sich dessen bewusst zu sein, dass die geheimen Machthaber, die über das Federal Reserve Board agieren, jederzeit eine geldpolitische Entscheidung treffen können, die ihn in eine belastende Schuld stürzt oder ihn in den Bankrott treibt. Gary Allen schreibt in *American Opinion*, 7. Oktober 1979,

> „Was auch immer die Zukunft bringt, Sie können darauf wetten, dass sie instabil sein wird, da der Wert des Dollars und der Edelmetalle stark schwanken wird. Solange die Sponsoren von Volcker im Voraus wissen, wie seine Politik aussehen wird, werden sie viel Geld verdienen."

Dieser genauen Vorhersage folgten 20% Zinsen und 25% Inflation.

Businessweek, 20. Februar 1984, erklärt,

> „Der schlechteste Markt für Händler ist ein stabiler Markt. Investmentbanken haben jetzt ein größeres Interesse an Marktinstabilität als je zuvor. Sie können enorme Gewinne

anhäufen, indem sie schnelle, starke Schwankungen der Gewinne, Preise und Zinssätze richtig einschätzen."

Es ist offensichtlich, dass sie „enorme Gewinne" erzielen können, wenn sie im Voraus wissen, wie die geldpolitischen Entscheidungen aussehen werden. Jeder, der ernsthaft glaubt, dass niemand im Voraus weiß, wie die Entscheidungen der Federal Reserve Bank aussehen werden, ist zu naiv, um sie allein treffen zu dürfen; jeder, der glaubt, dass es niemanden gibt, der dem Federal Reserve Board sagen kann, wie seine Politik aussehen wird, hat noch mehr den Bezug zur Realität verloren. Viele Menschen glaubten, dass Lord Montagu Norman die Bank of England dreißig Jahre lang als Ein-Mann-Show geleitet hat, was zeigt, dass manche Menschen alles glauben werden. A. Craig Copetas schreibt in *Harper's*, Jan. 1984,

> „How the Barbarians Do Business" über die 2.000 Händler der Londoner Metallbörse, dass man, wenn man diese Leute objektiv betrachtet, „einen einfachen Schrotthändler vorfindet - einen Lumpen- und Knochenmann, wie die Briten ihre Schrotthändler nennen."

Es sind die Lumpen- und Knochenmänner, die die Volkswirtschaften der Welt wie eine Jalousie auf- und abwärts lenken und von jeder Bewegung der Märkte kräftig profitieren.

Carter Field notiert in seiner Biografie über Baruch,

> „Baruch stieg kurz vor dem Crash aus dem Markt aus. Aber was brachte Baruch dazu, zu einem so günstigen Zeitpunkt Aktien zu verkaufen und Steuerbefreiungen zu kaufen?"

Feld bietet keine Antwort. Norman Dodd, der damals für Bankers Trust tätig war, gibt an, dass Henry Morgenthau einige Tage vor dem Absturz in Bankers Trust kam und den Offizieren befahl, alle Wertpapiere seiner Trusts, 60 Millionen Dollar, innerhalb von drei Tagen zu schließen. Die Beamten versuchten, mit ihm zu protestieren und wiesen darauf hin, dass er, wenn er sie über einen Zeitraum von Wochen verkaufen würde, viel größere Gewinne erzielen würde, vielleicht fünf Millionen Dollar mehr, als wenn sie so kurzfristig veräußert würden. Morgenthau wurde wütend und schrie sie an: „Ich bin nicht hierher gekommen, um mit Ihnen zu streiten! Tun Sie, was ich sage! „Der Schwarze Freitag fiel innerhalb einer Woche.

Am 30. Mai 1936 schrieb *Newsweek* über einen von Roosevelt zum Mitglied des Federal Reserve Board ernannten Ralph W. Morrison,

„Er verkaufte seine texanischen Versorgungsaktien für zehn Millionen Dollar an Insull und berief 1929 ein Treffen ein und wies seine Banken an, alle Sicherheiten zu schließen. Infolgedessen fuhren sie mit Bravour durch die Depression."

Die Insider kommen „mit fliegenden Fahnen" durch, während Millionen von Opfern ruiniert werden, zerstört von Kräften, von deren Existenz sie sich weigern zu glauben. Herzschmerz, Verluste von Häusern und Geschäften, Zusammenbrüche, Selbstmorde, Zerstörung von Familien, das sind die Ergebnisse der Wirtschaftspolitik der Weltordnung, die von „den Lumpen und Knochenmännern" initiiert und durchgeführt wird.

Durch ihr geldpolitisches Kommando des Federal Reserve Board bestimmt die Weltordnung den Ausgang der amerikanischen Wahlen. Ein Nachrichtenkommentator wies kürzlich darauf hin, dass Paul Volcker bestimmen werde, ob Reagan wiedergewählt wird. 1980 besiegte das Federal Reserve Board absichtlich Carter und wählte Reagan. Otto Eckstein bemerkte in *U.S. News* vom 5. September 1983, dass der Leitzins Ende 1980 21,5% erreichte, was in einem Wahljahr eine Rezession auslöste. Eckstein, Leiter von Data Resources in Lexington, Massachusetts. (er starb später plötzlich), sagte,

„Die Federal Reserve hatte noch nie zuvor einen solchen Schritt unternommen."

Ein Kritiker wies darauf hin, dass Volcker die Zinssätze erhöht habe, was den US-Aktien schade, wodurch kurzfristige US-Geldmarktinstrumente wünschenswerter als langfristige seien und die Instabilität der ausländischen Kapitalströme, die er angeblich befürchte, geradezu herbeigeführt werde. Gordon Thether schreibt in der Londoner *Financial Times,*

„In der ganzen Geschichte kann es weniger Fälle geben, in denen ein Mann den Interessen seiner Mitmenschen größeren Schaden zugefügt hat als Volcker mit 'gutartiger Vernachlässigung' und ihren allzu vielen bösartigen Erscheinungsformen - nicht die erste davon ist die schlecht durchdachte Kampagne zur Geldentwertung von Gold, die Washington seit den späten 60er Jahren betreibt. Die Zinssätze steigen, wenn Gold nicht auf die Währung setzt."

Über den Londoner Goldpool veräußerten das Federal Reserve System und das US-Finanzministerium amerikanisches Gold zum Spottpreis von 35 Dollar pro Unze, einem Zehntel seines derzeitigen Wertes, und raubten damit der amerikanischen Öffentlichkeit

Milliarden von Dollar. Am 24. Juli 1969 genehmigte Volcker SDR-Papiergold, Sonderziehungsrechte, als Ersatz für Gold in Devisen. Dann sagte er triumphierend zu seinen Bankkollegen in Paris: „Nun, wir haben das Ding auf den Weg gebracht. „Finanzminister Connally zog dann die Nixon-Administration vom Gold ab und entwertete den Dollar im August 1971.

Am 17. Juli 1984 beschrieb Jack Anderson das Federal Open Market Committee in der *Washington Post* als „einen mysteriösen Rat von 12", „die rätselhafte Gruppe" mit „übertriebener Geheimhaltung", die, so Anderson, „Einfluss darauf hat, welche Zinssätze Sie zahlen werden, wie viel Geld den Unternehmen zur Kreditaufnahme zur Verfügung stehen wird und ob die Inflation wieder einmal Ihre Einnahmen auffressen und den Wert Ihrer Bankkonten verringern wird" . „Trotz der weitreichenden Bedeutung von „Volckers" Entscheidungen ist seine Aussage vor dem Kongress in Geschwafel gehüllt; dieser Schriftsteller hat Hunderte von Seiten seiner Aussage durchgesehen, ohne einen einzigen zitierfähigen Satz über seine wirtschaftlichen Absichten zu finden. Am 9. Juli 1984 berichtete Jack Anderson von Volckers Treffen mit hohen Beamten des Finanzministeriums,

> „Einer von ihnen, der gefragt wurde, ob er sich an etwas erinnern könne, was Volcker während der hochrangigen Treffen gesagt habe, dachte einen Moment nach und antwortete: 'Ich kann mich an nichts erinnern, was er gesagt hat, das ich verstanden hätte."

Sen. Moynihan notiert in der *Neuen Republik*, 31. Dezember 1983,

> „Die Fed kontrolliert nicht die genaue Geldmenge und kann die Zinssätze nicht genau bestimmen. Aber sie kann die Richtung und die Bandbreite für beides festlegen, und das hat sie getan. Jeder, der versuchte, eine andere Meinung zu vertreten, wurde lautstark geklopft. Ihre etwa zwei Dutzend Zentralbanker beschlossen, die Wirtschaft zu zerschlagen, und sie zerschlugen sie, was sie auch taten."

Paul Craig Roberts schreibt in *Businessweek*, 27. Februar 1984,

> „Was auch immer Volckers Absichten sein mögen, die empirischen Daten zeigen, dass es seit dem letzten Frühjahr eine Verlangsamung des Geldmengenwachstums gegeben hat und dass die Fed Offenmarktgeschäfte genutzt hat, um die Zinssätze hoch zu halten... Was die Finanzmärkte beunruhigt, ist die Verdunkelung der Reagan-Politik durch Volckers. Das

wahrscheinlichste Ergebnis werden höhere Steuern und höhere Defizite sein."

Dennoch greifen die Presse und die Demokraten Reagan als verantwortlich für das Defizit an, über das er keine Kontrolle hat und das Volcker schafft.

Die *New York Times* gab an, dass, wer auch immer die Wahl im November 1984 gewonnen hat, es bereits beschlossen wurde, dass die Steuern um 100 Milliarden Dollar erhöht werden. Auch hier gilt wieder: Warum eine Wahl von gewählten Amtsträgern, die keinen Einfluss auf wirtschaftliche Angelegenheiten haben? Brunner interviewte kürzlich Walter Wriston, den pensionierten Chef der Citibank, der sagte,

> „Ich habe die Aktionen der Fed in den letzten fünfzehn Jahren im Detail durchlebt - die Fed hat einen bösartigen Einfluss auf die Wirtschaft dieses Landes ausgeübt. Ihre Einmischung in die Finanzmärkte Amerikas in den letzten zehn Jahren hat zu einem anhaltend übermäßigen Geldmengenwachstum, einer Inflation, die die Finanzkraft der US-Unternehmen aufgrund der kombinierten Inflation und der überhöhten Steuersätze untergrub, und zu einer Rekordverschuldung geführt."

Forbes wies am 20. Juni 1983 in einer Geschichte über „Tony" Solomon darauf hin,

> „Solomon mag nach dem Vorsitzenden der wichtigste Mann im Federal Reserve System sein, und was er sagt und tut, wirkt sich auf uns alle aus."

Vielleicht haben Sie noch nie von „Tony" Solomon gehört. Sicherlich haben Sie ihn nie in ein Amt gewählt, aber was er sagt und tut, hat Auswirkungen auf uns alle. Er ist der Vorsitzende der Federal Reserve Bank of New York, ein Amt, das früher Paul Volcker innehatte. Diese Bank vertritt den New Yorker Geldmarkt im Federal Reserve System. Dreiundfünfzig Prozent ihrer Aktien werden von fünf New Yorker Banken gehalten, deren beherrschender Einfluss das Londoner House of Rothschild ist. Der Vorsitzende der FRBNY sitzt ständig im FOMC zur Rechten des Vorsitzenden des Gouverneursrates. Abschnitt 12 des Federal Reserve Act von 1913 sah vor, dass fünf Vertreter der 12 Federal Reserve Banks im FOMC rotieren sollten. Dieser wurde im August 1943, während die Zweite Weltkrieg tobte, stillschweigend abgeändert und lautete „einer, der jährlich vom Verwaltungsrat der Federal Reserve Bank of New York gewählt wird", wobei die Bestimmung ersetzt wurde, dass „einer jährlich von den

Verwaltungsräten der Federal Reserve Banks of Boston und New York gewählt werden sollte" . Die FRBNY ist nun die einzige Federal Reserve Bank mit einem ständigen Sitz im FOMC. Die amerikanische Öffentlichkeit wurde nie über diese Änderung informiert.

KAPITEL 5

DAS GESCHÄFT IN AMERIKA

J ohn Moody, Autor vieler Standard-Nachschlagewerke über das amerikanische Finanzwesen, erklärte in *McClure's Magazine*, Aug. 1911, „The Seven Men",

> „Sieben Männer an der Wall Street kontrollieren jetzt einen großen Teil der grundlegenden Industrie und Ressourcen der Vereinigten Staaten. Drei der sieben Männer, J.P. Morgan, James Stillman und George F. Baker, Chef der First National Bank of New York, gehören der sogenannten Morgan-Gruppe an; vier von ihnen, John D. und William Rockefeller, James Stillman, Chef der National City Bank, und Jacob H. Schiff von der Privatbankfirma Kuhn, Loeb Co. zur sogenannten Standard Oil National City Bank-Gruppe, die als zentrale Kapitalmaschine ihre Kontrolle über die USA ausdehnt. Dieser Prozess ist nicht nur wirtschaftlich logisch, er ist jetzt praktisch automatisch."

Was 1911 galt, trifft 1984 noch mehr zu; die sieben Männer sind heute wie damals lediglich amerikanische Agenten für Londoner Interessen. 1919 schrieb Moody in *Masters of Capital*,

> „Alle großen Bankiers begannen als Trockenwarenhändler, einschließlich Junius S. Morgan. Beebe Morgan war ein Haus für Trockengüter. J.M. Beebe Co. aus Boston machte Junius S. Morgan zum Partner. Junius Morgan wurde später zu George Peabody & Co. in London eingeladen, die den größten Teil des Handels des Hauses Rothschild mit amerikanischen Aktien abwickelte. Der Sohn von Junius Morgan, J.P. Morgan, änderte später den Namen der Firma in J.P. Morgan & Co. Die Firma blieb jedoch einer von drei Vertretern des Hauses Rothschild in den USA, die anderen waren Kuhn, Loeb & Co. und August Belmont."

Die Morgan-Gruppe und die Gruppe der National City Bank hielten in der Woche vom 22. November 1910 auf der Insel Jekyll, Ga. ein geheimes Treffen ab, um ihre Finanzkraft zu konsolidieren. Anwesend waren Sen. Nelson Aldrich (seine Tochter heiratete John D. Rockefeller Jr.), sein Privatsekretär Shelton, A. Piatt Andrew, Asst. Sec. des Finanzministeriums, Frank Vanderlip, Präsident der National City Bank, Henry P. Davison, J.P. Morgans rechte Hand, Charles D. Norton, Präsident der National City Bank. First National Bank of New York, Benjamin Strong von der Liberty Natl. Bank (er heiratete später die Tochter des Präsidenten von Bankers Trust, wurde Präsident von Bankers Trust und Vorsitzender der Federal Reserve Bank of New York) und Paul Warburg, ein deutscher Einwanderer, der zu Kuhn, Loeb & Co.

Obwohl diese Männer die einflussreichsten Finanziers in den USA waren, waren sie auf der Insel Jekyll lediglich als Abgesandte von Baron Alfred Rothschild anwesend, der sie beauftragt hatte, ein Gesetz zur Errichtung einer Zentralbank in den USA vorzubereiten, nach dem Vorbild der europäischen Mindestreserve-Zentralbankorganisationen der Reichsbank, der Bank von England und der Bank von Frankreich, die alle vom Haus Rothschild kontrolliert wurden.

Um den Federal Reserve Act in das Recht des Landes umzusetzen, wählten die Bankiers 1912 Woodrow Wilson zum Präsidenten der USA, indem sie die Republikanische Partei spalteten und den populären William Howard Taft besiegten, indem sie Theodore Roosevelts böswillige Drittkandidatur Bull Moose finanzierten. Wilsons akademische Laufbahn in Princeton war durch Geschenke von Cleveland H. Dodge, Direktor der National City Bank, und Moses Taylor Pyne, Enkel und Erbe des Gründers der National City Bank, finanziert worden. Wilson unterzeichnete daraufhin eine Vereinbarung, nicht an ein anderes College zu gehen. Der Federal Reserve Act wurde vom Kongress als Glass-Owen-Gesetz verabschiedet, das von zwei Demokraten, dem Kongressabgeordneten Carter Glass aus Virginia und Sen. Robert Owen aus Oklahoma, unterstützt wurde. Owen wurde von Samuel Untermeyer, der ihn während seiner Tätigkeit als Berater für die Untersuchung des Pujo Money Trust kultiviert hatte, dazu überredet, den Gesetzentwurf zu unterstützen. Untermeyer schmeichelte Owen, indem er ihn in Greystone, seinem palastartigen Anwesen am Hudson River, unterhielt. Untermeyer behauptete, ein „fortschrittlicher Demokrat" zu sein, obwohl er in feudaler Pracht lebte und 167 Männer beschäftigte, um seine Orchideen- und Gewächshausfläche zu pflegen. Im Greystone speiste Owen mit Paul Warburg, Bernard Baruch und anderen Finanziers, die beauftragt worden waren, den Federal Reserve Act zu verabschieden. Owen, ein ehemaliger indischer Agent, der nur wenig über Finanzen wusste, ließ sich leicht von Paul Warburgs doktrinären Pronciamentos über „unser veraltetes Bankensystem" überzeugen, das mit dem moderneren Bankensystem Europas auf eine Stufe gebracht werden muss.

Nachdem der Federal Reserve Act vom Kongress verabschiedet und von Präsident Woodrow Wilson unterzeichnet worden war, kauften sechs New Yorker Banken, die vom Morgan-Standard Oil-Konzern kontrolliert werden, die Mehrheitsbeteiligung an der Federal Reserve Bank of New York, die sie seither halten. Das Organigramm der Federal Reserve Bank of New York vom 19. Mai 1914 zeigt, dass von den 203.053 ausgegebenen Aktien die National City Bank 30.000 Aktien übernahm; die Morgan-Baker First National Bank übernahm 15.000 Aktien. Diese beiden Banken fusionierten 1955 zur heutigen Citibank, wodurch sie ein Viertel der Aktien der Federal Reserve Bank of New York erhielten. Die Citicorp ist jetzt mit 134 Milliarden Dollar die größte Bank der USA. Die National Bank of Commerce, deren Großaktionär Paul Warburg war, übernahm 21.000 Aktien; die Hanover Bank (jetzt Manufacturers Hanover, deren Direktor Lord Rothschild ist) übernahm 10.200 Aktien; die Chase National Bank übernahm 6000 Aktien; die Chemical Bank übernahm 6000 Aktien. Diese sechs Banken besaßen 1914 40% der Aktien der Federal Reserve Bank of New York. Aus dem Ausdruck der Aktionäre des Federal Reserve System vom 26. Juli 1983 geht hervor, dass sie jetzt 53% besitzen, und zwar wie folgt Citibank 15%; Chase Manhattan 14%; Morgan Guaranty Trust9%; Manufacturers Hanover 7%; Chemical Bank 8%. Citicorp Citibank ist die Nr. 1 in der Größe in den USA. Nr. 3 ist Chase Manhattan mit einem Vermögen von $82 Milliarden; Nr. 4 ist Manufacturers Hanover, $64 Milliarden; Nr. 5 ist J.P. Morgan, $58 Milliarden; Nr. 6 Chemical Bank. Nr. 11 ist First Chicago, ehemals First National Bank of Chicago, die von den Baker-Morgan-Interessen kontrolliert wird. House Rept. 159362, S. 183 - Anmerkungen,

> „Neben Baker and Son ist Morgan & Co. mit 14.500 Aktien der größte Anteilseigner der First National (of New York); Baker und Morgan besitzen zusammen 40.000 der 100.000 Aktien der First National Bank."

Die *New York Times* vom 3. September 1914 zeigte zum Zeitpunkt des Verkaufs der Federal-Reserve-Aktien die Hauptaktionäre dieser Banken wie folgt National City Bank - 250.000 Aktien, von denen James Stillman 47.498 besaß; J.P. Morgan & Co. 14.500; W. Rockefeller 10.000; M.T. Pyne 8267; Percy Pyne 8267; J.D. Rockefeller 1750; J.S. Rockefeller 100; W.A. Rockefeller 10; J.P. Morgan Jr. 1000. National Bank of Commerce, 250.000 Aktien - George F. Baker 10.000; J.P. Morgan Co. 7800; Mary W. Harriman,

(Witwe E.H.) 5650; Paul Warburg 3000; Jacob Schiff 1000; J.P. Morgan Jr. 1100. Chase Natl. Bank- George F. Baker 13.408. Hanover Natl. Bank - James Stillman 4000; William Rockefeller 1540.

In einer Zeit, in der seit 1914 Tausende von US-Banken in Konkurs gegangen sind, sind diese Banken, geschützt durch ihre Beteiligung an der Federal Reserve Bank of New York, stetig gewachsen. Ein Bericht des Senats,

„Interlocking Directorates among the Major U.S. Corporations", eine Mitarbeiterstudie des Senatsausschusses für Regierungsangelegenheiten vom 15. Juni 1978, zeigt, dass fünf dieser vorgenannten Banken insgesamt 470 ineinandergreifende Direktionen in den 130 großen Unternehmen der USA hatten, durchschnittlich 3,6 Direktoren pro großes US-Unternehmen. Dieser umfangreiche Bericht ist einer eingehenden Untersuchung würdig: Wir können hier nur die Gesamtzahlen nennen:

CITICORP	97 Direktionen
J.P. MORGAN CO.	99 Direktionen
CHEMISCHE BANK	96 Direktionen
JAGD AUF MANHATTAN	89 Direktionen
HERSTELLER HANNOVER	89 Direktionen
Gesamt	470

Diese zentralisierte Kontrolle der amerikanischen Industrie durch fünf New Yorker Banken, die von London aus kontrolliert werden, lässt vermuten, dass wir anstelle von 130 großen US-Unternehmen vielleicht nur ein einziges haben, das an sich schon ein Vorposten der London Connection ist.

Zu Beginn des [19.] Jahrhunderts gründete das Haus Rothschild eine Reihe von Tochtergesellschaften in den USA, die den Code der City-Banken oder City-Unternehmen trugen und sie als aus dem Finanzzentrum, der City of London, stammend identifizierten. Die City Bank wurde 1812 in New York gegründet, im selben Raum, in dem die Bank der Vereinigten Staaten bis zum Ablauf ihrer Satzung tätig war. Später wurde sie National City Bank genannt, ihr Direktor war fünfzig Jahre lang Moses Taylor, dessen Vater ein Geheimagent für John Jacob Astor und den britischen Geheimdienst gewesen war. Wie bei der Morgan-Peabody-Operation verdoppelte Moses Taylor in der Panik von 1837 sein Vermögen, indem er auf dem gedrückten Markt Aktien mit dem von N.M. Rothschild aus London vorgestreckten Kapital kaufte. Während der Panik von 1857, als viele ihrer Konkurrenten scheiterten, florierte die City Bank. Moses Taylor kaufte während der Panik die ausstehenden Aktien der Delaware Lackawanna Railroad für 5 Dollar pro Aktie. Sieben Jahre später war sie 240 Dollar pro Aktie wert. Er war nun 50 Millionen Dollar wert. Sein Schwiegersohn, Percy Pyne, war aus London gekommen, um bei der City Bank zu arbeiten, und heiratete Taylors Tochter. Als Taylor 1882 starb, hinterließ er 70 Millionen Dollar. Sein Schwiegersohn, der nun gelähmt war, wurde Präsident der heutigen National City Bank. John D. Rockefellers Bruder William investierte in die Bank und überredete Pyne 1891, zugunsten von James Stillman, Rockefellers Mitarbeiter, zur Seite zu treten und Präsident zu werden. Williams Sohn William heiratete Stillmans Tochter Elsie; sein anderer Sohn Percy heiratete Stillmans Tochter Isabelle. James Stillman hatte auch eine Londoner Verbindung - sein Vater, Don Carlos, war ein Rothschild-Agent in Brownsville, Texas, und ein erfolgreicher Blockadebrecher während des Bürgerkriegs.

Die National City Bank erwarb mehrere Tochtergesellschaften in New York, die National City Co., die später in City Co. umbenannt wurde, und die City Bank Farmers Trust Co.

Die Dominanz der Morgan-Kuhn-Loeb-Finanzmacht in New York wird durch einen Bericht von Dow Jones in der *New York Times* vom 11. Februar 1928 gezeigt, dass bei den Gesamtangeboten an Anleihen im Jahr 1927 J.P. Morgan mit 502.590.000 USD an erster Stelle stand; an zweiter Stelle lag National City Co. mit 435.616.000 USD; an dritter Stelle Kuhn Loeb mit 423.988.000 USD. Am 3. Juli 1929 bemerkte die *New York Times*, dass Charles A. Peabody in den Vorstand der National City Co. und des City Bank Farmers Trust eingetreten war. Am 4. August 1932 gab die *New York Times* bekannt, dass die National City Bank ihre eigene Währung gegen US-Anleihen ausgeben würde, die gemäß dem neuen Federal Home Loan Bank Act, der die National City Bank zur Ausgabe von bis zu 124 Millionen Dollar in Währung ermächtigte, die Umlaufbefugnis hätten. Die National City Bank war nun eine „Bank der Emission" geworden, eine Funktion, die früher den Zentralbanken vorbehalten war. Am 8. Juni 1933 gab James H. Perkins, chmn National City Bank, bekannt, dass die National City Co. ihren Namen in City Co. of New York ändern würde. Am 21. November 1933 listete die National City Bank 31 Tochtergesellschaften auf, darunter City Bank Farmers Trust, City Co. of New York, City Co. of Massachusetts, 44 Wall St. Co. und Cuban Sugar Plantations Inc.

Am 3. März 1934 gab die *New York Times* bekannt, dass die National City Bank die Nationalbank von Haiti, eine hundertprozentige

Tochtergesellschaft, am 29. April 1934 verkaufen würde. Die *New York Times* wies auch darauf hin, dass die National City Bank am 2. Februar 1934 die United Aircraft organisiert habe und dass ihre Tochtergesellschaft, der City Bank Farmers Trust, am 28. Februar 1929 ihr 112-jähriges Bestehen gefeiert habe.

Am 27. Juni 1934 wurde die City Co. of New York zum deutschen Anleihe-Scrip-Agent in den USA ernannt. Am 22. Mai 1933 gab die City Co. of N. Y. ihre Fusion mit Brown Bros. Harriman bekannt, mit Joseph Ripley als Vorsitzenden des Vorstands. Das Unternehmen durchlief mehrere Namensänderungen als Brown Harriman Co., Harriman Ripley, und heißt nun wieder Brown Bros.

Am 4. März 1934 erklärte General Billy Mitchell in einer Rede vor der Foreign Policy Association, dass die National City Bank und ihre Tochtergesellschaften den Flugverkehr in diesem Land kontrollieren. Allen W. Dulles, der als „Spezialist für internationale Angelegenheiten" vorgestellt wurde, verkündete, dass die Gewinne der internationalen Munitionshersteller skrupellos seien.

Am 2. März 1955 gab die National City Bank bekannt, dass sie die Aktien der First National Bank für 165 Millionen Dollar, 550 Dollar pro Aktie, kaufen würde (im Boom von 1929 verkaufte First National für 8.600 Dollar pro Aktie). Einige Marktanalysten waren der Meinung, dass die Aktie beim Verkauf 1955 750 Dollar pro Aktie gebracht hätte, was darauf hindeutete, dass die Familie Baker nicht mehr in der Lage war, ihre Interessen zu schützen. Die daraus resultierende Citibank wurde zur größten Bank der USA mit einer Mehrheitsbeteiligung an der Federal Reserve Bank of New York. Die National City Bank befand sich achtzig Jahre lang in Hongkong; sie hat dort ein 90 Millionen Dollar schweres Citibank Centre. 1983 stammten 4% ihrer jährlichen Gewinne aus dem Hongkong-Geschäft, das das Zentrum des weltweiten Drogenhandels ist.

Neben ihrer Mehrheitsbeteiligung an der Federal Reserve Bank of New York hatten die Rothschilds wichtige finanzielle Interessen in anderen Teilen der Vereinigten Staaten entwickelt. Der Bericht des Banken- und Währungsausschusses des Repräsentantenhauses vom Mai 1976, „International Banking", S. 60, identifizierte die Rothschild Five Arrows Group und ihre gegenwärtigen fünf Filialen: N.M. Rothschild & Söhne Ltd. London; Banque Rothschild, Frankreich; Banque Lambert, Belgien; New Court Securities, N.Y.; Pierson, Holding & Co., Amsterdam. Diese fünf wurden in einer einzigen Bank zusammengefasst, der Rothschild Intercontinental Bank Ltd. Aus dem Personalbericht des Hauses geht hervor, dass Rothschild

Intercontinental Bank Ltd. drei wichtige amerikanische Tochtergesellschaften hat: Die National City Bank of Cleveland, die First City National Bank of Houston (First City Bancorp) und die Seattle First National Bank. Diese Rothschild-Tochtergesellschaften wurden 1983 wie folgt eingestuft: First City Bancorp Houston, 23. der Größe nach in den USA, 17 Milliarden Dollar Vermögenswerte; National City Corp. of Cleveland, 48. der Größe nach in den USA, 6,5 Milliarden Dollar Vermögenswerte. Die National City Corporation of Cleveland übt seit vielen Jahren eine dominierende Rolle in der Industrie und Politik des Mittleren Westens aus; die First City Bancorp dominiert die Öl- und Schwerindustrie sowie die Politik in Texas.

Im Jahr 1900 war Cleveland die Heimat von Marcus Alonzo Hanna (bekannt als Mark), dem legendären politischen Chef der Republikanischen Partei. Er nominierte und wählte zweimal einen Kongressabgeordneten aus Ohio, William McKinley, für das Amt des US-Präsidenten. Er initiierte das Checkoff-System, mit dem Banken und Unternehmen zu regelmäßigen politischen Spenden verpflichtet wurden. Hanna gründete zwei Unternehmen; M. A. Hanna Co. und Hanna Mining Co., die große Stahl- und Eisenholdings erwarben. 1953 ernannte Präsident Eisenhower George Humphrey zum Finanzminister. Humphrey, Präsident von M.A. Hanna Co., war auch chmn National Steel Co. (vor kurzem von Nippon Kokan, einem japanischen Konzern, übernommen); Direktor von Sun Life Assurance Co. (Rothschild), Industrial Rayon Corp. dem weltgrößten Hersteller von Autoreifenkord (L.L. Strauss of Kuhn, Loeb Co. kontrollierte die Firma; Harry Byrd Jr. war ebenfalls Direktor. Humphrey war auch ein Direktor der National City Bank of Cleveland. Weitere Direktoren dieser Bank waren C.T. Foster, chmn Standard Oil of Ohio; J. A. Greene, chmn Ohio Telephone Co.; L.L. White, chmn Chicago & St, Louis Rwy.; R.A. Weaver, chmn Ferro Corp.; J.B. Ward, President Addressograph Co.; H.B. Kline, President Industrial Rayon Corp. und William McAfee, Direktor Standard Oil of Ohio. Die National City Bank of Cleveland verfügt jetzt über Vermögenswerte in Höhe von 6,5 Milliarden Dollar, 8.171 Beschäftigte und siebzehn Unternehmen. Kürzlich kaufte sie die 500-Millionen-Dollar-Einnahmenbank BANCOHIO.

Im Jahr 1978 war George Humphreys Sohn Gilbert W. chmn Hanna Mining Co., Direktorin der National City Bank of Cleveland, Sun Life Assurance, National Steel, Massey Ferguson, General Reinsurance, und St. John del Rey Mining Co. M.A. Hanna Co., die Holdinggesellschaft, wurde 1965 liquidiert, und ihre Vermögenswerte in Höhe von 700 Millionen US-Dollar wurden an ihre Aktionäre ausgeschüttet.

Der Einfluss der National City Bank of Cleveland beschränkte sich nicht nur auf die Familien Hanna und Humphrey. Als die Ohio Connection des Hauses Rothschild lenkte sie die Karrieren von zwei der bekanntesten Familien der Nation, den Tafts und den Rockefellers. Die Bank finanzierte die Aktivitäten der Familie Taft in Politik und Wirtschaft, der Taft Broadcasting Co. und anderer Firmen. Der Erfolg von John D. Rockefeller begann, als er die Unterstützung der National City Bank of Cleveland erhielt, um die Übernahme seiner Konkurrenten im Ölgeschäft zu finanzieren. Da J.P. Morgan und Kuhn, Loeb Co. in der zweiten Hälfte des 19. Jahrhunderts 95% aller Bahnkilometer in den USA kontrollierten, boten sie Rockefeller über seine Holdinggesellschaft, South Improvement Co. Dies ermöglichte es ihm, seine Konkurrenten zu unterbieten und zu ruinieren. Einer von ihnen war ein Mr. Tarbell, dessen Tochter, Ida Tarbell, später das erste Exposé von Standard Oil schrieb und von Theodore Roosevelt als „muckraker" bezeichnet wurde, ein Begriff, der sofort in die Sprache kam. Das gesamte Rockefeller-Imperium wurde von den Rothschilds finanziert.

Als Lincoln Steffens Reporter an der Wall Street wurde, interviewte er bei mehreren Gelegenheiten sowohl J.P. Morgan als auch John D. Rockefeller. Er merkte bald, dass diese Herren, so mächtig sie auch waren, nur Frontmänner waren. Er bemerkte, dass

> „Niemand scheint jemals die Frage zu stellen, wer hinter den Morgans und den Rockefellers steht. ‘"

Niemand sonst hat die Frage je gestellt, und niemand hat sie beantwortet! Steffens wusste, dass das Geld für ihre Operationen von jemand anderem kam, konnte es aber nie zurückverfolgen.

Im Februar 1930 erschien in der amerikanischen Zeitschrift *Fortune* einer der wenigen Artikel über die Rothschilds, die jemals in einer amerikanischen Zeitschrift erschienen, in der es hieß

> „Nur in einem wichtigen Punkt haben die Rothschilds falsch geraten. Sie würden nie etwas mit den Vereinigten Staaten von Amerika zu tun haben. Die Vorstellungskraft schwankt bei dem, was die Rothschilds heute sein könnten, wenn sie für die jungen Industrien dieses Landes die Hälfte der Summen ausgegeben hätten, die sie in das kaiserliche Österreich gesteckt haben."

Der Wahrsager wusste damals nicht und wahrscheinlich auch nie, dass die Rothschilds schon immer die Operationen von Morgan und Rockefeller kontrolliert haben, ebenso wie die Stiftungen, die von diesen Frontmännern zur Kontrolle der Menschen in den Vereinigten Staaten gegründet wurden.

Während des letzten Vierteljahrhunderts haben viele Schriftsteller alarmierende Enthüllungen über die Rockefellers und ihre Kontrolle der USA durch den Rat für Auswärtige Beziehungen veröffentlicht. 1950 brachte die *New York Times* auf einer Innenseite eine kleine Notiz, dass L.L. Strauss, ein Partner von Kuhn, Loeb Co., zum Finanzberater der Rockefeller-Brüder ernannt worden war. Kurz gesagt, alle ihre Investitionen müssen von einem Partner von Kuhn, Loeb Co. genehmigt werden. Das war schon immer so, angefangen mit Jacob Schiff. Strauss hatte diese Position von 1950 bis 1953 inne, als sie an J. Richardson Dilworth überging. Dilworth, der Elizabeth Cushing heiratete, war von 1946 bis 1958 Partner von Kuhn, Loeb Co., als er Finanzdirektor für die gesamte Rockefeller-Familie wurde und im 56. Stock des Rockefeller Center den Vorsitz über alle ihre Konten führte. Stock des Rockefeller Center. Diese Position hatte er bis 1981 inne. Heute ist er Vorstandsvorsitzender des Rockefeller Center, Direktor der International Basic Economy Corp. Chrysler, R.H. Macy, Colonial Williamsburg und der Rockefeller-Universität.

Die National City Bank of Cleveland dominiert weiterhin die Industrie und Politik des Mittleren Westens. Ihre wichtigste Anwaltskanzlei ist seit vielen Jahren Jones, Day, Reavis und Pogue of Cleveland. Die *Washington Post* gab am 19. Dezember 1983 bekannt, dass diese Anwaltskanzlei 9 Millionen Dollar für Büroräume in Washington ausgab, um einen Stab von sechzig Anwälten unterzubringen, was diese Anwaltskanzlei in Cleveland zu einer der mächtigsten Lobbygruppen in Washington machte.

Hanna Mining Co. übt trotz relativ bescheidener Einnahmen von 333 Millionen US-Dollar eine wichtige Rolle aus, wie ihr Vorstand zeigt, darunter so angesehene Namen wie Herbert Hoover Jr. (Unterstaatssekretär unter Eisenhower & Dulles); Stephen D. Bechtel, Vorsitzender der Bechtel Group und Direktor von J.P. Morgan Co.; R.L. Ireland von Brown Bros. Harriman; George F. Bennett, Schatzmeister der Harvard University, und Nathan W. Pearson, Finanzmanager der Familie Mellon.

Trotz des Hollywood-Images von rotgesichtigen texanischen Ölmillionären, die neue Cadillacs fahren, wird die texanische Ölindustrie seit Jahren von den Londoner Rothschilds durch die milliardenschwere First City National Bank of Houston und ihre siebenundfünfzig texanischen Tochterbanken dominiert. Vorsitzender der First City ist James Anderson Elkins Jr., der ein Direktor der Hill

Samuel Co. in London ist, einer der siebzehn von der Bank of England gecharterten Handelsbanken. Sein Vater war Vorsitzender von First City und gründete die texanische Anwaltskanzlei Vinson and Elkins, die primäre Anwaltskanzlei der First City Bank. Diese Kanzlei dominierte die nationale Politik durch ihren bekanntesten Partner, John B. Connally, der in der texanischen Politik den Ruf eines „Königsmachers" erlangte. Er begann 1949 als Verwaltungsassistent des Kongressabgeordneten Lyndon B. Johnson, wurde dann Anwalt des Ölmillionärs Sid Richardson, und Perry Bass, 1952-61, Secretary of the Navy 1961, Gouverneur von Texas 1963-69; Finanzminister 1971-72. Er wurde bei der Ermordung Kennedys in Dallas verwundet. Heute ist er Treuhänder der Andrew Mellon Foundation, Mitglied des Beratungsausschusses für Auslandsnachrichten des Präsidenten und des Beratenden Ausschusses für die Reform des Internationalen Währungssystems. Er beriet Nixon 1971 bei der Abwertung des Dollars und dem Verlassen des Goldstandards. Heute ist er Direktor von Superior Oil und Falconbridge Nickel Mines Ltd.

James Anderson Elkins ist auch Direktor von Freeport Minerals, zu dessen Direktoren einige der führenden Namen der amerikanischen Wirtschaft gehören. Chmn von Freeport ist Benno H. Schmidt, Geschäftsführer von J.H. Whitney Co. Schmidt, der in die wohlhabende Fleischmann-Familie einheiratete - (*New Yorker* Magazin etc.) absolvierte 1941 sein Jurastudium in Harvard, wurde 1941-42 Generalberater des War Production Board in Washington und leitete 1945-46 die Foreign Liquidation Commission, die Vermögen im Wert von Milliarden von Dollar veräußerte. Er ist auch Direktor von CBS und Schlumberger, der riesigen Ölfelddienstleistungsfirma, die 1928 mit dem ersten Auftrag der Sowjetunion ihre Tätigkeit aufnahm - ihr werden wichtige Verbindungen zum anglo-schweizerischen Geheimdienst nachgesagt. Weitere Direktoren von Freeport Minerals sind William McChesney Martin Jr., Vorsitzender des Federal Reserve Board 1951-1970, jetzt Direktor von J.P. Morgan U.S. Steel, Eli Lilly, General Foods, Royal Dutch Shell, IBM, American Express, Riggs National Bank und Scandinavian Securities (die Firma Wallenberg); Donald S. Perkins, von Morgan Guaranty Trust, *Time* Magazine; John B. Madden, Partner von Brown Bros. Harriman; Godfrey S. Rockefeller; Norborne Berkeley Jr., Direktor von Uniroyal, und Anglo-Energy Ltd.

Zu den weiteren Direktoren der First City Bancorporation gehören Anne Armstrong, US-Botschafterin in Großbritannien 1976-77, Co-Chefin der Reagan-Bush-Kampagne 1980, Direktorin von General Foods, General Motors, Treuhänderin der Hoover Institution,

Guggenheim Foundation, Atlantic Council, Council on Foreign Relations, Halliburton Co.; George R. Brown, Direktor von Halliburton - er gründete die riesige Vertragsfirma Brown & Root, die die politischen Kampagnen von Lyndon B. Johnson finanzierte und in der Folge Milliarden-Dollar-Aufträge zum Bau von Marinestützpunkten und Flugplätzen in Vietnam erhielt, die heute von der sowjetischen Marine und Luftwaffe genutzt werden. Brown heiratete in die Familie Pratt ein, gründete Texas Eastern, eine Ölfirma, und ist Direktor von ITT, TWA und der Brown-Stiftung. Die Brown-Johnson-Vereinigung begann 1940, als Johnson für Brown & Root einen lukrativen Vertrag für den Bau eines großen Marinestützpunktes in Corpus Christi, Texas, erhielt; damals hieß es, dass jeder von Johnson gewählte Kurs durch Geld von Brown & Root gepflastert werden würde. J. Evetts Haley wies darauf hin, dass Brown & Root aufgrund von Regierungsverträgen florierte, nachdem Johnson ihnen geholfen hatte, und schnell zu einem weltweiten Unternehmen wurde. 1940 stellte der Internal Revenue Service fest, dass große Beiträge von Brown & Root und ihrer Tochtergesellschaft Victoria Gravel Co. an Johnson in Höhe von jeweils bis zu 100.000 Dollar von Brown & Root als Steuerabzüge in Anspruch genommen wurden. Haley erklärt,

> „Brown & Root hatten die Kontrolle über die Politik in Texas; dass L.B. Johnson die Kontrolle über die IRS hatte; dass bei der IRS Aufzeichnungen verbrannt worden waren, um Brown 1954 vom Haken zu bekommen. Johnson und Connally übernahmen dann für eine kleine Summe eine Regierungsanlage, die zu einem gigantischen Auftragnehmer in Kriegszeiten wurde, die Sid Richardson Carbon-Anlage in Odessa, Texas., an dem Mrs. Lyndon B. Johnson zu einem Viertel beteiligt war."

1955 erlitt Johnson auf dem Weg zu George Browns palastartigem Anwesen in Middleburg Va. einen schweren Herzinfarkt.

Wie bereits erwähnt, ist Brown ein Direktor von Halliburton, dessen primäre Anwaltskanzlei ebenfalls Vinson & Elkins ist. 1981 hatte Halliburton 8,3 Milliarden Dollar Einnahmen, 110.398 Mitarbeiter und überwacht täglich die meisten US-Ölquellen. Zu den Direktoren von Halliburton gehören neben George Brown und Anne Armstrong auch Lord Polwarth of Scotland, Gouverneur der Bank of Scotland, Direktor von Canadian Pacific, Sun Life Assurance Ltd. und Brown & Root UK, das mit George Wimpey Ltd. zusammenarbeitet. dem größten Bauunternehmen Englands, über Brown & Root Wimpey Highland Fabricators zusammenarbeitet. Lord Polwarth, Henry Hepbume Scott, ist ein Nachfahre von James Hepburn, Graf von Bothwell, der mit

Mary, Königin der Schotten, verheiratet war. Der erste Baron Polwarth (1641-1724) war Sir Patrick Hume, erster Earl of Marchmont und der engste Berater von Wilhelm von Oranien. Er begleitete Wilhelm 1688 auf seiner Reise zur Eroberung des englischen Throns und wurde sein Geheimrat, in dessen Amt er Wilhelm riet, die Charta der Bank von England zu verleihen. Er wurde 1689 ein Peer of Scotland, 1696-1702 Lordkanzler von Schottland und 1697 Graf von Marchmont. Er gab die Erbfolgeakte an das Haus Hannover weiter und wurde von König Georg I. wiederernannt.

John Pickens Harbin, Präsident von Halliburton, ist ein Direktor von Citicorp. Ein weiterer Direktor von Halliburton ist William E. Simon, Finanzminister 1973-77. Er ist Verwaltungsratsmitglied von Citicorp, Citibank und United Technologies. Als Direktor der Citibank steht er in Verbindung mit Lord Aldington von London (Toby Low), der auch Direktor der Citibank und Vorsitzender der Sun Life Assurance, dem Schlussstein des Rothschild-Vermögens, ist. Lord Aldington ist Vorsitzender der Grindlay's Bank, London, Direktor der General Electric Ltd., Lloyd's Bank, United Power Ltd. und der National Discount Corp.

Während einer nationalen „Ölkrise" beschwerten sich Regierungsbeamte, dass sie von den Ölfirmen keine Aufzeichnungen über Produktion und Reserven erhalten konnten, doch Halliburton erhielt diese Informationen täglich.

Als Direktor von United Technologies verzahnt sich William Simon erneut mit der Citibank, dem einzigen Unternehmen, das vier Führungskräfte im Vorstand der Citibank hat - Harry Gray, chmn von United Technologies, Simon, William. Spencer, der Präsident der Citibank ist, und Darwin Eatna Smith, chmn von Kimberly Clark.

Weitere Direktoren von United Technologies sind Robert F. Dee, chmn & CEO der Drogenfirma Smith Kline; T. Mitchell Ford, General Counsel CIA 1952-55, jetzt chmn der 1,8 Milliarden Dollar schweren Emhart Corp. und Direktor von Travelers Insurance; Richard S. Smith, Geschäftsführer, stellvertretender Vorsitzender. National Steel, war 1952-62 bei der First National Bank New York und 1962-62-63 Schatzmeister der M.A. Hanna Co. und Direktor der Hartford Fire Insurance und der Hartford Accident & Indemnity; Charles W. Duncan, Jr., Abgeordneter Verteidigungsministerium, 1977-79, Energieministerium 1979-81, chmn Coca Cola International, chmn Coca Cola Europa, Direktor Humble Oil Co.; Melvin C. Holm, Präsident und CEO Carrier Corp., Direktor N.Y. Telephone, Mutual of New York SKF Industries; Antonia Chandler Hayes, Ehefrau von

Abram Hayes, der Rechtsanwaltsgehilfe bei Felix Frankfurter war, später bei Covington & Burling, Washington 1952-55, schrieb 1960 an die Democratic Natl. Platform, Rechtsberaterin Sec. of State 196 1-64, Direktorin des außenpolitischen Democratic Natl. Committee 1972; Jacqueline Wexler, Präsidentin. Webster College 1965-69, Vorsitzende Hunter College seit 1969, Anführerin der feministischen Bewegung; und Robert L. Sproull, Verteidigungsminister 1963-65, Präsident des Verteidigungsministeriums. Univ. von Rochester seit 1970, Dozent bei der NATO, Direktor von Xerox, General Motors, Präs. Telluride Assn.

Weitere Direktoren der First City Bancorporation sind John Diesel, Präsident von Tenneco, die mit der George Bush Ölfirma Zapata Oil Corp. zusammenarbeitet. deren Geschäftsführer John Mackin ein Direktor von Tenneco ist; Randall Meyer, Präsident von Tenneco. Exxon; MA. Wright, ehemals chmn Exxon 1966-76, jetzt chmn Cameron Iron Works.

Zu den weiteren Direktoren von Halliburton Corp. gehören James W. Glanville, ehemaliger ptnr. Lehman Bros. und Lazard Freres, war 1945-59 bei Humble Oil, Lehman Bros. 1959-78, war seit 1978 bei Lazard Freres und ist Direktor von International Mining & Chemical Co. Zu den weiteren Direktoren von Lazard Freres gehören der Seniorpartner, Michel David Weill, Leiter des Pariser Hauses von Lazard Freres; Donald C. Cook, SEC-Finanzprüfer 1935-45, Direktor des Office of Alien Property Custodian for Dept. of Justice, 1946-47, SEC-Kommissar 1949-53, heute Direktor von ABC, Amerada Hess, chmn des Vorstands von American Electric Power und Direktor von General Dynamics, der verteidigungsorientierten Firma; Felix Rohatyn, geboren in Österreich, kam 1942 in die USA, heiratete Jeannette Streit, Tochter von Clarence Streit, dem Chef von Union. Jetzt in England; Rohatyn kam 1948 zu Lazard Freres, ist Direktor von Schlumberger, MCA, American Motors, Owens Illinois, Engelhardt Mining & Chemical, Pfizer, ITT und Rockefeller Bros. Fund; er ist chmn Municipal Assistance Corp. die New York City aus dem drohenden Bankrott rettete; Frank C. Zarb, asst. zum Präsidenten der USA 1974-77, Verwalter der Federal Energy Administration 1974-77, jetzt Direktor der Philbro Corp., Engelhard Mining & Chemical, und des Energiefonds.

Die Achse Houston-Cleveland verzahnt sich mit vielen politischen Persönlichkeiten, darunter W. Michael Blumenthal, Finanzminister 1977-79, der über die Chemical Bank, Equitable Life und die Rockefeller Foundation mit der Achse verzahnt ist; Robert B. Anderson, Finanzminister 1957-61, Partner der Anwaltskanzlei Stroock Stroock & Lavan, die die Finanzen der Warburg-Familie verwaltet und über Equitable Life, ITT und PanAm mit dieser Gruppe verbunden ist; G. William Miller, chmn Federal Reserve Board of Governors 1978-79, Finanzminister 1979-81, der über Textron und First City Bancorporation mit dieser Gruppe verbunden ist, war chmn of U.S.-amerikanischer StaatsangehörigerU.S.S.R. Trade & Economic Council, jetzt Direktor der Federated Dept. Stores, zu deren Direktoren drei Direktoren der Chase Manhattan Bank gehören und die mit der Citibank und Kuhn, Loeb Co.

Die politische Macht dieser von Rothschild kontrollierten Achse zeigte sich in der Leichtigkeit, mit der sie die Kampagnen von zwei Gouverneuren angeblich konservativer Südstaaten finanzierten, John D. Rockefeller IV. in West Virginia und Charles Robb, Schwiegersohn von Lyndon B. Johnson in Virginia, Erbe des politischen Einflusses der Connally-Brown & Root First City Bancorp.

Der Mitarbeiterreferent des House Banking & Currency Committee vom Mai 1976 stellte eine weitere Rothschild-Mitgliedsorganisation fest (S.60),

> „Die Rothschild-Banken sind mit Manufacturers Hanover of London (an der sie eine 20%ige Beteiligung halten), einer Handelsbank und Manufacturers Hanover Trust of N. Y. verbunden.

Der Hersteller Hannover kaufte kürzlich im Oktober 1983 für 1,6 Milliarden Dollar die riesige CIT Financial Corp.

Trotz seines angeblichen Reichtums hinterließ der ältere J.P. Morgan bei seinem Tod 1913 keines der großen amerikanischen Vermögen; es wurde zunächst auf 75 Millionen Dollar geschätzt, dann auf 50, und schließlich wurde bekannt, dass es im gesamten Nachlass nur Wertpapiere im Wert von 19 Millionen Dollar gab, von denen 7 Millionen Dollar dem Kunsthändler Duveen geschuldet wurden. J.P. Morgan Jr. (einigen wenigen Vertrauten als Jack bekannt) war es peinlich, feststellen zu müssen, dass er viele der Kunstschätze seines Vaters verkaufen musste, um die Schulden des Nachlasses zu begleichen. Die meisten der riesigen Summen, die J.P. Morgan abwickelte, gingen direkt an die Rothschilds. 1905 vermerkte die *New York Times* in ihrem Nachruf auf Baron Alphonse de Rothschild, dass er etwa 60 Millionen Dollar in amerikanischen Wertpapieren besaß, obwohl die Rothschilds nach Angaben der meisten Finanzbehörden nie im amerikanischen Finanzwesen tätig gewesen waren.

bemerkte Lincoln Steffens,

„Senator Aldrich ist für mich ein großer Mann; nicht persönlich, aber als Vorsitzender des Senats. Er, Aldrich, verbeugt sich vor J.P. Morgan. Neulich kam J.P. Morgan nach Washington, und er, ich und Aldrich hatten eine Konferenz. Und ich bemerkte, wie er, Morgan, sich an mich und nicht an Aldrich wandte. Morgan sprach mit mir, während ich mit Aldrich sprach, der sich an Morgan wandte."

Morgans Partner, George W. Perkins, setzte sich vehement dafür ein, dass Theodore Roosevelt als McKinleys Vizekandidat nominiert wurde. Während Roosevelts Präsidentschaft war sein engster Berater George W. Perkins. Trotz Roosevelts Spitznamen „Trustbuster" schützte er die Interessen Morgans während seiner gesamten Amtszeit. Sein Nachfolger, William Howard Taft, war gegen Morgan und führte ein Kartellgesetz ein, um zwei Morgan-Trusts, International Harvester und U.S. Steel, zu kontrollieren. Perkins gründete dann 1912 die Progressive Party, um die Partei zu spalten und Taft zu besiegen.

J.P. Morgans Höhepunkt der Macht wurde in der Panik von 1907 erreicht, als er die Kontrolle über die Wall Street übernahm. Oakleigh Thorne, Präsident der Trust Co. of America, ein Opfer der „Panik", sagte vor einem Kongressausschuss aus, dass

„dass seine Bank nur mäßige Abhebungen erlitten hatte, dass er keine Hilfe beantragt hatte und dass es allein Morgans wunde Äußerung war, die den Ansturm auf seine Bank ausgelöst hatte... dass Morgans Interessen die unsicheren Bedingungen im Herbst 1907 ausnutzten, um die Panik auszulösen, und sie geschickt auf ihrem weiteren Weg lenkten, so dass sie rivalisierende Banken auslöschen und die Vormachtstellung der Banken innerhalb der Morgan-Umlaufbahn festigen würde."

Morgans Finanzkraft beruhte auf der Kontrolle über den enormen Geldfluss der größten Lebensversicherungsgesellschaften des Landes. Er erlangte die Kontrolle über Mutual Life, New York Life, Metropolitan Life und kaufte zusammen mit George F. Baker und James Stillman die Mehrheitsbeteiligung an Equitable von Thomas Fortune Ryan, der sie von der Hyde-Familie erworben hatte. Hyde gründete Equitable ursprünglich, während er als Fassade für Jacob Schiff und James Speyer fungierte.

Am 7. Juni 1933 stellte Nation fest

„J.P. Morgan wird allgemein als der prominenteste Bankier der Welt angesehen."

Paul Y. Anderson erwähnte in diesem Artikel, dass Zeugenaussagen vor dem Bankenausschuss des Senats zeigten, dass Morgan und seine Partner, darunter Thomas W. Lamont und E.T. Stotesbury, 1931-32 keine Bundeseinkommenssteuer zahlten; die Partner zahlten 1930 insgesamt 48.000 $. bemerkte Anderson,

> „Gibt es irgendein Rätsel, warum die Marines gegen Haiti, San Domingo und Nicaragua entsandt wurden, als diese Länder mit den Schuldenzahlungen an amerikanische Banken in Verzug gerieten oder zu scheitern drohten? Es hat sich gezeigt, dass die Firma Morgan eine bestimmte ausgewählte Liste von „Kunden" hatte, an die sie Aktien zu Preisen verkaufte, die deutlich unter den Marktpreisen lagen. Im Fall der Allegheny Corp. bekamen diese blonden Jungs die Aktien mit 20, als der Markt 35 war" .

Anderson wies darauf hin, dass diese wenigen Glücklichen die Aktien sofort für fast das Doppelte dessen hätten verkaufen können, was sie bezahlt hatten. Unter den Empfängern dieser Morgan-Gefälligkeiten führte er Senator McAdoo, Richter Owen Roberts, Minister Woodin, Owen D. Young und John J. Raskob auf.

In *Nation*, 21. Juni 1933, fuhr Anderson fort,

> „Als Ft. Sumter unter Beschuss genommen wurde, begann das Gold das Land zu verlassen. Der Mann, der später sagte: „Verkaufen Sie Amerika nicht unter Wert", nahm dann ein Flugblatt auf der kurzen Seite Amerikas mit. Er lieh sich 2 Millionen in Goldmünzen und schickte sie nach London. Das war wirklich ein Schlag hinter die Linien. Dann ging er in den 'Goldraum', um den Effekt zu beobachten. Es gab ein Gerangel um Gold, um Verpflichtungen im Ausland zu bezahlen, und dieser patriotische Amerikaner mit 2 Millionen in Adlern in London verkaufte zu seinem eigenen Preis."

Im März 1929 fusionierten, vielleicht in Vorbereitung auf den kommenden Sturm, zwei Morgan-Banken, die National Bank of Commerce, die laut der *New York Times* „wichtige Auslandsverbindungen" hatte, und der Guaranty Trust zu einer 2-Milliarden-Dollar-Institution. Am 26. Februar 1929 bemerkte die *New York Times*,

> „Der Guaranty Trust ist seit langem als einer der 'Morgan-Gruppe' bekannt. Auch die National Bank of Commerce wurde mit Morgan-Interessen identifiziert."

J.P. Morgans langjähriger Mitarbeiter, George Fisher Baker, war einer der Gründer der First National Bank und kaufte 1863 30 Aktien für $3000. Er war auch Kassierer und wurde später Präsident. In Sheridan A. Logans Buch „*George F. Baker and his Bank*", das 1981 privat gedruckt wurde, heißt es

> „Ein europäisches Syndikat unter der Leitung von N.M. Rothschild war in New York durch August Belmont und die First National Bank vertreten, um die Staatsschulden zurückzuzahlen. Baker schrieb einen Brief vom 29. August 1876: „Ich muss Sie davon in Kenntnis setzen, dass unsere Verhandlungen mit dem Finanzministerium zu einem Vertrag zwischen den Herren N.M. Rothschild & Sons und anderen und dem Finanzminister über vierzig Millionen Dollar in Höhe von 41,2 US-Cent von 1891 mit einer Option auf den Rest, 260 Millionen Dollar, führten. An diesem Vertrag beteiligte sich die Bank in Höhe von 10%, 4 Millionen Dollar" ."

Logan stellt außerdem fest, dass

> „1901 verkaufte Baker an J.P. Morgan Aktien der Central Railroad of New Jersey im Wert von 23 Millionen Dollar an J.P. Morgan. Das gegenseitige Vertrauen und der Respekt, der sich zwischen Mr. Baker und Mr. Morgan entwickelte, zementierte ihre zunehmend enge Beziehung, und die First National Bank wurde mehr und mehr zum unerschütterlichen Verbündeten und zur wertvollen Quelle mobiler Mittel für die Arbeit von J.P. Morgan & Co."

Im Jahr 1901 erhöhte Baker die Aktien der First National Bank von 500.000 $ auf 10 Millionen $ durch eine Aktiendividende von 1900%. Er organisierte die First Security Co., eine Holdinggesellschaft, mit dieser Dividende. Während des Booms von 1929 erreichte Bakers Privatvermögen die 500-Millionen-Dollar-Marke. Sein Sohn George jr. flehte ihn an, die 29 Millionen Dollar zu bezahlen, die er auf Aktien aus dem 80-Millionen-Dollar-Portfolio von First Security schuldete. Baker, damals 89 Jahre alt, war über die geplante Kreditverkürzung nicht informiert worden, möglicherweise weil die Insider befürchteten, er könnte darüber klatschen. Er weigerte sich weiterhin, Aktien zu verkaufen; der Crash von 1929 reduzierte sein Vermögen auf 200 Millionen Dollar. Als er 1931 starb, wurde das Vermögen auf 73 Millionen Dollar geschätzt; sein Sohn George jr. erbte 30 Millionen Dollar. Seine Gesundheit war durch die Strapazen der Arbeit mit seinem Vater in den verzweifelten Tagen des Jahres 1929 erschüttert worden, und er starb im Alter von 59 Jahren in Honolulu an einem Herzinfarkt. Sein Sohn, George F. Ill, wurde 1977 auf der Horseshoe Plantation in Fla. erschossen aufgefunden. George Ill's Sohn, Grenville, wurde 1949 im Alter von 33 Jahren in Tallahassee, Florida, erschossen aufgefunden. Die Tochter von George Jr., Edith Brevoort Baker, heiratete 1934 den Enkel von Jacob Schiff, John Mortimer Schiff, und vereinte damit zwei der größten Vermögen Amerikas. Die Tochter von George Baker F., Florence, hatte 1891 Howard Bligh St. George geheiratet, der einer der ältesten Familien Englands angehörte. Ihre Enkeltochter Priscilla heiratete 1937 Angier Biddle Duke, und zweitens 1941 Allen A. Ryan Jr., einen Verwandten der Delanos.

1935 schrieb General Smedley D. Butler in der Novemberausgabe von *Common Sense über seine* Karriere bei den Marines,

> „Ich habe dazu beigetragen, dass Mexiko und insbesondere Tampico 1914 für die amerikanischen Ölinteressen sicher wurde. Ich trug dazu bei, Haiti und Kuba zu einem anständigen Ort für die Jungen der National City Bank zu machen, damit sie in... Ich half, Nicaragua 1909-12 für das internationale Bankhaus Brown Bros. zu reinigen. In China trug ich 1927 dazu bei, dass Standard Oil unbehelligt seinen Weg gehen konnte. 1899 brachte J.P. Morgan im Namen der mexikanischen Regierung den ersten wichtigen Auslandskredit auf den Markt. 1901 lieh er der britischen Regierung 50 Millionen Dollar zur Bekämpfung des Burenkrieges. Aber das amerikanische Kapital fand seinen Weg hauptsächlich in die Länder Spaniens und Amerikas."

Butler setzte seine Enthüllungen in der Ausgabe vom Dez. 1935 fort,

> „Im Jahr 1910, sechs Monate nach der nicaraguanischen Revolution, die Präsident Zelaya stürzte, wurde sein Nachfolger Dr. Madris gegenüber den nicaraguanischen Investitionen von Brown Bros. und Scligman Co. Sofort 'ereignete' sich eine weitere Revolution."

Butler erwähnt die lateinamerikanischen Aktivitäten von Brown Bros., jetzt Brown Bros. Harriman, eine Firma, die den meisten Amerikanern wenig bekannt ist. 1801 gründete ein Wäscheversteigerer aus Belfast, Alexander Brown, im Sklavenhandelshafen von Baltimore ein Bankhaus, Alexander Brown & Co. Es ist heute das älteste Bankhaus der USA. Seine englische Filiale, Brown Shipley, wurde ebenfalls einflussreich, wobei sein bekanntestes Mitglied Lord Montague Norman war, Gouverneur der Bank von England für viele Jahre, 1907-44, länger als jeder andere Mann in der Geschichte. *Aktuelle Biographie* 1940, vermerkt,

„Es gibt eine informelle Übereinkunft, dass ein Direktor von Brown Shipley im Vorstand der Bank of England sitzen sollte, und Norman wurde 1907 in den Vorstand gewählt.

Bei der Ausweitung der Rothschild-Investitionen in US-Eisenbahnen fand Kuhn, Loeb Co. in E.H. Harriman einen nützlichen Agenten. Harriman war ein junger Mann auf der Flucht, heiratete die Tochter des Präsidenten einer kleinen New Yorker Eisenbahngesellschaft und suchte bald nach weiteren Welten, die es zu erobern galt. George Redmond schreibt in *Financial Giants of America*

„Er (Harriman) gewann früh das Vertrauen von Kuhn, Loeb Co. und knüpfte Beziehungen, die später für beide am vorteilhaftesten wurden."

Kuhn, Loeb finanzierte die Übernahme der Union Pacific durch Harriman.

Anmerkungen von H.J. Eckenrode in *E.H. Harriman,*

„Bei der Übernahme der UP hatte Harriman eine enorme Finanzkraft hinter sich - nicht nur Kuhn, Loeb Co. mit Geldern aus Frankfurt und Berlin, sondern auch die National City Bank, 'die größte Geldquelle des Landes'" .

Harriman beschäftigte Richter Robert Scott Lovett als Chefsyndikus der Union Pacific. Als Harriman und Otto Kahn 1897 vom IStGH vorgeladen wurden, riet Lovett ihnen, sich zu weigern, alle Fragen zu ihren Aktienoperationen zu beantworten. Im Jahr 1908 bestätigte der Oberste Gerichtshof ihre Weigerung zu sprechen. Die Akten dieses Falles, SC Nr. 133 US gegen UP Ry, verschwanden später aus der Kongressbibliothek. 1911 verbrannte das Gebäude der Equitable Life Insurance, in dem sich alle Unterlagen der UP RR befanden, und vernichtete alle bis dahin von der UP Ry aufbewahrten Unterlagen. Lovetts Sohn, Robert Abercrombie Lovett, heiratete Adele Brown, die Tochter eines Partners von Brown Bros, und wurde 1926 Partner. Er war Special Asst. Sec. of War 1940-45, unter Staatssekretär, 1947-49, stellvertretender Verteidigungsminister 1950-51, Verteidigungsminister 1951-53. Es war Lovett, der den damaligen Verteidigungsminister James Forrestal von Dillon Read Co. nach Fishers Island brachte, um ihn dazu zu bewegen, seinen Standpunkt gegen die Nahostpolitik der USA zu ändern. Forrestal weigerte sich und wurde in eine psychiatrische Abteilung des National Institute of Health eingewiesen, wo er aus dem Fenster fiel. Lovett ersetzte ihn dann als Verteidigungsminister.

Brown Bros, unterstützte 1887 die Dampfschifflinie B & O und ging ein Joint Venture mit J & W Seligman Co. für eine Reihe südamerikanischer Kredite ein. 1915 brachte Brown Bros zusammen mit J.P. Morgan eine Reihe lateinamerikanischer Anleihen auf den Markt, denen in vielen Fällen Revolutionen in den jeweiligen Ländern folgten. In der *Nation*, 7. Juni 1922, bemerkte Oswald Garrison Villard,

> „Die Republic of Brown Bros mit J & W Seligman hatte Haiti, Santo Domingo und Nicaragua mit ruinösen Krediten in den Status von Kolonien gebracht. Die meisten Darlehen wurden 1924 zurückgezahlt".

Im Jahr 1931 fusionierte W. Averell Harriman, Sohn von E.H. Harriman, sein Bankhaus W.A. Harriman & Co. mit Brown Bros. zur heutigen Firma Brown Bros. Im Jahr 1933 unterstützte Brown Bros. Harriman die Expansion von CBS, in der sie eine große Position beibehalten haben. Die Firma Brown Bros. besetzte Büros an der Ecke Wall Street und Hannover, die von J.L. & J.S. Joseph Co., den amerikanischen Vertretern der Rothschilds, besetzt worden waren. Josephs ging in der Panik von 1837 pleite, nachdem er von den Rothschilds, die nun über August Belmont und George Peabody & Co. operierten, losgeschnitten worden war. W. Averell Harriman holte seinen Vizepräsidenten, Prescott Sheldon Bush, der seit 1926 bei ihm war, in die neue Firma. Bush wurde Vorsitzender des Vorstands der Pennsylvania Water & Power Co., Direktor von U.S. Rubber, PanAm, CBS, Dresser Mfg Co. Vanadium, U.S. Guaranty, Prudential Insurance und Partner Brown Bros Harriman. Er war chmn National War Fund 1943-44 und chmn USO. Sein Sohn George Bush ist heute Präsident der Vereinigten Staaten. George Herbert Walker, Großvater des nach ihm benannten George Bush, wurde 1928 Präsident der W.A. Harriman Co. (heute Brown Bros. Harriman). Er war Direktor der belgisch-amerikanischen Coke Ovens Corp., chmn Habershaw Cable Corp., chmn International Great Northern Railway, Direktor bestimmter Teed Products, American Shipping & Commerce Corp., Amerikanische Internationale Gesellschaft, Cuba Railway Co., Kohle und Koks aus Pennsylvania. Er war der Spender des Walker Cup, der prestigeträchtigen Golftrophäe, und Präsident des US-Golfverbands. Im Jahr 1925 finanzierte er den Bau des Madison Square Garden. Sein Sohn, George H. Walker Jr. wurde die Walker-Bush Oil Corp. und Zapata Petroleum (die Firma von George Bush), Silesian Holdings, mit der W.A. Harriman City Investing Corp., Westmoreland-Kohle. Co. und West Indies Sugar Co. Er ist ein Treuhänder von Yale. George H. Walker III fusionierte 1974 die Firma G.H. Walker Co. mit Laird & Co. und White & Weld. Er ist jetzt Senior Vice Pres. von White & Weld.

Einige Amerikaner sehen den raschen Aufstieg von George Bush zur Präsidentschaft als Beweis für die Macht der Trilateralisten. Doch Bushs Sterne reichen viel weiter zurück als die der Trilateralen. Er ist ein entfernter Cousin der Königin von England, des Schwarzen Adels, der seine Macht rund fünftausend Jahre zurückverfolgt, und sein Familienunternehmen, Brown Brothers Harriman, vertritt die Bank von England hier seit Anfang des 19. Durch den Dienst an den Harrimans erlangte die Familie Bush die Position einer drittklassigen Familie in der Hierarchie der dynastischen Familien. Die dynastischen Familien des ersten Ranges der Weltordnung sind die Rothschild und die herrschende Aristokratie Englands und Europas, von denen die meisten seit 1700 Aktien der Bank of England besitzen. Der zweite Rang der dynastischen Familien besteht aus denjenigen, die dem ersten Rang als Höflinge dienen. Zum zweiten Rang gehören Familien wie die Rockefellers, die Morgans und die Harrimans. Indem sie Diener einer dynastischen Familie des zweiten Ranges, der Harrimans, wurden, trat die Familie Bush in die Reihen der dritten Gruppe dynastischer Familien der Weltordnung ein. Als Averill Harriman 1921 begann, mit Moskau Geschäfte zu machen, hatte er direkten Kontakt zu Felix Dzerzhinsky, dem Chef der Tscheka, die heute als KGB bekannt ist. Harriman und andere westliche Finanziers, die mit den terroristischen Aktivitäten Dzerzhinskijs in Verbindung standen, wurden unter dem Namen The Trust bekannt. Sie arbeiteten über eine Reihe von Firmen, die sich im Equitable Trust Building am 120 Broadway im New Yorker Finanzdistrikt befinden. Zu diesen Firmen gehörten E.H. Harriman Co., American International Corp., Dresser Industries, J. P. Morgan Co. und Equitable Trust. Als Mitglieder des Trust dienten die Eigentümer dieser Firmen als Kolonialregierung der Sowjetunion, wie die Tatsache zeigt, dass Averill Harriman den größten Teil des Zweiten Weltkriegs an der Seite Stalins in Moskau verbrachte und die russischen Kriegsanstrengungen leitete.

Das Vermögen von George Bush wird während seiner Amtszeit als Präsident der Vereinigten Staaten in einem Blind Trust gehalten. Der Blind Trust wird von einem Freund der Familie namens William Stamps Farish II verwaltet. Sein Vater gründete 1917 die Humble Oil Corp. und beschaffte das Kapital für das Unternehmen von Walter C. Teagel, dem Präsidenten von Standard Oil. Farish trat später die Nachfolge Teagles als Präsident von Standard Oil an und ist seit jeher als „ein Rockefeller-Mann" bekannt. Er heiratete in die wohlhabende Rice-Familie von Houston ein, deren Stammvater von seiner Sekretärin und einem korrupten Anwalt ermordet worden war, um zu verhindern, dass sein Vermögen dem Rice-Institut gespendet wurde. Die Mörder wurden ins Gefängnis gebracht, und das Institut wurde gebaut. William

Farish II. und die Königin von England haben viel gemeinsam; ihre Familien kassierten Tantiemen für jede Gallone Benzin, die von den Nazi-Flugzeugen verbrannt wurde, die London in der Nacht bombardierten. Aufgrund dieser Erinnerungen hält sich Königin Elisabeth bei ihren Besuchen in Amerika nur in einem einzigen Privathaus auf - dem Haus der Farish. Jeden Herbst jagt Präsident Bush Wachteln auf der 10.000 Hektar großen Lazy F. Ranch in Beeville, Texas, einem der vielen verschwenderischen Anwesen der Farish. Er ist Direktor von Pogo Producing, das als Spin-off von Pennzoil durch die Chemical Bank gegründet wurde, und der Manufacturer's Hanover Bank (Rothschild).

Als George Bush 1953 zusammen mit Hugh und Bill Liedtke die Zapata Oil Co. gründete, waren die Partner nicht bereit, einen Namen aus der amerikanischen Geschichte zu wählen, wie Washington oder Lee. Stattdessen benannten sie ihre Firma nach einem der blutdürstigsten kommunistischen Terroristen Mexikos, General Emiliano Zapata. Von Anfang an war die Firma stark in CIA-Aktivitäten involviert. In 1961, als der CIA die Invasion der Schweinebucht plante, residierte George Bush in Houston, wo er heimlich mit George de Mohrenschildt arbeitete, einem Ölmann, von dem man jetzt glaubt, daß er ein sowjetischer Betrieb war. Ein Eintrag in de Mohrenschildts persönliches Telefonbuch zeigt Bush, George H. W. (Poppy) 1412 W. Ohio und auch Zapata Petroleum Midland. Dieses Telefonbuch wurde nach dem „Selbstmord" von de Mohrenschildt gefunden. Der streng geheime Name für den CIA-Schweinebuchtplan, der nur einigen wenigen Spitzenleuten bekannt war, war Operation Zapata. Oberst Fletcher Prouty, ehemals bei den Generalstabschefs, war dafür verantwortlich, die Ordnung für die Invasion in der Schweinebucht zu sichern. Er erhielt zwei Schiffe von der Marine, die nach Elizabeth City, N.C. geschickt wurden, um für die Invasion überwiesen zu werden. Auf diese Schiffe wurden neue Namen gemalt, Barbara, und Houston, J. Edgar Hoover schrieb am 29. November 1963 nach dem JFK-Attentat ein Memorandum, dass Herr George Bush vom CIA die Reaktion der kubanischen Exilkubaner in Miami beurteilte. Bush hatte 1960 seinen Dienst bei der CIA aufgenommen, wobei er sein Ölgeschäft als Tarnung benutzte. Zapata Oil war möglicherweise von Anfang an eine der CIA-Firmen (The Company).

Neben Farish ist Bushs anderer enger Freund Nicholas Brady, Seniorpartner von Dillon Read, einem New Yorker Investmenthaus. Brady war der persönliche Schützling von C. Douglas Dillon, dem Chef der Firma, der ein riesiges Anwesen in Short Hills besitzt. N.J. Brady wuchs auf dem Nachbargrundstück auf, einem 4.000 Acre großen

Gelände nur wenige Meilen von Manhattan entfernt. Dillon Read wurde von Clarence Dillon (Lapowski) aus Texas gegründet, der die Firma von William Read aus New York kaufte. Sein Sohn diente jahrelang als Finanzminister. Er ist einer der stillen Milliardäre Amerikas, über sein enormes Vermögen wurde nie in der Presse berichtet. Bush ernannte Nicholas Brady zu seinem Finanzminister. Er konferiert täglich mit Brady.

Harriman war der Vermittler zwischen Churchill und Roosevelts Allianz aus dem Zweiten Weltkrieg. Die beiden Führer kannten oder mochten einander nicht besonders; jeder von ihnen beriet sich mit W. Averell Harriman darüber, wie er mit dem anderen reden sollte, und folgte sorgfältig seinem Rat.

W. A. Harriman diente während des Zweiten Weltkriegs als US-Botschafter auf freiem Fuß, hauptsächlich in Moskau bei Stalin; sein Bruder E. Roland war Präsident des Amerikanischen Roten Kreuzes, Robert A. Lovett war Verteidigungsminister. Harriman war durch Heirat mit Wild Bill Donovan, dem Gründer der OSS, verwandt.

Brown Bros, hat stets enge Beziehungen zu britischen Firmen unterhalten. James Brown, Partner von 1935-50, war Direktor von Northern Assurance in London, Sun Insurance, Präsident. British Empire Club und Nationalbank von Nicaragua. Thatcher M. Brown, ein weiterer Partner, war Direktor der Manchester Land Co., Nationalbank von Nicaragua, Vorstandsvorsitzender von Liverpool und London Insurance Co. Ltd., Globe Indemnity Co., Royal Insurance, British and Foreign Marine Insurance Ltd., American London & Empire Co., Ocean Accident & Guaranty of London, und Thames & Mersey Marine Insurance Co.

Die *New York Times* vermerkte den 29. Mai 1928,

> „Dr. Rudolf Roesler, Vertreter des New Yorker Bankhauses Brown Bros, sagte, Deutschland werde für eine Reihe von Jahren eine kreditnehmende Nation sein. Brown Bros hatte der Stadt Berlin 15 Millionen Dollar in Form von 6%-igen Anleihen mit einer Laufzeit von 30 Jahren geliehen, und Herr Roesler, der die Einzelheiten der Transaktion abschloss, sagte, es sei 'das größte Darlehen an eine Stadt in Europa seit 1914'.“

Die *New York Times* bemerkte später,

> „Die Nachricht wurde hier gestern von der J. Henry Schroder Banking Corp. empfangen. stellvertretend für Kapitän Alfred Lowenstein, dass eine von den belgischen Kapitalisten und französischen Partnern organisierte Gesellschaft, die sie in Paris

der Öffentlichkeit angeboten hat, fünfundzwanzigmal überzeichnet war."

Die Holdinggesellschaft für Kunstseide-Aktien wurde zu 117,50 Dollar angeboten und ging prompt auf 200. Diese gute Nachricht wurde durch den Bericht *der Times*, dass ein Syndikat gebildet worden war, um diese Aktien zu verwalten, etwas getrübt, da

> „Hauptmann Alfred Lowenstein, dessen gemeldeter Tod durch einen Sturz aus einem Flugzeug im Ärmelkanal am [4.] Juli gemeldet wurde, ist von Rätseln umgeben. J.Henry Schroder soll über Albert Pam, von J.Henry Schroder London, und Albert Svarvasy, Chef der britischen Foreign and Colonial Corp., Anleihen der International Holding and Investment Corp. in Höhe von 25 Millionen Dollar kaufen. einer britischen Investmentgesellschaft, kaufen."

Die Schlagzeile der *New York Times* vom 5. Juli 1928 lautete CAPT. LOWENSTEIN STÜRZT VOM FLUGZEUG. Bekannt als Mystery Man. Alfred Lowenstein war als Krösus bekannt.

> „Der 'geheimnisvolle Mann Europas', der Nachfolger von Sir Basil Zaharoff als Mann der Geheimnisse im europäischen Finanzwesen. Der Pilot teilte den Behörden mit, dass Kapitän Lowenstein, der in den Waschraum gehen wollte, während das Flugzeug das Meer überquerte, die falsche Tür öffnete und herausfiel. Sein Kammerdiener und zwei Stenographen sowie der Pilot und der Mechaniker des Flugzeugs waren anwesend, bemerkten aber nicht, was geschah."

Die Geschichte fügte hinzu, dass Lowenstein acht Villen in Biarritz, ein Landgut in Lancashire, ein Schloss in Brüssel und ein Stadthaus in London besaß.

Informierte Beobachter glaubten, dass es Zaharoff selbst war, der den Anwärter auf seinen Titel als „mysteriöser Mann Europas" entthronte. Lowenstein war in einen verzweifelten Kampf mit Zaharoff und seinem Mitarbeiter Dreyfus Clavell um die Kontrolle der Kunstseidenindustrie in Europa verwickelt worden. Nach Lowensteins Unfall starben auch seine beiden Mitarbeiter in diesem Kampf auf mysteriöse Weise. M.M. Ayrich hatte einen Autounfall auf einer verlassenen Straße, ohne Zeugen. Lowensteins dritter Mitarbeiter, Prinz Radziwill, wurde laut einer französischen Zeitschrift *La Crapouille* von einer Freundin vergiftet.

Der Fall Robert Maxwell weist in vielerlei Hinsicht Parallelen zur Lowenstein-Affäre auf. Nach Maxwells plötzlichem Tod durch einen

„Sturz" von seiner Jacht wurden mehr als zwei Milliarden Dollar aus seinen zahlreichen Unternehmen abgezogen. Das Geld wird nie wiedergefunden werden. Maxwell war kurz vor seinem Tod als Agent des Mossad, des israelischen Geheimdienstes, identifiziert worden. Es wird vermutet, dass der Mossad ihn beseitigen ließ, um ihn daran zu hindern, über seine Operationen für den Mossad auszusagen.

W. Averell Harriman war 78 Jahre alt, als seine Frau starb. Ein Jahr später lud ihn Katharine Meyer Graham, Verlegerin der *Washington Post*, zu einer Party ein, um Pam Churchill, Tochter von Lord Digby, einem englischen Pferdeliebhaber, zu treffen. Sie war mit Randolph Churchill verheiratet und war die Mutter des heutigen Winston Churchill. Danach heiratete sie in die erste Familie von Hollywood ein, den Produzenten Leland Hayward, der früher mit der Schauspielerin Margaret Sullavan verheiratet war. In *Haywire*, ihrer Autobiografie, beschreibt Brooke Hayward ihre Stiefmutter als „eine kaltblütige Goldgräberin, die sich mit den Juwelen ihrer Mutter davonmachte" . Pam ging mit Elie de Rothschild aus, bevor sie sich entschied, Harriman zu heiraten. Sie sind jetzt die dominierenden Figuren in der Demokratischen Partei. Harriman hat 15 Millionen Dollar an das Russische Institut in Columbia (jetzt das Harriman-Institut) gespendet.

Ein weiteres bekanntes Bankhaus ist die Firma Dillon Read. Clarence Dillon (1882-1979) wurde in San Antonio, Texas, als Sohn von Samuel und Bertha Lapowski oder Lapowitz geboren. Er schloss 1905 sein Studium in Harvard ab, heiratete Anne Douglass aus Milwaukee, deren Vater die Milwaukee Machine & Tool Co. Sie gingen von 1908 bis 1910 ins Ausland.

Ihr Sohn, C. Douglas Dillon, wurde 1909 in der Schweiz geboren. Durch einen Harvard-Klassenkameraden lernte Dillon 1912 William A. Read, den Gründer eines bekannten Wall-Street-Anleihenmaklers, kennen. Sie wurden Partner. Read starb 1916 plötzlich, und Dillon kaufte die Kontrolle über die Firma. Während des Ersten Weltkriegs diente Dillon als Bernard Baruchs rechte Hand im War Industries Board. Im Jahr 1915 hatte Dillon die American & Foreign Securities Corp. gegründet, um den Kauf von Munition durch die französische Regierung in den USA zu finanzieren. Seine rechte Hand in Dillon Read war James A. Forrestal, der später während seiner Tätigkeit als Verteidigungsminister starb. Dillon Read spielte eine entscheidende Rolle bei der Wiederbewaffnung Hitlers während der Vorbereitung auf den Zweiten Weltkrieg. Im Jahr 1957 listete das *Fortune* Magazine Clarence Dillon als einen der reichsten Männer der USA auf (150-200 Millionen Dollar). Bei normalen Wachstumsraten sollte sein Sohn C. Douglas Dillon über 1 Milliarde Dollar wert sein, aber niemand weiß es. C. Douglas Dillon arbeitete mit John Foster Dulles bei den Dewey-Kampagnen zusammen und diente als Unterstaatssekretär, indem er der Bechtel Corp. half, ihre ersten großen saudi-arabischen Aufträge zu erhalten, die später zu einem 135-Milliarden-Dollar-Unternehmen wurden. Dillon war 1953-57 Botschafter in Frankreich und wurde später Finanzminister. Von 1971-75 war er Vorsitzender der Rockefeller Foundation, dann Vorsitzender der Brookings Institution. Um seinen Nachlass zu organisieren, verkaufte er Dillon Read an die Bechtel Corp. Er gilt als einer der zehn reichsten Männer der USA und als einer der drei mächtigsten.

Nach den Rothschilds galten die Warburgs als die bedeutendste internationale Bankenfamilie des [19.] und 20. Jahrhunderts. Jahrhunderts. 1798 gründeten zwei Söhne von Marcus Gumprich Warburg, Moses Marcus und Gerson W., die M.M. Warburg Co. in Hamburg. Sie waren Nachkommen von Simon von Cassel, einem Geldverleiher und Pfandleiher aus dem 16. Jahrhundert. Sie waren auch direkte Nachkommen von Abraham del Banco, dem größten Bankier in Venedig. Als sie nach Norden zogen, nahmen sie den Namen Warburg an, nachdem Cassel sich in dieser westfälischen Stadt niedergelassen hatte. Im Jahr 1814 wurden die Warburgs eine der ersten Tochtergesellschaften von N.M. Rothschild aus London. Sie waren verwandt mit den führenden Bankiersfamilien Europas, den Rosenbergs von Kiew, den Gunzburgs in St. Petersburg, den Oppenheims und Goldschmidts in Deutschland. Moritz Warburg ging bei den Rothschilds in Italien und Paris in die Lehre und heiratete später Charlotte Oppenheim, deren Familie Diamantenhändler in Frankfurt war. Sie hatten fünf Söhne, bekannt als „die fünf Hamburger"; der älteste, Aby, gründete das Warburg-Institut; Max finanzierte den deutschen Kampf im Ersten Weltkrieg und später das Nazi-Regime; Dr. Fritz Warburg war während des Ersten Weltkriegs deutscher Handelsattaché in Stockholm; Paul und Felix emigrierten nach Amerika und traten zusammen mit Jacob Schiff, der im Rothschild-Haus in Frankfurt geboren worden war, in die Firma Kuhn, Loeb & Co. ein. Paul schrieb den Federal Reserve Act und führte ihn durch den Kongress. Er vertrat die USA auf der Friedenskonferenz in Versailles, während sein Bruder Max die deutschen Interessen vertrat.

In den Memoiren von Max Warburg heißt es,

> „Der Kaiser schlug heftig auf den Tisch und rief 'Müssen Sie immer Recht haben? ,„ hörte sich dann aber aufmerksam Max' Ansicht zu den finanziellen Angelegenheiten an."

M.M. Warburg Co. wurde während des Zweiten Weltkriegs geschlossen, aber 1970 wiedereröffnet. George Sokolsky bemerkte in *Wir Juden,*

> „Selbst in Hitlerdeutschland war die Firma Max Warburg von der Verfolgung ausgenommen. Max ging 1939 in die USA, ungehindert von angeblichen Beschränkungen für Juden."

Der Bericht des Geheimdienstes der US-Marine vom 2. Dezember 1918 stellte fest:

> „PAUL WARBURG" . Deutscher, verstaatlichter US-Bürger 1911, von Kaiser ausgezeichnet, handhabe große Summen, die von deutschen Bankiers für Lenin & Trotzki bereitgestellt wurden. Hat Bruder Max, der Direktor des Spionagesystems von Deutschland ist."

In Partnerschaft mit Walter Teagle von Standard Oil organisierte Paul Warburg den internationalen Farbstoff-Trust, I.G. Farben und Agfa Ansco Film Trust. Auf der zweiten Jahrestagung des American Acceptance Council am 2. Dezember 1920 sagte Präsident Paul Warburg,

> „Es ist eine große Genugtuung, berichten zu können, dass es dem American Acceptance Council im Berichtsjahr möglich war, seine Beziehungen zum Federal Reserve System weiterzuentwickeln und zu stärken."

Er fügte nicht hinzu, dass er als stellvertretender Vorsitzender des Federal Reserve Board von 1914-18 das Federal Reserve System organisiert hatte oder dass er von 1918-27 Präsident des Federal Advisory Council war, der eigentlich die Politik für das Board formulierte. Er war Direktor von Union Pacific, B&O Rys, National Railways of Mexico, Western Union, Wells Fargo, American IG Chemical, Agfa Ansco, Westinghouse, Warburg Banks in Amsterdam, London und Hamburg und Vorsitzender des Vorstands der International Acceptance Bank. Sein Bruder Felix war Chief Financial Banker der Zionistischen Organisation Amerikas, Palestine Economic Corp., der mexikanischen Staatsbahn, der Preußischen Lebensversicherung in Berlin und vieler anderer Unternehmen. Felix' Sohn Edward M.M. Warburg trat 1941 die Nachfolge von General Donovan als Informationskoordinator an und diente später während des Zweiten Weltkriegs als politischer Sonderberater von General Eisenhower beim SHAEF in London. Sein anderer Sohn Frederick war die rechte Hand von Herbert Lehman bei der Organisation der Lehman Corp. und wurde später wegen seiner vielen Kontakte in der ganzen Welt als „der

Außenminister von Kuhn, Loeb" bekannt. Er zog sich als Gentleman vom Lande auf sein Anwesen Snake Hill, Middleburg, Va, zurück. Sein Partner Lewis L. Strauss besaß ein prächtiges Anwesen in der Nähe der Brandy Station, dem Ort des Bürgerkriegskampfes, der die größte Kavallerieschlacht in der Geschichte der USA war.

Die Zahlen des Handelsministeriums zeigen, dass Kuhn, Loeb im Jahr 1900 64% aller Bahnkilometer in den USA kontrollierte, die bis 1939 auf nur 41% sanken. Im Jahr 1900 kontrollierten Kuhn, Loeb und J.P. Morgan, die die Rothschilds vertraten, 93% aller Eisenbahnkilometer in den USA. Speyer & Co. kontrollierten Immobilien in New York und südamerikanische Mineralien, Zucker von Seligman & Co., öffentliche Versorgungsbetriebe und lateinamerikanische Kredite, August Belmont, das New Yorker U-Bahn-System, Lazard Freres, Gold und Silber, spezialisiert auf internationale Goldbewegungen.

U.S. News listete am 14. Mai 1984 Who Runs America auf; zu den ersten zehn gehörten Weinberger und Shultz von der Bechtel Corp. und zu den zweiten zehn Sulzberger von der *New York Times*, Vice Pres. Bush, David Rockefeller; zu den dritten zehn gehörten Katharine Graham und Henry Kissinger. Der ehemalige Präsident Gerald Ford wurde nicht aufgeführt; er ist jetzt Direktor von GK Technologies, einer 1,19 Milliarden Dollar schweren Firma mit großen Rüstungsaufträgen.

Andere führende Verteidigungsunternehmen sind United Technologies; Scovill Corp., deren Vorsitzender Malcolm Baldrige jetzt Handelsminister ist; zu den Direktoren gehören Daniel Pomeroy Davison von der J.P. Morgan Bank und Präsident des U.S. Trust; Olin Corp. 1,85 Milliarden Dollar, und General Dynamics, das von der Crown-Familie aus Chicago kontrolliert wird.

Als Texaco die 12 Milliarden Dollar schwere Getty Oil Corp. nach dem Tod ihres Gründers schluckte, zeigte sie die Finanzkraft der London Connection; zu den Direktoren von Texaco gehörte Willard C. Butcher, ehemaliger chmn von Chase Manhattan; Earl of Granard (*Forbes*) (das erste Baronett hatte Sligo für William III. reduziert) und Enkel von Ogden Mills, US-Finanzminister 1932-33; Thomas H. Moorer, chmn Joint Chfs of Staff 1970-74, Direktor Fairchild Bunker Ramo; Robert V. Roosa, Direktor Brookings Institution, Trilaterale Kommission.

Die Rothschild-Houston-Cleveland-Achse brachte einen ihrer größten Coups, als ihr Agent John Connally, der damalige Finanzminister, Nixon dazu überredete, den Goldstandard aufzugeben.

Die Schlagzeile der *New York Times* vom 16. August 1971,

„TRENNT DIE VERBINDUNG ZWISCHEN DOLLAR UND GOLD. Präsident Nixon kündigte heute Abend an, dass die USA von nun an keine im Ausland gehaltenen Dollars mehr in Gold umwandeln würden - eine einseitige Änderung des 25 Jahre alten internationalen Währungssystems. Der Präsident sagte, er wolle die Maßnahmen ergreifen, um „die Angriffe ausländischer Währungsspekulanten gegen den Dollar" zu stoppen. Die Veränderung des Weltwährungssystems, die durch die Entscheidung des Präsidenten, den Umtausch von im Ausland gehaltenen Dollars in Gold einzustellen, herbeigeführt wurde, ist völlig ungewiss. Dieses Wort wurde von Finanzminister John B. Connally verwendet. Mr. Connally sagte, er wisse nicht, was passieren werde."

Die *Times* bemerkte, dass

„Der Rat, einige Kontrollen einzuführen, wurde dem Präsidenten von Quellen wie David Rockefeller, chmn der 23 Milliarden Dollar schweren Chase Manhattan Corp. und von der Organisation für wirtschaftliche Entwicklung, einer Gruppe, die 22 Nationen vertritt, erhielt der Präsident den Rat, einige Kontrollen einzuführen."

Die *Times* erklärte redaktionell,

„Wir applaudieren ohne Zögern der Kühnheit, mit der sich der Präsident an allen wirtschaftlichen Fronten bewegt hat - eine Bewunderung für die Vollständigkeit, mit der der Präsident den Ansatz des Nichtstuns, der das Land bewegungsunfähig gemacht und den nationalen Willen untergraben hat, über Bord geworfen hat."

Volcker beriet heute hier mit führenden europäischen Finanzbeamten über Präsident Nixons neue Politik zur Bewältigung der Dollarkrise. Er deutete allgemein an, dass die USA froh wären, wenn andere Länder ihre Währungen auf den Devisenmärkten schweben lassen würden. Ihr Wert würde vermutlich im Verhältnis zum Dollar steigen. Herr Volcker sagte, er habe bei seinem Treffen ein „sehr gutes Verständnis" gefunden. Aber am Ende eines verwirrenden Tages in den europäischen Ministerien und Banken dachten nur wenige, dass sie einen klaren Ausweg aus dem unmittelbaren monetären Chaos sehen würden, das durch Herrn Nixons Schritte verursacht wurde.

Das Vorwissen über eine solch weitreichende Veränderung des Währungssystems wäre Milliarden von Dollar wert.

Am 17. August 1971 zitierte die *Times* Paul Volcker, Unterstaatssekretär im Finanzministerium, der auf die Frage, ob andere Währungen im Verhältnis zum Dollar steigen würden, antwortete,

„Ich denke, wir sind nicht in der Lage, Einwände zu erheben."

KAPITEL 6

DER CIA

A m 24. Mai 1979 wurde eine 14 ft. große Bronzestatue von General William J. Donovan vor der juristischen Fakultät der Columbia University eingeweiht. Die Einweihungsrede wurde von John J. McCloy gehalten, der als Asst Sek. des Krieges gewesen war, als Donovan das Büro für Strategische Dienste im Zweiten Weltkrieg gründete. Als Donovan am 8. Februar 1959 starb, sandte der Direktor der Central Intelligence Agency, Allen W. Dulles, eine Botschaft an alle CIA-Stationen auf der ganzen Welt,

> „Bill Donovan war der Vater des zentralen Geheimdienstes. Er war ein großer Führer."

Der internationale Geheimdienst oder, wie er früher genannt wurde, die Spionage, wurde weder von Donovan noch von Dulles gegründet, die lediglich Angestellte der Weltordnung waren. Der Orden gründete die internationale Spionage zum Schutz ihrer weitreichenden Investitionen und Geschäfte mit Sklaven, Drogen und Gold, den Gütern, auf denen ihr Reichtum aufgebaut war.

Am 17. November 1843 wurde der Hafen von Shanghai für ausländische Händler geöffnet. Das Los Nr. 1 wurde von Jardine Mathieson & Co. gemietet. Weitere Unternehmer waren Dent & Co. und Samuel Russell, ein Amerikaner, der Baring Brothers vertrat. Captain Warren Delano, der Großvater von Franklin D. Roosevelt, wurde Gründungsmitglied des Canton Regatta Club und nahm Geschäfte mit der Hong Society auf. Dr. Emmanual Josephson erklärt,

> „Warren Delano, der Vater von Frederic A. Delano, begründete sein Vermögen mit dem Opiumschmuggel nach China."

Sein Sohn, Frederic A. Delano, wurde in Hongkong geboren und wurde später 1914 der erste stellvertretende Vorsitzende des Federal Reserve Board.

Obwohl er der Sohn eines irischen Mündelarbeiters war, studierte William J. Donovan von 1903 bis 1908 Jura an der Columbia University. Seine Noten wurden als „grässlich" bezeichnet, aber einer seiner Professoren, Harlan F. Stone, fand Gefallen an ihm. Ein weiterer Schützling von Stone war J. Edgar Hoover. Als Generalstaatsanwalt Stone Washington schockierte, indem er Hoover zum Direktor des Bureau of Investigation ernannte. Ein weiterer Columbia-Professor, der Donovan mochte, war Jackson E. Reynolds, der spätere Präsident der First National Bank of N.Y., der Donovans Wahl zum Leiter des OSS unterstützte. Einer von Donovans Columbia-Klassenkameraden war Franklin Delano Roosevelt.

1910 traf Donovan Eleanor Robson, eine Schauspielerin, die später August Belmont, den amerikanischen Vertreter der Rothschilds, heiratete. Von einer Heirat war nicht die Rede - er suchte eine reiche Ehefrau, sie suchte einen reichen Ehemann - sie begannen eine Beziehung, die jahrelang anhielt. Donovan warb auch um Blanche Lopez, die aus einer wohlhabenden Tabakfamilie stammte und in Rumson, N.J. lebte. Er kehrte dann nach Buffalo zurück, wo er eine Anwaltskanzlei eröffnete. Er lernte Ruth Rumsey kennen, ließ Blanche Lopez abrupt fallen und nahm nie wieder Kontakt mit ihr auf. Ruth Rumsey war die Erbin einer der reichsten Familien in Amerika. Ihr Vater, Dexter Rumsey, und ihr Onkel Bronson besaßen 22 von Buffalo 43 Quadratmeilen. Im Jahr 1890 war Dexter Rumsey 1 Million Dollar wert. Seine Frau war ein Mitglied der wohlhabenden Familie Hazard aus Rhode Island, die eintausend Sklaven besessen hatte und die größten Sklavenbesitzer Amerikas waren. Die Rumseys waren Meister der Genesee Valley Hunt, des exklusivsten Jagdclubs in den USA. Dexter Rumsey starb 1906 und hinterließ seinem Sohn und seiner Tochter je 121,2% seines Vermögens als Treuhänder. Bill Donovans Werben um Ruth Rumsey wurde durch das Wiederauftauchen von Eleanor Robson, der heutigen Mrs. August Belmont, in Buffalo erschwert. Sie erschien im Studio Club, einer von Katharine Cornells Vater geleiteten Schauspielergruppe, in der Donovan die jugendliche Hauptrolle hatte. La Robson bat Donovan, jedes Wochenende in ihre Suite in New York zu kommen, um „Schauspielunterricht" zu nehmen. Donovan nahm dann jedes Wochenende die lange Zugfahrt nach New York City, was in Buffalo, wo er bereits weithin für seine Schürzenjägerei bekannt war, für viel Klatsch und Tratsch sorgte. Dennoch hatte sich Ruth Rumsey entschlossen, ihn zu heiraten, wahrscheinlich weil ihre Familie so stark dagegen war. Freunde der Familie erklärten, dass, wenn Dexter Rumsey gelebt hätte, er diese Heirat niemals zugelassen hätte, und zwar wegen Donovans Alter; er war 31 Jahre alt; seine Religion war irisch-katholisch; und seine

Schäferei. Die Rumseys waren bischöflich, aber Donovan überredete seine Frau, ihre Kinder als römisch-katholisch zu erziehen. Sein Bruder war Priester. Nach der Heirat zogen Donovan und seine Frau in das Herrenhaus der Familie Rumsey in der Delaware Ave. 742 in Buffalo.

Aufgrund seiner Verbindungen nach New York wählte die Rockefeller-Stiftung Donovan 1915 für eine „Kriegshilfsmission" nach Europa aus, die erste von vielen Einsätzen der Weltordnung. Er sollte in den nächsten drei Jahren kontinuierlich von Ruth Donovan getrennt werden. Während seines Aufenthalts in London arbeitete er mit Botschafter Walter Nelson Page, William Stephenson, der ihn später beim Aufbau der OSS „beriet", und Herbert Hoover zusammen. Donovan verbrachte fünf Wochen in Belgien als Beobachter bei Hoovers belgischer Hilfskommission.

Als die USA in den Ersten Weltkrieg eintraten, half Donovan bei der Organisation der „Rainbow" -Division und erhielt das Kommando über die „Fighting 69th" . Er kämpfte bei Landes et Landes St. George im Sektor Maas-Argonne, wo er, obwohl verwundet, am 15. Oktober 1918 eine deutsche Maschinengewehrtruppe mit seinem Bajonett angriff. Für diese Leistung wurde ihm die Ehrenmedaille des Kongresses verliehen. Seine Tapferkeit wurde in der amerikanischen Presse breit publik gemacht, und Current Biography erklärte später, er sei der berühmteste Mann in der A.E.F. Er war bei Joyce Kilmer, der Dichterin, als Kilmer abgeschossen wurde. In den Jahren 1919 und 1920 wurde Donovan in geheimen Missionen nach China und Sibirien geschickt.

Nach dem Krieg gründete J.P. Morgan die Foreign Commercial Corp., um im Nachkriegseuropa Anleihen im Wert von 2 Milliarden Dollar zu emittieren. Im Februar 1920 bat er Donovan, eine geheime Reise durch Europa zu unternehmen, um Informationen über diese Anleihen zu erhalten. Cave Brown beschrieb diese Mission,

> „Nachdem er zur Finanzierung des Krieges beigetragen hatte, wollte Morgan zur Finanzierung des Friedens beitragen, indem er die Interessen des House of Morgan weit ausdehnte... Diese Aktivitäten erforderten die besten Informationen aus den besten Quellen in Europa. Donovan und der Geheimdienstoffizier der Rainbow Division, Grayson Mallet-Prevost Murphy, waren von John Lord O' Brians Firma beauftragt worden, diese Informationen zu beschaffen, wobei sie im Geheimen arbeiteten."

Morgan zahlte Donovan Berichten zufolge 200.000 Dollar für diese Operation.

Während seiner europäischen Aufklärung traf Donovan Adolf Hitler in Berchtesgaden und verbrachte einen Abend mit ihm in seinem Zimmer in der Pension Moritz. Später behauptete Donovan, dass er nicht gewusst habe, wer Hitler war, aber dass er ihn als „faszinierenden Redner" empfand.

1922 wurde Donovan zum U.S.-Bezirksstaatsanwalt von New York ernannt. 1924 bat ihn Atty General Harlan F. Stone, Donovans Juraprofessor in Columbia, als Asst Atty General Donovan und seine Frau 1637 ein Haus in Georgetown (später das Haus von Katharine Meyer) kauften, nach Washington zu kommen. 1637 30. war St. Donovans erste Amtshandlung, von Stone zu verlangen, J. Edgar Hoover vom Bureau of Investigation zu entlassen. Stattdessen ernannte Stone, der sowohl Hoovers als auch Donovans Schirmherr war, Hoover zum Direktor des Bureau of Investigation am 18. Dezember 1924. Donovan engagierte sich auch in einem anderen politischen Fußball, der Strafverfolgung von Senator Burton K. Wheeler. Wheeler wurde von Senator Tom Walsh, einem der mächtigsten Politiker in Washington, verteidigt, aber Donovan bestand gegen jeden gegenteiligen Rat darauf, mit der Anklage fortzufahren. Es hieß, die Anklage gegen Wheeler sei „lächerlich", und Stone forderte Donovan auf, den Fall fallen zu lassen, aber er fuhr hartnäckig fort, Wheeler vor einer Großen Jury des District of Columbia anzuklagen. Als der Fall in Great Falls verhandelt wurde, berieten die Geschworenen nur zehn Minuten, bevor sie ein Freispruchurteil für Wheeler fällten.

Ein solcher Ständer hätte die Karrieren der meisten Männer in Washington zerstört, aber Donovan stand unter dem Schutz von Herbert Hoover, seinem Mitarbeiter aus dem Ersten Weltkrieg. Zwischen 1924 und 1928 war er Hoovers engster Mitarbeiter. Hoover nahm ihn mit zum Bohemian Club, dem unantastbaren Kraftzentrum der Westküste, wo er die Regie führte. Hoover überredete daraufhin Präsident Coolidge, Donovan in die Colorado-River-Kommission zu berufen, eine Behörde mit sieben Staaten, die die Vorschläge für den Hoover-Staudamm organisierte (der später von der FDR in Boulder-Staudamm umbenannt wurde, und noch später, 1947 durch ein Gesetz des Kongresses in Hoover-Staudamm umbenannt wurde). In den 1920er Jahren befürworteten republikanische Politiker die Nominierung von Dawes zum Präsidenten. Obwohl es schien, dass er auf einen sicheren Verlierer setzte, arbeitete Donovan vier Jahre lang als Hoovers Top-Stratege. Als Hoover im ersten Wahlgang des Republikanischen Kongresses nominiert wurde (eine Hommage an die Macht der Rothschilds), schrieb Donovan seine Dankesrede. Es wurde vereinbart, dass Donovan Hoovers Vizekandidat sein sollte. Hoover erkannte jedoch sofort, dass er, da er gegen Al Smith, einen römisch-katholischen Katholiken, kandidierte, die massive antikatholische Abstimmung verlieren würde, wenn er Donovan, ebenfalls römisch-katholisch, als seinen Kandidat wählen würde. Hoover hatte nicht die Absicht, seinen Trumpf bei der bevorstehenden Wahl zu verlieren. Er warf Donovan ohne zu zögern beiseite und weigerte sich sogar, ihn für einen Kabinettsposten wie den des Justizministers in Betracht zu ziehen - wahrscheinlich das einzige Mal in der amerikanischen Politik, dass dem Architekten eines erfolgreichen Präsidentschaftswahlkampfes ein Posten im Team oder im Kabinett verweigert wurde.

Der entmutigte Donovan beschloss, auf das politische Leben zu verzichten. Im Jahr 1929 organisierte er die Anwaltskanzlei Donovan, Leisure, Newton and Irvine mit Büros in der Wall Street 2. Er nahm auch eine Suite mit 23 Zimmern im Shoreham Hotel für die Büros der Kanzlei in Washington. In den folgenden Jahren sah Donovan seine Frau nur selten, obwohl sie nie rechtlich getrennt waren. In Dunlops Biografie über Donovan heißt es

> „Er hatte immer die freie Auswahl an weiblichen Bewunderern. Für viele der Frauen, die er traf, war Donovan unwiderstehlich."

Ruth Donovan wohnte in ihrem Sommerhaus an der Südküste von Massachusetts oder in ihrer New Yorker Wohnung am Beekman Place.

Trotz seiner Enttäuschung mit Hoover nahm Donovan weiterhin eine aktive Rolle in der nationalen Politik ein. Er leitete die Kampagne von Knox für die republikanische Nominierung 1936, und seine Firma verteidigte American Telephone and Telegraph in einer Kartellklage der Regierung. Donovan gewann mühelos, was seiner Firma einen neuen Zustrom von Unternehmen bescherte.

1937 erneuerte Donovan seine Verbindung mit den Rothschilds. Der Wiener Zweig der Familie hatte durch den Einzug der Nazis in die Tschechoslowakei umfangreiche Besitztümer in Böhmen verloren. Da Donovan bereits ein Netzwerk von Informanten in den höchsten Rängen der NS-Regierung, einschließlich Admiral Canaris, aufgebaut hatte, baten ihn die Rothschilds, ihre Interessen zu wahren. Er ging nach Deutschland, um sich für sie einzusetzen, aber trotz seiner wichtigen Kontakte unterlag er Hitlers Ansicht, dass die Rothschilds ein Symbol dafür seien, was er in seinem Kampf gegen „die internationalen Bankiers" zu erreichen hoffte. Die Rothschilds waren nicht übermäßig beunruhigt; sie wussten, dass der Zweite Weltkrieg vor der Tür stand und dass der Ausgang im Voraus entschieden worden war.

Einen weiteren wichtigen juristischen Sieg errang Donovan 1937, als er mit 57 Anwälten die IS-Ölfirmen gegen kartellrechtliche Vorwürfe verteidigte. Seine Mandanten wurden mit nominalen Geldstrafen davonkommen, und wieder einmal galt Donovan als Sieger.

Seine deutschen Kontakte luden ihn nun ein, als Gast des deutschen Generalstabs die Nürnberger Manöver zu beobachten. Er begleitete sie auch auf einer Reise, um den Verlauf des spanischen Bürgerkriegs zu beobachten. Obwohl er dort als eingeladener Gast der „Faschisten" war, sollte Donovan bald die OSS um den harten Kern der kommunistischen Lincoln-Brigade herum aufbauen. In Spanien traf er Kim Philby, der als „pro-Nazi" -Journalist über den Bürgerkrieg schrieb, eine Pose, die er trotz seiner kürzlichen Heirat mit Litzi Friedmann, einer fanatischen Kommunistin und zionistischen Provokateurin, erfolgreich durchführte.

Am 10. April 1940 verunglückte Donovans Tochter Patricia in der Nähe von Fredericksburg, Va. mit ihrem Auto und wurde getötet. Sie war seine einzige Tochter; es gab auch einen Sohn, David, der Mary Grandin heiratete, Patricias Zimmergenossin im Internat und Erbin einer wohlhabenden Familie aus Philadelphia. Mitarbeiter sagten, dass Donovan nie über den Tod seiner Tochter hinweggekommen sei. Da er die Ehrenmedaille des Kongresses erhalten hatte, wurde Patricia auf dem Arlington National Cemetery begraben. Seine trauernde Frau brach zu einer Weltumsegelung auf Irving Johnsons Schiff Yankee auf.

Am 29. Mai 1940 traf William Stephenson in New York ein mit einem Brief an Donovan von Admiral Blinker Hall, einem britischen Marinegeheimdienst von Ficer, den Donovan 1916 kennen gelernt hatte. Der Brief schlug einen amerikanischen Geheimdienst vor, obwohl wir uns nicht im Krieg befanden. Franklin D. Roosevelt schickte Donovan nach London mit dem Auftrag, dieses Programm als „inoffizieller Beobachter" zu entwickeln. Trotz der Geheimhaltungsbemühungen gab es weit verbreitete journalistische Spekulationen über seine Mission für Roosevelt. Anschließend unternahm er für den Präsidenten eine Tournee durch Südosteuropa, auf der er den Status der von Deutschland besetzten Länder beurteilte. Obwohl es sich hierbei um eine offensichtliche Spionagemission handelte, stellten die Deutschen ihm keine Hindernisse in den Weg. Sie waren bestrebt, gute Beziehungen zu den Vereinigten Staaten zu unterhalten.

Nachdem Donovan seinen Bericht an den Präsidenten übergeben hatte, wurde er vom Weißen Haus zum Informationskoordinator ernannt. Da er keine Erfahrung in der Propagandaarbeit hatte, wurde das Büro später in das Büro für Kriegsinformation, Executive Order 9128, und das Büro für strategische Dienste, Military Order vom 13. Juni 1942, aufgeteilt. Donovan wurde mit der Leitung des OSS betraut.

Die „neue" Agentur war von Anfang an lediglich ein Vorposten des britischen Geheimdienstes. Am 18. September 1941 wurde Oberst E.I. Jacob, Churchills Militärsekretär, von Major Desmond Morton Church, Churchills Verbindungsmann zum britischen Geheimdienst, informiert,

> „Eine weitere höchst geheime Tatsache, derer sich der Premierminister bewusst ist, ist, dass die US-Sicherheit auf Ersuchen des Präsidenten von den Briten im Grunde genommen für sie betrieben wird. Ein britischer Offizier sitzt zu diesem Zweck mit Herrn Edgar Hoover und General Bill Donovan in Washington. Es ist natürlich wichtig, dass diese Tatsache nicht bekannt wird."

Seit einigen Monaten wohnte Donovan in einer Suite im St. Regis Hotel in New York. Er und William Stephenson hatten sich seit 1940 regelmäßig getroffen, um die neue Agentur zu organisieren. Stephenson arbeitete direkt unter Oberst Stewart Menzies, dem Leiter von Special Operations Executive, dem obersten britischen Geheimdienst. Zur Tarnung war Menzies Oberst in der Leibgarde, der Eskorte des Königs. Stephenson war Leiter des SIS (Special Intelligence Section). Als Donovan am 15. Juli 1940 auf seiner Mission für Roosevelt nach London abgereist war, hatte Stephenson London verkabelt,

> „Oberst Wm. J. Donovan, der den Präsidenten persönlich vertritt, ist gestern mit einem Klipper abgereist. U.S. Botschaft nicht wiederholen, nicht informiert worden zu sein."

Dies war eine Wiederholung der House-Wilson-Wiseman-Operation während des Ersten Weltkriegs. Nicht nur, dass das amerikanische Volk im Dunkeln gelassen wurde, sondern auch, dass den betroffenen Behörden nie gesagt wurde, was die Verschwörer geplant hatten. Donovans Londoner Mission war ein Schlag ins Gesicht des US-Botschafters Joseph Kennedy. Roosevelt nannte Donovan „meine geheimen Beine", und er versicherte Stephenson in einem privaten Interview: „Ich bin Ihr größter Undercover-Agent."

In *A Man Called Intrepid* wird Stephenson mit den Worten zitiert, dass nach April 1939 „der Präsident einer von uns war" . „Es war auch 1939, als Roosevelt Mackenzie King, Premierminister von Kanada und langjähriger Rockefeller-Agent, privat sagte: „Unsere Grenze liegt am Rhein. „In demselben Buch wird Churchill zitiert, als er am Vorabend des Krieges sagte: „Wir brauchen Rockefeller und Rothschild. „Stephenson antwortete: „Ich kann die Rockefellers finden, und sie werden uns unterstützen. Wir können unsere geheimen Informationen als Gegenleistung für Hilfe anbieten."

Tatsächlich gaben die Rockefellers Stephenson eine ganze Etage im Rockefeller Center, wo die Agentur seither tätig ist, mietfrei. In einem späteren Buch, *Intrepid's Last Case,* heißt es

„Was einige später die geheime SIS-Geheimbesetzung von Manhattan nennen würden, begann 1940. 1941 beklagte sich J. Edgar Hoover darüber, dass das Rockefeller Center-Hauptquartier der britischen Sicherheitskoordination eine Armee von britischen Geheimagenten kontrollierte, eine Gruppe von neun verschiedenen Geheimagenturen. Generalstaatsanwalt Biddle wurde mit den Worten zitiert: „Die Wahrheit ist, dass niemand etwas darüber weiß, was Stephenson tut. '"

Hätte „irgendjemand" davon gewusst, hätte Stephenson verhaftet und abgeschoben werden müssen. Deutsche Matrosen wurden von Stephensons Provokateuren in New York vorsätzlich ermordet, um Hitler zu zwingen, den Vereinigten Staaten den Krieg zu erklären. Die INTREPID-Akte im SOE (Stephensons Deckname) beschrieb sie als

„eine Schreckensherrschaft, die von speziell ausgebildeten Agenten geführt und durch Spionage und Geheimdienste im besetzten Europa verstärkt wird."

Jede Handlung von Donovan und Stephenson war eine Verletzung der amerikanischen Neutralität. Donovans Anwaltskanzlei an der Wall Street 2 befand sich neben dem Passkontrollbüro. Er ließ spezielle Pässe für Stephensons britische Agenten vorbereiten. Stephenson hatte Büros an drei Standorten, Hampshire House, Dorset Hotel und Rockefeller Center. Allen Dulles hatte 1940 eine Zweigstelle des Koordinators für Information im Rockefeller Center eröffnet. Er räumte alle Mieter im 25. Stock des Rockefeller Plaza 30, dem Stockwerk über der UK Commercial Corporation, deren Präsident William Stephenson war. Diese Agentur wurde eingerichtet, nachdem sich Stephenson am 14. April 1941 darüber beschwert hatte, dass Standard Oil die Deutschen über Spanien belieferte und als eine feindliche und gefährliche Agentur des Feindes agierte. Ein 400-seitiger Bericht von Stephenson, in dem Standard Oil und andere amerikanische Unternehmen ihre Geschäfte mit den Deutschen auflisten, wurde 1941 dem FBI übergeben. J. Edgar Hoover begrub ihn umsichtig.

Nelson Rockefeller hat als Koordinator für interamerikanische Angelegenheiten die Versorgung der deutschen Streitkräfte durch seine südamerikanischen Tochtergesellschaften vertuscht. Im Stephenson-Bericht wurden Standard Oil, I.G. Farben, eine Tochtergesellschaft von Standard Oil, Ford Motor Co., Bayer Aspirin (Sterling-Droge), General Anilin und Film, Ansco und International Telephone and Telegraph aufgeführt. Co. Sosthenes Behn, Leiter von ITT, hatte 1940 eine aufwendige Konferenz deutscher Geheimdienstmitarbeiter in der Waldorfschule Astoria veranstaltet. Der deutsche Direktor von ITT war Baron Kurt von Schroder aus der Bankiersfamilie Schroder in Köln, London und New York, der Hitlers persönlicher Bankier war.

Die OSS wurde eigentlich von vier Mitgliedern des britischen Stabschefs gegründet: Lord Louis Mountbatten (ehemals Battenberg), ein Cousin des Königs und verwandt mit den Frankfurter Bankiersfamilien Rothschild und Cassel; Charles Hambro, Direktor der Special Operations Executive und Direktor der Hambros Bank; Oberst Stewart Menzies, Leiter des Secret Intelligence Service; und William Stephenson, verantwortlich für die amerikanischen SIS-Operationen. Ein Vorfahre von Oberst Menzies war in den letzten Tagen der Herrschaft von James IP. ein berüchtigter jakobitischer Doppelagent gewesen. Der jetzige Menzies war der Sohn von Lady Holford; er heiratete Lady Sackville, Tochter des 8. Earl de la Warre, aus der Familie Sackville-West, die das historische Knole besaß; zweitens heiratete er Pamela Beckett, Tochter von J. Rupert Beckett, chmn der Westminster Bank, der heutigen National Westminster Bank, einer der Big Five Englands. Die Schwiegermutter von Menzies war die Tochter von Lord Berkeley Paget, Marquess of Anglesey. Menzies' Tochter heiratete Lord Edward Hay, Marquess of Tweedsdale, Graf von Kinoull, verwandt mit der Gräfin von Errol. Der jetzige Sir Peter Menzies ist Direktor der National Westminster Bank, Schatzmeister des Riesen Imperial Chemical Industries und Direktor der Commercial Union Assurance Co. 1950 bemerkte Oberst Menzies im britischen Who's Who, 1950, dass er zum „C", von 1939-51 zum Chef des MI6 ernannt worden war, aber in späteren Ausgaben ließ er diese Information aus.

erklärt Ford in seinen *Danksagungen,*

> „Lord Mountbatten of Burma war ein enger persönlicher Freund Donovans als eines der vier Mitglieder des britischen Stabschefkomitees, das Donovan bei der Bildung und dem Betrieb des Büros für Strategische Dienste half."

Der „amerikanische" Geheimdienst war nie etwas anderes als eine britische Operation, die auf allen Ebenen von Vertretern der britischen Krone geleitet wurde. OSS-Agenten erhielten im britischen Spionagehauptquartier Bletchley Park eine Fortbildung für das europäische Theater. Dieser Ort wurde gewählt, weil er nur zehn Meilen von Woburn Abbey entfernt lag, wo Lord Beaverbrooks Agent Sefton Delmer das britische Zentrum für „schmutzige Tricks" und andere Propagandaaktivitäten betrieb. Woburn Abbey war der Stammsitz des Herzogs von Bedford, Marquess of Tavistock. Das Britische Büro für Psychologie und Kriegsführung firmierte als Tavistock-Institut.

Die Mitgliederliste der CFR-Mitglieder im Jahr 1946 enthält die Namen vieler OSS- und OWI-Mitarbeiter; Lyman Bryson, der 1918-19 beim Amerikanischen Roten Kreuz in Paris tätig war, 1942 Leiter der Sondereinsätze des OWI und Direktor des CBS; Thomas W. Childs, Rhodes-Stipendiat, Pariser Vertreter von Sullivan & Cromwell (Anwaltskanzlei Dulles), Exekutivdirektor der britischen Regierung. War Supply US, Britische Botschaft, Washington, 1940-45, Partner Lazard Freres 1945-48, hält Order of the British Empire, Führer in der englischsprachigen Union; Nicholas Roosevelt, Amerikanische Kommission für Friedensverhandlungen, Paris, 1919, OWI, 1942-43; Joseph Barnes, Direktor der OWI-Auslandsoperationen, organisierte Willkies Weltreise 1942, prägte den Ausdruck „Eine Welt", identifiziert als kommunistischer Agent; Elmo Roper, der berühmte Meinungsforscher, OSS-Agent 1942-45; Gaudens Megaro, Chef der italienischen Sektion OSS 194 1-45; Henry Sturgis Morgan, Sohn von J.P. Morgan, Direktor Pullman, General Electric; Shepard Morgan, Londoner Direktor OSS 1943-44, war 1916-24 bei der Federal Reserve Bank of New York, Direktor Reparationszahlungen Berlin 1924-30 unter Aufsicht der Chase Natl Bank, später chmn Natl Bureau of Economic Research, der Rockefeller-Propagandaoperation; John Gardner, OSS Europe 1944-45, trat dann der Carnegie Corp.; Allen W. Dulles Chef OSS Europe, Direktor J. Henry Schroder, später erster Direktor CIA; John Haskell, OSS 1943-44, früher bei Natl City Co. 1925-31.

Ein weiterer Sohn von J.P. Morgan, Junius, wurde mit der Leitung der OSS-Finanzen beauftragt. Paul Mellon und sein Schwager David Bruce traten der OSS bei - Bruce war für das Londoner Büro verantwortlich, später wurde er Botschafter in Frankreich. Die OSS hatte auch Mitarbeiter aus den Familien Vanderbilt, Archbold, DuPont und Ryan, was zu dem Witz führte, OSS bedeute „Oh So Social" . James Paul Warburg, Sohn von Paul (der den Federal Reserve Act verfasst hatte), war Donovans persönlicher Assistent bei der Gründung der OSS. William J. Casey, derzeitiger Chef der CIA, war Chef des Geheimdienstes OSS Europe.

Im Februar 1981 hielten die OSS-Veteranen in New York ein Gala-Treffen ab. Anwesend waren Margaret Thatcher, Premierministerin von England; Julia Child; Beverly Woodner, Hollywood-Designerin; John Shaheen, der Chef der OSS-Sonderprojekte gewesen war und jetzt ein wohlhabender Ölmann ist; Ernest Cuneo, der als Verbindungsmann zwischen OSS und FDR fungierte; Arthur Goldberg, Arbeitsrechtler und zionistischer Führer, später Richter am Obersten Gerichtshof und US-Botschafter bei den Vereinten Nationen; Bill Colby, später Chef der CIA; und Temple Fielding, die Reisebehörde, die seine Reisekenntnisse bei der OSS begann. Einer der berühmtesten OSS-Agenten, der nicht erschien, war Ho Chi Minh.

OSS-Agenten wurden prominente Mitglieder der „neuen Klasse" in Washington; Archibald MacLeish wurde Kongressbibliothekar; Ralph Bunche wurde U.S.-Vertreter bei den Vereinten Nationen; S. Dillon Ripley wurde Leiter des Smithsonian.

Donovan war für die Leitung der OSS ausgewählt worden, weil er zwei Jahrzehnte lang geheime Missionen für die Morgans, die Rockefellers und die Rothschilds durchgeführt hatte. Als er die Agentur mit bekannten Kommunisten besetzte, erhoben diese keinen Einspruch. Zuvor hatte er den Mitgliedern der kommunistischen Söldnertruppe, der Abraham-Lincoln-Brigade, unentgeltlich Rechtshilfe geleistet. Nun hieß er diese altgedienten „Antifaschisten" in der OSS willkommen. Ford schreibt,

> „In der OSS wurde die Beschäftigung von Pro-Kommunisten auf sehr hohem Niveau gebilligt. Die OSS begrüßte oft die Dienste marxistischer Enthusiasten."

Als J. Edgar Hoover, begierig darauf, einen Rivalen in Verlegenheit zu bringen, Agenten mit FBI-Dossiers über kommunistische OSS-Angestellte zu Donovan schickte, antwortete Donovan: „Ich weiß, dass sie Kommunisten sind - deshalb habe ich sie eingestellt. „Donovan belud die OSS mit solch fanatischen Kommunisten, dass sie in Washington zu einem Witz wurden. Er ernannte Dr. Maurice Halperin zum Leiter der Lateinamerikanischen Abteilung der OSS. Halperin änderte regelmäßig die Informationen, die auf seinen Schreibtisch kamen, um sie an die aktuelle Parteilinie anzupassen. Oft hielt er sein Büro verschlossen, was andere OSS-Mitarbeiter dazu veranlasste, Witze darüber zu reißen, dass „Halperin eine weitere Zellensitzung abhalten muss" . „Nach dem Krieg sagte J. Edgar Hoover vor dem

Kongress über Halperins kommunistischen Hintergrund aus. Halperin zog später nach Moskau und dann nach Havanna.

Trotz der vernichtenden Dossiers, die J. Edgar Hoover über führende Kommunisten in der OSS führte, konnte er keinen Politiker finden, der bereit war, sich gegen die drei Assistenten des Weißen Hauses, Hiss, Currie und White, zu wehren. Eleanor Roosevelt war eine der frenetischsten Aktivistinnen im Namen der Lincoln-Brigade gewesen. Joe Lash schenkte ihr eine kleine Bronze eines kommunistischen Soldaten, die sie für den Rest ihres Lebens auf ihrem Schreibtisch aufbewahrte. Donovan ernannte Irving Goff nach der Landung in Salerno sogar zum Leiter der OSS in Italien. Goff war Kommandeur der Lincoln-Brigade gewesen und war später Vorsitzender der Kommunistischen Partei in Louisiana und New York.

Der spanische Bürgerkrieg hatte ein Bündnis zwischen amerikanischen „Intellektuellen" und den Kommunisten geschaffen. In *Passionate Years* berichtet Peter Wyden, dass Archivar Victor A. Berch von der Brandeis-Universität sagte, dass 40% der Lincoln-Brigade jüdisch waren. Seltsamerweise wurden die „Faschisten", die Falange, von zwei Marranos, General Franco und seinem Geldgeber Juan March, angeführt. March bezahlte Francos Rückkehr nach Spanien mit einem Kredit von 2 Millionen Dollar bei Kleinwort's in London. Im Juli 1936 platzierte March Wertpapiere im Wert von 82 Millionen Dollar auf nationalistischen Konten. Er deponierte 1,5 Milliarden Dollar in Gold bei der Bank von Italien, 121,5 metrische Tonnen mehr als die Goldreserven der meisten Nationen.

Die Kommunisten stahlen die spanischen Goldreserven und schickten sie nach Russland. NKWD-General Alexander Orlow lud auf Befehl von „Iwan Wassiljewitsch", einem seltenen Codenamen für Stalin, Spaniens Goldreserven auf das sowjetische Schiff Komsomol vom 25. Oktober 1936; es kam am 2. November in Odessa an und wurde mit einem Lastwagen zum Moskauer Edelmetallvorkommen Gohkran transportiert, das 788 Millionen Dollar wert war. 240 Millionen Dollar waren auch von Spanien nach Frankreich verschifft worden.

Die Lincoln-Freiwilligen übergaben bei ihrer Ankunft in Spanien ihre Pässe den NKVD-Offizieren. Diese Pässe wurden dann routinemäßig in der kommunistischen Spionage verwendet. Der Trotzki-Mörder wurde in Mexiko mit einem kanadischen Pass verhaftet, der auf Tony Babich ausgestellt war, der im Bürgerkrieg getötet worden war. Gouzenko entlarvte später einen kommunistischen Agenten in Los Angeles, der den Pass von Ignacy Witczak benutzte.

Zeugen sahen im Gefängnis von Lubianka Stapel dieser Lincoln-Pässe gestapelt, die darauf warteten, benutzt zu werden.

Ernest Hemingway schrieb: „Der spanische Bürgerkrieg war die glücklichste Zeit unseres Lebens. Er modellierte seinen Helden in *„For whom the Bell Tolls"* nach Robert Merriman, einem Moskauer Agenten, der ein Stipendium der Universität von Kalifornien in Höhe von 900 Dollar pro Jahr erhielt. Hemingway schrieb und produzierte einen Film, *The Spanish Earth,* um Geld für die Kommunisten zu sammeln, unterstützt von Archibald Macleish, Dashiell Hammett und Lillian Hellmann. Hemingway stellte 2750 Dollar für den Film zur Verfügung und spendete alle seine Tantiemen. Er tourte durch Hollywood, um Gelder für die Kommunisten zu sammeln. Diese Bemühungen wurden belohnt, als sie sein Buch *„Für wen die Glocke schlägt"* zum Buch des Monats und zu einer millionenschweren Hollywood-Produktion kürten. Auf diese Weise erreichte man in den 1940er Jahren „künstlerischen Erfolg" .

Zu dem englischen Kontingent, das in Spanien für die Kommunisten kämpfte, gehörten der Neffe von Virginia Woolf, Julian Bell, der getötet wurde, und Eric Blair, später bekannt als George Orwell. Er stand 112 Tage lang an der Front, bevor er verwundet wurde. Später schrieb er *1984* einen Propaganda-Coup für die Weltordnung, der behauptete, dass niemand in der Lage sein würde, ihrer Macht standzuhalten. Er schloss *1984* mit der Feststellung, dass die Zukunft dadurch gekennzeichnet sein würde, dass ein Stiefel für immer in das menschliche Gesicht eingeprägt würde.

Journalisten zu einem Mann, der sich für die kommunistische Sache einsetzte. A.M. Rosenthal, geschäftsführender Redakteur der *New York Times*, sagte über seinen Schwager George Watt, Kommissar des Lincoln-Bataillons, dass er ein Mann sei, der sich für die kommunistische Sache einsetze,

„Gott, wie habe ich diesen Mann bewundert. Er war mein Held."

Herbert L. Matthews schrieb 1946,

„Nichts so Wunderbares wird mir je wieder passieren wie die zweieinhalb Jahre, die ich in Spanien verbracht habe. Dort habe ich gelernt, dass Männer Brüder sein können. Heute treffe ich überall auf der Welt, wo ich einen Mann oder eine Frau treffe, die für die Freiheit Spaniens gekämpft haben, auf eine verwandte Seele. Nichts wird dieses Band jemals brechen. Wir haben unsere Herzen dort gelassen."

Trotz seiner Verzweiflung konnte Matthews den Ruhm der spanischen Jahre wiedererleben, als er Castro und eine Bande von sechs Guerillas durch einen frenetischen Propagandafeuerwerk in der *New York Times in die* Diktatur Kubas beförderte.

Kim Philby, der später bei der OSS und der CIA als britischer Verbindungsmann tätig war, spielte auch im spanischen Bürgerkrieg eine wichtige Rolle. Als Sohn des berühmten Arabisten Sir Harold Philby trat er 1929 der Cambridge Socialist Society bei. In den Jahren 1932-33 arbeitete er für das britische Finanzministerium und wurde von der kommunistischen Partei rekrutiert. Im Jahr 1934 heiratete er in Wien Litzi Friedmann, eine kommunistische Agentin. Zeuge der Heirat war Teddy Kollek, später ein Spendensammler für die israelischen Terroristen, heute Bürgermeister von Tel Aviv.

Philby arbeitete als sowjetischer Maulwurf und wurde 1934 von der Schroder Bank finanziert, um eine Pro-Hitler-Zeitschrift für die Deutsch-Britische Gemeinschaft herauszugeben. Die *Times* schickte ihn dann nach Spanien, um über den Bürgerkrieg zu berichten. Er nahm die geschiedene Frau von Sir Anthony Lindsay Hogg, Frances Doble, einer Sympathisantin der Falangisten, deren Palast in Salamanca zu seinem spanischen Hauptquartier wurde, zur Geliebten. Als Tochter eines kanadischen Bankiers unterhielt Doble die Führer der Falangisten verschwenderisch. Philby traf dort häufig mit General Franco zusammen.

Philby wurde 1940 für das britische SIS rekrutiert. 1942 half er Norman Holmes Pearson, einem Yale-Professor, der sich auf die Arbeit von Ezra Pound spezialisierte, zusammen mit Charles Hambro, dem Chef des SOE, das Londoner OSS-Büro einzurichten. 1949 wurde Philby als Verbindungsoffizier des SIS zu CIA und FBI nach Washington geschickt. J. Edgar Hoover aß häufig mit Philby und James Angleton von der CIA in Harvey's Restaurant zu Mittag. Während seiner Zeit als Chef der CIA-Station in Rom arbeitete Angleton eng mit den zionistischen Terroristen Teddy Kollek und Jacob Meridor zusammen und wurde später Leiter des israelischen Referats beim CIA, wo er Philby half, die verschwenderisch finanzierte internationale Mossad-Spionageoperation aufzubauen, die alle vom amerikanischen Steuerzahler bezahlt wurde. Ein hochrangiger CIA-Sicherheitsbeamter, C. Edward Petty, berichtete später, dass Angleton ein sowjetischer Eindringling oder Maulwurf sein könnte, aber Präsident Gerald Ford unterdrückte den Bericht.

Streng geheime Akten des CIA und des FBI wurden Philby zugänglich gemacht, trotz weit verbreiteter Behauptungen, er sei ein sowjetischer Agent. Obwohl er 1951 Burgess und MacLean half, nach Russland überzulaufen, arbeitete er bis 1956 weiter für den SIS, unter dem Schutz von Harold MacMillan, der ihn in der parlamentarischen Debatte öffentlich verteidigte. 1962 sagte eine Engländerin auf einer Party in Israel: „Wie üblich tut Kim, was seine russische Kontrolle ihm sagt. Ich weiß, dass er immer für die Roten gearbeitet hat. „Miles Copeland sagt, dass Philby einen Maulwurf in der CIA, der als „Mutter" bekannt ist, tief verborgen hat. Philby wurde mit den Worten zitiert: „Ausländische Agenturen, die die US-Regierung ausspionieren, wissen genau, was eine Person in der CIA sie wissen lassen will, nicht mehr und nicht weniger. „Philby wurde schließlich von einem Überläufer, Michael Goleniewski, enttarnt. Am 23. Januar 1963 verließ Philby Beirut und überlief nach Moskau, wo er Generalleutnant beim KGB wurde. Am 10. Juni 1984 schrieb Tad Szulc in der *Washington Post*, dass Philby laut CIA-Memoranden, die in einem Rechtsstreit vorgelegt wurden, nie ein sowjetischer Agent war, sondern dass er ein Dreifachagent war. Dies erklärt merkwürdige Paradoxe in der angeblichen Rivalität zwischen dem CIA und dem KGB, wenn bestimmte bezauberte Seelen leicht zwischen den beiden Diensten hin und her schweben. Agenten beider Dienste werden „eliminiert", wenn sie mehr über dieses seltsame Arrangement herausfinden, als ihnen gut tut.

Im letzten Fall von Intrepid heißt es

> „38 Jahre lang gab es eine offizielle NKWD-Mission in London, deren Agenten sowohl von britischen Sondereinsätzen als auch von der amerikanischen OSS unterstützt wurden. Erst jetzt ist klar, dass Moskau Hunderte von streng geheimen OSS-Forschungsstudien erhalten hatte; und dass die Briten dem Chef der subversiven Operationen des NKWD, Oberst A.P. Ossikov, Guerillakampf-Know-how zur Verfügung gestellt hatten!"

1943 wurde Donovan in einer Sondermission nach Moskau entsandt, um ein ständiges Bündnis zwischen der OSS und dem NKWD herzustellen. Donovan, W. Averill Harriman und Generalleutnant Fitin und Generalmajor A.P. Ossikov vom NKWD erarbeiteten einen Plan zur Einrichtung von Büros des NKWD in wichtigen amerikanischen Städten. Am 10. Februar 1944 sandte J. Edgar Hoover eine vertrauliche Botschaft an Harry Hopkins,

> „Ich habe soeben aus vertraulicher Quelle erfahren, dass ein Verbindungsabkommen zwischen der OSS und dem NKWD perfektioniert wurde, wonach Offiziere zwischen den

Dienststellen ausgetauscht werden; der NKWD wird ein Büro in Washington einrichten."

Hopkins war gezwungen, sich mit General Atty Biddle in Verbindung zu setzen, um das Justizministerium auf diese Operation aufmerksam zu machen; wegen der bevorstehenden Wahlen zog Roosevelt seine Unterstützung für den Plan vorsichtshalber zurück.

Wegen ihrer Zusammenarbeit mit dem NKWD und den prominenten Kommunisten in der OSS verweigerte General Douglas MacArthur jedem OSS-Agenten den Zutritt zu seinem Einsatzgebiet im Pazifik. Donovan ging am 2. April 1944 zu MacArthurs Hauptquartier und richtete einen persönlichen Appell an ihn, wurde aber abgewiesen. MacArthur hielt die OSS-Agenten für gefährlicher für die amerikanische Sicherheit als alle militärischen Gegner. In Donovans Hauptquartier in Washington wurde Estelle Frankfurter beim Diebstahl vertraulicher OSS-Berichte erwischt. Sie wurde entlassen, obwohl ihr Bruder, Richter Felix Frankfurter, Roosevelts engster Vertrauter war. Als Organisator der Zelle von Harold Ware hatte Frankfurter sowjetische Agenten in vielen Regierungsbehörden eingesetzt und seinen persönlichen Schützling, Alger Hiss, in das Büro des FDR gebracht. Frankfurts Bruder Otto verbüßte eine Strafe im Anamosa-Staatsgefängnis in Iowa wegen Betrugs.

Während Joseph E. Davies Botschafter in Moskau war, wurde der Staatsabteilung 1937-38 befohlen, alle ihre unersetzlichen Akten über die Sowjetunion zu vernichten. Die russische Abteilung der Staatsabteilung wurde abgeschafft, und die letzten antikommunistischen Überlebenden wurden kurzerhand entlassen.

Seit 1935 waren sieben sowjetische Spionagenetzwerke in ganz Europa aktiv. Bekannt unter ihrem deutschen Namen, die *Rote Kapelle*, das Rote Orchester, wurden sie von Großhäuptling Leopold Trepper geleitet, der später nach Israel emigrierte. Im Januar 1942 verpflichtete Allen Dulles die Rote Kapelle, um eine antideutsche Gruppe unter der Leitung von Baron Wolfgang von Pultitz zu bilden, der später den Abtrünnigen Otto John, Chef des westdeutschen FBI, nach Ostdeutschland abtrat. Während des Zweiten Weltkriegs hatten sowohl von Pultitz als auch John unter Charles Hambro am britischen SOA gearbeitet.

General Alfred E. Wedemeyer sagte später aus, dass er 1942 einen garantierten Plan zur Verkürzung des Krieges um mindestens ein Jahr vorgeschlagen hatte, indem er über den Ärmelkanal in Frankreich einmarschierte. Winston Churchill argumentierte für seinen „weichen Unterbauch"-Ansatz durch Nordafrika und Sizilien. General Marshall rief Wedemeyer vor Churchill und Roosevelt an, um seinen Plan zu erläutern, an dem er monatelang gearbeitet und jedes Detail perfektioniert hatte. Churchill überredete Roosevelt, den Wedemeyer-Plan um ein weiteres Jahr zu verschieben, während der Churchill-Plan in Nordafrika im November 1942 in die Tat umgesetzt wurde. Wedemeyers Plan wurde 1946 von General Franz Haider, Stabschef der deutschen Wehrmacht, bestätigt, der sagte, die Wedemeyer-Invasion über den Ärmelkanal wäre ein entscheidender und rechtzeitiger Schlag gewesen, der den Krieg um mindestens ein Jahr verkürzt hätte. Eine Beendigung des Krieges 1943 hätte die Munitionshersteller jedoch viele Milliarden an Gewinnen gekostet. Ezra Pound wurde am 17. Juli 1943 ausgestrahlt.

„Ich schätze, meine letzte Rede war die mutigste, die ich je gehalten habe. Ich habe mit dem Feuer gespielt. Ich habe offen darüber gesprochen, wie der Krieg verlängert werden kann, von Kameraden, die Angst hatten, dass der Krieg aufhören könnte. Ich meine, sie haben Angst bis in ihre kleinen grauen Höschen, aus Angst, dass wirtschaftliche Gleichheit einkehren könnte, sobald die Waffen aufhören zu schießen oder kurz danach. Die Bühnenkulisse fiel mit einem Flop, gleichzeitig mit einigen Erfolgen gegen die Achsenmächte."

Worüber sprach Pound? Bühnenbild - was für eine zynische Art, einen Weltbrand zu beschreiben, bei dem hundert Millionen Menschen starben. Pound entlarvte die Scharade. Zu Beginn des Krieges hatte eine Operation des britischen Geheimdienstes, Operation Ultra, die deutsche Kodiermaschine beschafft. Sie waren in der Lage, jeden Geheimbefehl Hitlers und des deutschen Generalstabs zu lesen. Es war wie Fische in einem Fass zu erschießen. F.W. Winterbotham, Chef des Luftaufklärungsdienstes SIS, schrieb über seine Operation Ultra, „The Ultra Secret" . Er sagt,

„Am 2. August (1944), der, wie ich mich erinnere, zwei ganze Blätter meines Ultra-Papiers bedeckte, sagte Hitler zu Kluge, er solle dem amerikanischen Ausbruch keine Beachtung schenken. Dann skizzierte er seinen Masterplan zur Bewältigung der gesamten Invasion."

Hätte Hitler Zugang zu allen geheimen Mitteilungen der Alliierten gehabt, hätte er einen unschlagbaren Vorteil gehabt. Die Alliierten hörten auf alle seine Befehle und reagierten entsprechend. Zu Beginn des Krieges teilte Ultra ihnen mit, dass die Deutschen einen massiven Bombenangriff auf Coventry planten. Wenn sie die Stadt evakuieren würden, würde dies den Deutschen zeigen, dass sie auf ihre Pläne hören. Churchill befahl den Briten, nichts zu tun. Die Deutschen bombardierten Coventry und töteten Tausende von Frauen und Kindern. Das Ultra-Geheimnis wurde auf Kosten vieler britischer Leben geschützt.

Die Briten hatten auch einen Doppelagenten, Baron Wilhelm de Ropp, der Hitlers persönlicher Vertrauter in der britischen Politik war. DeRopp hatte seit 1910 in England gelebt. Er heiratete eine englische Frau, unterhielt aber eine Wohnung am Kurfurstendamm, da er als Journalist zwischen Deutschland und England hin und her zog. Sein engster Freund in England war F. W. Winterbotham, Chef des Luftaufklärungsdienstes. Im Feb. 1934 nahm deRopp Winterbotham mit nach Deutschland, wo er mit Hitler, Rudolf Hess und von Milch, dem Chef der deutschen Luftwaffe, konferierte. Winterbotham schreibt,

„Bis 1934 hatte ich persönlichen Kontakt zum Staatsoberhaupt Hitler und zu Alfred Rosenberg, dem offiziellen Philosophen und Außenpolitiker der Nationalistischen Partei, sowie zu Rudolf Hess, dem Stellvertreter Hitlers, hergestellt. Durch meine persönlichen Begegnungen mit Hitler erfuhr ich von seiner grundlegenden Überzeugung, dass die einzige Hoffnung für eine geordnete Welt darin bestand, dass sie von drei übergeordneten Mächten regiert werden sollte, dem Britischen Empire, den Großmächten Amerikas und dem neuen Großreich. Ich spürte, dass sein verzweifelter Wunsch nach Frieden kein Bluff war. (In Dünkirchen) Hitler erzählte seinem Generalstab genau das, was er mir 1934 gesagt hatte; es war notwendig, dass die große Zivilisation, die Großbritannien in die Welt gebracht hatte, weiter bestehen sollte und dass alles, was er von Großbritannien wollte, war, dass es die deutsche Position auf dem Kontinent anerkennen sollte."

Hitler verstand die Verderbtheit der hinter den Kulissen agierenden Figuren der Weltordnung nicht, die mit dem im Burenkrieg gewonnenen südafrikanischen Reichtum die Kontrolle über das britische Empire erlangt hatten. Dieser Hort von Gold und Diamanten stellte den größten Zufluss neuer Kaufkraft nach Europa dar, seit die spanischen Galeonen das Gold der Inkas nach Europa brachten. Der Widerstand, der in diesem Krieg auftrat, veranlasste die Planer zu dem Entschluss, dass Kriege in Zukunft so präzise geführt werden sollten wie jedes andere Geschäft. Ihre Philosophie des hegelianischen Determinismus forderte die Aufstellung zweier gegensätzlicher Kräfte, These und Antithese, die gegeneinander geworfen werden sollten, um ein Ergebnis, eine Synthese, zu erzielen.

Zwischen den beiden Weltkriegen war es notwendig, Deutschland wieder zu bewaffnen und auch eine deutsche Regierung zu unterstützen, die stark genug war, um die Nation auf einen weiteren Krieg vorzubereiten. Dieselben Leute, die Deutschland von 1916 bis 1918 beliefert hatten, um den Ersten Weltkrieg aufrechtzuerhalten, unterstützten nun die Nazis, um einen Zweiten Weltkrieg herbeizuführen. Die Schroders und Rothschilds hatten Hoover mit der Belgischen Hilfskommission in Partnerschaft mit Emile Francqui, „der Bestie des Kongo", gegründet, später die U.S. Food Administration, die von selbstlosen Männern geleitet wurde, die auf unerklärliche Weise plötzliche Vermögen in Zucker, Getreide und Schifffahrt anhäuften. Zwei dieser Männer, Prentiss Gray und Julius H. Barnes, wurden dann Partner bei Schroder Co. Die *New York Times vom* 11. Dezember 1940 bemerkte, dass

„Baron Bruno von Schroder starb in seinem Haus hier, Dell Park, Englefield Green, Surrey. Er kam 1900 nach England und wurde 1914 eingebürgert. Er gründete J. Henry Schroder & Co. 1904 in London und 1923 in New York. Sein Sohn Helmut W.B. Schroder übernimmt nun die Leitung der Firma. Sein Partner Frank Cyril Tiarks ist seit 1912 Direktor der Bank of England. 1923 kauft Baron von Schroder die Bagdad-Eisenbahn. Die Transaktion war die größte, die jemals im Rahmen der Lausanner Konferenz zur Veräußerung früherer deutscher Konzessionen in der Türkei getätigt wurde, und die Rothschilds and Lloyd's Bank teilte sich mit Baron von Schroder das Konsortium, das 25 Millionen Dollar vorstreckte, um mit dem Wiederaufbau der Strecken zu beginnen."

Die Bedeutung der Firma Schroder zwischen den beiden Weltkriegen zeigt sich in den folgenden Auszügen; *New York Times* 3. Dezember 1923;

„Die erste Tranche des Kapitals für die neue Währungsbank, die aus der Rentenbank hervorgehen wird, wurde heute in Berlin in Form von Schecks in Pfund Sterling im Wert von 25 Millionen Goldmark (6.250.000 Dollar) von den Londoner Bankiers Schroder & Co., deren Anteil an der Kapitalanleihe 100.000.000 Goldmark (25.000.000 $) beträgt. Baron Henry Schroder, der die Firma leitet, ist seit langem eng mit den deutschen Finanzinteressen im internationalen Bereich verbunden."

New York Times 25. November 1928;

„J. Henry Schroder Banking Corp. Finance and Trade Commentary" : „Wenn auf der bevorstehenden Reparationskonferenz die externen Verpflichtungen Deutschlands auf einen vernünftigen Betrag festgelegt werden, wäre dies ein wichtiger Schritt für die gesamte wirtschaftliche Erholung Deutschlands."

New York Times, 2. November 1928

„J. Henry Schroder Co. gewährt Preussian Electric Power Co. in Partnerschaft mit Brown Bros. Harriman ein Darlehen in Höhe von 10.000.000 USD und 6%."

New York Times, 14. November 1929;

„Der preußische Staat hat ein Darlehen von 5 Millionen Dollar von J. Henry Schroder Co. arrangiert, um den Hafen von Stettin zu erweitern."

New York Times, 27. Januar 1933;

„Die City Co. of New York und die J. Henry Schroder TrustCo. wurden von der Golddiskontbank Berlin als deutsche Anleihe-Skripteure benannt. Vertreter amerikanischer Emissionshäuser sagten gestern, sie seien ohne direkten Rat aus Berlin, wo sich die Deutschen und Vertreter anderer Glaeubiger jetzt beraten. Die Banker werden dort von John Foster Dulles von der Anwaltskanzlei Sullivan and Cromwell vertreten."

New York Times, 19. April 1940;

„Die J. Henry Schroder Banking Corp. hat die Nachfolge von Speyer & Co. als Steuer- und Zahlstelle für 25 Jahre 61,2% Goldanleihen der Stadt Berlin mit Fälligkeit 1950 angetreten" .

Ein fuehrender Wirtschaftswissenschaftler, Professor von Wiegand, hat den jetzigen Autor wegen Aeusserungen ueber die Firma Schroder kritisiert und behauptet, die Firma habe wenig oder gar keine Verbindung zu Deutschland, offenbar weil er das Thema nicht in der *New York Times* recherchiert habe. Auch der Präsident von J. Henry Schroder leugnete 1944, dass sie in Deutschland Geschäfte gemacht hätten.

Adolf Hitler war 1919 der Deutschen Arbeiterpartei beigetreten, weil sie von der Thule-Gesellschaft, einer einflussreichen deutschen Gesellschaft von Aristokraten und Finanziers, unterstützt wurde. 1921 traf Hitler mit Admiral Schroder, dem Kommandeur des deutschen Marinekorps, zusammen. Im Dezember 1931 wurde der Freundeskreis gegründet, zwölf prominente deutsche Geschäftsleute, die versprachen, regelmäßig für die Nazipartei zu spenden. Baron Kurt von Schroder, Gesellschafter der Firma J.H. Stein Co. Kölner Bankiers, war der Leiter dieser Gruppe. J.H. Stein wurde dann Hitlers persönlicher Bankier. Hitlers Adjutant, Walther Funk, traf sich mit Schroder, um die wahren Ansichten Hitlers zu Fragen der internationalen Bankiers zu besprechen. Funk konnte Schroder zufrieden stellen, und die finanzielle Unterstützung durch die NSDAP wurde fortgesetzt.

Major Winterbotham weist darauf hin, dass Lord Montagu Norman, der mehr als dreißig Jahre lang Gouverneur der Bank von England war, der beste Freund Hjalmar Schachts war. Schacht, Hitlers Finanzminister, nannte seinen Enkel Norman wegen der Freundschaft. Paul Einzig, in *Appeasement Before, During and After the war*, sagt in *Appeasement Before, During and After the war*,

> „Am 29. Mai 1933 traf Mr. F.C. Tiarks von der britischen Bankendelegation mit Dr. Schacht zusammen und fand Dr. Schachts Haltung völlig zufriedenstellend."

Herr Tiarks war ein langjähriger Partner von J. Henry Schroder und seit 1912 Direktor der Bank of England. Seine Enkelin heiratete den heutigen Herzog von Bedford.

Auf S.78 sagt Einzig,

> „Gegen Ende 1936 wurde in London eine neue Firma unter dem Namen Compensation Brokers Ltd. registriert, die von dem Bankhaus J. Henry Schroder & Co. kontrolliert wurde. kontrolliert wurde, und Hambro's Bank Ltd. mit dem erklärten Ziel, bei Tauschgeschäften zwischen Deutschland und verschiedenen Teilen des Englischen Reiches zu helfen" .

Als Alfred Rosenberg nach London kam, lernte er viele führende Persönlichkeiten kennen, darunter Geoffrey Dawson, Herausgeber der *Times*, Walter Eliot, M.P. Lord Hailsham, Kriegsminister, und den Herzog von Kent, Bruder von König Edward VIII. und George VI. Der Herzog von Coburg, ein enger Freund Hitlers, führte drei lange Gespräche mit König Edward VIII. über seine Thronbesteigung im Januar 1936. Edward sicherte dem Herzog seine Sympathien mit dem Dritten Reich zu. 1965 bemerkte der damalige Herzog von Windsor: „Ich hätte nie gedacht, dass Hitler ein so schlechter Kerl ist. „Die Geschichte hinter Edwards plötzlicher Abdankung war, dass seine Berater erkannten, dass er die Papiere für die Mobilisierung gegen Deutschland nicht unterschreiben würde. Eine geschiedene Amerikanerin wurde ins Spiel gebracht. Sie führte Edward auf das

Schloss Rothschild in Österreich, während sein „leicht zurückgebliebener" Bruder George als König von England eingesetzt wurde.

Mitte der dreißiger Jahre waren in England drei isolationistische Gruppen aktiv: „The Link", die von Admiral Sir Barry Domvile angeführt wurde und sich aus wahrhaft patriotischen Engländern zusammensetzte; die Anglo-German Fellowship, die von J. Henry Schroder Co. mit Hilfe des sowjetischen Maulwurfs Kim Philby organisiert wurde, um Hitler in dem Glauben einzulullen, dass England ihm niemals den Krieg erklären würde; und „die Cliveden-Gruppe", die sich in Lord Astors palastartigem Schloss Cliveden traf, um „Beschwichtigung" zu fördern.

Am 4. Januar 1933 traf sich Hitler mit den Brüdern Dulles im Kölner Haus von Baron Kurt von Schroder, um Hitler die Mittel zu garantieren, die für seine Einsetzung als Bundeskanzler Deutschlands erforderlich waren. Die Gebrüder Dulles waren als gesetzliche Vertreter der Firma Kuhn, Loeb Co. anwesend, die große kurzfristige Kredite an Deutschland vergeben hatte und eine Rückzahlungsgarantie benötigte. Allen Dulles wurde später während des Zweiten Weltkriegs von der OSS in der Schweiz angesiedelt. Noch später wurde er Direktor des CIA. Er war viele Jahre lang Direktor der J. Henry Schroder Co. gewesen.

Am 11. Juni 1934 trafen sich Lord Norman und Schacht heimlich in Badenweiler im Schwarzwald und erneut im Oktober 1934, um für Kredite an das nationalsozialistische Deutschland zu bürgen. Die J.H. Stein Bank in Köln und die Londoner und New Yorker Filialen der Schroder Bank waren Korrespondenzbanken, die während des Hitlerregimes häufig an Transaktionen beteiligt waren. Baron Kurt von Schroder war Mitglied des Herrenklubs, der einflussreichsten Gruppe in Deutschland, und der Thule-Gesellschaft, die 1919 Hitlers Karriere eingeleitet hatte. Er war Direktor aller deutschen Tochtergesellschaften von ITT, SS-Obergruppenführer, Deutsche Reichsbank und viele andere hochrangige Positionen (vom Kilgore-Komitee 1940 aufgelistet).

Am 30. September 1933 schrieb der Finanzredakteur des *Londoner Daily Herald* über

> „Die Entscheidung von Herrn Montagu Norman, den Nazis die Unterstützung der Bank of England zu geben."

Normans Biograf, John Hargrave, schreibt,

„Es ist ziemlich sicher, dass Norman alles tat, was er konnte, um dem Hitlerismus zu helfen, politische Macht zu gewinnen und zu erhalten, indem er von seiner Hochburg in der Thread Needle Street aus auf der finanziellen Ebene operierte."

Ein weiterer Hitler-Unterstützer war Sir Henry Deterding von Royal Dutch Shell, das von der Familie Samuel gegründet worden war. Im Mai 1933 war Alfred Rosenberg zu Gast auf Deterdings großem Anwesen, Buckhurst Park, Ascot, eine Meile von Windsor Castle entfernt. Oswald Dutch schreibt, dass Sir Henri Deterding und seine Unterstützer, die Familie Samuel, Hitler 1931 30 Millionen Pfund gaben. Deterding ließ sich daraufhin von seiner Frau scheiden und heiratete seine Sekretärin, eine begeisterte Nazi-Deutsche.

Otto Strasser schrieb, dass Schroder bei einem geheimen Treffen zugestimmt habe, „die Rechnung" für die Nazi-Partei zu bezahlen und für ihre Schulden zu bürgen, was schließlich dazu führte, dass er einen großzügigen Betrag an Zinsen auf sein Gründungskapital erhielt. (Senatsanhörungen, Ausschuss für militärische Angelegenheiten, 1945).

In England führte der Journalist Claud Cockburn den Kampf gegen das „Cliveden-Set" an, scheinbar unwissend, dass drei der Astors das Royal Institute of International Affairs gegründet hatten. Er schrieb empört,

„Die Astors und andere, die sich um Chamberlain scharten, waren eine Reihe von Beschwichtigern, die Hitlers Regime und ihre Zusammenarbeit mit ihm als notwendig erachteten, um die von ihnen bevorzugte Gesellschaftsordnung aufrechtzuerhalten."

Die Cockburns sind zu selbstbeschränkt, um zu verstehen, dass die „Appeasers" mit Hitler zusammenarbeiteten, nur um den Weltkrieg zu erreichen, der für ihr Weltprogramm unerlässlich war. Hitler wurde überlistet, in das Rheinland zu gehen, überlistet, in die Tschechoslowakei zu gehen, und überlistet, Polen anzugreifen. Der angepriesene Glaube ist, dass er über die Schwäche der Opposition gegen diese Schritte erstaunt war; tatsächlich war ihm versprochen worden, dass es keine Opposition geben würde, bis er nach Polen ging und entdeckte, dass er überlistet worden war.

Nachdem Hitler seinen Zweck erfüllt hatte, planten dieselben Bankiers ein Attentat auf ihn. Wir kennen die Namen von Graf von Stauffenberg und Fabian von Schlabrendorff, Aristokraten, die Hitler töten wollten, aber am 22. Juli 1984 enthüllte die *Washington Post* den

Namen des Drahtziehers Axel von dem Bussche. Er heiratete die Tochter des Grafen von Gosford, Baron Acheson, Luftattaché in der Pariser Botschaft. Baron Acheson hatte die Tochter von John Ridgely Carter geheiratet, einem Partner von J.P. Morgan Co., dessen Vater, ein Anwalt aus Baltimore, Rechtsberater der Pennsylvania Railroad und vieler anderer Eisenbahnen gewesen war. John Ridgely Carter heiratete Alice Morgan, war 1894-1909 Sekretärin der Amerikanischen Botschaft, London, und war 1914 Partner von J.P. Morgan Co. und auch der Pariser Zweigstelle, Morgan Harjes Co. Dean Acheson, ein Cousin der Gosfords, arbeitete ebenfalls für J.P. Morgan Co. und wurde später Außenminister. Der 2. Earl Gosford war Generalgouverneur von Kanada und Obergouverneur von ganz Britisch-Nordamerika gewesen. Richard Davis bemerkt in *The English Rothschilds*, dass der Earl of Gosford ein häufiger Hausgast der Familie Rothschild war. Dies könnte erklären, warum sein amerikanischer Cousin, Dekan Acheson, aus dem Nichts zum Außenminister berufen wurde.

Die Besetzung der Charaktere ist wirklich recht klein. Der Enkel eines Partners von J.P. Morgan leitet das Komplott gegen Hitler und kooperiert dabei mit Schroders Partner Allen Dulles von seiner Schweizer Schanze der OSS. Admiral Canaris, der für die Abwehr zuständig ist, hatte Hitlers Geheimdienst Kontakt zum britischen Geheimdienst in London aufgenommen, sobald er diesen Posten übernahm, und zwar über den Frankfurter Anwalt Fabian von Schlabrendorff, ein Schlüsselmitglied des Komplotts, unterstützt von Graf Helmut von Moltke, einem Mitglied der deutschen BAr und ebenfalls Mitglied des Londoner Innentempels, von Moltkes Mutter war Dorothy Innes, die mit der Bankiersfamilie Schroder verwandt war.

Während seiner ersten beiden Jahre bei der OSS akzeptierte Bill Donovan kein Gehalt. Im Jahr 1943 wurde er zum Generalmajor befördert und erhielt ein Gehalt für diese Besoldungsgruppe. 1943 verfügte die OSS über ein Budget von 35 Millionen Dollar mit 1651 Mitarbeitern, das sich im folgenden Jahr auf 16.000 verzehnfachte. Am Ende des Krieges gab es 30.000 Agenten und Unteragenten, von denen viele in Plünderungen, Erpressungen und andere Geldverdienerei verwickelt waren. Flugzeuge wurden oft für mysteriöse Flüge beschlagnahmt, um riesige Summen an Gold, Diamanten, Gemälden und anderen Schätzen zu transportieren. Von Anfang an hatte die OSS mit großen Goldsummen gehandelt. Im Frühjahr 1942 wurden 5 Millionen Dollar in Goldmünzen nach Nordafrika geschickt, um Geheimoperationen zu finanzieren. Nach der nordafrikanischen Invasion waren einige Bankiers, die 100 Millionen Francs im Wert von 100 Millionen gehalten hatten, plötzlich 500 Millionen wert. Groß angelegte Währungstransaktionen wurden für die OSS von einer Unterweltperson namens Lemaigre-Dubreuil abgewickelt, der von unbekannten Schützen in seinem Haus in Casablanca erschossen wurde.

Der politische Berater des Obersten Alliierten Befehlshabers im Mittelmeerraum war Robert D. Murphy, dessen Frau manisch-depressiv war und dessen Tochter Selbstmord beging. Er hatte eine Affäre mit der Prinzessin de Ligne, der offiziellen Vertreterin des Comte de Paris, einer Bourbonin und Thronanwärterin Frankreichs. Sie verwickelte Murphy und die OSS tief in ihre Beziehung zu ihrem wichtigsten Mitarbeiter, einem syrischen Juden namens David Zagha, der mit millionenschweren Gütern, Edelsteinen und Antiquitäten handelte. Er besaß große Besitztümer in Damaskus, und er wusch über Lemaigre-Dubreuil Millionen von Dollar an OSS-Geldern, bis zu dessen Ermordung in Casablanca.

Die Machenschaften und Machenschaften haben auch die Operationen des Nachfolgers der OSS, der CIA, die wegen ihrer vielen schändlichen Machenschaften oft „Zentrale Investitionsagentur" genannt wird, geprägt. V. Lada-Mocarski, der Präsident von J. Henry Schroder, war 1943 Chef der geheimen Geheimdienstoperationen für den OSS Italien. Die Geheimakten der OSS tauchten später in den Händen von Propaganda Due, P-II, auf, einer geheimen Freimaurerorganisation, der viele prominente Persönlichkeiten in Italien angehörten. Der Vermittler zwischen P-II und dem CIA war Michael Sindona, der die 65 Millionen Dollar, die der CIA in die italienischen Wahlen gepumpt hatte, weiterleitete. Er stand in Verbindung mit der Anwaltskanzlei Nixon und mit John McCaffrey, Chef der Widerstandskräfte in Europa für den britischen Geheimdienst während des Zweiten Weltkriegs und später Vertreter der Hambro-Bank, sowie mit Prinz Borghese. Obwohl Borghese während des Zweiten Weltkriegs zur Hinrichtung verurteilt worden war, wurde er von James Angleton, dem späteren Berater des Vatikans für die CIA, gerettet. Sindona, McCaffrey und Borghese waren Partner in einer italienischen Bank, der Universal Banking Corp., die eine Fassade für Meyer Lansky und die Mafia war. Der Zusammenbruch der Banco Ambrosiano kostete den Vatikan eine Milliarde Dollar (später auf 250 Millionen Dollar reduziert) und endete mit der Ermordung ihres Präsidenten Roberto Calvi, der von der Blackfriars Bridge in London erhängt aufgefunden wurde. Er wurde zum „Selbstmord" erklärt, aber ein Richter stellte später fest, dass er von „unbekannten Personen" ermordet worden war.

General Donovan hatte auch eine wichtige familiäre Verbindung zu den Harrimans. Der Cousin seiner Frau, Charles Rumsey, hatte die Schwester Mary von W. Averell Harriman geheiratet. Die Harrimans waren auf ihrem New Yorker Landgut Arden aufgewachsen, das über 30.000 Morgen Land, ein Haus mit 150 Zimmern und eine Besatzung von 600 Personen verfügte, die ständig daran arbeiteten, die Dinge in Ordnung zu halten.

Harrimans andere Schwester heiratete Robert Livingston Gerry, den Sohn von Commodore Elbridge Gerry. Ihr Sohn, El bridge Gerry, ist ein Partner von Brown Bros Harriman.

Im Jahr 1939 hatte Donovan eine Farm in der Nähe von Berryville, Chapel Hill Farm, gekauft. 1945 verkaufte er sein Haus in Georgetown an Katharine Graham aus der Familie *der Washington Post*. Die Farm wurde vom Rumsey Trust übernommen. Donovan wohnte in 1 Sutton Place, New York, der Adresse, die von Bessie Marbury, der Königin der internationalen homosexuellen Szene, die es Franklin D. Roosevelt als führende Kraft der Demokratischen Partei ermöglicht hatte, Gouverneur von New York zu werden, in Mode gebracht wurde.

1921 verkaufte der Bauunternehmer Eliot Cross die „Frau" von Marbury, Elsie de Wolfe, Nr. 13 Sutton Place. Die *Times* bemerkte bald eine „merkwürdige Migration" und titelte, Mrs. K. Vanderbilt und Anne Morgan hätten Häuser in Sutton Place gekauft, „einer wenig bekannten Zwei-Block-Durchgangsstraße" . Mrs. Vanderbilt zahlte 50.000 Dollar für ihr Haus; Anne Morgan, Tochter von J.P. Morgan und Mitglied des de Wolfe-Marbury „Hellfire" -Sets, zahlte 75.000 Dollar. Dann gaben sie mehrere hunderttausend Dollar für die Renovierung dieser Häuser aus. Die *Times* bezeichnete die „Sutton Place curious migration" als böswillige Ausgrabung der bekannten Vorlieben der neuen Siedler, die Manhattan bald als Welthauptsitz der Homosexuellenbewegung berüchtigt machen würden.

Donovans überlebender Sohn hatte sich geweigert, in die Anwaltskanzlei einzutreten oder etwas mit der OSS zu tun zu haben. Er hatte eine glänzende Kriegskarriere als Marinekapitän, der für die Landeoperationen auf Sizilien und andere Invasionen verantwortlich war. Bei einer Silvesterfeier im Jahre 1946 trank seine fünfjährige Tochter Sheila versehentlich Silberpolitur und starb. Seine Frau starb nach einer Überdosis Schlaftabletten.

Intrepid's letzter Fall stellt fest, dass

> „Eine apolitische Entscheidung zwang die OSS, die erbeuteten sowjetischen militärischen und diplomatischen

Codebücher über den Geheimdienst der Nazis an Moskau zu übergeben."

Der größte Geheimdienstcoup der Geschichte blieb erfolglos, nachdem Roosevelts drei kommunistische Mitarbeiter verlangten, dass dieser komplette Satz sowjetischer Codebücher an Stalin zurückgegeben werden sollte.

Am 17. Mai 1945 wurde Donovan Sonderassistent von Richter Robert H. Jackson, US-Staatsanwalt bei den Nürnberger Prozessen. Obwohl den gefangenen deutschen Führern viele Dinge vorgeworfen wurden, wurden sie nie beschuldigt, Geld von der Bank of England angenommen zu haben oder von der Schroder Bank finanziert worden zu sein. Baron Kurt von Schroder war verhaftet und in ein britisches Gefangenenlager ueberfuehrt worden. Ein deutsches Entnazifizierungsgericht verhängte später eine Geldstrafe von 1500 RM und verurteilte ihn zu einer dreimonatigen Haftstrafe. Da er bereits für diesen Zeitraum inhaftiert gewesen war, wurde er freigelassen. Die *New York Times* vom 29. Februar 1948 forderte am 29. Februar 1948 einen Prozess vor einem alliierten Militärgericht - „von Schroder ist so schuldig wie Hitler oder Göring" .

Im Mai 1945 gründete William Stephenson die British American Canadian Corp. in New York, die später in ein panamaisches Register als World Commerce Corp. umgewandelt wurde. am 2. April 1947. Als Deutschland kapitulierte, verfügte das Londoner Büro der OSS über zehn Millionen Dollar, die in den Banken von Hambro und Schroder deponiert waren. Dieses Geld konnte nicht an die US-Regierung „zurückgegeben" werden, ohne anzugeben, woher es gekommen war. Als Erlöse aus dem Handel mit Gold und Juwelen könnte eine Untersuchung eine Untersuchung des Kongresses nach sich ziehen. Die Direktoren beschlossen, das Geld für künftige Operationen in den neuen Unternehmen in der Schwebe zu halten, deren leitende Angestellte Stephenson, Donovan, Sir Charles Hambro, Edward R. Stettinius, Russell Forgan von Glore Forgan Co., Neffe von James Forgan, dem ersten Präsidenten des Federal Advisory Council des Federal Reserve Board und Nachfolger von David Bruce als Chef von OSS Europe; Sidney Weinberg, Leiter der OSS-Sondermission in Moskau; Nelson Rockefeller; Oberst Rex Benson Menzies von SIS und Vorsitzender von Robert Benson Co. Handelsbankiers; John J. McCloy; Richard Mellon; Sir Victor Sassoon; Lord Leathers; Sir William Rootes von Rootes Motors; Sir Alexander Korda; Olaf Hambro; Brig W.T. Keswick, Leiter von Jardine Mathieson Co., Direktor von Hudson Bay Co. Hongkong Shanghai Bank und Chef der Special Operations Executive in Asien, Zweiter Weltkrieg; Sir Harold Wemher, britischer

Industrieller; Ian Fleming von der Kelmsley Press; David Bruce; Joseph C. Grew, Neffe von J.P. Morgan; und L.L. Strauss von Kuhn, Loeb & Co. Die neue Firma arbeitete eng mit Morgan Grenfell, Jardine Mathieson und British and Western Trading Co.

1950 führte Donovan die World Commerce Corp. als einzige Firma auf, an der er beteiligt war. Der damalige Präsident war Frank T. Ryan, Direktor John J. Ryan, beide von Bache & Co; weitere Direktoren waren Alfred DuPont, Russell Forgan, Jocelyn Hambro, Joseph Grew und William Stephenson, der seine Ansprache als Plaza Hotel hielt. N.Y. mit Wohnsitz in Jamaika, und listete sich selbst als Vorstandsvorsitzender von Caribbean Cement Co. und Bermuda Hotels Corp.

Präsident Truman missfiel die Idee eines Geheimdienstes und löste die OSS bei Kriegsende auf. 1600 seiner Mitarbeiter gingen an das State Dept. Intelligence & Research Bureau, andere gingen an das Defense Dept., wo Robert McNamara 1961 die Defense Intelligence Agency gründete. Truman gründete 1948 das Office of Policy Coordination, das durch die Direktive 10/2 des Nationalen Sicherheitsrats am 4. Januar 1951 mit dem Office of Special and Clandestine Services zur CIA fusionierte. Obwohl Truman die OSS am 20. September 1945 aufgelöst hatte, ernannte seine Direktive von 1948 drei Männer zur Überwachung der Organisation eines neuen Geheimdienstes, Allen W. Dulles von der Schroder Bank; William Harding Jackson, ein Anwalt von der Wall Street, der in die Familie Lyman einheiratete, wurde Anwalt bei Cadwalder, Wickersham und Taft und später bei Carter, Ledyard & Milburn (J.P. Morgans Anwälte). Im Januar 1944 war Jackson zum Leiter des Geheimdienstes im amerikanischen Militärhauptquartier in London ernannt worden. Er war Chef des Geheimdienstes von General Jacob Devers und später Leiter des G-2-Geheimdienstes von General Omar Bradley. Er wurde Partner von J.H. Whitney Co. New York 1947, diente 1950-51 als stellvertretender Direktor der CIA und war später Sonderbeauftragter von Präsident Eisenhower für die nationale Sicherheit; der dritte Mann in Trumans Team war Mathias F. Correa, ebenfalls Anwalt an der Wall Street, dessen Mutter aus der Familie Figueroa stammte; sein Vater war Leiter des Bereichs Immobilien und Investitionen der Diözese Brooklyn, und sein Bruder war Sonderbeauftragter des Atty Gen der USA 1946, General Counsel ODM 195 1-52 und Vize-Präsident. RCA. Truman wurde später dem CIA gegenüber sehr misstrauisch. Er sagte zu Merle Miller: „Plain Speaking",

„Soweit ich das beurteilen kann, berichten die Leute von der CIA nicht nur über Kriege und dergleichen, sondern sie gehen hinaus und machen ihre eigenen."

Allen Dulles stellte einen Bibelvers (Johannes 8;32) in den Eingang des CIA-Gebäudes: „Und ihr werdet die Wahrheit erkennen, und die Wahrheit wird euch frei machen. „Allen W. Dulles war Chef der neuen Behörde; Frank Wisner war sein Stellvertreter; sie wuchs bis 1955 von 5000 auf 15.000 Mitarbeiter. Im Jahr 1974 hatte sie 16.500 Agenten und ein Budget von 750 Millionen Dollar; insgesamt hatte die Nationale Sicherheitsbehörde 6 Milliarden Dollar für den „Geheimdienst" zur Verfügung.

Die CIA wurde oft als die Zentrale Investitionsagentur bezeichnet, nicht nur wegen des Wall-Street-Hintergrunds von Donovan, Dulles und vielen anderen Auftraggebern, sondern auch wegen der vielen kommerziellen Operationen, an denen sie beteiligt war (die CIA wird von ihren Insidern nicht zufällig immer als „das Unternehmen" bezeichnet). Ein großer Teil des Aktienhandels basiert auf CIA-Insider-Informationen, Kauf und Verkauf auf der Grundlage geheimer Informationen, die von der CIA in der ganzen Welt gesammelt wurden.

Der CIA hat auch Milliarden ausgegeben, um ausländische Wahlen zu beeinflussen, immer für Kandidaten, die den Interessen des Volkes der Vereinigten Staaten feindlich gesinnt sind, sich aber dem Programm der Weltordnung verschrieben haben. Sein Haupteinfluss bestand jedoch in der Kontrolle von Stiftungen und Universitäten. Dem amerikanischen Volk ist nach wie vor glückselig unbekannt, dass seine konstitutionelle Regierung mit ihren getrennten Befugnissen von Legislative, Judikative und Exekutive vollständig von den Stiftungen abgelöst wurde, die die grundlegende Politik für alle drei Zweige generieren. Die Geldpolitik wird von der Brookings Institution entwickelt und durch das vom Kongress unabhängige Federal Reserve System umgesetzt, das verfassungsmäßig befugt ist, das Währungssystem zu regulieren. Die Sozialpolitik, die von der Ford- und der Rockefeller-Stiftung ins Leben gerufen wurde, wird vom Kongress gesetzlich verankert und vom Obersten Gerichtshof gegen alle Anfechtungen aufrechterhalten. Die Außenpolitik, ein Vorrecht der Exekutive, beruht vollständig auf „Studien" und Empfehlungen der Stiftungen. Die Stäbe aller drei Abteilungen sind stark von Mitarbeitern der Stiftungen infiltriert. Der CIA fungiert als Koordinierungsstelle zwischen den Stiftungen und den Regierungsabteilungen. Die *Washington Post* vom 8. Dezember 1984 bestätigte dies durch einen Nachruf auf Don Harris, in dem er berichtet, dass er 1950 als Wirtschaftswissenschaftler der Brookings Institution nach Washington kam und dann drei Jahre lang als Leiter der Stäbe für Fernost und Westeuropa zum CIA wechselte. Danach wechselte er zum Direktorat für Pläne und Politik der Defense Intelligence Agency, wo er bis 1983 tätig war.

McGeorge Bundy stellte in *The Dimensions of Diplomacy*, 1964, fest,

> „Alle Gebietsstudienprogramme an amerikanischen Universitäten nach dem Krieg wurden von Absolventen der OSS bemannt, geleitet oder angeregt: Es besteht ein hohes Maß an wechselseitiger Durchdringung zwischen Universitäten mit Gebietsprogrammen und Informationsbeschaffungsstellen der Regierung der USA" .

Als Leiter der Ford Foundation war Bundy in der Lage, über die gegenseitige Durchdringung Bescheid zu wissen.

In der *Washington Post* vom 21. April 1984 hieß es, dass die CIA vielen Universitäten durch Geheimdienstzuschüsse der Luftwaffe oder andere „Verteidigungs" -Operationen, darunter Duke, Stanford, Univ. of Texas und viele andere, Geld zukommen ließ. Der Kanzler der Universität von Pittsburgh, Wesley Posvar, hatte als Geheimdienstoberst der Luftwaffe im Ruhestand viele Geheimdienstzuschüsse erhalten, die über Generalmajor James F. Pfautz, Leiter des Geheimdienstes der Luftwaffe, geleitet wurden. Posvar ist Mitglied des German Marshall Fund.

Der CIA hat Millionen zur Finanzierung von Zeitungen, Zeitschriften und Verlagen ausgegeben, um das Programm der Weltordnung zu fördern. Frederick A. Praeger Co. N.Y., ein „Emigranten" -Verlag, gab 1967 zu, „15 oder 16" Bücher für den CIA veröffentlicht zu haben. Viele Schriftsteller und Journalisten wurden vom CIA großzügig mit Reisekosten, einer Villa in Frankreich oder der Schweiz und anderen Vergünstigungen subventioniert, um Propaganda für den CIA und seine Hintergedanken zu machen.

Die *National Review* gilt als die einflussreichste CIA-Publikation. Sie bläst durchweg Jean Kirkpatrick, Milton Friedman und einen weiteren Kenner der Geheimdienstgemeinde und der Wiener Wirtschaftshochschule auf. Die *New York Times* bemerkte am 8. Dezember 1984 die Heirat von William Buckleys Sohn Christopher mit Lucy Gregg, der Tochter des 31-jährigen CIA-Beamten Donald Phinney Gregg, der heute persönlicher Berater von Präsident Bush für nationale Sicherheit ist. Buckley gründete die *National Review* zusammen mit Morrie Ryskind und George Sokolsky und finanzierte die Publikation mit reichlich Mitteln der Central Investment Agency und ihren Verbindungen zur Wall Street. Buckleys einzige bekannte Anstellung war seine Tätigkeit bei der CIA unter Howard Hunt in der CIA-Station in Mexiko-Stadt, unmittelbar nachdem Buckley sein Studium in Yale abgeschlossen hatte. Buckley wurde der Pate von Hunts Kindern, „en skids" NSCIDS Nr. 7 gab der CIA die Befugnis, Amerikaner in den USA über ihre Auslandsreisen zu befragen und Verträge mit amerikanischen Universitäten abzuschließen. J. Edgar Hoovers Einfluss führte zum National Security Act von 1947, der es dem CIA verbot, irgendwelche Funktionen der inneren Sicherheit oder Polizeibefugnisse in den USA (FBI-Territorium) auszuüben, aber Hoover erlebte mit, wie dieser Akt ständig von den größeren Finanzen des CIA missachtet wurde.

Am 12. März 1947 wurde die Truman-Doktrin als neue amerikanische Außenpolitik verkündet. Am 5. Juni 1947 wurde der Marshall-Plan verkündet. Beide „Doktrinen" waren aus von der CIA subventionierten Grundlagenstudien hervorgegangen und sollten unter enger Aufsicht der CIA umgesetzt werden.

Die „neue" CIA setzt ihre engen Verbindungen mit der Schroder-Bank und anderen Dreh- und Angelpunkten des internationalen Geheimdienstes fort. Allen Dulles, ein Direktor von J. Henry Schroder und Anwalt der Bank als Anwalt von Sullivan und Cromwell, entschied sich für Schroder, um die umfangreichen Auszahlungen des „diskretionären Fonds" der CIA abzuwickeln, dessen Finanzgeschäfte im Verborgenen bleiben. Kriegsminister Robert Patterson war ein Direktor von Schroder, ebenso wie Harold Brown, Carters Verteidigungsminister. Paul H. Nitze, unser Chefunterhändler für Rüstungsfragen, war nicht nur ein Direktor von Schroder, sondern heiratete auch in die Familie Pratt von Standard Oil ein, die ihr New Yorker Anwesen als Hauptsitz des CFR stiftete.

John McCone, der spätere Direktor der CIA, war Partner von Bechtel McCone, einem riesigen Kriegsunternehmer, der von Schroder-Rockefeller Co. Richard Helms, ebenfalls Direktor des CIA, ist Berater bei Bechtel. Obwohl aus einer Familie mit bescheidenen Mitteln stammend, wurde Helms an der exklusivsten Vorbereitungsschule der Welt, Le Rosey in der Schweiz, ausgebildet, wo er ein Freund des Schahs von Iran wurde. Die Verbindung zwischen Schroder und dem CIA wurde in einem Rechtsstreit aufgedeckt, in dem Dokumente eingereicht wurden, die eine Zahlung von 38.902 Dollar an Edwin Moore auf Anweisung von Richard Helms belegen.

Gordon Richardson war von 1963 bis 1973 Vorsitzender von Schroder, dann wurde er zum Gouverneur der Bank of England ernannt, wo er zehn Jahre lang tätig war. Richardson, der auch Direktor der Lloyd's Bank und von Rolls Royce war, unterhielt eine New Yorker Adresse am Sutton Place in der Nähe von Donovans Wohnsitz.

Die Familie Cabot aus Boston, die von Sebastian Cabot abstammt, der ein frühes Mitglied der Weltordnung war, hat eine enge Beziehung zum CIA gepflegt. Der Gründer der Familie, Giovanni Caboto aus Genua, wurde John Cabot, als er 1448 unter Heinrich dem 7. nach England zog. Sein Sohn Sebastian begleitete ihn 1497 auf seiner Nordamerikareise. Sebastian war 1476 in Venedig geboren worden; 1551 siedelte er nach England über, erhielt eine Pension und gründete die Londoner Muskovy Company, die Überlandrouten über Europa nach Russland entwickelte. Thomas D. Cabot, Ehrenvorsitzender der Cabot Corp., war 1951 Direktor des Büros für interamerikanische Angelegenheiten der Staatsabteilung, Präsident von United Fruit und gründete Radio Swan auf Swan Island für die CIA; 1953 ging er auf eine Sondermission nach Ägypten. Sein Bruder John war seit 1926 im auswärtigen Dienst, diente als Generalkonsul Shanghi, Botschafter in Pakistan, Finnland und Kolumbien, Brasilien und Polen; 1944 war er US-Delegierter in Dumbarton Oaks und 1945 Sekretär der Organisation der Vereinten Nationen in San Francisco unter Alger Hiss. Paul Cabot ist Direktor von J.P. Morgan Co., Ford, Continental Can, Goodrich und M.A. Hanna Co. Lord Harold Cacciais ist auch Direktor der Cabot Corp. Er diente 1943-44 in der Alliierten Kontrollkommission in Italien als politischer Berater, 1951-54 als Botschafter in Österreich, 1956-61 als Botschafter in den USA; er ist auch im Vorstand der Orion Bank, der National Westminster Bank und der Prudential Assurance. Er ist Vorsitzender von Standard Telephone & Cable.

George Cabot (1752-1823), ein früheres Mitglied der Cabot-Familie, besaß in den Jahren 1777-78 40 Freibeuter und Markenbriefe und wurde der erste Sekretär der Marine.

Die Politik der CIA auf hoher Ebene wurde regelmäßig bei geheimen Treffen im Pratt House, CFR-Hauptquartier in New York, festgelegt, wie Vic Marchetti in „Cult of Intelligence" (Kult des Geheimdienstes) enthüllt. Er beschreibt ein Treffen auf höchster Ebene im Pratt House am 8. Januar 1965 um 17 Uhr unter dem Vorsitz von C. Douglas Dillon, chmn of Dillon, Read. Der Hauptredner war Richard Bissell, Direktor der geheimen CIA-Operationen. Dies war das dritte Treffen bei dieser Ansprache. William J. Barnds war Sekretär; sein Vater war bischöflicher Bischof der Division von Dallas. Anwesend waren Frank Altschul, Partner von Lazard Freres, der in die Familie

Lehman einheiratete. Altschul war chmn National Planning Assn, Direktor der Ford Foundation, des China Institute in America, des American Institute of International Education und Vize-Präsident. Woodrow Wilson-Stiftung; Robert Amory, stellvertretender Vorsitzender Dir CIA 1952-62, National Security Planning Board 1953-61; Meyer Bernstein; Oberst Sidney Berry, ehemaliger Militärassistent des Verteidigungsministeriums 1961-64, jetzt stellvertretender Chef der Personalabteilung der US-Armee; Allen W. Dulles; George S. Franklin Jr., Rechtsanwalt bei Davis Polk und Wardwell, Assistent von Nelson Rockefeller 1940, Geheimdienstabteilung 1941-44, Executive Div. Council on Foreign Relations 1945-71, Nationaler Sekretär der Trilateralen Kommission 1972, Mitglied des Atlantic Council, Ditchley Foundation, American Council on United Europe; Thomas L. Hughes, Leiter der Carnegie-Stiftung für Internationalen Frieden (ehemaliger Posten von Alger Hiss); Joseph Kraft, Zeitungskolumnist der *Washington Post*, *L.A. Times* usw. Eugene Fubini, 1945 in die USA eingebürgert, technischer Berater der U.S. AF, Army und Navy für Funktechniken, war 1938-42 bei CBS, seit 1961 beim Verteidigungsminister, seit 1965 bei der National Security Agency, bei der chmn Defense Intelligence Agency, Harry Howe Ransom, Vanderbilt-Professor, Rockefeller Foundation, Institute of Strategic Studies London; Theodore Sorensen, Assistent von Präsident Kennedy 1957-61, jetzt Rechtsanwalt bei Paul Weiss und Rifkind; David B. Sage, Prof. Bennington, Treuhänder des Russell-Sage-Fonds und des Fonds [des 20.] Jahrhunderts. Bissell, der Hauptredner, hatte eine Ausbildung an der Groton, Yale und London School of Economics absolviert, war 1942-45 Ökonom beim War Shipping Board; Harriman Committee for President 1947-48, ECA 1948-51, Ford Foundation 1952-55, stellvertretender Direktor. CIA 1954-64, Berater für Fortune, U.S. Steel und Asiatic Petroleum.

Die Finanzoperationen der CIA tauchen immer wieder auf und werden schnell vergessen. Jack Anderson bemerkte in einer Kolumne vom 30. Juli 1984, dass zwei OSS-Kameraden im Zweiten Weltkrieg, Joe Rosenbaum, ein Risikokapitalgeber, und William J. Casey, der gegenwärtige Chef der CIA, an einem riesigen Pipeline-Geschäft im Nahen Osten mit dem ehemaligen Marineminister William J. Middendorf, dem heutigen US-Botschafter bei der Organisation Amerikanischer Staaten, beteiligt waren. Middendorf ist Direktor der First American Bank of VA., die viele Finanzgeschäfte für die CIA abwickelt. Direktoren von First American sind Eugene R. Casey, Lt. Gen. Elwood Quesada, der in die Pulitzer-Familie eingeheiratet hat, als erster Chef der Luftwaffe im Generalstab, jetzt Direktor der Munitionsfirma Olin Industries; Stuart Symington, der in die Wads

Worth-Familie eingeheiratet hat, war früher Sekretär der Luftwaffe und Senator aus Missouri, Vorsitzender von Emerson Electric, einem Rüstungsunternehmen; Lt. General James M. Gavin, Direktor der Guggenheim Foundation, Vorsitzender der Arthur D. Little Co. (angeblich ein Zweig der CIA-Operationen).

In *„Spooks"* entlarvt Jim Hugan eine weitere Firma mit CIA-Verbindungen, Quantum Corp. mit Sitz in der Rockefeller-eigenen L'enfant Plaza in Washington, die im arabisch-israelischen Konflikt Waffen an beide Seiten verkaufte; Vorsitzender war Rosser Scott Reeves III, Erbe eines Werbevermögens; sein Vater verkaufte Eisenhower mit einer Reihe brillanter Fernsehwerbung wie Seife. Reeves III heiratete in die Squibb-Familie ein, war von 1962-7 bei Lazard Freres und 1972-4 bei Military Armaments Corp. Sein Vater war Kommanditist der Oppenheimer Co. Weitere Mitglieder von Quantum waren Mitch Wer Bell III, ein CIA-Agent, der den Rang eines Generals der Vereinigten Staaten hatte. Army; Edmund Lynch; Stewart Mott; Lou Conein, ein Union-Corse-Agent, der in ganz Südostasien als Black Luigi bekannt war; Walter Pforzheimer, ehemaliger Helfer von Allen Dulles; er bewahrte zwei Wohnungen an Washingtons teuerster Adresse Watergate auf; eine war mit seinen Unterlagen über Geheimdienstaktivitäten gefüllt; er wurde ermordet in Watergate aufgefunden; und Paul Rothermeil, Verbindungsmann zwischen CIA und FBI, der in einer Sondermission nach H.L. Hunt's Hauptquartier in Dallas geschickt wurde, um die Hunt Oil Co. Nachdem Millionen von Dollar verschwunden waren und die Hunt Oil Co. am Rande des Bankrotts stand, verklagten ihn die Hunts, konnten ihn aber wegen „nationaler Sicherheit" nicht belangen.

Der Untergang der USS Liberty, eines Geheimdienstschiffs der Regierung, durch die Israelis im Krieg von 1967 machte die enge Zusammenarbeit zwischen dem CIA und dem Mossad, dem israelischen Militärgeheimdienst, deutlich. Der CIA-Vertreter in der US-Botschaft, Tel Aviv, berichtete dem leitenden CIA-Büro im VA McLean. 7. Juni 1967, dass Israel beschlossen habe, die U.S.S. Liberty zu versenken. Der CIA weigerte sich, die dem Untergang geweihten amerikanischen Seeleute zu warnen. Mit Präsident Johnson im Weißen Haus waren zu dieser Zeit Mathilde und Arthur Krim, Johnsons Verbindungsmann zur israelischen Regierung. Mathilde war eine ehemalige Irgun-Terroristin, die mit Menachem Begin, der sich damit brüstete, den Terrorismus in die ganze Welt gebracht zu haben, an Terroranschlägen teilgenommen hatte.

Andrew Tull enthüllt in *The Super Spies* eine weitere CIA-Vertuschung. Der gesamte Operationsplan für den sowjetischen

Einmarsch in die Tschechoslowakei im Juli 1968 wurde im Mai von einem deutschen Agenten erhalten; er übergab die Pläne an Generalleutnant Jos F. Carroll, dir. Bundesnachrichtendienst der Verteidigung in Berlin. Carroll skizzierte einen Plan, diese Informationen „durchsickern" zu lassen, was die Sowjetunion zwingen würde, die Operation abzubrechen. Der Botschafter in Westdeutschland, Henry Cabot Lodge, wurde über das „Leck" informiert, erhielt aber von Verteidigungsminister Clark Clifford den direkten Befehl aus Washington, die Operation abzubrechen. Die Weltordnung wollte sich nicht in die geplante Invasion einmischen. Die Sowjetunion wusste von der Entdeckung und verschob die Invasion von Juli auf den 21. August. Während dieser Zeit wurde ihnen von Beamten in Washington versichert, dass die USA sich nicht einmischen würden. Mit diesem Startschuss auf höchster Ebene wurde die Eroberung der Tschechoslowakei durch die Rote Armee erfolgreich durchgeführt.

Wir haben die CIA-Mossad-Verbindung von James Angleton erwähnt. Der Staat Israel wurde weitgehend von einem ungarischen Juden namens Tibor Rosenbaum gegründet, der über seine Schweizer Basis sowohl für die Haganah- als auch für die Stern-Terroristenbande über seine Kontrolle der Internationalen Kreditbank in der Schweiz Arreste und Geld beschaffte. Die Internationale Kreditbank war die ausländische Bank für Meyer Lanskys Mafiaoperationen und verwaltete auch die europäischen Gelder des Mossad für Geheimoperationen. Rosenbaum war der Drahtzieher der Operation von Bernie Cornfield. Der Nachfolger von Cornfield bei IOS, Robert Vesco, floh später mit einem IOS-Fonds in Höhe von 224 Millionen Dollar nach Mittelamerika und ist heute Partner von Fidel Castro bei einer riesigen Drogenoperation, die zwischen 1980-84 einen Gewinn von 20 Milliarden Dollar einbrachte. Castros Anteil, 50 Millionen Dollar, wurde in Schweizer Banken eingezahlt.

1965 war der CIA-Korrespondent in Afrika Michael King, Partner von Dr. Joseph Churba in Consultants Research Associates, 509 Fifth Ave. N.Y. Heute ist er Meir Kahane, Mitglied der israelischen Knesset und Leiter der terroristischen Jewish Defense League. Zu ihren CIA-Aufgaben gehörte die Mobilisierung von Campus-Aufständen gegen den Vietnamkrieg am Columbia und Adelphi College. Kings Freundin, Donna Evans, fiel oder wurde im Juli 1966 von der Queensborough Bridge geworfen.

Eine weitere wichtige Figur des CIA war Robert Maheu, der als Verbindungsmann zwischen dem CIA und J. Edgar Hoover vom FBI fungierte. Maheu wurde später Leiter der „Las Vegas Operations" von Howard Hughes. Sein Codename im CIA war „Aktionär" .

In *OSS, der Geheimen Geschichte*, erklärt R. Harris Smith, dass Ho Chi Minh im Zweiten Weltkrieg in Kunming Kontakt mit OSS-Oberst Paul Helliwell aufgenommen hatte und als Agent rekrutiert wurde. Ho's Berichte erhielten im OSS-Hauptquartier in Washington bald höchste Priorität und wurden direkt auf General Donovans Schreibtisch gelegt. Helliwell, der später Konsul für die thailändische Regierung in Miami wurde, und Major Austin Glass, ein Beamter von Socony Oil, schickten Ho für seinen revolutionären Kampf Waffen. Ein weiterer früher Ho-Unterstützer der OSS war Lt. Thibaut de Saint Phalle, Neffe eines prominenten Pariser Bankiers.

Der Journalist Robert Shaplen erfuhr später, dass ein Beamter der Chase Manhattan Bank mit dem Fallschirm in Ho's entlegenes Hauptquartier abgesetzt wurde, wo er den Guerilla-Anführer an Malaria und Ruhr sterbend vorfand. Da er nur noch wenige Stunden zu leben hatte, wurde er gerettet, als der OSS-Mediziner Paul Hoagland eingeflogen wurde. Er rettete Ho das Leben, indem er ihm die neuen Sulfa-Mittel und Chinin verabreichte. Später diente er bis in die 1970er Jahre im CIA-Hauptquartier, wo er immer als „der Mann, der Ho das Leben rettete" bekannt war. Nachdem Ho außer Gefahr war, wurde im November 1945 ein Sonderkontingent der OSS, das Hirsch-Team, in Ho's Hauptquartier geschickt. Die Mitglieder dieses Teams prangerten die französischen „Imperialisten", die Kolonialregierung, einstimmig an. Sie prahlten damit, dass auf höchster Ebene in Washington beschlossen worden war, dass die Franzosen gehen mussten. Ein prominentes Mitglied dieses Teams war Captain Nicholas Deak, ein Ungar, der heute Präsident von Deak Pereira ist. Er hält Mehrheitsbeteiligungen an Schweizer und österreichischen Banken und betreibt Währungsumtausch in den USA, Kanada und im Fernen Osten.

Die Franzosen waren bestürzt, als sie erfuhren, dass ihre „amerikanischen Verbündeten" die Vietminhtruppen von Ho ausbildeten und bewaffneten. Ho wurde darüber informiert, dass General Donovan große wirtschaftliche Interessen vertrat (die World Commerce Corp.), die im Austausch gegen „wirtschaftliche Privilegien" in Indochina den Wiederaufbau der vietnamesischen Eisenbahnen und Autobahnen plante. Im Oktober 1945 sponserte die OSS die „Vietnam Friendship Association", die von OSS-Leutnant Colonel Carleton H. Swift geleitet wurde. Die OSS rüstete die Streitkräfte von Ho Chi Minh mit den neuesten Waffen aus und gab 200 ausgewählten Männern der Armee von General Giap ein intensives Training in Infiltration und Sprengung. Diese Männer waren es, die später die Angriffe gegen amerikanische Truppen im Vietnamkrieg anführten. Das OSS-Sponsoring der Viet-Min und anderer terroristischer Gruppen auf der ganzen Welt veranlasste Robert Welch zu der Anklage, dass

> „Die OSS hat das Gewicht der amerikanischen Lieferungen, Waffen, Geld und Prestige hinter die kommunistischen Terrororganisationen Europas und Asiens geworfen."

Das Deer-Team behauptete, Ho sei ein großer Staatsmann, dessen Nationalismus über seine kommunistischen Loyalitäten hinausgegangen sei.

Um die sich entwickelnde politische Situation in Südostasien zu überwachen, wurde Donovan am 12. August 1953 von Außenminister John Foster Dulles zum Botschafter in Thailand ernannt. Donovans Assistent war William J. van den Heuvel. Nach seiner Rückkehr in die Vereinigten Staaten erlitt Donovan 1956 einen Schlaganfall. Er blieb in seiner Wohnung in Sutton Place und ging nur selten in seine Anwaltskanzlei. 1957 erlitt er einen weiteren Schlaganfall, bei dem sein Gehirn verkümmerte. Er verweilte mehrere Jahre und kam schließlich ins Walter-Reed-Krankenhaus, wo er im Februar 1959 starb.

Die von der OSS ausgebildeten Truppen von Ho-Chi-Minh setzten einen ständigen Angriff gegen die französische Kolonialregierung fort. John Foster Dulles, der ein Doppelspiel spielte, traf sich mit Georges Bidault und forderte die Franzosen auf, sich zu wehren. „Wir werden Unterstützung leisten", versprach er. Als die französischen Streitkräfte in Dien Bien Phu umzingelt waren, verlas Bidault, um seine Strategie zu erläutern, Dulles' Verpflichtung gegenüber dem französischen Parlament. Dien Bien Phu brach nach einer 77-tägigen Belagerung zusammen, und die französische Regierung war verloren. Le Figaro behauptete, dass die Staatsabteilung, das Weiße Haus und der Kreml eine geheime Abmachung getroffen hätten, um Französisch-Indochina in eine US-amerikanische und eine sowjetische Zone aufzuteilen, wie dies in Korea geschehen sei. Welche Vereinbarung auch immer getroffen worden sein mag, Tatsache ist, dass die sowjetische Armee und Marine nun den Milliarden-Dollar-Flughafen Da Nang und die riesigen Marineeinrichtungen, die von Lyndon B. Johnsons Geldgebern, Brown & Root, in Vietnam gebaut wurden, in vollem Umfang nutzen können.

Eine Erklärung für den Fall von Französisch-Indochina war der Kampf hinter den Kulissen um die Kontrolle des Drogenhandels in Asien. Alfred McCoy weist darauf hin, dass Lucky Luciano und Meyer Lansky während des Zweiten Weltkriegs heimlich für die OSS gearbeitet haben. Durch ihren Einfluss wurde die OSS tief in den Drogenhandel verwickelt. Nach dem Krieg verlegte Lansky das

Hauptquartier des Drogenhandels nach Miami, wo Paul Helliwell, OSS-Chef für Sondereinsätze in Asien, sein Frontmann war. Helliwell betrieb in Miami auch eine CIA-Front namens Sea Supply, Inc.; einer seiner Agenten war Howard Hunt. Helliwell diente später als Zahlmeister für das CIA-Sponsoring der Schweinebucht-Operation. Er eröffnete Geheimkonten für amerikanische Gangster in Banken in Miami und arbeitete dabei eng mit Sandro Trafficante und Louis Chesler zusammen. Chesler war für Meyer Lanskys Immobilieninvestitionen zuständig.

Die Verwicklung der Mafia in den Drogenhandel reicht weit vor der Ermordung von Arnold Rothstein zurück. Obwohl Rothstein weithin als Glücksspieler bekannt war, war dies eine Tarnung für seinen Aufstieg zum Mr. Big des US-Drogenhandels. Nachdem er 1928 erschossen worden war, wurde Louis Lepke, Chef der Murder Inc. Heroin im Wert von über 5 Millionen Dollar aus Rothsteins Hotelzimmer beschlagnahmt, nachdem er 1928 erschossen worden war.

Der ehemalige OSS-Kollegen Paul Helliwell wurde Leiter der renommierten Anwaltskanzlei Helliwell, Melrose und DeWolf in Miami. Seine Partnerin, Mary Jane Melrose, war Anwältin von Resorts International, einer Vesco-Lansky-Operation, an der Nixons Freund Rebozo angeblich interessiert war. Helliwell eröffnete die Castle Bank auf den Bahamas, um Drogengelder für thailändische Mohnanbauer zu waschen. Als thailändischer Konsul war sein Korrespondent in Washington Rowe und Cork, enge Berater von Präsident Lyndon B. Johnson sowie Vertreter von United Fruit (eine Verbindung zwischen Cabot und der CIA), Libby und anderen großen Firmen. Helliwell war auch Anwalt der General Development Corp. Lanskys Immobilienfirma, die für ihn von Louis Chesler geleitet wurde. Als Anwalt der Miami Natl Bank wusch Helliwell Mafiagelder über Schweizer Banken. Einer seiner Mitarbeiter war Wallace Groves, der mehrere Jahre wegen Postbetrugs saß. Helliwell starb an Heiligabend im Alter von 64 Jahren und war nie eines Verbrechens angeklagt worden. Geschützt von mächtigen Freunden in der Mafia und dem CIA verkörperte er die Verbindungen zwischen dem organisierten Verbrechen, den Geheimdiensten und der nationalen Regierung, die natürlich alle von der Weltordnung überwacht wurden.

Dieses gemütliche Arrangement war eine Zeit lang der Inbegriff für die Operationen der BCCI, die heute im Volksmund als „Bank of Crooks and Criminals International" bekannt ist. Ursprünglich als arabische Bank im Orient entstanden, wurde sie bald zur Bank der Wahl für viele Arten von heimlichen Finanzgeschäften, darunter die Finanzierung von Drogenoperationen in vielen Ländern, der Umgang mit Geheimgeldern vieler Geheimdienstorganisationen, einschließlich der CIA, und die Finanzierung politischer Aktivitäten in der ganzen Welt. Durch den erfahrenen Washingtoner Insider Clark Clifford, der seit Harry Truman, mit dem er seine Karriere im Weißen Haus begann, persönlicher Berater vieler Präsidenten war, kaufte BCCI die First Virginia Bank in Washington, eine Bank, die seit langem enge Beziehungen zur CIA unterhielt. Obwohl die BCCI ihre zahlreichen Aufträge mit großer Souveränität ausführte, Israel auf ihre wachsende Bedeutung eifersüchtig wurde und die Bank of England plötzlich ihren Zusammenbruch herbeiführte, wobei sie als Grund für ihren Zusammenbruch Finanzpraktiken anführte, von denen die Bankexperten des Nahen Ostens diesem Schriftsteller versicherten, dass sie durchaus akzeptabel seien, und von denen die Bank of England seit mehreren Jahren wusste.

Die Miami Natl Bank, die sich heute im Besitz der Citibank befindet, war viele Jahre lang bekannt, dass sie von Meyer Lansky kontrolliert wurde. Die Bank finanzierte den Outrigger Club, der zu einem Treffpunkt für Santos Trafficante Jr., Philadelphia-Mafioso und Mitglieder der Gambino-Familie wurde. Die Chase Natl Bank verlor bei dieser Operation 20 Millionen Dollar, beschloss aber, sich nicht darüber zu beschweren. Die Citibank war auch eng mit der City Natl Bank of Miami verbunden, deren Direktor Max Orovitz ein langjähriger Mitarbeiter von Meyer Lansky war. Der Präsident der City Natl, Donald Beazley, hatte zuvor die australische Nugan Hand Bank, eine CIA-Drogenoperation, geleitet. Weitere Direktoren von City Natl waren Polly de Hirsch Meyer, Robert M. Marlin, der die Marlin Capital Corp. und die Viking General Corp. betrieb; zu den Aktionären von American Capital gehören Samuel Hallock DuPont Jr. und Paul Sternberg. Sternberg ist auch im Vorstand von City Natl. Während Marlin die City Natl Bank kontrollierte, nahm sie die Hypothek auf den Miami Cricket Club auf, der Alvin Malnik gehörte, der weithin als Lanskys Thronfolger gilt. Ein weiterer Direktor von City Natl war Sam Cohen, ein Partner von Lansky, der die Miami Natl Bank kontrollierte.

1973 wurde in Australien eine Bank unter dem Namen Nugan Hand gegründet. Ihre Direktoren waren ein Australier namens Frank Nugan und ein Amerikaner, Michael Hand, ein ehemaliger Green Beret und CIA-Agent in Asien. Bernie Houghton, ein Undercover-Agent des US-Geheimdienstes, der Nugan Hand in Saudi-Arabien vertrat, ist verschwunden, Aufenthaltsort unbekannt. Der Anwalt der Nugan Hand Bank war Bill Colby, Direktor der CIA. Direktoren von Nugan Hand waren Walter McDonald, stellvertretender Direktor des CIA, Guy Pauker, ein CIA-Berater, und Dale Holmgren, der sowohl den CIA als auch die Nugan Hand Bank in Taipeh vertrat. Der Präsident der Nugan Hand Bank war Rear Adm Earl Buddy Yates, ehemaliger Chef der Strategie für die US-Operationen in Asien. Ebenfalls im Vorstand saßen Edwin F. Black, ein General im Ruhestand, der während des Vietnamkrieges die US-Truppen in Thailand befehligt hatte, ehemals ein OSS-Agent im Zweiten Weltkrieg und Stabschef der Armee im Pazifik; er diente als Präsident der Nugan-Hand-Bank-Filiale auf Hawaii; Edwin Wilson, der jetzt wegen Waffengeschäften im Gefängnis sitzt, und Don Beazley, der jetzt in Miami lebt.

Die Nugan Hand Bank expandierte als Australasian and Pacific Holdings Ltd. eine Fassade für Air America und andere CIA-" Investitionen" . General Erie Cocke Jr., ein Beauftragter für Öffentlichkeitsarbeit in Washington, war der Vertreter von Nugan Hand in Washington. Von Anfang an war die Bank aktiv im Drogenhandel tätig. Laut Lernoux kontrollierte die Bank das 100 Millionen Dollar schwere „Mr. Asia" -Heroinsyndikat, das eine Reihe von Auftragsmorden arrangierte. Hand prahlte damit, dass die Nugan Hand Bank der Zahlmeister für CIA-Operationen überall auf der Welt war. In Saudi-Arabien wickelte die Nugan Hand Bank die enormen Ausgaben der Bechtel Corp. bei ihren Milliarden-Dollar-Operationen ab. Den Bechtel-Mitarbeitern wurde gesagt, dass sie bei Nugan Hard Bank arbeiten müssten. Das Büro von Nugan Hand in Manila wurde von Generalleutnant Leroy J. Manor geleitet, der Stabschef der US-Streitkräfte in Asien gewesen war. Der Leiter der CIA-Station in Bangkok, Red Jansen, vertrat Nugan Hand in Thailand. Es sei daran erinnert, dass General Donovan, der Gründer der OSS, 1953 als US-Botschafter nach Thailand gegangen war. Die wichtigen Kontakte von Nugan Hand zu Regierungsbeamten, die vielleicht mit Handzetteln aus seinen riesigen Drogenoperationen eingefettet waren, schützten Nugan Hand vor Ermittlungen. Trotz wiederholter Beschwerden über die internationalen Drogenoperationen von Nugan Hand weigerte sich das australische Bundesamt für Drogenbekämpfung 1978, Nachforschungen anzustellen. Als zunehmender öffentlicher Druck auf das Büro ausgeübt wurde, damit es die Nugan-Hand-Bank untersucht, löste sich das Büro 1979 auf! Es wurde von der australischen Geheimdienstorganisation Secret Intelligence kontrolliert, die wiederum von der CIA dominiert wurde.

Alteingesessene politische Analysten aus Washington haben Zweifel daran geäußert, dass Präsident Bushs „Krieg gegen die Drogen" ernst genommen werden kann. Diese erfahrenen Beobachter der politischen Szene weisen darauf hin, dass das plötzliche Auftauchen der CIA als lenkender Einfluss des weltweiten Drogenhandels mit der

Dienstzeit von George Bush als Direktor der CIA zusammenfiel. Obwohl die gesamte Maschinerie an Ort und Stelle war, als er das Kommando übernahm, und die CIA aktiv an diesem Handel beteiligt war, wurde während Bushs Wache jede Beschränkung dieses Handels aufgehoben, und die CIA wurde über Nacht zur weltweit führenden Kraft im Drogenhandel. Eine solche über Nacht mit voller Kraft voraus konnte nur durch Befehle auf höchster Ebene zustande kommen.

Das Inquiry Magazine enthüllte, dass William Colby, während er Direktor der CIA war, über Nugan Hand viele Millionen Dollar an CIA-Geldern zur Unterstützung politischer Parteien in Europa gewaschen hat; die Christdemokratische Partei in Italien war ein Hauptempfänger dieser Großzügigkeit, aber auch andere politische Parteien in Europa erhielten Millionen von Dollar. Die Weltordnung sorgte dafür, dass die Gelder nur denjenigen Politikern gegeben wurden, die ihr Programm durchführen würden. Am 15. August 1984 enthüllte die *Washington Post*, dass der CIA die Wahlen in San Salvador dominiert hatte, indem er der Christdemokratischen Partei 966.000 Dollar und der Nationalratspartei 437.000 Dollar gab, um die Wahl von D'Aubuisson, einem militanten Antikommunisten, zu verhindern.

Donald Beazley, ein ehemaliger Prüfer der Federal Reserve Bank, wurde von Admiral Yates bei einem Treffen der Bankiers als „der beste junge Bankier, den ich kenne" vorgestellt. Vor dem Debakel der Nugan Hand Bank wurde festgestellt, dass Beazley 200.000 Dollar von Nugan Hand auf sein Bankkonto in Florida überwiesen hatte. Er konnte sich nicht erinnern, wofür diese Transaktion bestimmt war. Eine australische königliche Kommission wies nach, dass die Bank regelmäßig Gelder von Sydney nach Südostasien als Bezahlung für Heroinlieferungen an die Westküste der USA über Australien überwies. Es handelte sich dabei um eine regelmäßige Leitung für Zahlungen von Santos Trafficante, dem Unterweltboss und in Florida ansässigen Erben des Drogenimperiums Luciano.

Obwohl eine Enthüllung unmittelbar bevorstand, setzte Frank Nugan seine Geschäfte als Großkreditgeber unbekümmert fort. An dem Tag, an dem er im Januar 1980 mit einem Kopfschuss aufgefunden wurde, war er dabei, das Geschäft über einen Landsitz im Wert von 2,2 Millionen Dollar für sich abzuschließen. Er saß in seinem Mercedes auf einer Landstraße. An seiner Seite stand das Gewehr, mit dem er sich angeblich erschossen haben soll, obwohl er in seinen letzten Lebensmomenten offenbar beschloss, alle Fingerabdrücke abzuwischen. Die Ermittler der Polizei fanden keine auf der Waffe. Die Ermittler entschieden auch, dass Nugan ein Schlangenmensch gewesen sein musste, um sich mit dem Gewehr in seinem Auto zu erschiessen.

Donald Beazley ging nach Florida; seine anderen Mitarbeiter, die CIA-Agenten Michael Hand und Bernie Houghton, verschwanden. Sie wurden seit 1980 nicht mehr gesehen.

Viele Jahre lang war der wichtigste amerikanische Geheimagent in China Cornelius V. Starr. Er wurde 1892 geboren und organisierte 1919 die Asia Life Insurance Co. in Shanghai. Ihm gehörte auch die englischsprachige Zeitung in China, die Shanghai Evening Post, was ihm eine dominierende Rolle bei Propagandaaktivitäten verlieh. Als führender amerikanischer Geschäftsmann in China war er Vorstandsvorsitzender der U.S. Life Insurance Co. und anderer Unternehmen. Er war auch ein OSS-Agent, und seine finanzielle Macht in China ermöglichte der OSS und später der CIA den Einstieg in den Drogenschmuggel. Nach seinem Tod gingen seine Versicherungsgesellschaften in der American International Group auf.

Die amerikanische „freie Presse", die den Kennerinnen und Kennern aufgrund der langjährigen China-Beziehungen von Luce als „die Drogenpresse" bekannt ist, stellt die Quelle der Drogen der Welt immer wieder als „Das Goldene Dreieck" dar, ein Gebiet von Laos, Thailand und Burma. Dies ist jedoch lediglich ein Schauplatz für den weltweiten Drogenhandel. Eine Rezension der Nachrichten aus dem Jahr 1970 identifizierte Rotchina als den weltgrößten Produzenten von Opium, seiner üblichen Quelle harter Währung aus nichtkommunistischen Ländern. Das raffinierte Opium gelangt über Kanton und Hongkong in die „freie Welt", d.h. in die „Bargeldwelt" . Dazu gehört auch Heroin, das 1898 von der Firma Bayer aus Opium synthetisiert worden war. aus Opium synthetisiert wurde und zu einem ihrer wichtigsten Produkte wurde.

Rotchinas Gemurmel über die Übernahme Hongkongs, wenn der gegenwärtige Mietvertrag 1997 ausläuft, gibt Insidern der Weltordnung die Möglichkeit, ihr Vermögen auf dem volatilen Hongkonger Immobilienmarkt zu vergrößern. Rotchina muss den Briten erlauben, in dieser Handelszone zu operieren, um die Versorgung mit harter Währung aus dem Drogenhandel sicherzustellen. Als die Briten 1843 diese Handelszone übernahmen, behielten sie die Kontrolle über die örtliche Bevölkerung durch die Triaden, die Assassinen, wie die Hongkonger Gesellschaft, auch Honorable Society genannt, und die Gesellschaft des Himmels, der Erde und des Menschen. Dan E. Mayers schrieb in *Fortune*, Aug. 6, 1984,

> „Die britische Kolonialherrschaft in Hongkong ist keine Demokratie. Großbritannien regiert per Dekret in allen

wichtigen Angelegenheiten. Hongkong-Chinesen haben keine demokratischen Rechte."

Opium begann als Cash-Crop auf den Mohnfeldern Kleinasiens, insbesondere in der Türkei, wo es auch heute noch eine wichtige Kulturpflanze ist. Im Jahr 1516 war Opium das offizielle Monopol des Großmoguls in Kuch Behar. Als das Opium um 1729 China erreichte, verbot Kaiser Yung Chen die Verwendung des Opiums. 1757, mit Clives großem Sieg bei Plassy, übernahm die East India Co. das Opiummonopol als Teil ihrer Beute von den indischen Mogulen. Als die Briten die Verwendung des ostindischen Opiums in China als Bezahlung für die von ihrer industriellen Revolution benötigten Rohstoffe förderten (sie hatten in Silber bezahlt), warnte der Kaiser Tao Kwang sie wiederholt davor, den Opiumverkauf in seinem Land einzustellen. Als diese Warnungen ignoriert wurden, verbrannte der Kaiser 1831 20.291 Kisten Opium, ein Hort im Wert von 2 Millionen Pfund. Dies war der Auslöser für die britischen Opiumkriege von 1839-42 und 1856-60.

Da die Kommunisten von den internationalen Bankiers finanziert wurden, haben der Verkauf und der Gebrauch von Drogen immer eine wichtige Rolle im Vorwärtsmarsch der kommunistischen Hegemonie gespielt. 1928 begann die Chinesische Rote Armee in Gebieten Chinas, über die sie die Kontrolle gewonnen hatte, große Flächen mit Mohn zu bepflanzen. Bis 1935 herrschte das Hauptquartier in Ynan über riesige Mohnfelder. Im Jahr 1983 hatte Rotchina 9 Millionen Hektar Mohn angebaut. Die Regierung in Peking hat 101 Drogenfabriken in Betrieb, die 50 bis 70% der Drogen weltweit raffinieren.

1977 enthüllte Edward Jay Epstein die wahre Geschichte hinter Watergate. Nixon's Domestic Council war eine Gruppe aggressiver junger Männer, die versuchten, sich gegenseitig mit neuen Programmen zu überlisten. Gordon Liddy, der versuchte, in diesen Kreis einzudringen, konzipierte ein ehrgeiziges Programm namens Operation Intercept. Es war kein Überwachungsprogramm, sondern sollte den Drogenstrom in die USA „abfangen" . Nixon hatte 1968 in seiner Kampagne versprochen, „gegen die Drogenquelle vorzugehen" . Es war eine Sonderarbeitsgruppe des Präsidenten für Drogen, Marihuana und gefährliche Drogen gebildet worden, die jedoch nichts unternommen hatte. Liddy brachte Egil Krogh, Nixons Stellvertreter des Präsidenten für Strafverfolgung, dazu, das Programm auf einer Sitzung des Innenministerrats vorzustellen. Unter den Anwesenden war auch Richard Helms Direktor der CIA. Der Plan wurde von Erlichman im Juli 1970 offiziell als eine wichtige Operation gegen den Heroinhandel genehmigt. Es gab immer noch kein wirkliches Programm, lediglich einen Public-Relations-Trick, aber die leitenden Mitarbeiter des CIA gerieten in Panik. Sie befürchteten, dass ihre riesigen Operationen in Asien, die durch ihre Drogenoperationen finanziert wurden, ausgelöscht werden könnten. Liddy, der sich mit Beamten des Staates und der CIA traf, sagt

> „Ich drängte die CIA auf die Probleme des Goldenen Dreiecks von Burma; Richard Helms antwortete: „Jede Bewegung in diesem Gebiet wäre unpraktisch. '"

Liddy hatte ODESSA, die Organisation Der Emerlingen Schutz Staffel Angehorigen, gegründet, die einsatzbereit war. Die CIA beschloss einen Gegenangriff, indem sie die Watergate-Operation einrichtete, in der Hoffnung, Nixons Mitarbeiter zu neutralisieren. James McCord und andere CIA-Agenten arbeiteten von Mullen Co. aus, einer CIA-Front gegenüber dem CREEP-Hauptquartier. Der Watergate-Einsatz war für den 26. Mai 1972 geplant, aber diese „hochqualifizierten" schwarzen Einpacker kamen nicht hinein; sie kamen am 27. Mai ohne Erfolg zurück, kamen aber am 28. Mai hinein und fotografierten in den Büros der Demokraten eine Reihe von Dokumenten. Dann wurde ihnen befohlen, am 16. Juni zurückzukehren; zu diesem Zeitpunkt war die gesamte Einrichtung fertig, und sie wurden verhaftet.

Künftige Historiker werden den Vietnamkrieg als „Drogenkrieg" bezeichnen, ähnlich wie die britischen Opiumkriege des 19. Jahrhunderts. 1964 war die Zahl der US-Süchtigen von 48.000 auf 60.000 im Jahr 1950 gesunken. Dann kehrten 15% aller amerikanischen Soldaten in Vietnam als Süchtige nach Hause zurück. Das Drogenmonopol war wieder im Geschäft. Zwei der führenden CIA-Agenten in Vietnam während dieses Krieges sind Mitch Werbell von Powder, Ga. und Three Fingered Louie Conein, der einen Golddekor von Union Corse, der sizilianischen Mafia, um den Hals trug.

Nach dem Zusammenbruch der Nugan Hand Bank und dem Verschwinden ihrer Auftraggeber nutzte die CIA die 17 internationalen Büros einer Honolulu-Investmentfirma, Bishop, Baldwin, Rewald, Dillingham und Wong, als ihr asiatisches Netzwerk. Die Firma verwaltete rund 1 Milliarde Dollar an verdeckten CIA-Geldern, wusch riesige Summen für die Familie Gandhi in Indien und arbeitete eng mit Marcos' rechter Hand in Manila, Enrique Zobel, zusammen, einem der zehn reichsten Männer der Welt, der den Investmentfonds des Sultans von Brunei verwaltete. Nachdem 22 Millionen Dollar verschwunden waren, wurde Rewald verhaftet. Der sich daraus ergebende Rechtsstreit wird von dem amerikanischen Atty John Peyton bearbeitet, der von

1976-81 als ehemaliger Chef der Prozessführung für die CIA in Washington tätig war.

Das CIA-Hauptquartier erfuhr nach der Ankunft eines angeblichen KGB-Überläufers eine Änderung. Juri Nosenko war in die USA geschickt worden, um dem amerikanischen Geheimdienst zu versichern, dass Lee Oswald keine KGB-Verbindung hatte, obwohl er die Nichte eines KGB-Major geheiratet hatte. Nosenko's Geschichte wurde von einem anderen Überläufer „verifiziert", Fedora, einem anderen Doppelagenten, der sich in J. Edgar Hoover's Vertrauen einschleuste; sowohl das FBI als auch der CIA hatten nun eine ansässige Autorität für Kommunistische Spionage, die als ein Doppelagent identifiziert wurde. Der Nosenko verursachte, daß sich das CIA-Personal in zwei Lager spaltete, pro-Nosenko und anti-Nosenko. William Colby, Direktor des CIA, befand sich im Pro-Nosenko-Lager, was Gerüchte entstehen ließ, dass er und James Angleton Doppelagenten waren und dass Colby rekrutiert worden war, während er in Vietnam diente. Angleton wurde zum Rücktritt gezwungen.

KAPITEL 7

DER BECHTEL-KOMPLEX

Als Präsident Eisenhower seine Amtszeit beendete, warnte er die Nation in einer Abschiedsbotschaft vor dem raschen Wachstum des „militärisch-industriellen Komplexes". Das amerikanische Volk wusste nicht, wovon er sprach. Als Mann des Militärs hatte Eisenhower aus erster Hand die wachsende politische und wirtschaftliche Macht zweier riesiger Baufirmen, Brown & Root aus Houston, Texas, und der Bechtel-Gruppe aus San Francisco, gesehen. Brown & Root stellte seinen Mann ins Weiße Haus, Lyndon B. Johnson. Die Bechtel-Gruppe hat ihren eigenen Mann ins Weiße Haus entsandt, Ronald Reagan, dessen Präsidentschaftskampagne 1980 von George Pratt Shultz, Präsident von Bechtel, und Caspar Weinberger, Vizepräsident und General Counsel von Bechtel, geführt wurde. Sie wurden zum Außenminister und Verteidigungsminister ernannt. Die *New York Times* berichtet vom 15. Juli 1982,

> „Shultz ist das vierte Mitglied der Bechtel-Gruppe im Kabinett Reagan. Finanzminister Donald T. Regan war Vorsitzender von Merrill Lynch, dessen White Weld-Einheit Investitionsberater für die saudi-arabische Währungsbehörde ist. Die kalifornische Anwaltskanzlei Gibson, Dunn & Crutcher von Atty General William French Smith hat Niederlassungen in Washington und Riad (Hauptstadt von Saudi-Arabien) und vertritt das saudische Finanz- und Wirtschaftsministerium."

Am 5. Dezember 1980 bemerkte die *New York Times* in einer Schlagzeile im Wirtschaftsteil,

> „Herr Bechtel, ein zurückgezogener 55-jähriger Ingenieur, teilte seinen Untergebenen mit, dass 'wir die aktive Beteiligung unserer Mitarbeiter am demokratischen Prozess fördern und begrüßen'. Bechtel, ein privates Unternehmen, das an 130 Projekten in 21 Ländern arbeitet, die alle mit einem Budget von mehr als 25 Millionen Dollar ausgestattet sind, hat jahrzehntelang darum gekämpft, das Profil zu wahren und die

Angelegenheiten seines Managements privat zu halten...
Ebenfalls als Berater für Bechtel arbeiten Richard Helms, der
ehemalige Direktor der Central Intelligence und ehemalige
Botschafter im Iran, und Frank Jungers, ehemaliger Chmn der
Arabian American Oil Co. Auf der Grundlage seines Umsatzes
von 6,4 Milliarden Dollar im vergangenen Jahr war das
Unternehmen nach Brown & Root Inc. und der Fluor Corp. der
drittgrößte Ingenieur- und Baukonzern in den USA. Die
Aufträge von Bechtel betreffen größtenteils riesige Industrie-
und Energieprojekte, die Larry Thomas, ein Sprecher von
Bechtel, als „Megaprojekte" bezeichnet. Gegenwärtig hat das
Unternehmen einen Vertrag mit einer Laufzeit von 25 Jahren für
den Bau einer Stadt für mehr als 3.000 Menschen und eines
Industriekomplexes in Jubail, Saudi-Arabien, sowie für die
Planung eines Wasserkraftprojekts in James Bay in Kanada, das
ein Netz von Dämmen und erdgefüllten Deichen umfassen
würde, die groß genug wären, um 10 konventionelle Kraftwerke
zu ersetzen. Bechtel ist auch der führende Bauherr von
Kernkraftwerken in Kanada."

Viele Bechtel-Projekte sind als riesige Boondoggles bezeichnet
worden. Viele Kernkraftprojekte sind entweder nicht „online"
gegangen oder wurden aufgegeben, was zu Milliardenabschreibungen
und wackeligen Finanzmärkten geführt hat. Bechtel hat so
problembehaftete Projekte wie BART (Bay Area Rapid Transit System)
in San Francisco, METRO, das U-Bahnsystem in Washington D.C. (die
Washington Post bemerkte vor kurzem, dass es bereits 200 Millionen
Dollar in die roten Zahlen gerät und letztlich 12 Milliarden Dollar
kosten wird) und Jubail, das als „der größte Boondoggle der
Geschichte" bezeichnet wird, gebaut.

Time, 12. Juli 1982, schrieb über Jubail,

> „Bechtel hat 35 Milliarden Dollar ausgegeben und plant,
> weitere 100 Milliarden Dollar auszugeben. Der ursprüngliche
> Vertrag von Bechtel hatte sich auf bescheidene 9 Milliarden
> Dollar belaufen."

Jubail wird beschrieben als 324 Meilen nordöstlich der saudi-
arabischen Hauptstadt Riad, mit Temperaturen von über 100 Grad die
meiste Zeit des Jahres, ein trostloses Gebiet mit Salzebenen, die vom
Persischen Golf umspült werden. 1600 Bechtel-Mitarbeiter leben auf
der Baustelle in 3-Zimmer-Ranch-Häusern, die für jeweils 300.000
Dollar gebaut wurden und die Aktivitäten von 39.000 Bauarbeitern
leiten. *Die Zeit* sagt,

„Die Kleinstadt könnte sich in eine enorm teure Geisterstadt verwandeln, da sie bis zum Jahr 2000 von marschierenden Dünen bedeckt sein soll" .

Christopher Reid, der für Bechtel arbeitete, sagt

„Jubail ist ein massives WPA-Projekt, das größte Boondoggle der Geschichte."

Er sagt voraus, dass der Sand der Dahana-Wüste sich verschieben und noch vor dem Ende dieses Jahrhunderts das Jubail bedecken wird. Saudische Beamte haben erklärt, sie wüssten nicht, wer in Jubail leben werde, wegen der heißen Temperaturen, der Abgeschiedenheit des Gebietes und der trostlosen Umgebung. Historisch gesehen verschieben sich die Dünen der Wüste Dahana alle paar Jahre massiv. Ingenieure gehen davon aus, dass das Gebiet von Jubail bis zum Jahr 2000 vollständig bedeckt sein wird. Künftige Archäologen werden sich über diese seltsame Ruine wundern, da sie nicht erkennen, dass das gesamte Projekt auf die enormen Ölpreissteigerungen zurückzuführen ist, die dem amerikanischen Volk zugefügt wurden, und auf den Druck, der die saudi-arabische Führung dazu zwingt, einen Großteil ihres Profits an wohlhabende Unternehmer wie die Bechtel-Gruppe zurückzugeben.

Die *New York Times* berichtete am 26. Juli 1982,

„Pres. Reagans Sondergesandter für den Nahen Osten, Philip C. Habib, ist auch als privater Berater für die Bechtel Group, Inc. tätig. Er war von George P. Shultz angeheuert worden, während Shultz Präsident von Bechtel war. Der Sprecher der US-Außenministerin, Dean Fischer, sagte, dass Habibs Beibehaltung bei Bechtel die diplomatischen Bemühungen der USA im Nahen Osten nicht beeinträchtige. Es scheint mir nicht mehr ein Problem für Habib zu sein, als es für Weinberger oder Shultz wäre", sagte Fischer."

Who's Who zeigt, dass Philip C. Habib seit den 1950er Jahren eine Karriere als Beamter des State Dept. gemacht hat, 1969 eine Rockefeller-Auszeichnung für den öffentlichen Dienst erhielt, 1979-80 Senior-Berater des Staatssekretärs, von 1980 bis heute in der Hoover Institution ansässig war. Die Hoover Institution, Stanford, und der Bohemian Club sind eine ineinander greifende Machtstruktur, die die politische Szene in Washington dominiert. Diese arroganten und omnipotenten Oberherren orientieren sich an den orientalischen Despoten von einst; wie die Mogule des gefallenen indischen Imperiums zeichnen sie sich durch ein unverschämtes halbes Lächeln aus, das man oft bei Leuten wie George Pratt Shultz und David Rockefeller sieht. Es ist bekannt als „das Grinsen des Insiders" ."

Am 27. Juli 1982 vermerkte die *New York Times* weitere Lobeshymnen auf Habib von Senator Alan Cranston und anderen Koryphäen aus dem Weißen Haus und dem Außenministerium.

> „Ein Sprecher der israelischen Lobby sprach heute dem Sondergesandten von Präsident Reagan für den Nahen Osten, Philip C. Habib, sein Vertrauen aus; Thomas A. Dine, Geschäftsführer des American Israel Political Action Committee, sagte, er habe höchsten Respekt vor der Integrität von Botschafter Habib."

Ein Brief von General F.P. Henderson an die *Times* vom 27. Juli 1982 bemerkte, dass, als Graf Bernadotte 1948 die Unterstützung für Palästina-Flüchtlinge erhöhte, die größten Beitragszahler Arabian American Oil Co. 200.000 $ und Bechtel International 100.000 $ waren. (UN-Aufzeichnungen Nr. 11A648).

Die Enthüllung von Habibs Verbindung zu Bechtel alarmierte einige israelische Führer wegen der Verträge von Bechtel mit den Arabern, und Senator Larry Pressler, R., So. D. forderte seinen Rücktritt. Die *New York Times* berichtete,

> „Britische Beamte reagierten weder sofort auf die Nachricht von 'Habibs Weggang', noch würden sie sich zu seiner Ersetzung durch George Pratt Shultz äußern, dessen Ruf als Ökonom hier gut bekannt ist. Lord Carrington sagte. Herr Shultz ist jedem bekannt, und ich bin sicher, dass sie mit ihm zusammenarbeiten werden. Ein Sprecher des israelischen Außenministeriums sagte: 'Israel bedauert den Rücktritt zutiefst. Israel respektiert Herrn Habib als einen herausragenden Staatsmann und treuen Freund des Staates Israel! „'"

Die *Times* hat keine Kommentare von Arabern über Herrn Habib erhalten.

Am 10. Juli 1982 berichtete die *New York Times*, dass Shultz, ein Mitglied der Standard Oil Pratts, versprochen habe, er werde sich von seinen Bechtel-Beständen „trennen", indem er sie in ein blindes Vertrauensverhältnis stellt. Bechtel ist ein Unternehmen in Privatbesitz. 40% der Aktien befinden sich im Besitz der Familie, der Rest wird von den Führungskräften gehalten, die eine Vereinbarung unterzeichnen, dass das Unternehmen bei ihrem Ausscheiden aus dem Unternehmen oder bei ihrem Tod die erste Option hat, ihre Aktien zurückzukaufen, wobei diese Option immer ausgeübt wird. Die *New York Times* berichtete vom 18. Januar 1979,

> „Die in Privatbesitz befindliche Bechtel-Unternehmensgruppe, die zunehmend sensibel auf den Vorwurf der Geheimhaltung reagiert, unternahm heute einen neuen Schritt bei der Umsetzung einer Offenlegungspolitik, als sie zum ersten Mal etwas herausgab, das einem Jahresbericht nahe kommt. Da sich alle Aktien im Besitz von Spitzenmanagern und Mitgliedern der Bechtel-Familie befinden, erfolgte dies in Form eines Berichts an die 30.000 Mitarbeiter weltweit und nicht in Form eines Berichts an die Aktionäre."

Die *Times* kommentierte 1982, dass „Bechtel seine Einnahmen nicht offen legt" . Informierte Schätzungen gehen davon aus, dass Bechtel 1982 bei einem Umsatz von 11,6 Milliarden Dollar einen Nettogewinn von 5% erwirtschaftete. Stephen D. Bechtel Sr., jetzt in seinen Achtzigern, soll 750 Millionen Dollar wert sein. Sein Sohn, Stephen Jr., heute Leiter der Firma, soll 250 Millionen Dollar wert sein. Wenn sein Vater stirbt, soll der jüngere Bechtel Milliardär werden.

Newsweek berichtete vom 29. Dezember 1975,

> „Die Bechtel-Unternehmensgruppe ist kaum ein Begriff. Als Unternehmen in Privatbesitz operiert sie seit 77 Jahren hinter einer Mauer der Geheimhaltung, die in der wettbewerbsorientierten Welt des Schwerbaus als ungleich undurchdringlicher gilt. Seine Einnahmen werden auf 2 Milliarden Dollar pro Jahr geschätzt, was dem von General Mills oder Standard Oil of Ohio entspricht. Bechtel ist auf diesen Weg gekommen, indem er nicht nur in privaten Betrieben, sondern auch mit den Regierungen selbst Geschäfte machte. Das Unternehmen baut derzeit ein neues 34-stöckiges Gebäude an der Fremont St. in San Francisco. Das Unternehmen, so ein Bundesbeamter für Energie, baut eine moderne Version eines militärisch-industriellen Komplexes zusammen, und sie haben einen Insider-Weg auf dem Wachstumsmarkt der Zukunft. Bevor das Jahrhundert zu Ende geht, wird es den Namen des neuen General Motors tragen."

Bechtel begann 1898, als ein Bauernjunge aus dem Mittleren Westen, Warren (Dad) Bechtel, nach Kalifornien kam, um sein Glück zu suchen. Er begann mit einem Maultiergespann, das Dreck für kleine Bauprojekte transportierte. Mit dem Kriegswohlstand im Jahr 1918 stieg sein Einkommen. Sein erstes wichtiges Projekt war der Bau einer Eisenbahnlinie für Hutchinson Lumber Co. in Orotillo, Cal. Seine drei

Söhne Warren, Steve und Ken schlossen sich ihm in dem wachsenden Geschäft an. 1928 wurde er zum Präsidenten der Associated General Contractors of America, einer mächtigen Lobbygruppe, gewählt. 1931 wurde Vater Bechtel Präsident von Six Companies, einem Konsortium, das für den Bau des 49 Millionen Dollar teuren Boulder-Staudamms gegründet wurde. Es wurde im Februar 1931 in Delaware von H.J. Kaiser Sr. und Jr., Felix Kahn von MacDonald und Kahn, Henry W. Morrison von Morrison-Knudsen, W. A. Bechtel Co., J. F. Shea von Los Angeles, der die Pazifikbrücke in Portland baute, und General Construction Co. in Seattle gegründet. MacDonald und Kahn hatten das Mark Hopkins Hotel gebaut; Morrison war ein Treuhänder von Stanford und enger Freund von Herbert Hoover und Leland Cutler.

Zwischen 1931 und 1936 baute das Konsortium den Bonneville-Damm, die San Francisco Bay Bridge und andere Projekte. Während des Baus des Hoover (Boulder) Damms wandte sich ein Stahlverkäufer, John McCone, an Bechtel. Er war 1922 ein Freund von Steve Bechtel an der Universität von Kalifornien gewesen. Aufgrund des mysteriösen Todes von Warren Bechtel am 29. August 1933 in Moskau war Steve nun Leiter des Unternehmens. Vater Bechtel, 61, war nach Russland gekommen, um den Magnitogorsk-Damm zu inspizieren, und zwar auf einer dreitägigen Tour, die auch den Dnieperstroy-Damm umfasste. Er war von den sowjetischen Behörden angewiesen worden, allein zu kommen, und er ließ seine Frau in Wien zurück. Während seines Aufenthalts im Moskauer Nationalhotel starb Papa Bechtel vor seiner Abreise plötzlich an „einer Überdosis Medizin" . Es gab keine Autopsie. Jemand im Kreml, vielleicht Stalin, hatte seine Meinung darüber geändert, Bechtel die Inspektion des Staudamms zu gestatten.

Stephen Bechtel fand in dem aggressiven Geschäftssinn von John McCone einen bereitwilligen Verbündeten. Sie gründeten rechtzeitig vor Ausbruch des Zweiten Weltkriegs ein eigenes Unternehmen, Bechtel McCone. Im Dezember 1940 erhielten sie einen Auftrag über 21 Millionen Dollar für sechzig britische Frachter, die in Zusammenarbeit mit Admiral Vickery von den Bath Iron Works gebaut werden sollten. Später machten McCone und seine Partner mit den in ihrem Werk in Sausalito gebauten Liberty-Schiffen 44 Millionen Dollar Gewinn. Sie besaßen auch das California Ship Building, eine Werft in Los Angeles, die während des Krieges 467 Schiffe baute, sowie das Marin-Schiff, die Oregon Shipbuilding Co. Ihnen gehörte die Joshua Hendy Corp., ein Eisenwarenhändler, der die Motoren für die Liberty-Schiffe baute. Im September 1943 hatten sie Schiffbauaufträge im Wert von mehr als 3 Milliarden Dollar. Die Besatzungen der Liberty-Schiffe machten ironische Witze über die Neigung dieser hastig zusammengeschleuderten Produktionen, auf hoher See in zwei Teile zu zerbrechen. Viele von ihnen wurden torpediert, bevor sie auseinanderfallen konnten. *Die Zeit* bemerkte, dass

„Marin-Schiff stellte 460 Frachter und 90 Tanker in halsbrecherischer Geschwindigkeit aus."

Die Partner bauten auch das riesige Armee-Umbauzentrum in Birmingham Ala., um die B-24 aus Willow Run zu verarbeiten; sie bauten die Alaska-Militärautobahn und andere Projekte. Während dieser Verteidigungsaktivitäten hielten sich Bechtel und McCone umsichtig im Hintergrund und erlaubten es, ihre Schützlinge, die Kaisers, als die wichtigen Figuren bekannt zu machen. Fortune wies darauf hin, dass Kaiser nie mehr als ein Ansehen für Bechtel war. Nachdem Kaiser von AGC brüskiert worden war, wurde er auf Empfehlung von Bechtel Präsident der Associated General Contractors. Am Ende des Zweiten Weltkrieges hielt die Bechtel-Gruppe 20 % der Anteile an Kaiser Permanente Metals, dem Eigentümer der Firma Kaiser, Richmond Shipbuilding. Der jüngste Sohn, Ken Bechtel, leitete die Marin-Werft.

Bechtels Eilprogramm für den Bau von Liberty-Schiffen ist Pearl Harbor weit vorangeschritten. Roosevelt (Dr. Win the War) erließ im Januar 1941 seinen Notbefehl zum Bau von Schiffen; am 27. September liefen die ersten Liberty-Schiffe vom Stapel. Der FDR, als Asst. Sec. der Marine im Jahre 1916, hatte dasselbe getan, indem er der Marine Aufträge vergab, lange bevor wir in den Ersten Weltkrieg eintraten: „Bereitschaft" . Da die Bechtel-McCone-Allianz knapp an Kapital war, erfand sie die geniale „Kosten-plus" -Vertragsregelung. Unter dieser großzügigen Klausel garantierte die Regierung den Kriegsunternehmern alle Produktionskosten plus einen garantierten Gewinn von 10%. Je mehr der Auftragnehmer ausgab, desto größer war sein Gewinn. Für die wenigen Glücklichen war es der größte Bockmist, seit das Federal Reserve System begann, Papiergeld ohne jegliche Rückendeckung außer Papieranleihen zu drucken.

Die frei fließenden Gewinne führten zu einer unvermeidlichen geheimdienstlichen Verbindung. John McCone wurde 1947 Präsident des Ausschusses für Luftverschmutzung und 1948 stellvertretender Verteidigungsminister. Ralph Casey vom General Accounting Office sagte später aus, dass McCone während seiner Amtszeit Aufträge an Standard Oil und Kasier vergab, Firmen, in die er große Investitionen getätigt hatte. McCone wurde 1950-51 Unterstaatssekretär der Luftwaffe, 1958-60 Vorsitzender der Atomenergiekommission und 1961-65 Direktor der Central Intelligence Agency, was zu einer engen

Verbindung zwischen Bechtel und dem CIA führte. Während McCone den Vorsitz der Atomenergiekommission innehatte, wurde Bechtel zum größten Auftragnehmer für Kernkraftwerke in der Welt. Bechtel stellte 1951 das erste Kernkraftwerk der Welt in Ara, Idaho, fertig. McCone wurde später Direktor von Pacific Mutual Life, Standard Oil of California und ITT.

Die Bechtels zaehlten nun zu den einflussreichsten Wheeler-Dealern in Washington. Stephen Sr. and Jr. und John McCone waren wichtige Mitglieder der kleinen Gruppe von Millionären, die regelmäßig mit Präsident Eisenhower und Arthur Godfrey im Mekka aller Lobbyisten, dem Washingtoner Burning Tree Country Club, Golf spielten. Als George Pratt Shultz Beamter in Washington wurde, spielte er regelmäßig Golf mit Stephen Bechtel Jr. im Burning Tree, was dazu führte, dass er zum Präsidenten der Bechtel-Gruppe ernannt wurde.

Die Bechtels hatten einen langen Weg zurückgelegt von den ängstlichen Tagen des Jahres 1931, als ein kleines Sand- und Kiesunternehmen gebeten wurde, 8 Millionen Dollar Betriebskapital für den Bau des Boulderdamms bereitzustellen. Es gelang ihnen, 5 Millionen Dollar aufzubringen, die von der Schroder-Rockefeller-Gruppe finanziert wurden. Ihr späterer Erfolg ist vor allem auf ihre Verbindungen zu den internationalen Finanziers zurückzuführen.

Bechtel war in der Zeit der Not von J. Henry Schroder und Avery Rockefeller gerettet worden. John Lowery Simpson, Vizepräsident von J. Henry Schroder, wurde als Vorsitzender des Finanzausschusses in den Vorstand von Bethtel berufen, wo er für die finanziellen Vorkehrungen des Unternehmens zuständig ist. Riesige Regierungsverträge folgten dieser Verbindung so selbstverständlich wie die Nacht auf den Tag.

Die *New York Times* kündigte das Debüt von Schroder-Rockefeller am 9. Juli 1936 an, wobei Avery Rockefeller, Sohn von Percy und Patensohn von William, in einer neuen Holdinggesellschaft verbündet wurde. Averys Großvater war James Stillman, der die National City Bank zu einem gigantischen Konzern aufbaute. Avery Rockefeller hielt 42% der Aktien von Schroder-Rockefeller; Baron Bruno von Schroder aus London und Baron Kurt von Schroder aus Köln (der Hitlers persönlicher Bankier war) hielten 47%.

Am 3. Juni 1954 gab die *New York Times* bekannt, dass Stephen Bechtel, Chef der Bechtel Corp. 1955 Partner von J.P. Morgan Co. geworden war. 1955 berichtete *Fortune*, dass C. Douglas Dillon als Unterstaatssekretär wichtige Verträge für Bechtel mit der saudi-arabischen Regierung arrangiert hatte, die in der heutigen 135 Milliarden Dollar schweren Jubail-Operation gipfelten.

Allen Dulles, Direktor des CIA, war auch Direktor von Schroder Co. Der Vizepräsident von Bechtel, Saudi-Arabische Operationen C. Stribling Snodgrass, leitete auch eine CIA-Firma namens LSG Associates.

Bechtel baute die 1100 Meilen lange Trans-Arabien-Pipeline für 100 Millionen Dollar, den größten damals vermieteten Auftrag. Ein weltweit tätiges Bauunternehmen mit Zugang zu vielen Ländern kann auch ein Kanal für Geheimdienstmitarbeiter sein. 1980 baute Bechtel Wohnungen in Saudi-Arabien, einen Wasserkraftkomplex in Quebec, ein Kohlekraftwerksprojekt in Utah, eine Ölraffinerie in Indonesien, ein 500-Millionen-Dollar-Touristenresort in Malaysia, eine Kupfer- und Goldmine in Paua, Neuguinea, und einen 250-Millionen-Dollar-Palast für den Sultan von Brunei. Es war eine ideale Operation für die CIA, auch ohne die allgegenwärtige Verbindung zu Schroder.

Bechtel erhielt den Milliarden-Auftrag zur Bereinigung der Situation auf Three Mile Island. Im Jahr 1979 stammte etwa die Hälfte seines Geschäfts aus der Kernenergie, trotz vieler Beschwerden über die fehlerhafte Konstruktion in diesem Bereich. Bechtel schloss einen 14-Millionen-Dollar-Vergleich mit Beschwerden von Consumers Power Co. ab, dass aus dem Kernkraftwerk Palisades radioaktives Wasser in das Dampferzeugungssystem ausgetreten war. In Bechtels Kernkraftwerk Midland, Mich, Michigan, wurde festgestellt, dass die Bewehrungsstabverbindungen defekt waren. Bechtel einigte sich außergerichtlich mit Portland General Electric, das Bechtel wegen „fahrlässiger Konstruktion" in seinem Kernkraftwerk Trojan in Rainier, Oregon, angeklagt hatte. Als jedoch Brown & Root vom Bau des Atomkraftwerks South Texas Nuclear Project abgezogen wurde, übernahm Bechtel die Leitung. Ein Kommentator bemerkte zu dieser Zeit,

„Bechtel ist politisch unantastbar. Wer also Bechtel auf seine Seite bekommt, dem ist Schutz garantiert."

Im Januar 1975 wies *Fortune* darauf hin, dass Bechtel nie auch nur ein einziges Jahr rote Zahlen geschrieben hatte, denn „seine technischen Projekte werden stets von seinen Kunden finanziert. „Diese Kunden sind in der Regel Regierungen, eine Lektion, die vielleicht von den Rothschilds gelernt wurde. Die Export-Import-Bank springt häufig ein und bietet an, die von Bechtel vorgeschlagenen riesigen Projekte zu finanzieren. Der amerikanische Steuerzahler finanziert viele Bechtel-Projekte über die Weltbank und den Internationalen Währungsfonds.

Man könnte sagen, dass jeder Amerikaner eine Beteiligung an Bechtel hat. Der Präsident der Export Import Bank, William H. Draper III, wohnt in Palo Alto, Kalifornien, wo die Hoover Institution und Hewlett-Packard Co. und der Stanford University, dem heutigen Hauptsitz des Reagan-Bechtel-Komplexes. Drapers Sponsor für die interne Revision während der fraglichen Zeit. Darin hieß es, zwei Audits seien 1980 bei Bechtel „auf Drängen von Cho abgesagt worden; diese Audits hätten die großen und nicht dokumentierten Barvorschüsse, die an Cho gezahlt wurden, aufgedeckt" . Zum Zeitpunkt der Bestechung war Außenminister Shultz Präsident von Bechtel, und Verteidigungsminister Weinberger war Vizepräsident und Chefsyndikus von Bechtel. In den darauffolgenden Monaten begnügten sich die Post und das FBI damit, die Angelegenheit zu ignorieren, denn vier Milliarden Dollar Verträge waren in Washington „Kleingeld" .

Newsweek merkte am 12. Juli 1982 an, dass Kenneth Davis, der seit 1974 als Vizepräsident von Bechtel für den Bau von Kernkraftwerken zuständig war, als stellvertretender Sekretär für Energie, die mit der Kernenergieproduktion zu tun hat, in Reagans Verwaltung eingetreten war. Damit war er das fünfte Mitglied von Bechtel, das sich Reagans Team anschloss. Die meisten Reporter wären in Aufruhr, wenn fünf Führungskräfte von General Motors einem Team des Weißen Hauses beitreten würden.

Wie die meisten Familienunternehmen hat Bechtel eine väterliche Haltung gegenüber seinen Mitarbeitern. *Fortune* merkte an, dass es in guten Jahren 100 % Boni zahlte. *Newsweek* zitierte am 18. März 1968 einen ehemaligen Mitarbeiter: „Sie sind dort alle Roboter. Sie neigen dazu, Sie jahrelang in eine Schublade zu stecken. „*Fortune* bemerkte, dass Stephen Bechtel sen. 1961 im Alter von 60 Jahren als Leiter der Firma zurückgetreten sei und die Präsidentschaft an Stephen jr. übergeben habe.

> „Steve, Ken und Jr. besitzen die Hälfte der Stammaktien und den größten Teil der Vorzugsaktien. Die Corporation hat die erste Option auf Aktien, wenn einer von ihnen ausscheidet oder stirbt."

Fortune schreibt gewöhnlich mit Ehrfurcht über Bechtel, erwähnte jedoch „gelegentlich unzufriedene Kunden" und schloss mutig: „Eine Welt wie diese kommt ohne ein Unternehmen wie Bechtel kaum aus."

Im April 1968 weihte Bechtel in San Francisco ein neues 23-stöckiges Bronzegebäude ein. Im Februar 1951 hatte *Fortune* ein ganzseitiges, farbiges Porträt von Stephen Bechtel Sr. veröffentlicht, in dem einige der jüngsten Errungenschaften des Unternehmens zitiert wurden: eine 506 Meilen lange Pipeline für Pacific Gas & Electric, ein 25-Millionen-Dollar-Werk für Lever in Los Angeles und andere. Im November 1952 schlug Bechtel eine 2500 Meilen lange Pipeline von der Arktis nach Paris vor und versprach, Öl zu einem Preis von 25 pro 1000 cuft zu liefern, viel billiger als Kohle. Aus diesem Vorschlag wurde nichts, aber nachdem Bechtel die Peabody Coal Co., die größte Kohlefördergesellschaft der Nation, in einem Konsortium mit Newmont Mining für 1,2 Milliarden Dollar erworben hatte, schloss sich Bechtel mit Lehman Bros. Energy Transport System zusammen, um 70% der weltweiten Kohleschlammleitungen zu bauen. Peabody war von Francis Stuyvesant Peabody gegründet worden, der aus der berühmten philanthropischen Familie stammte, die das amerikanische Stiftungsnetzwerk zur Kontrolle des amerikanischen Volkes ins Leben rief.

Bechtel begann nun frenetische Lobbyarbeit für den Bau von Kohleschlammleitungen. Eine intensive Kampagne in Virginia scheiterte 1983 an der Gegenmacht der Norfolk & Western Railroad, deren Einnahmen zu 40% aus dem Kohletransport stammen. Die Gesetzgeber waren verwirrt über die Höhe der Gelder, die für das Kohleschlammgesetz ausgegeben wurden, wussten aber nie, dass es sich um eine Lobbyarbeit von Bechtel handelte. Steven D. White, Präsident von Bechtel Investments, sagte in einem Brief an *Forbes* vom 9. April 1984,

> „Bechtel engagiert sich weiterhin stark für das Konzept der Kohlenschlammpipelines und insbesondere für die ETSI-Kohlenschlammpipeline."

1982 bot Bechtel an, eine Kohlenschlammlinie in Russland zu bauen, aber vielleicht wegen seiner bekannten CIA-Verbindung wurde das Angebot ignoriert. Die UPI berichtete vom 2. August 1984 in Houston, dass ein 3-Milliarden-Dollar-Vorschlag für eine Schlammleitung von Wyoming zur Golfküste abgelehnt worden war.

Michael Berryhill bemerkte in Harpers, Dez. 1983, dass Dallas ein Schienennetz im Wert von 8,3 Milliarden Dollar plane.

> „Die Bechtel Corp. die große und geheimnisvolle Firma aus San Francisco mit starken Verbindungen zur Republikanischen Partei, hat die Machbarkeitsstudie erstellt und wird wahrscheinlich den Designauftrag erhalten."

Bechtel plant auch ein 5 Milliarden Dollar teures Kongresszentrum in Hoffman Estates, Ill. in der Nähe von Chicago und andere große Projekte. Bei seinen Großprojekten bleibt Bechtel häufig hinter den

Kulissen. Der vorgeschlagene MX-Raketenplan war wochenlang in den Schlagzeilen, aber kein einziger Journalist machte sich die Mühe herauszufinden, dass der MX-Vorschlag von einer Präsidialkommission ausgearbeitet worden war, der John McCone, Richard Helms und Nicholas Brady, ehemaliger Senator aus New Jersey und jetzt Vorsitzender von Dillon Read, angehörten - allesamt loyale Bechteliten. Mutter Jones wies im Juni 1984 darauf hin, dass Stephen Bechtel Sr. im beratenden Ausschuss der Export-Import-Bank, die viele Bechtel-Projekte finanziert, tätig war und dass die Bechtel Corp. für John Moore, den Präsidenten der EXIM-Bank, eine neue Position als „Executive Vice President for Financial Services" geschaffen hatte, die er zweifellos wahrgenommen hatte. Mutter Jones fuhr fort,

> „Noch nie zuvor war ein Unternehmen so sichtbar mit der Präsidentschaft verbunden. Seit Eisenhower hat es enge Beziehungen zu jedem Staatschef unterhalten. Bechtel trug 1980 maßgeblich zu Reagans Kampagne bei. Peter Flanigan von Dillon Read spielte eine Schlüsselrolle. Shultz und Weinberger unterstützten Reagan im Frühjahr 1980, zusammen mit Walter Wriston von Citibank, der im Bechtel-Beratungsausschuss sitzt, und Robert Quenon, Präsident von Peabody Coal Co. Kenneth Davis, ein Vizepräsident von Bechtel, ist die Nr. 2 in der Energieabteilung. Casey (CIA) vertrat Pertomina, die riesige Ölgesellschaft Indonesiens, die ein guter Kunde von Bechtel ist."

Wenn ein Unternehmen so viele Männer in das Büro eines Präsidenten entsendet, geht es nicht mehr um „Einfluss", sondern um Kontrolle. Ein Reagan-Gremium von Wirtschaftsführern, darunter Stephen Bechtel Jr., empfahl kürzlich, dass die Nation jährlich 3,5 Milliarden Dollar für den Wiederaufbau ihrer „Infrastruktur", Straßen, U-Bahnen, Brücken usw. ausgeben muss. Bechtel könnte damit rechnen, einen großen Anteil an diesem Geschäft zu erhalten. Der Premierminister von Kanada, John Turner, war Direktor des kanadischen Unternehmens Bechtel.

KAPITEL 8

DIE GRUNDLAGEN

Die Weltordnung kontrolliert die Bürger der Vereinigten Staaten über die steuerbefreiten Stiftungen. Diese Stiftungen gestalten und implementieren die Regierungspolitik durch ihre Mitarbeiter in Schlüsselpositionen in der Exekutive, Legislative und Justiz. Die Stiftungen schaffen Bildungspolitik durch ihre Mitarbeiter in Schlüsselpositionen auf allen Ebenen des Bildungssystems. Die Stiftungen kontrollieren die religiöse Doktrin durch ihre Mitarbeiter in Schlüsselpositionen in den führenden religiösen Konfessionen.

„Stiftung" ist ein irreführender Begriff; Webster nennt es eine Stiftung, aber eine Stiftung ist in Wirklichkeit ein Trust, der laut Roget ein „Syndikat" ist. Wenn wir anstelle von Rockefeller Foundation Rockefeller Syndicate sagen würden, wären wir der Wahrheit viel näher. Alpheus T. Mason zitiert Brandeis in seiner Biographie von Justice Brandeis, indem er darauf hinweist, dass „der Sozialismus weitgehend durch die Macht einzelner Trusts entwickelt wurde. „Was wir also haben, sind kriminelle Syndikate, die sich als philanthropische Unternehmen verkleiden, während sie den Nationen und Völkern zum Wohle der Weltordnung die sozialistische Weltsklaverei aufzwingen.

Norman Dodd, Forschungsdirektor des Reece-Ausschusses bei seinem Versuch, steuerbefreite Stiftungen zu untersuchen, wurde im Januar 1954 vom Kongressabgeordneten B. Carroll Reece gebeten,

> „Akzeptieren Sie die Prämisse, dass die Vereinigten Staaten das Opfer einer Verschwörung sind? „Ja", sagte Dodd. „Dann", so der Kongressabgeordnete Reece, „müssen Sie die Untersuchung auf dieser Grundlage durchführen. „B.E. Hutchinson, Vorsitzender der Chrysler Corp. obwohl er die Ziele der Untersuchung befürwortete, warnte Dodd: „Wenn Sie so vorgehen, wie Sie es beschrieben haben, werden Sie getötet."

erklärte Dodd,

„Die Stiftungswelt ist ein koordiniertes, zielgerichtetes System, dessen Zweck es ist, sicherzustellen, dass der Reichtum unseres Landes genutzt wird, um ihn von den Ideen zu trennen, die ihn ins Leben gerufen haben. Die Stiftungen sind der größte einzelne Einfluss im Kollektivismus."

Der Bericht der Rockefeller Foundation aus dem Jahr 1975 wies eine Zuwendung von 100.000 Dollar an das Institut für Weltordnung aus, das von Prof. Saul Mendlovitz geleitet wird, der in der Veröffentlichung des Instituts „Transition" vom Oktober 1974 schreibt,

„Ich plädiere für eine neue Regierungsführung oder alternative Institutionen zu denjenigen, die jetzt für das globale Konzert verantwortlich sind; die Menschen werden ein zentrales Leitsystem fordern; das bedeutet, dass eine Regierungsführung im Entstehen begriffen ist, bei der die politischen Eliten in verschiedenen Nationalstaaten, die die Autorität und die Fähigkeit haben, Entscheidungen zu treffen - dies nicht mehr als ihr Vorrecht haben werden. Es wird eine Regierungsführung geben, die sagen wird - eine Armee kann man nicht mehr aufbauen. Sie müssen einen bestimmten Teil Ihres wirtschaftlichen Einkommens an andere Regionen der Welt abgeben."

Kurz gesagt, eine Weltordnung - keine nationalen Armeen, keine privaten Einkommen, keine individuelle Freiheit. Ironischerweise wird all dies von denen finanziert, die durch die Ausübung der individuellen Freiheit in den Vereinigten Staaten Wohlstand geschaffen haben.

Mendlovitz verwendet nicht das Wort „Regierung", was eine Regierung durch die Zustimmung des Volkes implizieren könnte, wie in den Vereinigten Staaten. Er verwendet „Regierung", die imperiale Form, die einen diktatorischen Erlass bedeutet. Jede Handlung der Gründungssyndikate und ihrer Herren in der Weltordnung zielt darauf ab, eine rücksichtslose Art von orientalischer Despotie durchzusetzen. Wie es bei dieser Art von Despotismus Tradition ist, sind die effizientesten Palastbediensteten Eunuchen. Eunuchen arbeiten für wenig oder gar keinen Lohn, weil sie nicht die Kosten für die Aufzucht von Familien haben. In der Stiftungswelt finden wir den Eunuchen als den vorherrschenden Beamtentypus. Die Eunuchen gehen bei den Stiftungen ein und aus und bekleiden prominente Posten in Regierung, Bildung und Religion. Auch wenn sie heiraten und Kinder haben, bleiben sie psychologisch Eunuchen, d.h. Eunuchen, die ihre Männlichkeit geschworen haben, um Palastdiener der Weltordnung zu werden. Der Kolumnist Jeffrey Hart äußerte sich kürzlich zu diesem

Typus und verwies auf Mondales Wahl von Geraldine Ferraro als seine Vizepräsidentschaftskandidatin: „Mondale hätte einen Mann wählen sollen, um die Waage zu halten."

Wir mögen uns fragen, wenn die Weltordnung die Kontrolle hat, warum brauchen wir dann ein „Institut für Weltordnung"? Die Antwort ist, dass die Weltordnung herrscht, weil sie ihre Macht verbirgt; sie leugnet, dass sie existiert. Obwohl ihre Macht überall offensichtlich ist, in der Regierung, im Bildungswesen, in den religiösen Orden, in den Kriegen und Revolutionen und den Hungersnöten, die so akribisch geplant und ausgeführt werden, weigert sich die Weltordnung, wie die Mafia, ihre eigene Existenz anzuerkennen. Ihre Tochtergesellschaften kommen und gehen, aber die Ordnung bleibt konstant. Wenn zu viele Menschen den Rat für auswärtige Beziehungen entdecken, wird die Macht in die Bilderberger oder die Trilaterale Kommission verlagert. Die Kontrolle des Ordens bleibt konstant.

Die *New York Times* bemerkte am 29. April 1984, dass 1400 Beamte an der Jahrestagung des Stiftungsrates teilnahmen. In den USA gab es 21.697 Stiftungen, die 1983 Zuschüsse in Höhe von 3,4 Milliarden Dollar vergaben. Diese Zuschüsse werden nur an diejenigen vergeben, die das Programm der Weltordnung umsetzen und deren Ziel die Weltsklaverei ist.

Die internationalen Bankiersfamilien, deren Ursprünge bis ins Mittelalter zurückreichen, gründeten die wichtigsten amerikanischen Stiftungen, um den Reichtum zu schützen, den sie in ihren Geschäften mit Sklaven, Drogen und Gold angehäuft hatten, und um diesen Reichtum mit Mitteln zu verewigen, die nur als „kaiserliche Dekrete", Regierungschartas, bezeichnet werden können, um alle potentiellen Rivalen oder Opposition zu neutralisieren, indem sie sie kontrollieren und ihre Opposition lenken oder fehlleiten.

Keine der Gründungsurkunden der Stiftungen gibt ihren eigentlichen Zweck an. Sie sind vollgestopft mit Formulierungen wie „das Wohlergehen der Menschheit", „die Beseitigung der Armut", „die Beseitigung von Krankheiten", „die Förderung der Weltbruderschaft". Mitgefühl, Fürsorge, Nächstenliebe, das sind die Schlagworte der Stiftungen. Es gibt keinen Hinweis auf die Unvorsichtigkeit der despotischen Instinkte, die diese „fürsorglichen" Menschen dazu treiben, Weltkriege und Weltsklaverei zu fördern, noch gibt es irgendeine Warnung an die Knechte der Stiftungen, dass die Strafe der plötzliche Tod ist, wenn sie zu irgendeinem Zeitpunkt in ihrem Engagement für die Ziele der Weltordnung zögern.

Nur wenige amerikanische Bürger können die beunruhigende Tatsache begreifen, dass die regierende Macht in den Vereinigten Staaten weder eine Regierungsbehörde noch Gesetze oder politische Parteien sind. Vielmehr ist es die Macht der Attentäter, jener Personen hinter den Kulissen, die die Macht haben, die Ermordung von Personen anzuordnen, die sie nicht mehr kontrollieren können. Wir haben gesehen, wie zwei Präsidenten der Vereinigten Staaten, Abraham Lincoln und John Fitzgerald Kennedy, ermordet wurden, weil sie dem US-Finanzministerium befohlen hatten, unverzinsliche Dollarnoten zu drucken, eine Entwicklung, die die internationalen Bankiers um Milliarden Dollar an unverdienten Gewinnen zu bringen drohte.

Fünftausend Jahre lang war der Codename der Attentäter die „Kananiten" (siehe *Der Fluch von Kanaan*, von Eustace Mullins[3].) Dies war der eigene Name der Attentäter für sich selbst, symbolisiert durch die Initialen KN'N, auf Aramäisch, was auf Griechisch die Kananiten bedeutete. Sie wurden auch Zeloten oder Zeloten genannt, als Fanatiker, die bereit waren, für ihre Sache zu morden. In der Welt waren sie als Attentäter bekannt, die ihren Ursprung in der Neuzeit als eine jüdisch-schiitische Sekte hatten, die 1090 von einem Perser, Hassan Sabah, gegründet wurde. Er war in die Großloge von Kairo eingeweiht worden und reiste durch ganz Persien, wobei er die Attentäter als Missionar unter dem Schutz von Abu Mansur Sedakah Ibn Yussuf organisierte, der, obwohl er Jude war, zur Eminenz des Wesirs zum Kalifen al-Mustansir aufgestiegen war. In Indien erhielten die Phansigars oder Würger ihren Namen von einem hindustanischen Phansi, einer Schlinge. In Nordindien nannte man sie Schläger oder Betrüger. In Tamul nannte man sie Ari Tulucar oder Mussulman-Schläger, in Canarese Tanti Calleru oder Diebe, die eine Schlinge aus Draht oder Katzendarm verwenden. Wir erwähnen die orientalischen Korrespondenten unserer heutigen Attentäter, diejenigen, die durch den Terrorismus in den Vereinigten Staaten regieren, weil sie die gleiche Herkunft, die gleiche Loyalität und das gleiche Ziel haben, die Herrschaft der Weltordnung.

Viele Eunuchen, die zu einer Belastung für die Weltordnung wurden, sind gnadenlos eliminiert worden. Als Hiss, White und andere vor einer Untersuchung des Kongresses standen, wurden viele ihrer Bekannten zu Opfern. Ein Anwalt namens Marvin Smith, ein enger

---

[3] *Der Fluch von Kanaan*, Omnia Veritas Ltd, www.omnia-veritas.com.

Freund von Hiss, fiel aus einem Fenster. Laurence Duggan, ein Vertrauter von Hiss und White, sollte als Zeuge aussagen, als er aus einem Fenster im zwölften Stock stürzte. Duggan war Beamter des Instituts für Internationale Bildung, dessen Gründer und Präsident sein Vater war, aber diese Familienbande boten ihm keinen Schutz. In seiner Eile, zum Fenster zu gelangen, riss er einen Schuh ab und verließ sein Büro in einem Chaos, als er sich über das Fenster kämpfte. Das Urteil lautete „Selbstmord". Der kanadische Diplomat Herbert Norman und der Harvard-Professor F. O. Matthiesen stiegen ebenfalls aus dem Fenster, bevor sie über ihre Verbindungen aussagen konnten. Die Phänomene wurden so häufig, dass sich daraus ein neuer Begriff „Defenestration" entwickelte, der die Vermeidung von Zeugenaussagen bedeutet und eine geeignete Warnung für andere darstellt, die an ein Gespräch denken könnten.

Wir haben bis zum Überdruss von Männern von großem Reichtum gelesen, die nach einer Karriere von erstaunlicher Rücksichtslosigkeit beim Anhäufen ihres Vermögens plötzlich eine tiefgreifende Bekehrung erlebten, wie Paulus, und Männer des guten Willens wurden. Es stimmt, dass die „Wohltaten" der Carnegies und der Rockefellers die stärksten Einflüsse im heutigen amerikanischen Leben sind.

Sie erheben immer höhere Steuern, erhöhen die Kontrolle der Regierung über jeden Aspekt des menschlichen Lebens und planen weitere Kriege und Revolutionen, um ihre Ziele zu erreichen. Von Anfang an haben amerikanische Stiftungen ein zweifaches Bild abgegeben - an vorderster Front steht der unermüdliche Weltverbesserer, der vor nichts zurückschreckt, wenn es einem guten Zweck dient. Hinter ihm stehen die bösen Verschwörer, die darauf bedacht sind, ihren Reichtum und ihre Macht zu erhalten und zu mehren. Die Stiftung in ihrer heutigen Form geht auf das Konzept einer Bostoner Familie, der Peabodys, zurück. Henry James machte in seinem Roman *The Bostonians* eine Freundin der Familie, Elizabeth Peabody, für ihren fünfzigjährigen unerbittlichen humanitären Eifer lächerlich und stellte sie als die legendäre Miss Birdseye dar. George Peabody zog nach Sklavenhandelsoperationen in Washington und Baltimore nach London, wo er von der Familie Rothschild als Front eingesetzt wurde. Er sammelte ein Vermögen an, indem er in amerikanischer Panik deprimierte Aktien aufkaufte, und wählte einen Bostoner Händler, Junius Morgan, für seine Geschäfte aus. 1865 gründete Peabody die erste große amerikanische Stiftung, den Peabody Educational Fund, und stattete sie mit einer Million Dollar in Staatsanleihen aus. Bis 1867 war diese auf 2 Millionen Dollar angewachsen, bis 1869 auf 3,6 Millionen Dollar. Angeblich nach dem Bürgerkrieg zur Ausbildung von Südnegern gegründet, war sie eine Schlüsseloperation in der carpetbagger-Strategie zur Erlangung der Kontrolle über die Länder des Südens und die Regierungen ihrer Bundesstaaten. Diese Staaten mussten sich von den Bankiers der Wall Street hohe Kredite aufnehmen, um ihre Dienstleistungen wieder aufzubauen, und sie blieben für das nächste Jahrhundert hoch verschuldet.

Aufgrund seiner internationalen Verbindungen zog der Peabody-Fonds einen herausragenden Vorstand an. General Ulysses Grant gehörte dem Vorstand achtzehn Jahre lang an; Grover Cleveland diente vierzehn Jahre; McKinley zwei Jahre; Theodore Roosevelt dreizehn Jahre. J.P. Morgan gehörte 28 Jahre lang dem Vorstand an und versäumte nie eine Sitzung. Sein Partner, Anthony Drexel, diente 12 Jahre. Ein Fonds mit ähnlichen Zielen war der John F. Slater Fund for the Education of Freedmen, der von John F. Slater (1815-1884), einem wohlhabenden Textilhersteller aus dem Norden, gegründet wurde. Er wurde mit 1 Million Dollar eingerichtet und wuchs bis 1882 auf 4 Millionen Dollar an. Die drei ursprünglichen Treuhänder waren Präsident Rutherford B. Hayes, Daniel Coit Gilman und Morris K. Jesup, Schatzmeister.

Als John D. Rockefeller entdeckte, dass die Stiftungen den Weg zur Weltmacht boten, erwies sich der Peabody-Fonds als sein Vorbild. Er und sein „Director of Charity", Fredrick T. Gates, gründeten den Southern Educational Board, der mit dem Peabody und dem Slater Fund fusionierte. Später gründeten sie den Allgemeinen Bildungsrat, der seine drei Vorgänger aufnahm. In seiner Charta hieß es, sein Zweck sei „die Förderung der Bildung innerhalb der USA ohne Unterscheidung von Rasse, Glauben oder Geschlecht" . Seine Ziele waren die Zusammenlegung der Rassen und die Abschaffung der Unterscheidung zwischen den Geschlechtern. Zu ihren Gründern gehörte ihr erster Präsident, William H. Baldwin Jr. Long Island Railroad, früher bei der Union Pacific, die Harriman-Schiff-Operation; Frederick T. Gates, Rockefellers rechte Hand; Daniel Coit Gilman, Vizepräsident. Peabody Fund und dem Slater Fund, Präsident der Univ. von Kalifornien 1872-75, Präsident der John Hopkins Univ. 1875-1901 und erster Präsident des Carnegie-Instituts. Gilman war der ursprüngliche Gründer der Russell Sage Foundation und des Carnegie-Instituts. Die Tatsache, dass ein Mann Gründer der drei einflussreichsten Stiftungen in Amerika war, zeigt, wie zentralisiert die Kontrolle dieser angeblich autonomen Stiftungen stets von einigen wenigen rücksichtslosen Personen ausgeübt wurde. Gilman wird in der Regel als Gründungsmitglied der

Weltordnung aufgeführt, weil er zusammen mit Andrew Dickson White und Timothy Dwight 1856 in Yale den Russell Trust gründete, um die Organisation Skull and Bones zu finanzieren, deren Mitglieder die führenden Frontmänner in Amerika sind. W. Averell Harriman, Präsident George Bush und der Propagandist William Buckley von der *National Review* sind typische Mitglieder. Norman Dodd, ebenfalls ein Mann aus Yale, sagte,

> „Auf dem Campus war bekannt, dass man sich, wenn man für Bones angezapft wurde, im späteren Leben nie um Erfolg sorgen musste."

Von den drei Gründern dieses Ordens wurde Dwight Präsident von Yale; White, Sohn eines Eisenbahnmillionärs, soll nach Angaben der *New York Times* genug Geld geerbt haben, um ihn ein Leben lang sorglos zu machen; er wurde der erste Präsident der Cornell University und gab der Institution 300.000 Dollar, um ihre School of Government einzurichten; er wurde der erste Präsident der American Historical Assn und war 1892-94 US-Botschafter in Russland und 1897-1902 Botschafter in Deutschland. Sein letztes Vermächtnis war es, Herbert Hoover bei der Gründung der Hoover Institution zu beraten.

Es ist jedoch der dritte Gründer, Daniel Coit Gilman, mit dem wir uns am meisten beschäftigen. Gilman bildete John Dewey an der Johns Hopkins University in kollektivistischen Bildungstheorien aus. Dewey leitete dann die University of Chicago School of Education und später das Teachers College an der Columbia University, zwei der führenden Schulen der fabianischen Sozialisten in der Welt. Gilman hat durch seinen Schützling Dewey das amerikanische Bildungswesen während des gesamten zwanzigsten Jahrhunderts dominiert. Gilman bildete auch Richard Ely an der Johns Hopkins-Abteilung für Wirtschaft aus. Ely unterrichtete später Woodrow Wilson, den er als „ungewöhnlich, brillant" beschreibt. So erstreckte sich Gilmans Einfluss über Ely bis hin zu Woodrow Wilson, der uns das Federal Reserve System, die Einkommenssteuer und den Ersten Weltkrieg schenkte.

Obwohl Amerikaner, wurden die drei Gründer dieses Ordens an der Universität Berlin ausgebildet, wo sie in der hegelschen Philosophie des Determinismus indoktriniert wurden. Diese Bildungs- und Regierungsphilosophie lehrt, dass jeder kontrolliert werden kann und kontrolliert werden muss, um vorgegebene Ziele zu erreichen. Es ist die Philosophie des orientalischen Despotismus, die auf Europa übertragen und an die größere Individualität der europäischen Völker angepasst wurde, von denen die meisten Amerikaner abstammen. Als Gründer schrieb Frederick T. Gates im General Education Board Occasional Paper No. 1:

> „In unseren Träumen haben wir unbegrenzte Ressourcen, und die Menschen geben sich mit vollkommener Fügsamkeit unseren formenden Händen hin. Die gegenwärtigen Bildungskonventionen verblassen aus unserem Gedächtnis, und ungehindert von der Tradition arbeiten wir aus eigenem guten Willen an einem dankbaren und reaktionsfähigen ländlichen Volk."

Die Mitglieder der Weltordnung betrachten jeden als einen Bauern; sie verachten nur diejenigen, die zu naiv sind, um zu sehen, dass sie ausgeraubt, betrogen und versklavt werden.

Zu den anderen ursprünglichen Direktoren des General Education Board gehörte Morris K. Jesup, ein Bankier, der Schatzmeister der Peabody und Slater Fonds gewesen war. Er war Direktor von Western Union, einem von Kuhn Loeb kontrollierten Unternehmen, Metropolitan Trust und Atlantic Mutual Insurance; Robert C. Ogden von John Wanamker Co. der als Präsident des Southern Educational Board, des Tuskegee Institute, des Union Theological Seminary und des Hampton Institute diente; Walter Hines Page, der als Botschafter in Großbritannien dazu beitrug, uns in den Ersten Weltkrieg hineinzuziehen; Sir Roderick Jones, Chef der Reuters News Agency an ihrer historischen Adresse, 24 Old Jewry, London, erzählt ein wenig Geschichte in seiner Autobiographie *A Life in Reuters*, einem Mittagessen, das er für General General Hines Page gab. Smuts, Sir Starr Jameson und Dr. Walter Hines Page (alle drei hatten Verbindungen zu Rothschild).

> „Wir speisten in einem privaten Raum im Windham Club, in dem zwanzig Jahre später die Bedingungen der Abdankung von König Edward VII. geregelt wurden. Wir fuhren mit der Frage des Kriegseintritts der USA fort, auf den Großbritannien und Frankreich so geduldig warteten. Dr. Page enthüllte uns dann unter dem Siegel der Geheimhaltung, dass er am Nachmittag vom Präsidenten eine persönliche Mitteilung erhalten hatte, auf deren Grundlage er bestätigen konnte, dass endlich die Würfel gefallen waren. Folglich war er nicht ohne Emotionen in der Lage, uns zu versichern, dass sich die USA innerhalb einer Woche ab diesem Datum im Krieg mit den Mittelmächten befinden würden. Die Zusicherung des Botschafters war auf den Tag genau richtig. Wir speisten am Freitag, dem 30. März, zu Abend. Am 2. April bat Präsident Wilson den Kongress, den

Kriegszustand mit Deutschland auszurufen. Am 6. April befanden sich die Vereinigten Staaten im Krieg."

Kann jemand daran scheitern, eine Verbindung herzustellen zwischen dem Direktor einer „Wohltätigkeitsorganisation", die die Erziehung jedes US-Bürgers kontrollieren soll, und ihrem Direktor, der sich verschworen hat, uns in einen Weltkrieg hineinzuziehen?

Ein weiterer Gründungsmitglied des General Education Board war George Foster Peabody, ein Mitglied der Familie, die den Peabody-Fonds gegründet hatte. Er heiratete Katrina Trask, ein Relikt von Spencer Trask, einem wohlhabenden Börsenmakler, der sich auf Eisenbahnfragen spezialisiert hatte. Ihr Anwesen, Yaddo, ein prächtiges Herrenhaus im Hinterland, wurde als Stiftung hinterlassen, um Schriftstellern und Künstlern einen Ort zum Arbeiten zu bieten. Die Stipendiaten, muss man nicht hinzufügen, waren in ihrer Philosophie und ihrem Werk einhellig und schonungslos „liberal", obwohl sie bedauerlicherweise keine bedeutenden Beiträge zur amerikanischen Kunst oder Literatur geleistet haben. Spencer Trask war getötet worden, als jemand einen Güterzug mit seinem prächtigen Privatwagen auf die Strecke schob. George Foster Peabody zog prompt mit Katrina nach Yaddo und lebte zehn Jahre mit ihr zusammen, bevor er sie 1921 heiratete. Sie starb kurz darauf, und Peabody „adoptierte" eine geschmeidige junge Geschiedene, Marjorie White, als ihm mitgeteilt wurde, dass die Kirche ihm nicht gestatten würde, sie zu heiraten. Dann ernannte er ihre Schwester Elizabeth Ames zur Direktorin von Yaddo, wo sie viele Jahre lang als virtuelle Diktatorin blieb. Im Musikzimmer von Yaddo hängt eine große Bronzetafel mit der Aufschrift „George Foster Peabody, Liebhaber der Männer" . Peabody wurde 1914 zum ersten Direktor der Federal Reserve Bank of New York ernannt und diente während der entscheidenden Jahre des Ersten Weltkriegs, bis 1921. Er war ein begeisterter Befürworter der bolschewistischen Revolution in Russland und wurde später Direktor der FDR-Stiftung Warm Springs und des Hampton Institute. Louise Ware schreibt in ihrer Biografie über Peabody: „Er (Peabody) fügte hinzu, dass die nationale Krise (Erster Weltkrieg), in der jeder Mann gebraucht wurde, die Chance des Negers sichern sollte. „Peabody war Vorsitzender der Combustion Engineering Corp. Präsident von Broadway Realtors, Direktor der Mexican Lead Co., Mexican Coal & Coke, Mexican National Railways, Tezuitlan Copper Refining and Smelting, und war Schatzmeister der Demokratischen Nationalen Partei. Trotz seines „kapitalistischen" Hintergrunds war Peabody immer ein bekennender Sozialist. Ware notierte, dass er an Norman Thomas schrieb,

„Ich habe individuellen sozialistischen Bestrebungen immer sehr wohlwollend gegenüber gestanden. Besonders das Fabian-System in England habe ich mit hoffnungsvoller Erwartung beobachtet."

Dieser Bewunderer des fabianischen Sozialismus ist der Mann, der dazu beitrug, das General Education Board als die führende Kraft hinter allen Bildungsentwicklungen in den USA seit 1910 zu installieren.

Der *Springfielder Republikaner* bemerkte, Okt. 1866,

„Denn alle, die sich mit dem Thema auskennen, wissen sehr gut, dass Peabody und seine Partner in London uns keinen Glauben und keine Hilfe in unserem Kampf um die nationale Existenz gegeben haben. Sie beteiligten sich voll und ganz an dem allgemeinen englischen Misstrauen gegenüber unserer Sache und unserem Erfolg und sprachen und handelten eher für den Süden als für unsere Nation. Kein Einzelner trug so sehr dazu bei, unsere Geldmärkte mit den Beweisen unserer Verschuldung in Europa zu überschwemmen, ihre Preise zu senken und das finanzielle Vertrauen in unsere Nationalität zu schwächen wie George Peabody & Co. und keiner verdiente mehr Geld durch die Operation. All das Geld, das Herr Peabody unter unseren Bildungseinrichtungen so verschwenderisch verschenkt, wurde durch die Spekulationen seines Hauses in unserem Unglück gewonnen."

Dieser Leitartikel wurde auch in der *New York Times* vom 31. Oktober 1866 nachgedruckt. Der Verfasser wusste nicht, dass Peabody eine Tarnung für die Rothschilds war, oder dass die Gründung des Peabody-Fonds ihnen die politische und finanzielle Kontrolle über den verarmten Süden geben sollte, oder dass er die „Ära der Stiftungen" als Kontrollfaktor im amerikanischen Leben einleiten würde.

John D. Rockefeller nutzte die Gelder des General Education Board durch Vertreter von Standard Oil in Russland, um die Russische Revolution von 1905 zu provozieren. Kein Wunder, dass die sowjetischen Massen jubeln, wenn ein Rockefeller kommt, um sie zu besuchen. Bis heute haben die Rockefellers mehr als 5 Milliarden Dollar aus Aktieneinnahmen „gespendet", was bedeutet, dass die Amerikaner Milliarden Dollar an Steuern aufbringen mussten, die andernfalls Einnahmen aus diesen Einnahmen gewesen wären. Der Kongressabgeordnete Wright Patman, Vorsitzender des Bank- und Währungsausschusses des Repräsentantenhauses, bewies 1967 in Anhörungen, dass 14 Rockefeller-Stiftungen ein Vermögen von mehr als 1 Milliarde Dollar in Standard Oil-Aktien hielten. Sie zahlten nicht nur keine Steuern auf diese Aktien, sondern hatten dadurch auch die ständige Kontrolle über das Familienunternehmen. Rivalisierende Finanziers konnten die Kontrolle über Standard Oil nicht kaufen, weil die Aktien durch Stiftungseigentum isoliert waren... Wie Patman hervorhob, verschaffte die Tatsache, dass die Rockefellers der Zahlung riesiger Steuerbeträge entgangen waren, ihnen einen unübertroffenen Marktvorteil gegenüber anderen Firmen, die normale Steuersätze zahlen mussten, und die Hetze für eine erhöhte „Unternehmensbesteuerung" trägt zu Rockefellers Vorteil bei. sagte Patman,

„Die Stiftungen sind die besten Investitionen, die die Rockefeller-Familie hätte tätigen können."

Ein Familienmitglied, Senator Nelson Aldrich, leitete die Charta des Allgemeinen Bildungsrats durch den Kongress. Die Charta der Rockefeller Foundation erwies sich als schwieriger. Sie war ein eklatanter Versuch, die Regierungserlasse gegen das Standard Oil-Monopol zu umgehen, wurde aber schließlich 1913 von Senator Robert F. Wagner aus New Jersey durchgesetzt, der 50 Millionen Dollar in Standard Oil of New Jersey-Aktien für „wohltätige Arbeit" zurücklegte. Die Charta der Rockefeller Foundation wurde am 22. Mai 1913 unterzeichnet. Ihre Gründer waren John D. Rockefeller, John D. Rockefeller Jr.; Henry Pratt Judson, aus den Familien Lyman und Pratt, Präsident der Universität von Chicago; Simon Flexner, ausgebildet an der Universität Berlin und Univ. von Straßburg, war seit 1903 am Rockefeller Institut als Professor für Medizin tätig; Starr Jameson, „persönlicher Berater von John D. Rockefeller in seinem Wohlwollen"; Jerome D. Greene, Sekretär der Harvard Corp. 1910-11, Bankier bei Lee Higginson in London, 1912-18; sek. Reparationskommission der Pariser Friedenskonferenz; Wickliffe Rose, prof. Wickliffe Rose, Prof. Peabody College, Sekretär des Peabody Educational Fund, Treuhänder des Slater Fund und des General Education Board; und Charles W. Eliot, ebenfalls aus der Lyman-Familie, heiratete Ellen Peabody, in Deutschland ausgebildet, emeritierte Präsidentin von Harvard. Ein Ableger, die China Medical Board, sicherte Standard Oil den Markt für „Öl für die Lampen Chinas" und ermöglichte der Familie den Einstieg in den hochprofitablen asiatischen Drogenhandel. Der Durchbruch gelang, nachdem sie den Aufstieg der Soong-Familie zur Macht finanzierten, die das moderne China schuf.

Die Liste der Offiziere der Rockefeller Foundation von 1913-63 verrät eine Menge über diese Organisation. Die vier Vorsitzenden des Vorstands waren John D. Rockefeller Jr. 1917, 1939, Walter D.

Stewart, 1939-50, John Foster Dulles, 1950-52, und John D. Rockefeller ³ʳᵈ, 1952-63.

Walter D. Stewart diente 1918 zusammen mit Bernard Baruch im War Industries Board, war von 1922-25 beim Federal Reserve Board und trat dann der Anwaltskanzlei Case, Pomery, einer Rockefeller-Firma, bei. Er war Wirtschaftsberater der Bank of England 1928-30, Sonderberater der Bank für Internationalen Zahlungsausgleich 1931, Präsidialrat der Wirtschaftsberater Eisenhowers 1953-56 und später Präsident des Institute for Advanced Study. In dieser Liste der juristischen und finanziellen Ämter fällt das auffällige Fehlen jeglicher „karitativer" Bestrebungen auf.

John Foster Dulles setzte als Seniorpartner der Anwaltskanzlei Sullivan and Cromwell das traditionelle Engagement der Kanzlei bei der Förderung von Kriegen und Revolutionen fort. Nur wenige Amerikaner wissen, dass die Intrigen von Sullivan & Cromwell den Panamakanal möglich machten.

Ein 736 Seiten starker Band, *The Story of Panama*, the U.S. House Hearings on Panama in 1913, bietet auf Hunderten von Seiten eine Dokumentation, die belegt, dass William Nelson Cromwell, der Gründer der Firma und Mentor von Dulles, für J.P. Morgan und J & W Seligmap die Panamaische Revolution initiiert und gefördert hat. Morgan erhielt daraufhin vom US-Finanzministerium 40 Millionen Dollar in Gold, den größten Scheck, den es bis dahin je ausgestellt hatte. 35 Millionen $ dieser Summe waren ein klarer Gewinn. Präsident Theodore Roosevelt verklagte die *New Yorker Welt* wegen Verleumdung, weil er einige der Fakten über sich und Cromwell gedruckt hatte. Der Fall wurde vom Obersten Gerichtshof einstimmig außergerichtlich abgewiesen.

Wir finden in „The Roosevelt Panama Libel Case Against the N.Y. World" folgendes:

> „Am 3. Oktober 1908 erwägte das Demokratische Nationalkomitee die Zweckmäßigkeit, eine Erklärung zu veröffentlichen, dass William Nelson Cromwell in Verbindung mit M. Bunau Varilla, einem französischen Spekulanten, ein Syndikat gebildet hatte, als es ganz offensichtlich war, dass die U.S. die Rechte der französischen Anleihegläubiger am DE Lesseps-Kanal übernehmen würden und dass diesem Syndikat unter anderem Charles P. Taft, der Bruder von William Howard Taft, und Douglas Robinson, der Schwager von Präsident Theodore Roosevelt, angehörten. Diese Finanziers investierten ihr Geld in voller Kenntnis der Absicht der US-Regierung, den

französischen Besitz zu einem Preis von etwa 40 Millionen Dollar zu erwerben, und konnten so - aufgrund der angeblichen Informationen aus Regierungsquellen - einen reichen Gewinn erwirtschaften."

Am 29. August 1908 gab das Demokratische Nationalkomitee eine Erklärung aus seinem Hauptquartier in Chicago heraus, in der Cromwell als solcher bezeichnet wurde,

„William Nelson Cromwell aus New York, der große Anwalt der Wall Street, Anwalt des Panamakanal-Kombinats, Kuhn Loeb Co., die Harriman-Interessen, der Zucker-Trust, der Standard Oil Trust et al.

So identifizierten die Führer der Demokraten Cromwell als den Anwalt der sieben Männer, die für die Rothschilds Amerika kontrollierten. Die Demokraten fuhren fort:

„Im September 1904, während der Abwesenheit von Sekretär Taft aus Washington, Herr Cromwell, leitete ein Privatmann praktisch die Kriegsabteilung. John F. Wallace, Chefingenieur des Panamakanals, sagte am 5. Februar 1905 vor dem Senatsausschuss aus: 'Cromwell schien mir ein gefährlicher Mann zu sein'."

Die House Hearings widmeten Cromwells Aktivitäten viele Seiten, die es wert sind, gelesen zu werden, einschließlich der vernichtenden Aussage des Kongressabgeordneten Rainey:

„Die Revolutionäre standen im Sold der Panama Railroad & Steamship Co., einem Unternehmen aus New Jersey. Der Vertreter dieser Gesellschaft war William Nelson Cromwell. Er war der Revolutionär, der die Revolution auf dem Isthmus von Panama förderte und ermöglichte. Zu dieser Zeit war er Aktionär der Eisenbahn und deren Generalberater in den Vereinigten Staaten. William Nelson Cromwell - der gefährlichste Mann, den dieses Land seit den Tagen von Aaron Burr hervorgebracht hat - ist ein professioneller Revolutionär."

John Foster Dulles, Vorstandsvorsitzender der Rockefeller Foundation, erbte den Mantel von Cromwell als gefährlichsten Mann Amerikas. Durch seine Ehe mit Janet Pomeroy Avery war er Mitglied der Rockefeller-Familie und Sekretär seines Onkels, des Außenministers Robert Lansing, bei der Pariser Friedenskonferenz. Thomas Lamont, Partner von J.P. Morgan, schrieb zu dieser Zeit über Dulles,

„Wir alle setzten großes Vertrauen in John Foster Dulles."

Dulles tauchte später mit Baron Kurt von Schroder in Deutschland auf, um Hitler die Mittel für die Übernahme Deutschlands zu garantieren. Der US-Botschafter in Deutschland, William Dodd, schreibt in seinem Tagebuch vom 4. Dezember 1933,

> „John Foster Dulles, Rechtsbeistand amerikanischer Partnerbanken, rief heute Nachmittag dazu auf, Rechenschaft über die Ansprüche abzulegen, die im Namen von Anleihegläubigern gegen deutsche Städte und Unternehmen geltend gemacht wurden, mehr als eine Milliarde Dollar. Er schien sehr klug und entschlossen zu sein."

Ron Prüßen erwähnt in seiner Dulles-Biographie Dulles' „geheime Gespräche mit dem deutschen Kabinett im Dezember 1933 und Januar 1934 in Berlin" . „Pruessen führt Dulles' Bankkunden in den 1920er Jahren auf, „J.P. Morgan, die nationale City Co., Kuhn, Loeb & Co., Dillon Read, Guaranty Trust, Lee Higginson und Brown Bros Harriman. „Dulles hatte ein gesetzliches Monopol an der Wall Street.

John Foster Dulles verlor nie seine Neigung, Kriege zu beginnen. Wie viele Amerikaner wissen, dass es John Foster Dulles war, der ein Telegramm aus Tokio an die Berater von Präsident Truman sandte,

> „Wenn es den Anschein hat, dass die Südkoreaner den Angriff nicht abwehren können, dann sind wir der Meinung, dass US-Gewalt eingesetzt werden sollte."

Obwohl Dulles nie verriet, wen „wir" eingeschlossen haben, löste dieses Telegramm unsere Verwicklung in den Koreakrieg aus.

Unter den Präsidenten der Rockefeller Foundation finden wir George E. Vincent, der Präsident der Institution Chautauqua war. Er diente zusammen mit Herbert Hoover in der Commission for Relief in Belgien; Max Mason, Präsident der Universität von Chicago, der die Rockefellers rund 400 Millionen Dollar spendeten; Raymond Blaine Fosdick, der 1919-20 als Sekretär des Völkerbundes diente und später offizieller Biograph von John D. war. Rockefeller; sein Bruder Harry Emerson Fosdick, der Pastor von Rockefellers Kirche war; Chester I. Barnard, Präsident von AT&T, Direktor der U.S. Telephone Agency während des Ersten Weltkriegs; Dean Rusk, der zwei Präsidenten als Außenminister diente; und J. George Harrar, der Andrew D. White Professor an der Cornell University war.

Die Sekretäre der Rockefeller-Stiftung sind: Hieronymus D. Greene, der 1901-05 Sekretär des Präsidenten von Harvard und im

Vorstand der Harvard Overseers 1911-1950 war, Sekretär der Reparationskommission unter Bernard Baruch bei der Pariser Friedenskonferenz 1919, Generaldirektor des Rockefeller Institute of Medical Research 1910-1939, Direktor der Brookings Institution 1928-1945 und Vorsitzender des berüchtigten Rockefeller-finanzierten Institute of Pacific Relations, dessen Sekretär Laurence Rockefeller war und das enge Beziehungen zu dem sowjetischen Spion Richard Sorge in Japan unterhielt; Edwin R. Embree, der 1917 die Julius-Rosenwald-Stiftung „zum Wohle der Menschheit" ins Leben rief, von deren Kuratoren sieben als Mitglieder kommunistischer Frontorganisationen identifiziert wurden.

Zu den Vizepräsidenten der Rockefeller Foundation seit 1913 gehören Roger S. Greene, der Organisator des Komitees zur Verteidigung Amerikas durch Hilfe für die Alliierten, dessen Zweck es war, uns in den Zweiten Weltkrieg hineinzuziehen, und der von 1940-44 in der Dept. of State diente, und Alan Gregg, der 1917-19 bei der British Expeditionary Force diente.

Alle diese Amtsträger sind auch als Direktoren der Rockefeller Foundation aufgeführt. Zu den weiteren Direktoren gehören: The Lord Franks, britischer Botschafter in den USA. 1948-52, ein wichtiges Mitglied der London Connection, die die Vereinigten Staaten als Kolonie des Britischen Empire betreibt; er ist Direktor des Rhodes Trust, der Schroder Bank, Gastprofessor an der Universität von Chicago, Vorsitzender der Lloyd's Bank und derzeit Kanzler der East Anglia University; Charles Evans Hughes, Gouverneur von New York, Präsidentschaftskandidat, der vermutlich 1916 Woodrow Wilson, den späteren Obersten Richter des Obersten Gerichtshofs, tatsächlich besiegt hat, der von seinem guten Freund Herbert Hoover auf dieses Amt berufen wurde; James R. Angell, chmn National Forschungsrat. 1919-20, Präsident der Carnegie Corp. Präsident von Yale (seine Tochter ist Mrs. William Rockefeller); er war Direktor von *New York Life* und NBC; Trevor Arnett, Präsident des International Board of Education; Harry Pratt Judson, Präsident der Universität von Minnesota, Präsident der American University in China, Direktor von Rockefellers China Medical Board; Vernon Kellogg, Herbert Hoovers Assistent in der EU.S. Food Administration, während des Ersten Weltkriegs und der American Relief Administration 1919-21, später Sekretär des National Research Council und Treuhänder des Brookings Instn; Starr Murphy, der sich im Who's Who als „der persönliche Berater und Vertreter von John D." aufführt. Rockefeller in seiner Bevenolences"; Wickliffe Rose, Direktor für öffentliche Gesundheit, Rockefeller Foundation 1913-23; Präsident Peabody College 1892-02,

Agent Peabody Education Fund 1907-15, Rockefeller Sanitary Commission and Southern Educational Board 1909-15, International Health Board 1913-28, Präsident General Education Board 1913-28, International Education Board 1923-28, Direktor Red Cross and Atlantic Council; A. Barton Hepburn, Supt. Banks N.Y. State 1880-83, leitender Bankprüfer N.Y. 1888-92, Comptroller U.S. Army 1892-93, stellvertretender Vorsitzender National City Bank 1897-99, Präsident Chase Natl Bank 1899-1922, Mitglied des Federal Advisory Council, Federal Reserve System, 1918, Direktor N.Y. Life, Sears, Woolworth, Studebaker, Texas Co.; Julius Rosenwald, gründete die Rosenwald Foundation, um die Agitation des Peabody-Fonds im Süden weiterzuführen, „totale Beteiligung"; er gab auch 700.000 $ an die Rockefeller's University of Chicago, war Treuhänder des Baron de Hirsch Fund, zionistisches Siedlungsprogramm; Martin A. Ryerson, Präsident des Kuratoriums University of Chicago, Treuhänder Carnegie Institution; Karl T. Compton, 1918 der amerikanischen Botschaft in Paris zugeteilt, war chmn U.S. Radar Mission in der UdSSR 1943, spec. rep. Kriegsminister 1943-44, spec, advsr atomic development 1945, erlangte Unsterblichkeit als der Mann, der Pres. Truman befahl, die Atombombe auf Japan abzuwerfen, der erste Einsatz dieser Horrorwaffe, auch Direktor der Ford Foundation, Sloan Kettering Institute, Royal Society of London; John W. Davis, Anwalt von Morgan und Rockefeller, Botschafter in Großbritannien 1918-21, demokratischer Präsidentschaftskandidat 1924; John Sloan Dickey, mit Dept. Staat 1940-45, Präsident Dartmouth, diente in der Bürgerrechtskommission des Präsidenten; Harold W. Dodds, Präsident Princeton, war Herbert Hoovers Exekutivsekretär der U.S. Food Administration 1917-19, Treuhänder der Brookings Institution und der Carnegie Foundation, Direktor der Prudential Insurance; Lewis W. Douglas, Diplom. Oxford, verheiratet mit Peggy Zinsser, Haushaltsdirektorin 1933-34, Präsident American Cynamid, Botschafter in Großbritannien 1947, Vorstandsvorsitzender Metropolitan Life, Direktor General Motors, Homestake Mining Co.; Orvil Dryfoos, der Marion Sulzberger heiratete und Vorsitzender der *New York Times* wurde, Treuhänder Baron de Hirsch Fund; Lee A. DuBridge, Präsident California Institute of Technology, Treuhänder Rand Corp. Mitglied der U.S. Atomic Energy Commission, verlieh 1943 die King's Medal for Service to Great Britain; David Leon Edsall, Dekan der Harvard Medical School 1918-35; Charles William Eliot, der Ellen Peabody heiratete, europäische Bildungsmethoden studierte, viele Jahre Präsident von Harvard war und die Hegelsche Schule des Determinismus förderte; Simon Flexner, der an der Univ. von Berlin, Univ. von Strasburg, gründete das Rockefeller Institute of Medical

Research, Mitglied der Royal Society of London, viele medizinische Gesellschaften; Douglas Freeman, Herausgeber Richmond News Leader, Direktor der Woodrow Wilson Foundation, Equitable Life; Herbert S. Gasser, organisierte 1918 den Chemical Warfare Service, Mitglied der Royal Society, London und Edinburgh; Frederick T. Gates, führt sich selbst als „geschäftlicher und wohlwollender Vertreter" von John D. auf. Rockefeller 1893-1912; Walter S. Gifford, organisierter U.S. Council Natl Defense 1916-18 gegründet, um uns in den Ersten Weltkrieg einzubeziehen, eingeladen von Col. House zum Dienst im U.S. Inter Allied Council 1918, Präsident ATT, Vorstandsvorsitzender der Carnegie Institution; Robert F. Goheen, Präsident Princeton 1957-72, Woodrow Wilson Fellowship, Smithsonian Institution, Institute of International Education, Dreyfus Fund, Aufsichtsrat der Harvard Univ. Carnegie Foundation; Herbert Spencer Hadley, als atty gen. von Missouri verfolgte Standard Oil, sie unterstützten ihn dann als Gouverneur, er diente von 1909-13; Wallace K. Harrison, Architekt Rockefeller Center und UN-Gebäude; Theodore Hesburgh, Präsident Notre Dame Univ., Woodrow Wilson Fellowship, Carnegie Foundation, Ford Foundation, Rockefeller Bros Fund, Hoover Commission; Ernest M.Hopkins, asst. zu Sec. of War 1918, Office of Procurement & Management 1941, Präsident Dartmouth 1916-45; Arthur A. Houghton, chmn Corning Glass, Büro Price Management 1941-42, adv. com. on arts Federal Reserve System, Direktor New York *Life, U.*S. Trust, J.P. Morgan Library; Clark Kerr, pres. Univ. of California 1952-73; Robert A. Lovett, verheiratet mit Adele Brown, von Brown Bros.; er war Partner von Brown Bros. Harriman 1926-61, spec, asst Sec. of War 1940-41, Sec. War for Air 1941-45, Under, Sec. State 1947-49, ersetzte James A. Forrestal als Verteidigungsminister, als Forrestal im Marinekrankenhaus aus dem Fenster fiel, diente als Verteidigungsminister 195-52, Direktor Royal Globe Insurance of London, *N.Y. Life,* Freeport Sulphur, Vorsitzender Union Pacific, Direktor Carnegie Instn; sein Vater, Richter Robert S. Lovett war Anwalt der UP, riet Harriman und Kahn, Fragen zu ihren Aktiengeschäften nicht zu beantworten, alle Aufzeichnungen wurden 1911 verbrannt; Benjamin McKelway, Herausgeber *Washington Star*; Henry Allen Moe, Rhodes-Stipendiat, leitete viele Jahre lang die Guggenheim Foundation, Barrister von Inner Temple, London, chmn Museum, of Modern Art, das von der Rockefeller-Familie gegründet wurde, auch Natl Endowment for the Humanities; William Myers, Direktor der Federal Reserve Bank of N. Y., Pres. Ausschuss für Auslandshilfe 1947, Direktor Carnegie Foundation, Arco, Smith Corona, Continental Can, Grand Union, Mutual Life; Thomas. Parkinson, Adj. General der U.S. Army 1918-19, Vorsitzender von

Equitable Life, Chase Natl Bank, ATT, Borden; Thomas Parran, Surgeon General U.S. 1936-48; Alfred N. Richards, Mitarbeiter der British Medical Research 1917-18, organisierte den U.S. Chemical Warfare Service 1918; Dean Rusk, Rhodes-Stipendiat, ging zum Dept. State 1946, wichtige Rolle zusammen mit John Foster Dulles bei der Verwicklung der USA in den Koreakrieg, asst. Sec. War 1946-47, UN Affairs Dept. State 1947-49, Präsident Rockefeller Foundation 1950-60, Außenminister 1961-69; Geoffrey S. Smith, verheiratet mit der Familie Coolidge, Counsel Natl Refugee Commission 1940, OPM 1941, War Production Board 1942, pres. Girard Trust, Direktor Bell Telephone; Robert G. Sproull, Präsident Univ. von Kalifornien, sein Bruder Allan war langjähriger Präsident der Federal Reserve Bank of N.Y., Robert war Direktor des Institute of International Education, Carnegie Foundation, American Group on Allied Reparations 1945, Citizens Committee for the Marshall Plan, Institute of Pacific Relations; Frank Stanton, OWI 1942-45, langjähriger Präsident der CBS; Robert T. Stevens, Vorsitzender des Familienunternehmens J.T. Stevens, riesige Textilfirma, Direktor der Federal Reserve Bank of N.Y., J.P. Morgan, General Electric, General Foods, New York Telephone, Secretary Army 1953-55, beteiligt an den McCarthy-Anhörungen; George D. Woods, Vorsitzender First Boston, Kaiser Steel, Generalstab U.S. Army 1942-45, Direktor *New York Times*; Arthur M. Woods, asst. Sec. War World War I, Direktor der Rockefeller-Firma Colorado Fuel & Iron, Schauplatz von Massakern an Arbeitern, Ludlow-Massaker; Owen D. Young, Vorsitzender General Electric, Direktor RCA, American Foreign Power, General Motors, NBC, RKO, Federal Reserve Bank of N.Y., Agent gen. für Reparationszahlungen 1919-24, ausgewählt von Bernard Baruch; Winthrop Aldrich, Rockefeller-Familienmitglied, Vorsitzender Chase National Bank, Direktor ATT, International Paper, Metropolitan Life, Westinghouse, Federal Reserve Bank of N.Y., ausgewählt von Bernard Baruch; Winthrop Aldrich, Rockefeller-Familienmitglied, Vorsitzender Chase National Bank, Direktor ATT, International Paper, Metropolitan Life, Westinghouse, Federal Reserve Bank of N.Y. Rockefeller Center, diente 1953-57 als Botschafter Grossbritanniens; Barry Bingham, Herausgeber Louisville Courier Journal, diente 1942-45 in Europa, 1949-50 Sondermission nach Frankreich für die ECA; Chester Bowles, gegründete Werbeagentur Benton & Bowles, diente mit OPA, WPB WWII, Botschafter in Indien 1951-53, Woodrow Wilson Foundation, Partner Sen. William Benton; Lloyd D. Brace, Präsident. First Natl Bank, Direktor ATT. Gillette, John Hancock, Stone & Webster, U.S. Smelting; Richard Bradfield, ausgebildet an der Universität Berlin, verheiratet mit einem Guggenheim-Stipendiaten der Familie Stillman, führte 1955-57 für die Rockefeller Foundation als Leiter der Abteilung für Landwirtschaft fernöstliche Politik durch; Dieter Bronk, pres. Rockefeller Institute Medical Research, Sloan Kettering Institute, erhielt den Order of British Empire; William H. Claflin, Schatzmeister. Harvard; Ralph Bunche, ausgebildet an der Harvard und London School of Economics, mit britischer Sektion OSS 1941-44, Dept. State 1944-47, Dumbarton Oaks 1944, UNO in San Francisco mit Alger Hiss 1945, UNO London 1945, Und. Sec UN 1947-71, Palästina-Vermittler 1948 - nachdem Graf Bernadotte von Begin ermordet wurde; C. Douglas Dillon, geboren 1909 in der Schweiz, Direktor U.S. & Foreign Securities 1937-63, Vorsitzender Dillon Read 1946-53, Botschafter in Frankreich 1953-57, unter Sec. Staat 1958-1960, half Bechtel, arabische Verträge zu erhalten (Bechtel kaufte später sein Familienunternehmen, Dillon Read, auf), Finanzminister 1960-65, ist Treuhänder Brookings Instn, Hoover Institution, Heritage Foundation, seine Tochter ist Prinzessin Johanna von Luxemburg, verheiratet in einer Familie, die direkt von Wilhelm von Oranien abstammt, der die Bank von England gegründet hat; Edward Robinson, war bei Peabody Co. Spencer Trask, Co-Schatzmeister der Rockefeller Foundation & General Education Board 1938-62; Kenneth Wernimont, Mitglied des Institute of International Education 1937, Landwirtschaftsministerium 1938-46 in Lateinamerika, mexikanische Missionen für Rockefeller; Charles W. Cole, Präsident der Rockefeller Foundation. Amherst, Botschafter in Chile 1961-64, Direktor des Charles E. Merill Trust; Thomas B. Applegate Jr. exec, Sekretär von John D. Rockefeller 1942-46, Leiter der Fernost-Abteilung des Außenministeriums; Edmund E. day, Dekan der Wharton School of Finance U. Pa 1912-29, Guggenheim-Stipendiat, Präsident 1933-39 Natl Bureau of Economic Research, eingerichtet von Rockefellers.

Die Liste der Kuratoren der Rockefeller Foundation von 1981 enthält auch James C. Fletcher, dessen „wohltätiger" Hintergrund im Who's Who als „Naval ordinance 1940" aufgeführt ist, sowie vierzig Jahre anschließende Erfahrung mit Lenkflugkörpern und strategischen Waffen mit Hughes Aircraft 1948-54, Lenkflugkörpern mit Ramo-Wolldridge 1954-58, Aerojet General 1960-71, chmn Minuteman 1961, chmn Naval Warfare Panel 1967-73 und Board of American Ordinance Assn. Ein weiterer Treuhänder von 1981 ist James D. Wolfensohn, der als Präsident der J. Henry Schroder Banking Corp. fungiert. N.Y., und deren Muttergesellschaft, Schroders Ltd. in London, ist.

Wenn wir die dominierenden Mitglieder der Rockefeller Foundation untersuchen, finden wir Männer, deren Leben dem Krieg und der Revolution, der chemischen Kriegsführung, der internationalen

Kriegführung, Intrigen und Massenmord gewidmet war; wir finden den Vorstandsvorsitzenden John Foster Dulles, der den Titel des „gefährlichsten Mannes in Amerika" von seinem Mentor William Nelson Cromwell geerbt hat; Dulles erhielt die entscheidende Finanzierung für Hitler und schickte das Schlüsseltelegramm, das die EU betraf.dulles erhielt die entscheidende Finanzierung für Hitler und sandte das Schlüsseltelegramm, das die USA in den Koreakrieg verwickelte, während sein Bruder, ein Direktor der Schroder Bank, die CIA gründete; wir finden Karl T. Compton, der 1945 den Befehl gab, die Atombombe auf Japan abzuwerfen und den Horror des Atomkrieges auf der ganzen Welt entfesselte (er war auch Treuhänder der Ford Foundation); wir finden Lord Franks, ein wichtiges Mitglied des Rhodes Trust, der Schroder Bank; was wir nicht finden, ist jemand, der sich jemals für wohltätige Zwecke engagiert hat. Die Rockefeller-Direktoren des eigentlichen „Rockefeller-Syndikats" arbeiten mit den wichtigsten Banken, Unternehmen, Universitäten und Regierungsabteilungen der Nation zusammen. Dies ist das Netzwerk, das Amerika illegal regiert, das durch seine Steuerhinterziehung allen amerikanischen Steuerzahlern eine enorme Steuerlast aufbürdet und das unsere Wahlen zu einer Farce macht, weil diese Männer die gesamte Politik bestimmen, die in den Vereinigten Staaten umgesetzt wird.

Über den Sealantic Fund kontrollieren die Rockefellers amerikanische Theologieschulen und die religiösen Institutionen Amerikas; über den Rockefeller Bros Fund kontrollieren sie die Regierungspolitik. Im Jahr 1958 berief der Rockefeller Bros Fund amerikanische Führer ein, um auf höhere Militärausgaben zu drängen; zu dieser Gruppe gehörten General Lucius Clay von Lehman Bros., ehemaliger Chef der US-Streitkräfte in Europa; Gordon Dean von der US-Atomenergiekommission; Deverux C. Josephs von J.P. Morgan Co.; Henry Luce von Time Mag. Thomas B. McCabe, chmn Federal Reserve Board of Governors; Anna M. Rosenberg, Sekretärin von Bernard Baruch. und Asst. Verteidigung (sie heiratete Julius Rosenberg), war 1936-43 im Social Security Board, Gründungsmitglied der New Deal Administration, War Manpower Commission 1942-45, Treuhänderin der Ford Foundation und der Rockefeller Foundation, später verheiratet mit Paul Hoffman, Chef der ECA; Dean Rusk der Rockefeller Foundation; David Sarnoff, Gründer von RCA; Henry Kissinger; und Roswell Gilpatrick, und. Sec. der Luftwaffe 1951-53. Gilpatric war Partner der Anwaltskanzlei Kuhn, Loeb von Cravath de Gersdorff Swaine and Wood 1931-61, Yale Corp. Woodrow Wilson Foundation; sein Bruder Chadbourne war Rhodes-Stipendiat, OSS Europa Zweiter Weltkrieg und CIA 1947 bis heute; ein weiterer Bruder, Donald, war Mitarbeiter der Natl City Bank, Board of Economic Warfare 1943-43, Wirtschaftsberater des Alliierten Hauptquartiers während des Zweiten Weltkriegs, US-Mitglied UNRRA, dir. ECA 1948, jetzt Direktor von Olin Matheson und Winchester Arms.

Jeder amerikanische Arbeiter wird regelmäßig an einen „Segen für die Menschheit" der Rockefeller Foundation erinnert, wenn er seinen verstümmelten Gehaltsscheck mit der daraus herausgerissenen „Quellensteuer" erhält. Im Jahr 1943, auf dem Höhepunkt des Zweiten Weltkriegs, verabschiedete der Kongress ein „Notfall" -Steuergesetz für Kriegszeiten, das Gesetz über laufende Steuerzahlungen von 1943. Das am 9. Juni 1943 verabschiedete Gesetz wurde unter dem Namen „Quellensteuer" bekannt. Der „Notstand" endete vor etwa vierzig Jahren, und in den dazwischen liegenden Jahrzehnten war und ist der Gesetzentwurf illegal. Sie ist illegal, weil sie keine „Quellensteuer" ist und weil sie keine Steuer ist. Da sie nicht das ist, was sie zu sein vorgibt, kann sie nicht durchgesetzt werden, da sie keine Rechtskraft hat. Rechtlich gesehen ist die Quellensteuer eine Drittschuldnerin. Webster definiert einen Pfändungsgläubiger als ein mit einem Pfändungsbeschluss zugestellter rechtlicher Hinweis, den Lohn eines Schuldners im Namen eines Gläubigers zu pfänden. Die Quellensteuer ist jedoch weder ein mit einem Pfändungsbeschluss zugestellter Rechtsbehelf noch wird sie von einem Gericht ausgestellt und ist nach US-Recht nicht einziehbar. Zweitens kann die „Schuld" oder Steuer nur in der Jahreserklärung am Ende des Besteuerungsjahres festgestellt werden, so wie es das Gesetz vorsieht. Die IRS behauptet, dass die Quellensteuer „die Schuld an der Quelle" begründet. Zum Zeitpunkt der Einziehung sei jedoch keine Schuld festgestellt worden.

Die Quellensteuer ist auch deshalb illegal, weil sie als Ergebnis einer Verschwörung von Personen in Kraft gesetzt wurde, die ihre Motive und ihre Loyalitäten verschwiegen haben. Beardsley Ruml, der den Plan dem Kongress untergeschoben hat, sagte einem *New Yorker* Reporter, der Quellensteuerplan sei bei einem Mittagessen von „Intellektuellen" im luxuriösen Plaza Hotel entstanden. Er weigerte sich, einen der anderen Verschwörer zu identifizieren. Das *Schicksal* sprach von ihm,

> „Beardsley Ruml von umlagefinanziertem Ruhm (vom Kongressabgeordneten Wright Patman als Beschützer der ersten Ernte von Kriegsmillionären charakterisiert), ist zweifellos einer der geistig agilsten und beliebtesten Männer der amerikanischen Geschichte. Wie viele andere interessante Persönlichkeiten ist auch der Schatzmeister von Macy's, Vorsitzender der Federal

Reserve Bank of New York und bedeutender Finanzplaner, eine alles andere als einfache Persönlichkeit. Der ehemalige Dekan für Sozialwissenschaften an der Universität von Chicago arbeitete später für die Carnegie Corp. Im Jahr 1922 machten die Rockefellers den 28-jährigen Ruml zum Direktor des Laura Spelman Rockefeller Memorial (80 Millionen Dollar). Das Memorial war für wohltätige Hilfe für Frauen gegründet worden, aber Herr Ruml, der argumentierte, dass das Wohlergehen des Einzelnen vom Wohlergehen der gesamten Gesellschaft abhängt, warf die Organisation und 25 Millionen Dollar der Gelder hinter die Sozialwissenschaften zurück."

Rumls Idee der Quellensteuer wird in seinem Buch vorgeschlagen. *Government Business and Values*, S. 179,

„Es ist offensichtlich, dass der Fortschritt von Wissenschaft, Technologie und Bildung wichtige Veränderungen in unseren persönlichen, sozialen und wirtschaftlichen Beziehungen erzwingen wird. Um diesen Veränderungen gerecht zu werden, muss die Regierung die Gesetze, Regeln und Vorschriften, unter denen wir leben, ändern und modifizieren."

Beachten Sie, dass Ruml „Änderungen erzwingen" sagt, und zwar per „Regierungs" -Dekret. Dies ist das gesamte Programm der Stiftung, um der amerikanischen Wählerschaft in einer kriminellen syndikalistischen Verschwörung gegen das Wohlergehen eines jeden Amerikaners ihren Willen mit Gewalt aufzuzwingen.

Die Liste der Kuratoren der Rockefeller Foundation aus dem Jahr 1971 zeigt, dass die Rockefeller Foundation nach wie vor die herrschende Hierarchie der USA ist. Sie umfasst W. Michael Blumenthal und C. Douglas Dillon, die beide als Finanzminister fungierten, Robert F. Goheen, Präsident von Princeton, Vernon Jordan, den Alibi-Schwarzen, Robert V. Roosa und Cyrus Vance, Außenminister unter Carter. Roosa ist Gründungsmitglied und Sekretär der Trilateralen Kommission. Während seiner Zeit bei der Federal Reserve Bank of N.Y. bildete Roosa eine Gruppe aus, die als „Roosa-Block" bekannt ist. Sein Hauptprotege ist Paul Volcker, der als Vorsitzender des Federal Reserve Board of Governors eine ruinöse Rezession in den USA mit Zinssätzen von 20% und einer Inflationsrate von 25% auslöste. Natürlich profitierten die Banken beträchtlich, während sie Millionen von Amerikanern in den Bankrott trieben. Die *New York Times* berichtete, dass David Rockefeller und Roosa Carter „vorgeschlagen" hätten, dass er Volcker zum Vorsitzenden des Federal Reserve Board ernennt. Roosa ist ein Partner von Brown Bros.

Harriman, Direktor von Texaco, American Express, Owen Corning Fiberglass, Direktor des National Bureau of Economic Research, Treuhänder des Sloan Kettering Institute und Vorsitzender der Brookings Institution.

Die Brookings Institution wurde 1927 von Frederic A. Delano, 2244 S. St. NW Washington D.C., Harold G. Moulton, 3700 Oliver St. NW, Washington, einem Wirtschaftswissenschaftler der Univ. of Chicago, und Leo S. Rowe, der von 1917-19 als Finanzminister tätig gewesen war, in enger Zusammenarbeit mit Eugene Meyer und dem Chef der lateinamerikanischen Abteilung der War Finance Corp. Dept. of State 1919-20, Direktor der Panamerikanischen Union 1920-36.

Die Brookings Institution wurde von Robert S. Brookings, geboren 1850, unverheiratet, einem Kaufmann aus St. Louis und Chef der Cupples Co. gegründet, die die Verteilung von Gütern von Bahnhöfen aus revolutionierte. Im Ersten Weltkrieg war Brookings Assistent von Baruch im War Industries Board, das diktatorische Macht über amerikanische Industrielle hatte, und Vorsitzender des Preisfestsetzungsausschusses des WIB. Als ursprünglicher Treuhänder des Carnegie Endowment for International Peace gründete Brookings die Brookings Graduate School of Economics, die 1927 mit dem Institute of Government Research und dem Institute of Economics zur heutigen Brookings Institution fusionierte. Sie wird als „keine Mitgliederorganisation" aufgeführt, deren Ziel es ist, „nationale Prioritäten zu setzen", kurz gesagt, Regierungspolitik zu machen, was sie auch tut. Sie kam mit Roosevelts New Deal an die Macht, was kaum überrascht, da ihr Gründer, Frederic A. Delano, der Onkel der FDR war. Dem derzeitigen Vorsitzenden Robert V. Roosa ging in diesem Amt C. Douglas Dillon voraus. Es war immer das Forum der mächtigsten Finanziers der Welt.

1984 rief die Brookings Institution ein neues Programm für die Regierung ins Leben, das von einem Team von Ökonomen unter der Leitung von Alice Rivlin, der ehemaligen Direktorin des Congressional Budget Office, verfasst wurde. Rivlin schlug vor, die Einkommenssteuer durch eine Verbrauchssteuer zu ersetzen oder zu ergänzen, die auf allen Konsum, Vermächtnisse und Schenkungen erhoben werden sollte. Kurz gesagt, die traditionell linksgerichtete Brookings Institution hofft, die illegale IRS-Technik des „zusammengesetzten Nettovermögens" gesetzlich verankern zu können, indem sie den Bürgern eine Einkommenssteuer auferlegt, indem sie schätzen, was sie ausgeben oder konsumieren, eine „Cash-Flow" -Steuer, die so unausweichlich ist wie die Rockefeller-Ruml-Quellensteuer. Ihr einziges Ziel ist es, den arbeitenden Menschen durch rücksichtslose Erpressung durch Regierungsbeamte in hoffnungslose Armut zu stürzen.

Im Jahr 1978 gaben die Unternehmen Brookings 95.000 Dollar; 1984 war diese Zahl auf 1,6 Millionen Dollar angestiegen. Der größte Teil ihres Budgets von 13 Millionen Dollar wird weiterhin von den großen Stiftungen Ford, Rockefeller, Carnegie und Milbank Memorial Fund bezahlt. Die Stiftungen arbeiten zusammen, nicht nur wegen ihrer engen Verzahnung, sondern weil sie ein gemeinsames Programm haben. Dieses Programm wurde von Karl Marx 1848 als *Das kommunistische Manifest* veröffentlicht:

> ➤ Abschaffung jeglichen Eigentums an Land.

> ➤ Anwendung aller Pachtverträge für öffentliche Zwecke.

> ➤ Eine schwere progressive oder gestaffelte Einkommenssteuer.

> ➤ Abschaffung jeglichen Erbrechts.

> ➤ Beschlagnahme des Eigentums von Emigranten und Rebellen.

> ➤ Zentralisierung des Kredits in den Händen des Staates durch eine Nationalbank, wobei das Staatskapital das ausschließliche Monopol hat.

> ➤ Erweiterung von Fabriken und Produktionsanlagen im Staatsbesitz, Einbringen von Brachland in die Kultivierung und Verbesserung des Bodens im Allgemeinen nach einem gemeinsamen Plan.

> ➤ Gleiche Verpflichtung aller zur Arbeit.

> ➤ Aufstellung von Industriearmeen, insbesondere für die Landwirtschaft.

> ➤ Kombination von Landwirtschaft und verarbeitender Industrie.

> ➤ Allmähliche Abschaffung der Unterscheidung zwischen Stadt und Land durch eine gerechtere Verteilung der Bevölkerung über das Land.

> ➤ Kostenlose Bildung für alle Kinder in öffentlichen Schulen.

> Kombination von Ausbildung und industrieller Produktion.

> Abschaffung der Kinderarbeit in ihrer gegenwärtigen Form.

Die Fundamente stehen niemals gegen oder im Widerspruch zu einem einzigen Brett des Kommunistischen Manifests. Das Programm hat uns eine „Berufsausbildung" anstelle von Bildung gegeben, was eine andere Form der Kinderarbeit darstellt.

Zu den derzeitigen Direktoren von Brookings gehört Louis W. Cabot, von Cabot Corp., Direktor der Federal Reserve Bank of Boston, R.R. Donnelley, Owen Corning Fiberglass, Vorsitzender des Vorstands der Harvard Overseers, und des Natl Committee for U.S. China Trade. Er diente während des Zweiten Weltkriegs bei der OPA und der WPB, später bei der ECA und dem UN-Rat der FAO; Barton M. Biggs, bei E. F. Hutton, Morgan Stanley, Rand McNally, jetzt Direktor des Lehman Institute; Edward W. Carter, Vorsitzender Carter Hawley Hale Stores, Treuhänder der milliardenschweren James Irvine Foundation in Kalifornien, Harvard Board of Overseers, Woodrow Wilson Institute, ATT, Delmonte, Lockheed, Southern Cal Edison, Pacific Mutual *Life* Ins.Frank T. Cary, Vorsitzender IBM, Direktor J.P. Morgan, ABC, Morgan Guaranty Trust, Merck, Texaco, Rockefeller Univ. Museum of Modern Art; William T. Coleman Jr., ehemals Sec. Transportation; John B Debutts, ehemals Vorsitzender ATT; Roger W. Heyns, Direktor Kaiser Steel, Levi Strauss, Times Mirror Corp. Norton Simon Museum, James Irvine Fndtn; Carla A. Hills, ehemaliges HUD - ihr Ehemann ist SEC-Vorsitzender, sie ist an Bord von IBM, American Airlines, Trilateral Commission, Woodrow Wilson School, Stanford, & Norton Simon Museum; Lanc Kirkland, Leiterin des CIO; Bruce K. McLaury, Präsident von Brookings, war 1958-69 bei der Federal Reserve Bank of N.Y., Dep. und. scc. Finanzministerium für Währungsangelegenheiten 1969-71, Präsident der Federal Reserve Bank of Minnesota 1971-77, Mitglied der Trilateralen Kommission; Robert S. McNamara, ehemaliger Verteidigungsminister, Präsident der Weltbank; Arjay Miller, war auch bei Ford Motor, Direktor der *Washington Post*, TWA, Andrew Mellon Foundation; Donald S. Perkins; Eugene R. Black, ehemaliger Präsident der Weltbank; Wm Mc. Martin Jr. ehemaliger Vorsitzender des Federal Reserve Board of Governors; Robert Brookings Smith; Sidney Stein Jr., Chicagoer Bankier, Federal Bureau of Budget 1941-45, Berater des Präsidenten für den Haushalt 1961-67, Ausschuss für Auslandshilfe; Robert D. Calkins, Stanford Food Research Institute 1925-32. General Education Board 1947-52, Präsident Brookings 1952-67, war bei der NRA und der

Landwirtschaftsverwaltung 1933-35, Direktor der Federal Reserve Bank of N.Y. 1943-49, War Labor Board, 1942-45, OPA und War Dept. 1942; Warren M. Shapleigh, Präsident. Ralston Purina, Direktor J.P. Morgan, Morgan Guaranty Trust, Brown Group First Natl Bank St. Louis; James D. Robinson III, Vorsitzender AMAX, Bristol Myers, Coca Cola, Union Pacific, Trust Co. of Ga. Morgan Guaranty Trust 1961-68, Treuhänder Rockefeller Univ.

Die starke Vertretung der Direktoren von Morgan und Rockefeller im Vorstand von Brookings erklärt den unerbittlichen Drang der „großen Reichen", die Steuern zu erhöhen und die Regierungskontrolle über den amerikanischen Durchschnittsbürger zu verstärken. Der Wirtschaftsteil der *New York Times vom* 15. April 1984, lange vor der Wahl, enthielt auf der Wirtschaftsseite eine Schlagzeile, die

> „Wer auch immer im November gewinnt, es wird immer noch eine Erhöhung von 100 Milliarden Dollar für die US-Steuerzahler geben."

Eine weitere bedeutende US-amerikanische Stiftung, die Russell Sage Foundation, wurde 1907 von Daniel Coit Gilman und Cleveland H. Dodge gegründet. Als Direktor der National City Bank leitete Dodge den Präsidentschaftswahlkampf von Woodrow Wilson, nachdem er seine akademische Laufbahn in Princeton mit $ 5000 pro Jahr von ihm selbst und Moses Pyne, dem Enkel des Gründers der National City Bank, subventioniert hatte.

1980 hatte die Russell Sage Foundation ein Vermögen von 52 Millionen Dollar und Ausgaben von 2 Millionen Dollar. Sage war ein Wall-Street-Spekulant, der mit Eisenbahnaktien ein Vermögen verdiente. In Nicolsons Biografie von Dwight Morror wird darauf hingewiesen,

> „Es ist seit jeher eine Tradition, dass sich die Partner von J.P. Morgan in allen Formen öffentlicher und karitativer Aktivitäten engagieren sollten. Morrow war ein Treuhänder der Russell Sage Foundation, Direktor des Natl Bureau of Economic Research, der N.Y. Commission of ReEmployment und der Carnegie Endowment for International Peace. Er war Direktor von General Electric und Bankers Trust."

Die derzeitige Vorsitzende der Russell Sage Foundation ist Herma Hill Kaye, führende Organisatorin für Frauenrechte, Treuhänderin der Rosenberg Foundation; Präsident ist Marshall A. Robinson, ebenfalls Direktor der Ford Foundation und Direktor der Belgian American Educational Foundation von Herbert Hoover; Direktoren von Russell

Sage sind Robert McCormick Adams - er wurde kürzlich zum Nachfolger von S. Dillon Ripley als Leiter des Smithsonian (Ripley war 1942-45 OSS-Agent, Guggenheim-Stipendiat, Fulbright-Stipendiat, Stipendiat der Natl Science Fndtn); Adams' Frau Ruth war Hauptorganisatorin von Eatons Pugwash-Konferenzen, die vom KGB geleitet wurden. Adams zieht in ein neues, mit 485.000 Dollar dotiertes Anwesen, das vom Smithsonian-Vorstand gewählt wurde - die „neue Klasse" lebt gerne gut; William D. Carey, Vorsitzender des Handels- und Wirtschaftsrats der USA und der UdSSR, erhielt 1964 eine Rockefeller-Auszeichnung für den öffentlichen Dienst; Earl F. Cheit, Dekan der School of Business Administration, U. Cal in Berkeley - Cheit ist auch Direktor der Mitre corp., Programmbeauftragter der Ford Foundation und Rat der Carnegie Institution; Carl Kaysen, Ökonom beim Natl Bureau of Economic Research, war 1942 beim OSS, 1946-66 Prof. Harvard, 1966-70 Institute for Advanced Study, Dozent an der London School of Economics, Spl. asst an Präsident Kennedy für nationale Sicherheit, Carnegie-Kommission, Paley-Dozent an der Hebräischen Universität und Direktor von Polaroid (finanziert von James Paul Warburg), Treuhänder des German Marshall Fund, Fulbright-Stipendiat der London School of Economics, Guggenheim-Stipendiat, Stipendiat der Ford Foundation; Frederick Mosteller, spec, Ökonom War Dept. 1942-43, Guggenheim-Stipendiat, Myrdal-Preis; John S. Reed, Vorsitzender Santa Fe Industries, Kraft, Northern Trust, Dart & Kraft, Atchison Topeka Santa Fe RR; Oscar M. Ruebhausen, atty Lend Lease Administration 1942-44, General Counsel OSRD Washington 1944-46, Partner der Anwaltskanzlei Debevoise Plimpton seit 1937, Direktor von Equitable Life, International Development Bank, chmn UN Day NY, Hudson Institute.

Die Direktoren der großen Stiftungen waren in Kriegszeiten besonders aktiv, auch wenn sie anscheinend wenig Erfahrung mit karitativen Bemühungen haben. Beardsley Ruml war von 1928-33 ein Treuhänder der Russell Sage Foundation. Viele Jahre lang war die prominenteste Figur im Vorstand von Sage Frederic A. Delano, der in Hongkong geboren wurde, wo sein Vater, Captain Warren Delano, im Opiumhandel tätig war. Delano, ein Onkel von Franklin D. Roosevelt, war ursprünglich 1914 Mitglied des Federal Reserve Board of Governors und wurde später von seinem Neffen zum Gouverneur der Federal Reserve Bank of Richmond ernannt. Er war ursprünglich Gründungsmitglied der Brookings Institution, der Carnegie Institution und der Carnegie Endowment for International Peace, Direktor des Smithsonian Museums, der Commission for Relief in Belgien und der Belgian American Educational Foundation, die von Herbert Hoover im Ersten Weltkrieg gegründet wurde, chmn Natl Planning Board 1934-

43. Die Schwester seiner Frau heiratete Ed Burling, der die Washingtoner Anwaltskanzlei Covington & Burling gründete, zu deren Partnern später auch Dekan Acheson und Donald Hiss, der Bruder Algers, zählten. Frederic A. Delano heiratete Mathilda Peasley aus Chicago; Edward Burling heiratete ihre Schwester Louise. Sie waren die Töchter eines Eisenbahnmagnaten, James C. Peasley von der Burlington Railroad, der auch Präsident der National State Bank war. Richter J. Harry Covington und Edward Burling gründeten 1919 die Anwaltskanzlei Covington and Burling in Washington. Covington, ein Kongressabgeordneter aus Maryland, war von Woodrow Wilson zum Obersten Richter des Obersten Gerichtshofs von Washington, D.C., ernannt worden, als Belohnung für seine Stimme für die Verabschiedung des Federal Reserve Act. Im Jahr 1918 ernannte Wilson

Covington als Eisenbahnkommissar der Vereinigten Staaten. Covington war ein Direktor von Kennecott Copper und Union Trust. Wilson hatte auch Edward Burling zum Chefsyndikus des U.S. Shipping Board ernannt. Er bekleidete diesen Posten von 1917-1919 und arbeitete eng mit Herbert Hoover und Prentiss Gray, später von J. Henry Schroder Co. Delanos Schwester war Mrs. Price Collier aus Tuxedo Park, New York; sein Schwiegersohn war James L. Houghtaling, der während der bolschewistischen Revolution 1917 Sonderattaché an der amerikanischen Botschaft in Petrograd war (er schrieb später Tagebuch der russischen Revolution), Federal Emergency Administration 1933, Commissioner of Naturalization and Immigration 1937-40, War Finance, Dept of the Treasury 1944-46; Vorsitzender der Fair Employment Board Civil Service Commission 1949-52 - seine Mutter war eine Peabody aus Boston.

Der erste Vorstand der Russell Sage Foundation bestand aus Daniel Coit Gilman, Helen Gould, Margaret Sage und Dwight Morrow.

Obwohl der Name Andrew Carnegie auf der Liste der amerikanischen Stiftungen eine große Rolle spielt, sind die fünf Carnegie-Stiftungen viele Jahre lang nur Anhängsel der Rockefeller Foundation gewesen. Carnegie verkaufte seine Stahlanteile für 1 Milliarde Dollar an J.P. Morgan und die Rothschilds, durfte aber nicht mit dem Geld weggehen; wie Cecil Rhodes, Rockefeller und andere wurde er angewiesen, es in Stiftungen zu stecken, die das Programm der Weltordnung durchführen sollten. Die Carnegie Institution of Washington wurde 1909 von Daniel Coit Gilman, Cleveland H. Dodge, Frederic A. Delano, Andrew Dickson White und Elihu Root, Darius Ogden Mills und William E. Morrow gegründet. Beachten Sie, dass zu den ursprünglichen Gründern zwei der drei Gründer des Russell Trust gehören, Gilman und White. 1921 wurde die Carnegie-Stiftung für internationalen Frieden von Frederic A. Delano, Roberts, gegründet. Brookings, Elihu Root, der ihr erster Präsident wurde, John W. Davis, Dwight Morrow, James T. Shotwell. Wir sehen also, dass die großen Stiftungen alle von derselben kleinen Gruppe von Menschen, Bankiers und Anwälten, die als Frontmänner für die Weltordnung fungieren, organisiert wurden.

James T. Shotwell vertrat mehr als sechzig Jahre lang gekonnt die Ziele der Weltordnung. Er wurde 1874 in Kanada geboren und kam 1900 als Professor für Geschichte an die Columbia University. Im Jahre 1916 wurde er von Col. House eingeladen, eine Studiengruppe, die Inquiry, mit Walter Lippmann zu gründen, um „die politischen, wirtschaftlichen, historischen und rechtlichen Entwicklungen der Nachkriegszeit zu studieren", obwohl wir nicht einmal im Krieg waren! Dies war der Kern der amerikanischen Kommission für Friedensverhandlungen in Versailles, die den Friedensvertrag verfasste. 1917 wurde Shotwell persönlicher Berater von Präsident Woodrow Wilson. Er wurde zum offiziellen Historiker des ACNP ernannt und schrieb die Sozialversicherungsklauseln des Versailler Vertrags. Er schrieb eine 150 Bände umfassende Geschichte des Ersten Weltkriegs, die von Columbia veröffentlicht wurde. Er war während des Krieges ein enger Freund von Herbert Hoover geworden und beriet ihn bei der Gründung der Hoover Institution. Shotwell organisierte die Internationale Arbeitskonferenz und trat 1924 dem Carnegie Endowment bei. Im Jahr 1941 leitete Shotwell ein Komitee, das die Freilassung des Kommunistischen Parteichefs Earl Browder forderte. Er trat 1940 in die State Dept. ein und diente bis 1944. Als Franklin D. Roosevelt ihn bat, dem Team des State Dept. aus Alger Hiss, Henry Wallace und Sumner Welles beizutreten, um die Vereinten Nationen zu organisieren, war Shotwell bereits Vorsitzender der Kommission zur Untersuchung der Organisation des Friedens, die er 1939, also vor Kriegsbeginn, eingesetzt hatte, so wie er es 1916 getan hatte! Shotwell war Ehrenvorsitzender der Konferenz von San Francisco zur Organisation der Vereinten Nationen mit Alger Hiss. Als Hiss verhaftet wurde, wurde Shotwell sein Nachfolger als Präsident der Carnegie-Stiftung für internationalen Frieden.

Das Kuratorium des CEIP listet 1948 die regierende Clique Amerikas auf: John W. Davis, Frederic A. Delano, John Foster Dulles, Dwight David Eisenhower, Douglas S. Freeman, Francis P. Gaines (Präsident der Washington & Lee University), Alger Hiss, Philip C. Jessup, David Rockefeller und Eliot Wadsworth. Ein Schlüsselmitglied, Philip C. Jessup, hatte eine so lange Geschichte der Verbindung mit kommunistischen Frontgruppen, dass nicht ein einziger Senator es wagte, für seine Bestätigung als U.S.-Vertreter bei der UNO im Oktober 1951 zu stimmen. Präsident Truman weigerte sich hartnäckig, seinen Namen zurückzuziehen, schickte ihn aber als „Ersatz" -Delegierten. Jessup war Assistent von Elihu Root am Haager Gerichtshof gewesen; er war Herbert Lehmans Asst-Generalsekretär der UNRRA, dessen Stellvertreter Laurence Duggan später aus dem Fenster fiel. Jessup hatte die USA auf der Bretton-Woods-Konferenz vertreten und war der Assistent von Alger Hiss, der bei der UN-Konferenz in San Francisco für die Organisation des Justizwesens zuständig war. Jessup war Vorsitzender des Pazifischen Rates des Institute of Pacific Relations, einer Brutstätte kommunistischer Intrigen und Spionage. IPR hatte den sowjetischen Spion, Richard Sorge, finanziert, als er sein Netzwerk in Japan aufbaute. Laurence Rockefeller diente als Sekretärin bei den IPR-Sitzungen. Der McCarran-Ausschuss berichtete,

> „Das IPR wurde von der Amerikanischen Kommunistischen Partei und von sowjetischen Beamten als ein Instrument der kommunistischen Politik, Propaganda und des militärischen Geheimdienstes betrachtet."

Im Juni 1945 durchsuchte das FBI die Büros des IPR-Magazins Amerasia Magazine, beschlagnahmte 1800 gestohlene vertrauliche Regierungsdokumente und verhaftete mehrere kommunistische Spione. Im folgenden Jahr gab die Rockefeller Foundation dem IPR 233.000 Dollar. Jessup war ein Mitglied der wohlhabenden Stotesbury-Familie, Partner von J.P. Morgan. Sein Bruder John Jessup war ein wohlhabender Bankier, Präsident Equitable Trust Co., Direktor von Coca Cola und Diamond State Telephone Co. CEIP hat Büros in Washington und in New York im Rockefeller Plaza 30. Es ist mit 45 Millionen Dollar dotiert und hat jährliche Ausgaben von 3 Millionen Dollar. Präsident des CEIP ist Thomas L. Hughes, der nach der Auflösung der OSS-Gruppe durch Präsident Truman den Vorsitz der OSS-Gruppe im Außenministerium innehatte; er war Rhodes-Stipendiat und 1955-58 Legislativberater von Hubert Humphrey, 1959-60, 1959-69 stellvertretender Staatssekretär für Geheimdienstfragen, 1969-70 Botschafter, Botschafter, Missionschef, 1969-70 im Rang eines Botschafters in London; zuvor war er 1952-54 als Generalstaatsanwalt der USAF tätig. Hughes ist Direktor des German Marshall Fund, der USAF Academy, der Ditchley Foundation, der School of Foreign Service, Georgetown, der Woodrow Wilson School, Princeton, der Social Sciences Foundation, des Hubert Humphrey Institute Public Affairs; Direktoren des CEIP sind Larry Fabian, der das Bureau of Intelligence State Dept. 1962, resident fellow Brookings

Instn 1965-71; Fabian ist auch Direktor des Nahost-Instituts, des Hudson-Instituts, des Instituts für strategische Studien und der Rockefeller Foundation; John Chancellor, Vize-Kanzler der NBC News, Moskau-Korrespondent 1960, Voice of America 1966-67; Harding F. Bancroft, ein New Yorker Anwalt, der 1941 der OPA beitrat, Lend Lease Administration 1943, als Direktor des UN Affairs Department of State 1945-53 diente und von 1953 bis heute Vizepräsident *der New York Times* ist; Thomas W. Braden, national syndizierter Kolumnist, dessen Frau Joan seit drei Jahren eine Affäre mit Robert McNamara hat (die Weltordnung erlaubt ein gewisses Maß an Intimität) - ein langjähriger Rockefeller-Mitarbeiter, der eine der gut publizierten Nelson-Rockefeller-" Leihgaben" erhielt; Braden ist Exekutivsekretär des Museum of Modern Art, diente 1941-44 bei den King's Royal Rifles of Britain; Kingman Brewster, Wall-Street-Anwalt bei Winthrop Putnam Simpson & Roberts, war Präsident von Yale 1961-67, Botschafter in England 1977-81, chmn English Speaking Union, National Endowment for Humanities, Kaiser Foundation; Anthony J. A. Bryan, geboren in Mexiko, eingebürgert 1947, heute Präsident von Copperweld, einer Firma im Besitz von Rothschilds Imetal Corp. und Federal Express, einer weiteren Rothschild-Firma - Bryan diente 1914-5 bei RCAF; Richard A. Debs, Fulbright-Stipendiat, Anwalt der Federal Reserve Bank of N.Y. 1960 bis heute, Präsident Morgan Stanley 1976, FOMC 1973-76, Vorsitzender 162 Mann der Carnegie Hall; Hedley Donovan, Rhodes-Stipendiatin, Direktorin der Ford Foundation, Trilaterale Kommission, leitende Beraterin des Präsidenten der EU.S. 1979-80, Direktor *der Washington Post, Fortune, Time*; C. Clyde Ferguson, Dekan der juristischen Fakultät in Harvard, Rechtsberater NAACP 1962 bis heute, persönlicher Berater Gov. Rockefeller, 1959-64, Botschafter in Uganda 1970-72; Lane Kirkland, Präsident des CIO, ebenfalls an Bord Wesley Posvar, der vor kurzem bei der Untersuchung von Zuschüssen der Air Force für seine Schule mitwirkte; er war 1954-57 bei der Strategic Planning Group im Hauptquartier der USAF, ist Direktor der Rand Corp.Norman Ramsey, Physiker, studierte in Harvard und Oxford, MIT, war 1942-45 beim MIT Radiation Laboratory & Los Alamos Laboratory bei der Entwicklung der Atombombe, Treuhänder Brookhaven Lab, Abteilung Physik. Harvard, Rockefeller U. NATO; Benno C. Schmidt, geschäftsführender Gesellschafter J.H. Whitney Co.; Jean Kennedy Smith; Donald B. Straus, Präsident der American Arbitration Assn., Geplante Elternschaft, Institute of Advanced Study; Leonard Woodcock, UAW, Mitglied auf Lebenszeit NAACP; Charles J. Zwick, Direktor des Bureau of Budget 1965-69, Direktor Johns Manville, Southern Bell Telephone, Rand Corp.

Die Carnegie Corp. in New York verfügt über ein Vermögen von 346 Millionen Dollar, Ausgaben in Höhe von 13 Millionen Dollar im Jahr 1980. Vorsitzender ist Alan Pifer, der in Groton, Harvard und Cambridge, England, ausgebildet wurde. Er ist seit 1975 Direktor der American Ditchley Foundation und ist im Aufsichtsrat von Harvard, Vorsitzender der Presidential Task Force on Education, Presidential Committee of White House Fellowships, African American Institute, Direktor der Federal Reserve Bank of N.Y. - er war 1948-53 Sekretär der U.S. Educational Com. in London, Direktor McGraw Hill; Vizepräsident der Carnegie Corp. ist David Zav Robinson, diente 1959-60 im Office of Naval Research London, 1970-76 Professor für Physik in Princeton, Atomforschung.

Die Carnegie Corporation wurde 1911 von Andrew Carnegie und Elihu Root gegründet, die Kriegsminister unter McKinley und Innenminister unter Theodore Roosevelt, Anwalt von J.P. Morgan, gewesen waren, der das Carnegie-Vermögen für das Programm der Weltordnung verwaltete.

Zu den Direktoren der Carnegie Corp. gehören Richard H. Sullivan, asst. Dekan Harvard 1941-42, Präsident Reed College 1956-57, Direktor John & Mary Markle Foundation; John C. Taylor III, Vorsitzender Paul Weiss Rifkind; Jack G. Clarke, atty mit Sullivan & Cromwell, Counsel Standard Oil of New Jersey, Vertreter des Nahen Ostens SO, sr. vice pres pres EXXON seit 1975, American Ditchley Fndtn. Aspen Institute; Thomas R. Donahue, Schatzmeister. AFL-CIO, Natl Urban League; David A. Hamburg, Psychologe U.S. Army med. serv. seit 1950, Natl Institute of Mental Health, Leiter der Abteilung Psychiatrie Stanford Univ 1961-72, Harvard-Studie über Aggression; Helene L. Kaplan, Rechtsanwältin bei Webster & Sheffield, Direktorin Brandeis, Barnard College, Mitre Corp., John F. Guggenheim Fndtn, American Arbitration Assn - ihr Ehemann Mark Kaplan, Präsident Drexel Burnham & Lambert, kontrolliert von den belgischen Rothschilds, Präsident Engelhard Chemical, jetzt Rechtsanwalt Skadden Arps Slate Meagher & Flom, Direktor Philbro, Elgin, Grey Advertising, DFS Group Ltd. adv com. Center for Natl Policy Review, Unimax Corp., Marcade Group, Hongkong; Carl F. Mueller, Bankers Trust, Carl Loeb Rhoades, Cabot Corp. Macmillan, John S. Guggenheim Fndtn; John C. Whitehead, Bankier bei Goldman Sachs seit 1947, Direktor Pillsbury, Crompton, HouseHold Finance, Equitable Life, Loctite Corp. Dillard Dept. Stores, ist an Bord des Georgetown Center for Strategic Studies und des Republican Natl Finance Committee.

Als Präsident der Carnegie Corp. verzahnt sich Alan Pifer mit vielen führenden Bankinstituten, wie aus einer speziellen, ihm gewidmeten Tabelle der *Federal Reserve Directors hervorgeht: A Study of Corporate Influence*, ein Personalbericht des House Banking & Currency Committee vom August 1976, aus dem hervorgeht, dass er mit dem Rockefeller Center, der J.Henry Schroder Banking Corp. verzahnt ist., J. Henry Schroder Trust Co., J.P. Morgan Co., Equitable Life, Federal Reserve Bank of Boston und der Cabot Corp. verzahnt.

Die Carnegie-Stiftungen arbeiten auch mit der John and Mary Markle Foundation zusammen, die 1927 mit 50 Millionen Dollar gegründet wurde. Sie vergibt Großzügigkeit an Journalisten, die sich für die Ziele der Weltordnung einsetzen. Markle war der größte Kohlekraftwerksbetreiber in den USA und Partner der Familie Roosevelt und Delano in der Kentania Coal Corp. die Millionen Morgen für wenige Cent pro Morgen von verarmten Bewohnern von Kentucky und Tennessee erwarb und Kohle im Wert von Milliarden Dollar aus ihren Beständen förderte. 1933 forderte Roosevelt Markle auf, bei der Beilegung des Kohlestreiks zu helfen. Der erste Präsident der Markle-Stiftung war Frank C. Vanderlip, Mitglied des Teams von Jekyll Island, das 1910 den Federal Reserve Act verfasste. Lloyd N. Morrissette ist jetzt Präsident; er war Vizepräsident. Carnegie Corp. seit 1967, zuvor Vorsitzender der Rand Corp. Direktor des American Council on Germany; Direktoren sind Daniel Pomeroy Davison, Sohn von F. Trubee Davison und Dorothy Peabody - er ist Präsident des U.S. Trust, Direktor von J.P. Morgan, Morgan Guaranty Trust und Scovill; Joel L. Fleishman, der auch Direktor der Fleishman Foundation, der Ford Foundation und der Alfred P. Sloan Foundation ist; Barbara Hauptfuhrer, Ehefrau von Robert P. (Schoenhut) Hauptfuhrer, er ist Vizepräsident von Sun Oil; F. N. Morrissette ist jetzt Präsident; er ist seit 1967 Vizepräsident der Carnegie Corp. Warren Hellman, seit 1959 bei Lehman Bros. tätig, Präsident von Peabody International Co.; Maximilian Kempner, Rechtsanwalt, geboren in Berlin, Mitglied der historischen Bankiersfamilie von Mendelsohn, ist Direktor des American Council on Germany; Gertrude Michelson, Vize-Präsidentin von Macy's seit 1947, Direktorin von Chubb, Quaker Oats, Harper & Row, Federal Reserve Bank of N.Y. und Spelman College; Richard M. Stewart, Präsident von Anaconda.

Die Carnegie- und Markle-Stiftungen arbeiten auch mit dem 1952 gegründeten American Council on Germany zusammen, der die Kontrolle über die „freie" Nation Westdeutschland ausübt. Sein Direktor ist David Klein, seit 1947 im Auswärtigen Dienst der USA, seit 1950 Russlandspezialist im Außenministerium, diente 1952-54 in

Moskau, 1957-60 politischer Offizier in Bonn, 1971-74 US-Minister in Berlin. Gemeinsam mit dem German Marshall Fund übt sie eine strenge Kontrolle über die deutsche Regierung, das akademische Leben und die Kommunikation in diesem militärisch besetzten Land aus. Der mit 21 Millionen Dollar ausgestattete German Marshall Fund, ein Zweig der CIA, hat seinen Sitz in Washington und gibt jährlich 5 Millionen Dollar für die Überwachung deutscher Angelegenheiten aus. Sein Präsident ist Frank Loy, geboren in Nürnberg. Der Name seines Vaters war Loewi, den er in der heutigen Schreibweise anglisierte. (Loy) kam 1939 in die USA, studierte in Harvard, trat 1954-65 in die einflussreiche Anwaltskanzlei O'Melveny & Myers an der Westküste ein, politischer Direktor und Spec, Wirtschaftswissenschaftler AID 1965-70, Präsident. Pennsylvania Co. 1978-79, stellvertretender Präsident von PanAm Airways 1970-73, Direktor von Arvida Corp. (Tochtergesellschaft Penn Central), Buckeye Pipeline Co. und Edgewater Oil Co. Vorsitzender des Kuratoriums des German Marshall Fund ist Eugene B. Skolnikoff, Rhodes Scholar, Direktor von CEIP, Ford Foundation, Rockefeller Foundation 1963-65, Vorsitzender Center for International Studies, spec, asst zum Präsidenten der U.S. 1958-63 und 1977-81, Präsident der Federation of Jewish Agencies, Hebrew Union College; Irving Bluestone; Harvey Brooks, Professor, Physik Harvard seit 1950, Direktor von Raytheon; Marion Edleman, Leiterin der Rechtsabteilung. NAACP, Beirat Martin Luther King Fndtn, Eleanor Roosevelt Institute, Yale Univ. Corp. erhielt die Whitney Young-Auszeichnung. Ihr Ehemann Peter Edleman war Rechtsreferent für den Richter am Obersten Gerichtshof Arthur Goldberg, Richter Henry Friendly, spec. legal asst. Robert F. Kennedy 1964-68, wäre Atty genannt worden. General in einer RFK-Administration, ist Direktor des RFK Memorial, leitete Edward Kennedys Präsidentschaftskampagne, war Stipendiat der Ford Foundation; Robert Ellsworth, Partner Lazard Freres, asst. zum Präsidenten der USA 1969, Botschafter bei der NATO 1969-70, stellvertretender Verteidigungsminister 1976-77, Institut für strategische Studien, Atlantikinstitut, Atlantic Council; Guido Goldman; Carl Kaplan; John E. Kilgore Jr., Paine Webber, jetzt chmn Cambridge Royalty Co. of Houston (deren Direktoren Frederic A. Bush, H. Haslam, Francis J. Rheinhardt Jr. sind). Weitere Direktoren des German Marshall Fund sind Joyce Dannen Miller, dir. Amalgamated Clothing Workers Union seit 1962, Geplante Elternschaft, ACLU, A. Philip Randolph Institute, Sidney Hillman Foundation, AFL-CIO, NAACP, Jewish Labor Committee, American Jewish Committee; Steven Muller, geboren in Hamburg, eingebürgert 1949, Rhodes-Stipendiat, Präsident der Johns Hopkins Univ., Center for International Studies, CSX Corp., stellvertretender Vorsitzender der

Federal Reserve Bank of Richmond; John L. Siegenthaler, Verleger Nashville Tennessean; Richard C. Steadman, Partner J.H. Whitney Co., Geheimdienstanalytiker U.S. Govt. 1957-59, American Ditchley Foundation, Russell C. Train, Richter U.S. Tax Court 1957-65, Chefsyndikus House Ways & Means Committee 1953-54, EPA 1973-77, Präsident World Wildlife Fund, Direktor Union Carbide, Trilaterale Kommission, U.S. Kommission für die UNESCO.

Diese deutschen assoziierten Gruppen hatten ihren Ursprung im Morgenthau-Plan, der beschloss, Deutschland nach dem Zweiten Weltkrieg in Schutt und Asche zu legen. Sie halten die eiserne Zensur in Deutschland aufrecht, um die Grenzen der Sowjetunion zu schützen (ein Hauptanliegen), mit rücksichtsloser wirtschaftlicher Ausbeutung des deutschen Volkes in den Händen der Weltordnung, und erpressen riesige Reparationszahlungen von den deutschen Arbeitern, die bereits mehr als 30 Milliarden Dollar gezahlt haben.

Die tragischsten Opfer des Netzwerks von Stiftungen und Universitäten der Weltordnung sind die Jugendlichen der Nation. Erfüllt von Hoffnung und Ehrgeiz, besuchen sie Hochschulen, um sich auf eine Karriere vorzubereiten, wo ihre Hauptberater die Eunuchen der Stiftungen sind. Sie werden sorgfältig daraufhin untersucht, ob sie für die Weltordnung nützlich sein können, und in diesem Fall erhalten sie Stipendien oder Beihilfen, aber die grausame Tatsache ist, dass ihnen die meisten Türen für immer verschlossen bleiben, es sei denn, sie haben das Glück, in eine Familienverbindung mit Mitgliedern der Weltordnung hineingeboren zu werden oder Protegé eines Eunuchen zu werden. Ungeachtet ihrer Talente oder Fähigkeiten werden sie für den Rest ihres Lebens zu den Holzfällern und Wasserschubladen verbannt. Während ihrer Ausbildung wird ihnen zu keinem Zeitpunkt bewusst werden, dass sie Opfer eines grausamen Schwindels sind, dass ihnen Erfolg in Wirtschaft, Theater, Kunst oder Literatur verwehrt wird, weil sie nicht die nötige Verbindung zur Weltordnung haben. Die Kunstszene wird von den New Yorker Kunsthändlern dominiert, die wiederum vom Museum of Modern Art dominiert werden, das von der Familie Rockefeller gegründet und kontrolliert wird. Die Gründer waren Nelson Rockefeller, Abby Aldrich Rockefeller (Ehefrau von John D. Jr.), Blanchette Hooker, Ehefrau von John D. 3rd, und Lizzie Bliss. Ihre Macht ist so groß, dass sie leere Bierdosen oder Haufen von Seilen oder Steinen zur Großen Kunst erklären können, die viele tausend Dollar wert ist. Sie erreichen einen doppelten Zweck, nämlich das kreative Leben der Menschen zu zerstören und gleichzeitig die Arbeit ihrer Lieblingspropagandisten zu fördern. Die neue Schatzmeisterin des Smithsonian Museums, Ann Leven, war früher

Schatzmeisterin des Museum of Modern Art und gleichzeitig Senior Vice President für Unternehmensplanung bei der Chase Manhattan Bank.

Im November 1955 erschien *im Fortune* ein Artikel von William H. Whyte mit dem Titel „Where the Foundations Fall Down" (Wo die Stiftungen zusammenbrechen), in dem darauf hingewiesen wurde, dass die Stiftungen Gelder nur für Projekte von „großen Teams" in Institutionen vergeben, die unter ihrer Kontrolle stehen. Whyte sagt, dass 76% aller Stiftungszuschüsse an diese „Team" -Projekte gehen, und zitiert riesige Summen, die Carnegie dem russischen Forschungszentrum in Harvard gegeben hat, und Ford-Stipendien an das Center for Advanced Study in Behavioural Science in Stanford. Stiftungszuschüsse werden nur selten an Einzelpersonen vergeben, und die meisten lassen sich auf eine zugrunde liegende Propagandaaktion zurückführen, wie die 200.000 Dollar, die die Rockefeller-Stiftung für die Einrichtung des National Bureau of Economic Research zur Verfügung stellte, dessen „Studien" die Welt der amerikanischen Wirtschaft heute effektiv dominieren.

Die Beteiligung der großen Stiftungen an der Militär- und Spionagearbeit zeigt sich in der Zusammensetzung zweier mächtiger „Think Tanks", der Rand Corp. und der Mitre Corp. Vorsitzender der 180 Millionen Dollar teuren Mitre Corp. ist Robert Charpie, Präsident der Cabot Corp., Direktor First Natl aus Boston, Champion und Honeywell. Präsident von Mitre ist Robert Everett, Mitglied des wissenschaftlichen Beirats der USAF, und der Northern Energy Corp.; Direktoren sind William T. Golden von der Firma Altschul, General American Investors, Block Drug, Verde Exploration Ltd. und Sekretär des Carnegie Instn. Washington; William J. McCune Jr. Vorsitzender von Polaroid; Teddy F. Walkowicz, Vorsitzender der Natl Aviation & Technology Corp. und Robert C. Sprague, Vizepräsident seines Familienunternehmens Sprague Electric, das mit der Verteidigungsfirma GK Technologies zusammenarbeitet, deren Direktor der ehemalige Präsident Ford ist.

Der Vorsitzende der Rand Corp. (50 Millionen Dollar Forschungsbudget jährlich) ist Donald Rumsfeld, seit vielen Jahren Präsident Nixons rechte Hand in Washington; Präsident ist Donald B. Rice, Jr. Präsident ist Donald B. Rice jr. im Amt des Verteidigungsministers 1967-70, OMB 1969-72, Direktor von Wells Fargo; Direktoren sind Harold Brown, ehemaliger Verteidigungsminister, Direktor von AMAX, CBS, IBM, Uniroyal und der Trilateralen Kommission, Frank Carlucci, Beamter im Außenministerium seit 1950, diente 1969-71 im Office of Economic

Opportunity, OMB 1971-72, unter Sec. Verteidigungsminister 1981-84, jetzt Vorsitzender der Sears World Trade Corp.; Carla Hills, ehemalige Sekretärin des HUD; Walter J. Humann, Exekutivdirektor, stellvertretender Vorsitzender. Hunt Oil Co. seit 1976, Präsident Hunt Investment Corp. Präsident des White House Fellows Institute; Walter E. Massey, Physiker, Spezialist für Atomwaffen, Argonne Natl Lab, Natl Science Fndtn, Natl Urban League; Newton Minow, Rechtspartner von Adlai Stevenson, chmn FCC 1961-63, Direktor Mayo Fndtn, Wm. Benton Fndtn, Vorstandsvorsitzender des Jüdisch-Theologischen Seminars, erhielt den George F. Peabody-Preis; Paul G. Rogers, Kongressabgeordneter aus Florida, jetzt Partner der einflussreichen Washingtoner Anwaltskanzlei Hogan & Hartson; Dennis Stanfill, Rhodes-Stipendiat, Vorsitzender des Fonds des 20. Jahrhunderts, war bei Lehman Bros. Los Angeles, diente als politischer Offizier Chief of Naval Opns 1956-59; Solomon J. Buchsbaum, Physiker, der 1953 in die USA kam, eingebürgert 1957, Pres. Science Advisory Committee, Bell Labs, chmn Energy Research Board, Marineforschung MIT, Argonne Lab, IBM-Stipendiat; William T. Coleman Jr.; Edwin E. Huddleson Jr., Rechtsreferent von Judge Hand, Richter Frank Murphy und dem State Department; General Counsel der Atomic Energy Commission, Präsident der Harvard Law Review; Charles F. Knight, Vorsitzender von Emerson Electric, von der Familie Symington kontrolliertes Verteidigungsunternehmen, Direktor von Standard Oil of Ohio, McDonnell Douglas; Michael E. May, geboren in Frankreich, Physiker am Livermore Nuclear Lab, Nationaler Sicherheitsrat 1974; Lloyd B. Morrissette, jetzt Präsident von Markle Fndtn, Vizepräsident. Carnegie Corp. Direktor des American Council on Germany, Don W. Seldin, der Leiter der medizinischen Dienste im Parkland Hospital Dallas war, als die Leiche Kennedys eingeliefert wurde, und George W. Weyerhauser, Direktor von SoCal, Boeing, Federal Reserve Bank of San Francisco, Mitglied der Lumber-Familie.

Wegen des wachsenden Aufschreis des Kongresses gegen die enormen Ausgaben der wichtigsten Stiftungen für kommunistische revolutionäre Zwecke beschloss die Weltordnung, dem amerikanischen Volk einige „antikommunistische" Stiftungen mit Sitz in der Hoover Institution on War, Peace and Revolution zu geben. Die Hoover-Gruppe gilt allgemein als konservativ, aber wenn wir ihr Personal und ihre Direktoren untersuchen, finden wir dieselbe alte internationale Schar von Bolschewiki und Finanziers.

Die Hoover Institution wurde 1919 an der Stanford University in Palo Alto, Kalifornien, mit einer Spende von 50.000 US-Dollar von Herbert Hoover gegründet. Er war Mitglied der ersten Abschlussklasse in Stanford gewesen, die mit einem Vermächtnis von Leland Stanford, dem Eisenbahnmagnaten des Südpazifiks, gegründet worden war. Sein einziger Sohn, Leland Stanford Jr., starb im Alter von fünfzehn Jahren in einem Hotelzimmer in Florenz, Italien. Seine trauernde Mutter wurde die Beute einer Reihe von Spiritualisten, von denen einer sie dazu überredete, eine spiritualistische Universität zu gründen, die auf solch mystischen östlichen Lehren beruht, wie

> „Das Gleichgewicht zwischen Nacht und Tag ist das Gleichgewicht der Welt", und „Die Triebfeder der Bewegung der Welt" . „Leben und Tod ist das große Geheimnis der Unsterblichkeit."

Wegen der Schwierigkeit, diese Doktrinen in einem kohärenten akademischen Lehrplan zu organisieren, wurde Frau Stanford von der Idee einer „spiritualistischen" Universität abgehalten, und so entstand die heutige Stanford University. Angeblich „konservativ", wurde sie in der Tat viele Jahre lang von den Harvard Liberalen dominiert.

Herbert Hoover gründete die Hoover Institution auf Anregung von drei Männern, Andrew Dickson White, Daniel Coit Gilman und Ray Lyman Wilbur, Präsident von Stanford. *Newsweek vom* 7. Juni 1954 stellte fest, dass Hoover sagte

> „1915 las ich als Leiter des Komitees für die Hilfe in Belgien zufällig einige Bemerkungen des Präsidenten Andrew White von Cornell, die er auf einer Konferenz über das Verschwinden von Zeitdokumenten und flüchtiger Literatur machte."

Hoover sagt, er habe sich entschlossen, nach dem Krieg Europa zu durchsuchen, um Dokumente zu beschaffen und sie in einem akademischen Rahmen zu bewahren. Gilman und Wilbur unterstützten ihn bei der Planung dieses Programms. Sowohl White als auch Gilman waren die ursprünglichen Gründer des Russell Trust, der das amerikanische Bildungswesen ein Jahrhundert lang dominiert hat. Wilbur bat Hoover, diese Sammlung in Stanford zu installieren. Wilbur diente als Direktor der Rockefeller Foundation 1923-40 und des General Education Board 1930-40. Sein Neffe und Nachfolger als Präsident in Stanford, Richard Lyman, ist heute Präsident der Rockefeller Foundation. Wilbur diente auch als Innenminister in Hoovers Kabinett 1929-33. Während dieser Zeit unterzeichnete er die Verträge für den Hoover-Damm, nachdem er sich diesen Namen ausgedacht hatte. Der Damm wurde erst nach dem Amtsantritt des FDR fertiggestellt; er befahl seinem Innenminister Harold Ickes böswillig, den Namen in Boulder Dam zu ändern. Hoover weist in seinen Memoiren darauf hin,

„zwei Drittel der Arbeiten waren während der Hoover-Verwaltung durchgeführt worden, alle Verträge wurden als Hoover-Damm vermietet, wie es bei vielen Präsidenten mit nach ihnen benannten Werken üblich war, wenn diese Arbeiten während ihrer Verwaltungen durchgeführt wurden; am 8. Mai 1933 änderte Sekretär Ickes auf Anweisung von Roosevelt den Namen in Boulder Dam."

Roosevelt weihte den Damm am 30. September 1933 ein, ohne Hoover oder die Tatsache zu erwähnen, dass die meisten Arbeiten während der Hoover-Administration durchgeführt worden waren. Am 10. März 1947 beschloss das Haus einstimmig, den Namen wieder in Hoover-Damm zu ändern. Hoover schrieb an den Kongressabgeordneten Jack Z. Anderson, der den Gesetzentwurf gesponsert hatte,

„Wenn ein Präsident der USA seinen Namen herunterreißt, ist das eine öffentliche Diffamierung und eine Beleidigung. Ich bin Ihnen dankbar, dass Sie ihn entfernt haben."

Wegen der Bedeutung der Hoover Institution in der Reagan-Regierung ist es wichtig, den Werdegang des Mannes, der sie gegründet hat, zu rekapitulieren. Als Promoter von Bergbauaktien in London war Hoover vom Handel an der Londoner Börse ausgeschlossen worden, und sein Mitarbeiter, der offenbar den Kopf hinhalten musste, ging für mehrere Jahre ins Gefängnis. Der Vorfall brachte Hoover die Aufmerksamkeit der Rothschilds auf sich, die ihn zum Direktor ihrer Firma Rio Tinto machten. Vorsitzender war Lord Milner, der die Runden Tische gründete, aus denen später das Königliche Institut für Internationale Angelegenheiten und seine Tochtergesellschaft, der Rat für Auswärtige Beziehungen, hervorging.

1916 waren die Befürworter des Ersten Weltkriegs bestürzt, als Deutschland darauf bestand, dass es den Krieg wegen Nahrungs- und Geldmangels nicht fortsetzen könne. Der Arzt des Zaren, Gleb Botkin, enthüllte 1931, dass der oberste Militärberater des Kaisers und Chef seiner Armeen an der russischen Grenze, Großherzog von Hessen-Darmstadt, bei einer geheimen Mission nach Russland in Zarskoje Selo, dem Kaiserpalast, sein Leben riskierte, wo er seine Schwester, Kaiserin Alexandra, bat, ihn mit dem Zaren über einen separaten Frieden mit Deutschland sprechen zu lassen. Die Kaiserin, die sich vor Kritik fürchtete, weigerte sich, ihn zu empfangen, und nachdem er die Nacht im Palast verbracht hatte, wurde er zurück zu den deutschen Linien eskortiert.

Um Deutschland im Krieg zu halten, veranlasste Paul Warburg, Chef des Federal Reserve System, in aller Eile, dass Kredite an seinen Bruder Max Warburg über Stockholm an M.M. Warburg Co. nach Hamburg weitergeleitet wurden. Nahrungsmittel stellten ein schwierigeres Problem dar. Es wurde schließlich beschlossen, sie als „Hilfe für die hungernden Belgier" direkt nach Belgien zu verschiffen. Die Lieferungen konnten dann über Rothschild-Bahnlinien nach Deutschland verschifft werden. Als Direktor für diese „Hilfsaktion" wählten die Rothschilds Herbert Hoover. Seine Partnerin in der Hilfskommission war Emilie Francqui, die von Baron Lambert, dem Oberhaupt der belgischen Rothschild-Familie, ausgewählt wurde. Der Plan war so erfolgreich, dass er den Ersten Weltkrieg für weitere zwei Jahre aufrechterhielt und es den USA ermöglichte, in den „Krieg zur Beendigung von Kriegen" einzusteigen. John Hamill, Autor von *Die seltsame Karriere von Herbert Hoover,* berichtet, dass Emile Francqui, Direktor der Société Générale, einer Jesuitenbank, mit einem Genehmigungsschreiben der deutschen Regierung, General von der Goltz, ein Büro in seiner Bank als Nationaler Ausschuss für Hilfe und Ernährung eröffnete. Mit diesem Brief ging Francqui dann nach London, begleitet von Baron Lambert, dem Chef der belgischen Rothschilds, und Hugh Gibson, Sekretär der amerikanischen Gesandtschaft in Brüssel.

Im Bericht des Nationalkomitees heißt es

> „Das Nationalkomitee und seine Unterorganisationen unterlagen weder der Kontrolle der belgischen öffentlichen Verwaltung noch war es der Öffentlichkeit gegenüber als öffentliche Behörde rechenschaftspflichtig. Das Nationalkomitee existierte allein nach dem Willen seiner Gründer und derjenigen, die es unterstützt hatten. Aus diesem Grund war es souverän in seinen Entscheidungen und schloss jede Kontrolle seines Handelns durch die Öffentlichkeit aus."

sagt Hamill,

> „Von Anfang an war die Lebensmittelabteilung auf kommerzieller Basis organisiert und geführt worden. Die Kommission für Hilfe in Belgien erhöhte ihre Verkaufspreise an das Nationalkomitee um einen Betrag, der dem Gewinn entsprach, den sie zuvor eingenommen hatte. Hoover bezeichnete dies als „Wohlwollen" ."

Francqui war zuvor Partner von Hoover bei dem Betrug im Kohlebergwerk Kaipeng in China gewesen, der den Boxeraufstand auslöste, bei dem die Chinesen gelobten, alle „weißen Teufel" in China zu töten, und bei den Gräueltaten im Kongo, bei denen Francqui mit dem Beinamen „der Schlächter des Kongo" in Erinnerung blieb. Er war eine ideale Wahl, um Partner in einem wohlwollenden Unternehmen zu werden.

Der 1919 veröffentlichte Bericht des Nationalausschusses zeigte, dass der Ausschuss bis zum 31. Dezember 1918 260 Millionen Dollar ausgegeben hatte. Bei dem Versuch, die Konten auszugleichen, wurde diese Zahl 1921 auf 442 Millionen Dollar nach oben korrigiert, die im selben Zeitraum ausgegeben worden waren. Es wurden jedoch $182 Millionen nicht verbucht. Im Dezember 1918 wies Francqui Entlastungsausgaben in Höhe von 40 Millionen Dollar aus, viermal so viel wie in jedem Vormonat, obwohl der Krieg nun vorbei war. Am 13. Januar 1932 berichtete die *New York Times in der* belgischen Presse über weit verbreitete Angriffe auf Hoover,

> „... dass Präsident Hoover während seiner Zeit bei der Belgischen Fürsorge offenkundig an einem Plan beteiligt war, Geld aus Belgien herauszuholen."

Hoover wurde dann zum U.S. Food Administrator in Washington ernannt. Obwohl die Operation hauptsächlich von Lewis L. Strauss von Kuhn, Loeb Co. geleitet wurde, hing Hoover immer noch stark von seinem langjährigen Mitarbeiter Edgar Rickard ab. Am 13. November 1918 sandte Hoover einen Brief an Präsident Wilson mit der Bitte, Edgar Rickard zu ermächtigen, „an meiner Stelle zu handeln", während er sich in Europa aufhielt. Wilson unterzeichnete den Brief am 16. November 1918,

> „Wohingegen Edgar Rickard kraft Exec, Verfügung vom 16. November 1918, nun alle Befugnisse ausübt, die bisher an Herbert Hoover als U.S. Food Administrator delegiert wurden."

Nach einem Brief von Herbert Hoover vom 17. Januar 1919 nahm Rickard den Titel „Acting Food Administrator in Washington" an, „seit meiner Abreise zu einer Konferenz in Paris"."

Die U.S. Food Administration wurde dann in vier Abteilungen aufgeteilt: Sugar Equalization Board, Belgian Relief, U.S. Grain Corp. und U.S. Shipping Board. Am 16. Dezember 1918 schickte Wilson einen Brief an das State Department mit einer Durchführungsverordnung: „Bitte zahlen Sie der U.S. Food Administration Grain Corp. sofort 5 Millionen Dollar aus meinem Fonds für nationale Sicherheit und Verteidigung. „Die Anordnung wurde an den Finanzminister zur Zahlung weitergeleitet und genehmigt.

Justice Brandeis Biographie von Mason notiert,

> „Norman Hapgood schrieb Brandeis aus London am 10. Januar 1917: 'Herbert Hoover ist der interessanteste Mann, den ich kenne. Sie werden seine Erfahrungen in der Diplomatie, im Finanzwesen usw. in England, Frankreich, Belgien und Deutschland genießen!"

Anfang Februar sprach er mit Justice Brandeis, die ihm ein Treffen mit Senator McAdoo, Wilsons Schwiegersohn, arrangierte, was zu Hoovers Ernennung zum U.S. Food Administrator führte.

Am 21. Januar 1919 nahm die *New York Times* die Senatsdebatte zur Kenntnis, in der Hoover wegen seiner vorgeschlagenen Bitte um 100 Millionen Dollar Hilfe für Europa angegriffen wurde. Der Plan wurde von Senator Penrose und Senator Gore als ein Plan kritisiert, der die Überschüsse der amerikanischen Fleischpacker in Europa abladen würde. Sen. Penrose fragte Sen. Martin, den demokratischen Fraktionsvorsitzenden, ob Hoover „amerikanischer Staatsbürger ist und jemals an einer amerikanischen Wahl teilgenommen hat? „Martin erwiderte: „Ich schlage nicht vor, mich in eine solche Bedeutungslosigkeit hineinziehen zu lassen" . Penrose erklärte daraufhin: „Ich glaube nicht, dass er ein US-Bürger ist, der keinen Amtseid geleistet hat und dessen Loyalität in Zweifel steht. Die Kritik weckte Hoover so sehr, dass er ein Rücktrittsschreiben unterzeichnete, in dem er seine „vier Jahre öffentlichen Dienstes ohne Bezahlung" rezitierte. „Es wurde nie eingereicht und tauchte viele Jahre später in den persönlichen Unterlagen seines Assistenten Lewis L. Strauss auf.

Die *New York Times* bemerkte am 4. September 1919, dass Edgar Rickard an der Stanford Univ. eine Rede gehalten habe, in der er energisch für den Völkerbund warb. Hoover und Oberst House arbeiteten auch zusammen, um die Zustimmung des Senats und der Öffentlichkeit für Wilsons Völkerbundsplan zu erhalten.

Die Mitglieder des Teams der Commission for Relief in Belgium haben in der Geschichte der USA eine sehr prominente Rolle gespielt. Hoover wurde Handelsminister und später Präsident der USA. 1980 zog ein Team der Hoover Institution als Vorhut einer „konservativen" Regierung nach Washington. Prentiss Gray, Hoovers Assistent in der U.S. Food Administration, wurde 1922 Präsident der J.Henry Schroder Banking Corp. Julius H. Barnes, ein weiterer Mitarbeiter von Hoover, wurde Vorsitzender der J.Henry Schroder Bank. Vielleicht kaufte ein Überschuss an „Hilfsfonds" in der Folge eine Reihe amerikanischer Unternehmen. Barnes wurde Präsident von Pitney Bowes, Pejepscot Paper, General Bronze, Barnes-Ames Corp., der Northwest

Bancorporation und der Erie & St. Lawrence Corp. Edgar Rickard, Hoovers Partner, seit sie 1909 eine Zeitschrift zur Förderung ihrer Bergbauaktien herausbrachten, war Ehrensekretär der Commission for Relief in Belgien gewesen; er wurde nun Präsident der Androscoggin Water Power Co. Präsident der Belgo-American Trading Co., Vizepräsident der Erie & St. Lawrence Corp., Präsident der Hazard Wire Rope Co., Präsident der Hazeltine Corp. und Vizepräsident der Intercontinental Development Corp. Präsident der Latour Corp., Präsident von Pejepscot Paper Co. und Vizepräsident von Pitney Bowes Co., Vorsitzender der Wood Fibre Board Corp. Robert Grant von der U.S. Food Administration wurde Direktor der US-Münzanstalt in Washington. Prentiss Gray wurde Vizepräsidentin der British American Continental Corp., Electric Shareholdings Corp., Hydroelectric Securities Corp., Manati Sugar Corp., St. Regis Paper, Swiss American Electric Prudential Investors, International Holdings and Investment Corp. wobei die beiden letztgenannten Unternehmen von der Société Générale und Francqui kontrolliert werden. Diese Investmentfirmen wurden von dem belgischen Kapitalisten Kapitän Alfred Loewenstein organisiert, der auf mysteriöse Weise aus seinem Flugzeug verschwand, während er den Ärmelkanal überflog.

Während seine engsten Berater ihre millionenschwere Karriere fortsetzten, blieb Herbert Hoover seinen Idealen des öffentlichen Dienstes treu. Er wurde Handelsminister und wählte als seinen Sekretär Christian A. Herter, der 1920-21 sein Sekretär in der Belgischen Hilfskommission gewesen war und auch Sekretär der Amerikanischen Kommission für Friedensverhandlungen gewesen war. Er war von 1919-24 Handelsminister von Hoover; er heiratete in die Familie Pratt von Standard Oil ein, die ihr Herrenhaus in Manhattan zum Hauptsitz des CFR machte, und wurde später zum Außenminister ernannt.

Charles Michelson schrieb über Hoovers Karriere im Handelsministerium in *The Ghost Talks*, 1944,

> „Offiziell war Mr. Hoover jemals ein Promoter. Als er das Handelsministerium übernahm, war es eine ziemlich moderne Organisation. Er übernahm das Bureau of Mines aus dem Inneren. Er tauchte in das State Department ein, als er seine Idee von Handelsvertretern im Ausland verwirklichte, und ließ die alten Handelsvertreter unserer Gesandtschaften arbeitslos werden. Es war kein Zufall, dass er für seine Abteilung den größten und vielleicht am aufwendigsten ausgestatteten Palast baute, der einen Regierungszweig beherbergte."

Eine von Hoovers bemerkenswertesten Taten als Handelsminister war die Verleihung der Hazeltine-Radio-Patente an seinen Partner seit 1909, Edgar Rickard, ein Geschenk, dessen Wert damals konservativ auf eine Million Dollar geschätzt wurde. Als Hoover seine Kampagne für die Präsidentschaft organisierte, gab er als seine persönliche Ansprache Suite 2000. 42 Broadway N.Y. Suite 2000 wurde auch als das Büro von Edgar Rickard aufgeführt. Es war auch die Ansprache von Hoovers ehemaligem Komplizen in der U.S. Food Administration, Julius H. Barnes, Vorsitzender der Schroder Bank, die bald als Hitlers persönliche Bank berüchtigt werden sollte.

Obwohl „Wild Bill" Donovan Hoover vier Jahre lang treu gedient hatte, während er sich um die Nominierung für die Präsidentschaft bemühte, zögerte Hoover nicht, ihn beiseite zu werfen, als er wegen seiner katholischen Religion zu einer politischen Belastung wurde. Die *New York Times* vermerkte den 17. Juni 1928.

> „" W. A. Bechtel aus San Francisco schickte ein Glückwunschtelegramm an die Kandidatin, im Namen der Bauindustrie gratulieren wir der Republikanischen Partei zu ihrer Auswahl eines Kandidaten für das Amt des Chefingenieurs des größten Unternehmens der Welt für die nächsten vier Jahre, einem unserer kalifornischen Landsleute, der sich dieser großen Ehre würdig erwiesen hat."

Hoover bereitete bald Verträge für das größte öffentliche Bauwerk der damaligen Zeit vor, den Hoover-Staudamm, dessen Hauptauftragnehmer Bechtel werden sollte.

Trotz seiner karitativen Besorgnisse engagierte sich Hoover immer noch in der freien Wirtschaft. Am 7. Dezember 1919 hatten er und sein Partner Julius H. Barnes den *Washington Herald* gekauft; er wurde später von der Familie Patterson McCormick und noch später von Eugene Meyer erworben, der ihn umgehend stilllegte. Barnes kaufte 1919 auch die Penobscot Paper Co. für $750.000; er hatte zufällig etwas zusätzliches Bargeld zur Hand. Die *New York Times vom* 28. Januar 1920 berichtete, dass Colonel House mit Hilfe einiger britischer Freunde in Austin, Texas, mit der Entwicklung eines Booms für Hoover als Präsident beschäftigt war. Die *Times* bemerkte ferner am 28. Januar 1920, dass die britische Regierung dementierte, dass Lord Grey am Hoover-Boom beteiligt gewesen sei.

Bei einem Abendessen im Hotel Commodore am 23. April 1920 waren Julius Barnes und Herbert Hoover die Ehrengäste. Der Hauptredner gab bekannt, dass der Name Herbert Hoover „in der ganzen zivilisierten Welt bekannt" sei.

Von dem Zeitpunkt an, als White, Gilman und Wilbur Hoover dazu überredeten, Dokumente für die Hoover-Bibliothek zu sammeln, wurde viel Unterstützung aus offiziellen Quellen bereitgestellt. Selbst damals war sich noch niemand sicher, wie der Erste Weltkrieg begonnen hatte. Es lag in jemandes Interesse, dafür zu sorgen, dass so viele sachdienliche und geheime Dokumente der kriegführenden Mächte an einem Ort gesammelt, durchgesehen und, wenn nötig, vor neugierigen Blicken verborgen werden konnten. Hoover konnte General Pershing auffordern, ihm Hunderte von Armeeoffizieren zur Verfügung zu stellen, die ihm bei seiner Suche behilflich sein sollten. In seinem Vorwort zu The Special Collection of the Hoover Library berichtet Hoover, dass er 1500 Offiziere der amerikanischen Armee und des Obersten Wirtschaftsrats rekrutiert und in alle Teile Europas entsandt hat. Die *New York Times* vom 5. Februar 1921 berichtet, dass Hoover bis zu 4000 Agenten in Europa hatte, die von Land zu Land zogen, um diese Dokumente zu sammeln. Selbst in diesen Zeiten vor der Inflation müssen die Kosten für die Aufrechterhaltung von 4000 Agenten in Europa unerschwinglich gewesen sein. Niemand hat je herausgefunden, wer sie bezahlt hat. Außerdem wurden viele der Dokumente direkt gekauft. Die einzige Ausgabe, die Hoover jemals öffentlich machte, waren die ursprünglichen 50.000 Dollar, die er 1919 für die Gründung der Bibliothek gegeben hatte. Wer gab Millionen von Dollar aus, um diese Sammlung zusammenzustellen? Es ist höchst unwahrscheinlich, dass Hoover sich von solchen Summen getrennt hätte, aber niemand hat jemals zugegeben, Geld in dieses Projekt gesteckt zu haben.

Die *Times* bemerkte in der Geschichte des Hotel Commodore, dass Hoover, ein Mitglied der ersten Abschlussklasse in Stanford, der Schule eine Sammlung von 375.000 Bänden überreicht habe. Sie enthielt die wertvollste Sammlung geheimer bolschewistischer Aufzeichnungen, die es gibt, darunter die Listen der ursprünglichen Distriktsowjets, die von einem Türhüter für 200 Dollar gekauft worden waren. Die *Times* bemerkte, dass die Sowjetregierung keine Kopien dieser seltenen Archive besaß! *Die Times* bemerkte am 30. Juni 1941, dass die Bolschewiki Hoover erlaubt hatten, 25 Wagenladungen Material zu entfernen, zu einer Zeit, als russische Flüchtlinge nur mit der Kleidung auf dem Rücken ausreisen durften. Das Bemühen um Hoovers Sammlung könnte dadurch beeinflusst worden sein, dass er das junge bolschewistische Regime vor dem Aussterben bewahrt hatte, indem er ihnen große Mengen an Lebensmitteln zukommen ließ.

Zu Hoovers Sammlung gehörten auch die vollständigen Geheimakten des Deutschen Kriegsrats während des Ersten Weltkriegs, ein Geschenk von Präsident Ebert, das Tagebuch von Mata Hari und sechzig seltene Bände aus der persönlichen Bibliothek des Zaren. Viele der Sammlungen waren dauerhaft versiegelt. *Die Zeit* merkte an, dass die Hoover Institution 300 versiegelte Sammlungen enthielt, die noch nie von jemandem eingesehen werden durften.

Man kann nur spekulieren, ob interessierte Parteien, vielleicht die Rothschilds, Hoovers Arbeitgeber, die am Ende des Ersten Weltkriegs entschlossen waren, die geheimen Dokumente der kriegführenden Nationen Europas an einen weit entfernten Ort, wie z.B. die Westküste Amerikas, zu bringen, um ihre politische Haftung zu mindern, und damit Beweise für verschiedene Absprachen zu vernichten. Die anfängliche Organisation des Materials wurde von einem Stanford-Professor für Geschichte, Ephraim D. Adams (1865-1930), vorgenommen. Adams und seine Frau wurden am 22. Mai 1919 in einem Büro in Paris installiert, um die ersten Dokumentenlieferungen entgegenzunehmen. Weitere Büros wurden in Berlin, London und New York eröffnet. Unterstützt wurde Adams von Dr. Alonzo Engelbert Tyler, der an der Universität Berlin ausgebildet worden war, 1917-19 im War Trade Board tätig war und Mitarbeiter des Stanford Food Research Institute; Dr. Carl Baruch Alsberg, ebenfalls an der Universität Berlin ausgebildet, arbeitete für das Landwirtschaftsministerium; und Dr. Joseph Stancliffe Davis, ein Harvard-Professor für Wirtschaftswissenschaften.

Der beratende Ausschuss der ursprünglichen Hoover-Bibliothek bestand aus Dr. James R. Angell, Präsident von Yale und Präsident der Carnegie Corp.; Dr. J.C. Merriam, ausgebildet an der Universität München, chmn Natl Research Council und Carnegie Institution; Herbert Hoover und Julius H. Barnes.

Prof. Adams war 1920-25 Direktor der Hoover-Bibliothek. Sein Nachfolger wurde Ralph H. Lutz, der die Bibliothek von 1925-44 leitete. Lutz hatte 1918-19 unter Bernard Baruch dem Obersten Wirtschaftsrat in Paris angehört. Im Jahr 1910 erhielt er seinen Doktortitel von der Universität Heidelberg. Seinen Bachelor-Abschluss hatte er 1906 in Stanford erworben. Von 1920 bis 25 diente er als Vizekommissar der Hoover-Bibliothek unter Adams. Harold H. Fisher war 1944-52 Direktor der Hoover-Bibliothek. Er war stellvertretender Direktor der American Relief Administration und deren Chefhistoriker unter Hoover 1920-24 gewesen. Von 1933 an war er Professor für Geschichte an der Stanford Univ. und wurde 1955 emeritiert. 1943-64 war er Direktor von Hoovers Belgian American Educational Foundation und 1953-61 Vorsitzender des Pacific Council of IPR, als das FBI eine Reihe von IPR-Führungskräften verhaftete und wegen Spionage anklagte. Während seiner Zeit als Vorsitzender des IPR gab

Fisher weiterhin seine Postanschrift als Hoover Institution, Stanford University, an. Die *New York Times* bemerkte am 29. Oktober 1929, dass Hoover als Präsident der Vereinigten Staaten Grüße an die IPR-Versammlung gesandt hatte: „Meine besten Grüße und Wünsche" .

Der nächste Direktor der Hoover Institution war C. Easton Rothwell, 1952-60; er war 1947-52 Vorsitzender der Forschung an der Hoover Institution gewesen. Von 1941-46 diente er als Leiter der Abteilung für Spekulation, Forschung und politische Angelegenheiten, Abt./Staat; er war Exekutivsekretär. UN-Konferenz in San Francisco 1945 unter Alger Hiss; war Mitarbeiter der Brookings Institution 1946-7, Mitarbeiter des Natl War College 1951, Delegierter der Fulbright-Konferenz, Cambridge England 1954.

Im Jahr 1960 wurde die Bibliothek, die heute als Hoover Institution on War, Revolution and Peace bekannt ist, von Wesley Glenn Campbell geleitet, der auch heute noch ihr Direktor ist. Der in Ontario geborene Campbell schloss 1946 sein Studium in Harvard mit dem PH.D. 1948 ab und lehrte dort fünf Jahre lang im Fachbereich Wirtschaft. Er wurde 1951-54 Ökonom für die Handelskammer und 1954-60 für das American Enterprise Institute, als er Leiter der Hoover Institution wurde. Er ist Direktor der belgisch-amerikanischen Bildungsstiftung von Hoover und der supergeheimen Mont-Pelerin-Gesellschaft, die keine Informationen über ihre Sitzungen veröffentlicht. Campbell heiratete Rita Ricardo, die weiterhin ihren Mädchennamen verwendet. Sie ist eine direkte Nachfahrin des berühmten Ökonomen David Ricardo, dessen Rententheorie von Karl Marx aufgegriffen wurde. Ricardo begründete auch das „Lohngesetz", das besagt, dass sich die Arbeitnehmer auf einen bloßen Existenzminimum-Lohn beschränken müssen, dessen Höhe von der „Besteuerung" kontrolliert wird. Ricardo betrachtete die Arbeiter auch als bloße Produzenten von „Arbeitszeit", eine Theorie, die Marx als Grundlage für sein Konzept der Arbeit übernahm. Sie verkörpert die klassische parasitäre Auffassung, dass der Wirt nur existiert, um den Parasiten zu ernähren, und kein Recht auf die Produkte und Gewinne seiner eigenen Arbeit hat. In einem Artikel in „CHANGE", Okt. 1981, heißt es, dass Rita Ricardo „Reagans Überlegungen zur sozialen Sicherheit und zur nationalen Krankenversicherung mitgestaltet hat", die beide als Besteuerung des Einkommens des Arbeitnehmers angewendet werden.

1964 waren Campbell und andere Hoover-Mitarbeiter die Hauptberater der Goldwater-Kampagne; innerhalb von zwei Jahrzehnten waren sie zu den einflussreichsten politischen Entscheidungsträgern im Weißen Haus geworden.

Der Index *der New York Times* für die Zeit von Hoovers Präsidentschaft, 1929-33, enthält weder Hinweise auf Stanford noch auf die Hoover-Bibliothek. Am 23. Juni 1933 vermerkte die *Times*, dass der Ex-Präsident ein Büro in Stanford unterhalten würde. Stattdessen nahm er eine Suite im New Yorker Waldorf Astoria und verbrachte dort den Rest seines Lebens. Obwohl er nur selten in der Hoover Institution zu sehen war, leitete er die jährlichen Versammlungen des Machtzentrums an der Westküste, Bohemian Grove, und wurde als dessen regierende Figur angesehen.

Die *New York Times vom* 24. März 1935 bezog sich auf den „Hoover's Palo Alto Brain Trust", obwohl der Brain Trust die Macht in Washington erst 1980 übernahm. Am 30. Juni 1941 wurde der Hoover Institution in Stanford von Präsident Seymour von Yale ein neues 14-stöckiges, 210 Fuß hohes Gebäude für 1,2 Millionen Dollar gewidmet, ein romanischer Turm, in dem etwa 5 Millionen Dokumente, viele davon versiegelt, aufbewahrt werden. Die *Saturday Evening Post* vom 11. März 1950 stellte fest, dass Edgar Rickard, Direktor der Hoover Institution, 1937 600.000 Dollar für die Kosten dieses neuen Gebäudes aufgebracht hatte.

Hoover erklärte, der Zweck der Bibliothek sei es, „durch Forschung die Ungerechtigkeiten des Kommunismus aufzudecken", obwohl er ursprünglich geschrieben hatte, „die Übel der Doktrin von Karl Marx aufzuzeigen" . „Ein späterer Präsident von Stanford, Wallace Sterling, revidierte dies 1960, um zu lesen: „zur Erweiterung des menschlichen Wissens, dass das menschliche Wohlergehen auf diese Weise verbessert werden kann", ein klassisches Beispiel für Orwells „Doublethink" . Sterling erklärte diesen Akt der Zensur mit der Behauptung: „Wir können keine Forschung mit vorher festgelegten Schlussfolgerungen betreiben" . Sterling, ebenfalls in Ontario geboren, war von 1932-37 Mitglied des Hoover-Forschungsteams gewesen und wurde mit der Hoover-Medaille ausgezeichnet. Er war 1962-76 für die Ditchley Foundation tätig und gehörte dem Stab von HEW und dem Natl War College an.

Am 21. Juli 1957 änderte die Hoover Library offiziell ihren Namen in Hoover Institution on War, Peace and Revolution. Sie erhält Mittel aus dem Lilly-, Pew- und Volker-Fonds sowie von der Sarah Mellon Scaife Foundation. Die Ford Foundation gab ihr 1953 $255.000. Am 6. Juli 1943 hatte der Lilly-Fonds eine dreitägige Konferenz in der Institution für Bertram Wolfe, New York, Raymond Aron, Frankreich, und Richard Lowenstein, Berlin, finanziert. Alle diese Begünstigten waren Liberale der alten Linie.

1927 gab die Rockefeller Foundation aufgrund von Wilburs dortiger Leitung der Hoover Library 200.000 Dollar für Slavistik. Die Carnegie Corp. gab ebenfalls 180.000 $. Am 7. Januar 1975 unterzeichnete Präsident Ford ein Stipendiengesetz über 30 Millionen Dollar; angeheftet war ein Zuschuss von 7 Millionen Dollar an die Hoover Institution. Das Justizministerium gewährte der Hoover Institution 600.000 $ zur Untersuchung von Verbrechen.

Der Campus der Stanford University ist der Welthauptsitz von Hewlett-Packard und der milliardenschweren Elektronikindustrie. Die 8800 Acres des Stanford-Campus waren ursprünglich Leland Stanfords Palo Alto Stock Farm, die er mit rund 20 Millionen Dollar dotierte. Der Campus beherbergt ein 105 Millionen Dollar teures Labor der Atomenergiekommission, das durch den Einfluss von L.L. Strauss, Vorsitzender der AEC und Direktor der Hoover Institution, errichtet wurde. Zweitausend Hektar wurden für Mieteinheiten reserviert. Ein Einkaufszentrum auf dem Campus zahlt jährlich 500.000 Dollar Miete. Der 300 Acres große Stanford Research Park beherbergt den Welthauptsitz von Hewlett-Packard. 1912 erfand Lee de Forest in Palo Alto die Vakuumröhre und begründete damit die Radioindustrie. Prof. Louis Term an aus Stanford erfand den Stanford-Binet-IQ-Test; sein Sohn Fred wurde Professor für Elektrotechnik in Stanford und überredete zwei seiner Studenten, Bill Hewlett und Dave Packard, einen Elektronikkonzern zu gründen. Hewlett-Packard hat heute einen Jahresumsatz von 4,4 Milliarden Dollar und 68.000 Beschäftigte. Laut Fortune ist Bill Hewlett 1,045 Milliarden Dollar wert, Dave Packard 2,115 Milliarden Dollar.

Prof. William Shockley hat hier den Transistor erfunden und damit den Silicon Valley-Komplex ins Leben gerufen. Seine Erfindung wurde später von Fairchild Semiconductor übernommen, das sich heute im Besitz von Schlumberger Inc. befindet. Shockley erhielt wenig oder gar nichts für seine Entdeckung.

Stanford erhielt von der Ford Foundation 3 Millionen Dollar für ein medizinisches Zentrum, und im September 1959 schenkte die Ford Foundation Stanford 25 Millionen Dollar, ihre größte Spende an eine Bildungseinrichtung. Die *New York Times* bemerkte am 10. Oktober 1977, dass Stanford, „bekannt als das Harvard des Westens", eine Spendenkampagne über 300 Millionen Dollar unter der Leitung von Arjay Miller, dem ehemaligen Präsidenten der Ford Motor Co. Der Einfluss von Harvard war in Stanford und der Hoover Institution immer stark. Donald Kennedy, der 1980 Präsident von Stanford wurde, heiratete Jeanne Dewey und nahm seinen AB., MA. und PH.D. von Harvard und war von 1970-76 Mitglied des Harvard Board of

Overseers. Unter Präsident Carter war er 1977-79 Kommissar für Lebensmittel und Arzneimittel, bevor er Präsident der Stanford University wurde.

Stanford verfügt über weitere wichtige Immobilienbestände. *Time*, 14. Januar 1966 bemerkte, dass Stanford ein deutsches Schloss in Beutelsbach, eine Villa in Florenz und ein Hotel in Tours besitzt und Harlaxton Manor, ein steinernes Herrenhaus mit 365 Zimmern in Lincolnshire, das von den Jesuiten an Stanford verpachtet wurde, bewohnt.

Der 1980 veröffentlichte Leitfaden für die Hoover Institution stellt fest, dass Rita Campbell Archivarin ist; Robert Hessen ist stellvertretender Archivar. Die Sammlung setzt sich zu 24% aus Nordamerika, zu 26% aus Russland und Osteuropa, zu 27% aus Westeuropa und zu 1,8% aus Lateinamerika zusammen. Seite 5 des Leitfadens stellt fest, dass die Sammlung von zwei Historikern, Andrew D. White, Präsident von Cornell, und Ephraim Adams aus Stanford, inspiriert wurde. Nr. 2358 in der Sammlung sind die Pariser Akten der zaristischen Geheimpolizei; Nr. 2373 die Akten der kaiserlich-russischen Okhrana (Geheimpolizei); Nr. 2382 eine Liste der von sowjetischen politischen Agenten in Kiew begangenen Gräueltaten.

Am 25. Juni 1962 starb Alfred Kohlberg (bekannt als Leiter der China-Lobby); er hinterließ 15 Aktenschränke, die bis 1991 gesperrt sind. Die Max. E. Fleischmann-Stiftung gab 250.000 Dollar für Boris Nikolaevskys 40-jährige Sammlung russischer Dokumente aus, die dann der Hoover Institution übergeben wurde. Die Hoover-Sammlung umfasst auch die persönlichen Tagebücher von Joseph Goebbels und Heinrich Himmler, die Akten von Basil Malakoff, sowjetischer Botschafter in Washington 1919-26, die Akten der Bank für Internationalen Zahlungsausgleich und die offiziellen japanischen Aufzeichnungen über den Angriff auf Pearl Harbor.

1966 schloss sich Alan H. Belmont dem Hoover als Geschäftsführer an. Er war zuvor 1936-65 beim FBI gewesen und diente als persönlicher Assistent von J. Edgar Hoover. Ebenfalls an der Hoover war Stefan Possony, der an der Universität Wien ausgebildet wurde, 1940 in die USA kam, 1943-46 Berater des Kriegsministeriums war und 1961 zum Direktor für internationale politische Studien an der Hoover ernannt wurde.

Zu den Direktoren der Hoover Institution gehörten 1963 Richard Amberg, Herausgeber der St. Louis Post-Dispatch; Clarence Bamberger, Bergbauingenieur; William J. Baroody, der das American Enterprise Institute gegründet hatte und Vorsitzender des Woodrow

Wilson International Center for Scholars war; Karl R. Bendetsen, Vorsitzender von Champion Paper, war Sonderbeauftragter des Kriegsministeriums bei General MacArthur 1941, spec, Berater des Armeesekretärs, Verteidigungsminister 1948-52, Vorsitzender der Panama Canal Co. und Botschafter in Westdeutschland und auf den Philippinen; James B. Black Jr. von Lehman Bros; Arthur Curtice, chmn General Motors; Paul L. Davies Jr., der 1941 die Evakuierung der Japaner von der Westküste in Konzentrationslager leitete, leitet die führende Anwaltskanzlei Pillsbury Madison & Sutro an der Westküste, Partner Lehman Bros., Direktor von IBM, Southern Pacific und Caterpillar; Rechtsanwalt Northcutt Ely Washington, der Sec. Wilbur bei der Verhandlung der Verträge für den Hoover-Damm 1930-33 vertrat; Richard E. Guggenheim, Präsident der Rosenberg Foundation; Harold H. Helm, chmn Chemical Bank, Direktor von Westinghouse, Uniroyal, Colgate, Woolworth, Bethlehem Steel, Equitable, McDonnell Douglas und Cummins Engine; John A. McCone von Bechtel-McCone 1937-45, Und. Sec. AF 1950-51, Chmn AEC 1958-60, Direktor CIA 1961-65; N. Loyall McLaren, Präsident der Milliarden-Dollar James Irvine Foundation, war Schatzmeister der UNO-Konferenz in San Francisco 1945 unter Alger Hiss, wurde auch in die Alliierte Kommission für Wiedergutmachung 1945 berufen; Jeremiah Milbank, New Yorker Finanzier, Leiter der Milbank Foundation und Direktor der Chase Manhattan Bank; George C. Montgomery, Vorsitzender der Kern County Land Co.; William I. Nichols, Herausgeber DIESER WOCHE, diente 1942-45 im War Production Board; David Packard, chmn Hewlett-Packard - sein persönliches Vermögen erhöhte sich 1983 um 1 Milliarde Dollar; Richard M. Scaife, Vize-Präsident. Mellon Natl Bank; Admiral L.L. Strauss, Kuhn, Loeb Co. von Kuhn, Loeb Co., chmn AEC 1946-50, führt sich im Who's Who als „Finanzberater von Herrn Rockefeller" auf; R. Douglas Stewart, Ford, Rockefeller, & Guggenheim; Thomas Gale Moore war Reagans Experte für Energiepolitik; Paul Craig Roberts wurde stellvertretender Finanzminister; Richard V. Allen, der seit 1966 zum Stab der Hoover Institution gehörte, diente 1969 als Abgeordneter des Präsidenten 1969-70 im Nationalen Sicherheitsrat und wurde nun Reagans Assistent für nationale Sicherheitsangelegenheiten; Martin Anderson, Senior Fellow an der Hoover Institution 1971-81, wurde Reagans Assistent für Politikentwicklung; er dachte sich die lächerliche Verwechslung von „Urban Enterprise Zones" aus.

Einer der „Hoover Hotshots" in Reagans Team wurde in *Omni March* 1984 Continuum beschrieben:

„Honegger-Hotline" : Präsidentenberaterin Barbara Honegger wurde von Martin Anderson an der Hoover Institution angestellt, während sie ein Buch über den Entwurf schrieb; sie trug eine Skarabäus-Halskette und war die erste Absolventin in experimenteller Psychologie an der John F. Kennedy University, Olinda, Kalifornien; sie hatte Reagan geraten, sich gegen Untergrundgeschosse von MX-Raketen zu entscheiden, weil Hellseher auf sie zielen würden; sie ließ ihn 5500 zusätzliche Sprengköpfe auf unseren 33 Atom-U-Booten anbringen, weil psychische Hirnwellen von der aufgewühlten See absorbiert werden. Trotz Andersons Protesten wurde sie schließlich aus dem Weißen Haus geholt."

So viel zur „extremen Rechten" in Skarabäus-Halsketten und dem Ausweichen vor psychischen Gehirnströmen.

Campbells präsidentielles Übergangsteam gab 1 Million Dollar von Spendern plus 2 Millionen Dollar, die vom Kongress bereitgestellt wurden, aus, konnte aber nicht einen einzigen „Rechtsaußen" in Reagans Stab installieren lassen. Die größte Zahlung ging an den langjährigen Liberalen Joseph Califano, der 86.047,93 Dollar dafür erhielt, dass er Alexander Haig bei seinen Anhörungen zur Bestätigung seiner Funktion als Außenminister im Senat vertrat. „Rechtsaußen" Haig sagte, Califano sei ein alter Freund. Der stellvertretende Direktor des Übergangsteams, Verne Orr, diente als Rechnungsprüfer der Reagan-Kampagne und ist jetzt Sekretär der Luftwaffe.

Seymour Martin Lipset, der 1980 für John Anderson stimmte, führte 1984 eine Umfrage unter den 25 Hoover-Stipendiaten durch; er fand 11 Demokraten, 10 Republikaner, 3 Unabhängige und einen, der kein Staatsbürger war. Die drei Ehrenstipendiaten der Hoover Institution sind Ronald Reagan, Alexander Solschenizyn und Frederick von Hayek. Reagan ist in Washington, Solschenizyn lebt in Vermont; von Hayek ist in Salzburg im Ruhestand. Keiner von ihnen hat irgendeine Verbindung mit der Verwaltung der Hoover Institution. Reagan hat seine Papiere bereits der Hoover Institution gespendet.

Im Juni 1981 veranstaltete die Hoover Institution einen Gala-Empfang im Sheraton Carlton in Washington, an dem viele Beamte des Weißen Hauses teilnahmen. Sie brachten alle Wahlkampfversprechen Reagans für niedrigere Steuern, geringere Staatsausgaben und das Ziel, „uns die Regierung vom Hals zu schaffen", wirkungsvoll zum Scheitern.

Der derzeitige Star der Hoover Institution ist Milton Friedman, dem das Verdienst zugeschrieben wird, Chile, Israel, die Vereinigten Staaten und andere Länder, in denen seine „monetaristischen" Theorien eingeführt wurden, in eine wirtschaftliche Katastrophe gestürzt zu haben. Friedmans „Monetarismus" ist derselbe alte Schwindel der Bankiers, der auf die endlose Schaffung von mehr verzinslichem Schuldgeld hinausläuft und immer höhere Steuern verlangt, nur um die Zinszahlungen zu decken. Er und Jack Kemp drängen nun auf eine „Flat Tax", um die Amerikaner in ein Steuergefängnis einzusperren, aus dem sie nie mehr herauskommen können. Friedman kam 1977 als leitender Forschungsstipendiat an die Hoover University und nahm gleichzeitig eine Stelle als Wirtschaftsberater bei der Federal Reserve Bank of San Francisco an. Er und sein Gefährte, Murray Rothbard, beherrschen ein eng verzahntes Netzwerk „harter Geld" - " konservativer" Gruppen, zu denen die Heritage Foundation, die Mont Pelerin Society, das Cato Institute, das Ludwig von Mises Institute und das American Enterprise Institute gehören, die Bankett-Sitzungen abhalten, immer ohne sichtbares Ergebnis. Ihr Mentor ist der in Österreich geborene, verstorbene Ludwig von Mises, der Gründer der „Austrian School of Economics", der von 1946 bis zu seinem Tod an der New York University lehrte. Das Institut wird heute von seiner Witwe, Margit Herzfeld, geleitet, zu der Präsident Reagan bei einem Festbankett für ihren Mann sagte: „Sie wissen nicht, wie oft ich die Bücher Ihres Mannes konsultiere, bevor ich eine Entscheidung treffe. „Sie weiß es immer noch nicht.

Im Alter von 16 Jahren wurde Milton Friedman Schützling von Arthur Burns in Rutgers und Columbia. Ihre ökonomischen Prinzipien entstammten der „Wiener Schule", die von Karl Menger und Eugen Böhm von Bawerk, Präsident von Quaker Oats; Gardner Simonds, chmn Tenneco, Kern County Land Co.; Robert C. Tyson, chmn U.S. Steel, Direktor der Chemical Bank, Uniroyal; Thos. J. Watson Jr. chmn von IBM, Direktor der Rockefeller Foundation; Stephen Duggan chmn. emeritiertes Institut für Internationale Bildung - Vater der unter mysteriösen Umständen verstorbenen Laurence Duggan, Mitglied der Weltfriedensstiftung, League of Nations Association; John Foster Dulles; Anson Phelps Stokes, Institut für Internationale Bildung, Generaldirektor des Bildungsausschusses; Harold H. Swift, chmn Swift Packing Co. chmn War Finance Committee Dept. of Treasury 1941-44; Augustus Trowbidge, Geheimdienstdirektor von American Exped. Force under Pershing im Ersten Weltkrieg.

Zu den Direktoren der Hoover Institution gehörten 1980 Bendetsen, Black, Philip Habib von Bechtel und Reagans Sonderbotschafter im Nahen Osten; Henry T. Bodman, Vorsitzender der Natl Bank of Detroit, Direktor und stellvertretender Leiter des American Enterprise Institute

- sein Sohn Richard diente im Finanzministerium, war Asst Sec. Interior, jetzt Präsident von COMSAT; David Tennant Bryan, verheiratet mit der Familie Harkness, chmn Media General; Willard C. Butcher, ehemals chmn Chase Manhattan, jetzt Direktor American Enterprise Institute; Joseph Coors, Direktor Heritage Foundation; Charles A. Dana Jr., Direktor Manufacturers Hanover Trust, Dana Foundation; Shelby Cullon Davis, war bei CBS 1932-34, Wirtschaftsberaterin von Dewey in seinen Präsidentschaftskampagnen, Botschafterin in der Schweiz 1969-75, Treuhänderin von Princeton, Heritage Foundation; Maurice Greenberg, Präsident American International Group; Alan Greenspan, Präsident Economics Advisers seit 1981, Berater der U.US-Finanzministerium und Federal Reserve Board 1971-74, Direktor von *Time*, General Foods, J.P. Morgan, Morgan Guaranty Trust; Bryce Harlow, Präsident der USA 1959-61 und 1969-70, jetzt Washingtoner Lobbyist für Procter & Gamble; A. Carol Kotchian, Präsident Lockheed; J. Claybum La Force, Dekan der Graduate School of Management Univ. von Kalifornien, Fulbright-Stipendiat, Direktor des Natl Bureau of Economic Research, Mont Pelerin Society; William B. Macomber Jr., Präsident des Metropolitan Museum, war 1951-53 beim CIA, spez. asst. für den Geheimdienst im State Dept. 1953-54, spez. asst. für Und Sec. State Herbert Hoover Jr. und Sec. of State John Foster Dulles 1955-57, Botschafter in Teheran und Jordanien;

Emil Mosbacher jr. bekannt als „Kingmaker", war Chef der protokollarischen Staatsabteilung 1969-72, Direktor Chubb, Chemial Bank, Avon, AM AX - sein Bruder Robert war nat. chmn Bush für das Amt des Präsidenten, chmn Gerald Fords erfolgloser Wahlkampf, co chmn Republican Natl Committee; David Packard, von Hewlett Packard, American Enterprise Institute; Donald Rumsfeld, pres. Rand Corp., pres. G.D. Searle, Präsident von Präsident Nixon 1969-73, Abgeordneter zur NATO 1973-74, Direktor von Sears, und Institut für strategische Studien, London.

Obwohl die „Metzgerzeitungs-Wochenzeitungen" wie The Nation düstere Warnungen herausgeben, dass die Hoover Institution tief in der Praxis des „Antikommunismus des kalten Krieges" verwickelt ist, hat die *New York Times* festgestellt, dass die Hoover Institution überraschend liberal ist. Ihr langjähriger leitender Mitarbeiter ist Sidney Hook, ein Sozialist alter Prägung, der ein Porträt von George Meany an der Wand seines Büros hängen hat; Seymour Martin Lipset, ein langjähriger Liberaler, der sich eng mit den Büros der demokratischen Senatoren Henry Jackson und Daniel Moynihan identifiziert, lehrte an der Universität von Kalifornien in Harvard. erhielt 1970 den Gunnar-

Myrdal-Preis, nat. chmn B'Nai B'Rith Hillel und United Jewish Appeal; John Bunzel, demokratischer Liberaler, der jetzt mit der Libertarian Party assoziiert ist; Stanley Fischer, Liberaler vom MIT; Joseph Pechman, Steuerexperte mit Wohnsitz in der Hoover Institution - er war viele Jahre lang Steuerexperte in der Brookings Institution Washington gewesen, bevor er nach Hoover kam; andere Liberale mit Wohnsitz in der Hoover Institution sind Dennis J. Dollin, Theodore Draper und Peter Duignan. Lipset wurde in einem Interview in der *New York Times* wie folgt zitiert:

> „Über die Hälfte der Senioren hier sind keine Rechtsextremen, nicht einmal Konservative; sie sind linke Demokraten und Sozialisten."

Dies sind die Architekten von Reagans „rechter" Regierung, dem üblichen Schwindel, bei dem die gleichen müden alten Marxisten als inspirierte Libertären einer von der „harten Rechten" regierten Welt ausgetrabt werden! Der Leiter von Reagans Presidential Transition Team bei Kabinettsernennungen im Jahr 1980 war. W. Glenn Campbell, Harvard-Absolvent und Leiter der Hoover Institution; Reagans Berater für soziale Sicherheit war seine Frau, Rita Ricardo Campbell. Mehr als die Hälfte des Hoover-Personals ging mit Reagan nach Washington. Richard Starr und Peter Duignan waren seine außenpolitischen Berater; Duignan hatte Stipendien von Bauwerk erhalten. Er unterrichtete von Hayek, Eric Voegelin und Fritz Machluys. Zu dieser Zeit wurde Wien vom Haus Rothschild beherrscht, das seit dem Wiener Kongress 1815 die Staatsschulden Österreichs kontrollierte. Die Tiroler Silberminen Österreichs befanden sich ebenso wie die Eisenbahnen im Besitz der Rothschilds. Die engste Freundin von Kaiserin Elisabeth war Julie de Rothschild, die Schwester von Baron Albert, dem Chef des Österreichischen Hauses. Graf Richard Coudenhove-Kalergi, der die Paneuropäische Union gründete[4], wurde nach Richard Wagner benannt, zu dessen Schülern Gustav Mahler gehörte. Mahlers Studien bei Wagner wurden von Baron Albert de Rothschild finanziert. Coudenhove-Kalergi's Vater war ein enger Freund von Theodor Herzl, dem Begründer des Zionismus. Coudenhove-Kalergi schreibt in seinen Memoiren,

---

[4] Siehe *Praktischer Idealismus, der Kalergi-Plan zur Zerstörung der europäischen Völker*, Omnia Veritas Ltd, www.omnia-veritas.com.

„Anfang 1924 erhielten wir einen Anruf von Baron Louis de Rothschild; einer seiner Freunde, Max Warburg aus Hamburg, hatte mein Buch gelesen und wollte uns kennen lernen. Zu meiner großen Überraschung bot uns Warburg spontan 60.000 Goldmark an, um die Bewegung für die ersten drei Jahre zu überbrücken. Max Warburg, der einer der vornehmsten und weisesten Männer war, mit dem ich je in Berührung gekommen bin, hatte den Grundsatz, diese Bewegungen zu finanzieren. Er blieb sein ganzes Leben lang aufrichtig an Paneuropa interessiert. Max Warburg arrangierte 1925 seine Reise in die Vereinigten Staaten, um mich Paul Warburg und dem Financier Bernard Baruch vorzustellen."

In Chicago war Jane Adams von Hull House fünf Jahre lang ein Schützling von Beatrice Webb, der Gründerin der Fabian Society, gewesen. 1892 wurde die Universität von Chicago als Zentrum des Programms der Fabian Socialists in Amerika organisiert, zusammen mit J. Laurence Laughlin, dem Sprecher des „Freihandelsprogramms" des Cobden Clubs in England; Laughlin wurde später Paul Warburgs Hauptpropagandist, um sich für die Verabschiedung des Federal Reserve Act einzusetzen. John Dewey wurde Leiter des Fachbereichs Soziologie an der Universität von Chicago; Wesley Clair Mitchell war Leiter des Fachbereichs Wirtschaft. 1913 wechselten sie an die Columbia University. Später wurden sie von Baruch im War Industries Board eingestellt und erstellten alle Statistiken für die amerikanischen Vertreter auf der Friedenskonferenz von Versailles. Im Februar 1920 traf sich Mitchell in New York mit den übrigen Mitarbeitern von Baruchs War Industries Board mit einer von Kuhn Loeb & Co. und Lazard Freres finanzierten Round-Table-Gruppe, um das Natl Bureau of Economic Research zu gründen, dessen Direktor Mitchell wurde. Sein Protegé war Arthur Burns, später chmn des Natl Buro, chmn Federal Reserve Governors, Partner von Lazard Freres und US-Botschafter in Westdeutschland.

Burns brachte dann seinen Schützling, Milton Friedman, ins Spiel, der vorgeschlagen hat, dass wir den Verkauf von Drogen legalisieren, um 100 Milliarden Dollar pro Jahr für das Bruttosozialprodukt aufzubringen.

Wesley Clair Mitchells Karriere war der Vereinigung der österreichischen und britischen Wirtschaftsschulen in einer einzigen Kraft gewidmet, um die amerikanische Wirtschaft zu lenken. Seinen Erfolg verdankt er den Karrieren seiner Schützlinge Burns und Friedman, die uns die „Flat Rate" -Steuer anbieten, um die Zinsen auf ihr von der Bank geschaffenes Schuldgeld zu zahlen. Es ist das alte europäische System, das vom Haus Rothschild eingeführt wurde, um Volkswirtschaften durch das Rentiersystem der Staatsverschuldung zu plündern.

Ein Eckpfeiler des Friedman-Burns-Netzwerks ist die Mont-Pelerin-Gesellschaft, eine geheime Gruppe von Ökonomen, die sich alle zwei Jahre trifft, aber keine Ergebnisse oder Empfehlungen abgibt. Diese angeblich konservativen Hartgeld-Ökonomen trafen sich 1947 zum ersten Mal in Mont Pelerin in der Schweiz, um sich gegen die linksgerichteten statistischen Ökonomen zu stellen, die das Feld fünfzig Jahre lang dominiert hatten. Angeführt wurden sie von Frederick von Hayek, einem Absolventen der Wiener Schule für Wirtschaftswissenschaften, der 1938 britischer Staatsbürger wurde. Er war Tooke-Professor für Wirtschaftswissenschaften an der Universität London 1931-50, Professor für Sozial- und Moralwissenschaften an der Universität Chicago 1950-62 und Professor für Wirtschaftswissenschaften an der Universität Freiburg 1926-69, als er sich nach Salzburg zurückzog. Er war ein Schüler von Ludwig von Mises, der Henry Hazlitt, einen weiteren Gründer von Mont Pelerin, unterrichtete. Hazlitt berichtete über die Gründungsversammlung in *Newsweek* vom 25. September 1961, wobei er unter den Anwesenden Jacques Rueff, Wirtschaftsdirektor von Frankreich, Pedro Beltran, Präsident von Peru, Sen. Luigi Einaudi, Professor für Wirtschaft in Turin 1901-35, Gouverneur der Bank von Italien 1945-48, Präsident von Italien 1948-55; Dr. Ludwig Erhard, Wirtschaftsminister von Deutschland, Direktor der Weltbank; Wilhelm Roepke, Erhards Wirtschaftsberater; Trygve Hoff, Norwegen; Muller-Armack und William Rappard von Deutschland; Ludwig von Mises; Frank Knight; Milton Friedman und Henry Hazlitt.

1962 traf sich die Mont-Pelerin-Gesellschaft in Knokke, Belgien, und gab bekannt, dass

> „Die Mont Pelerin Gesellschaft unternimmt keine formalen Schritte, fasst keine Beschlüsse und strebt keine Öffentlichkeit an."

1970 traf sich die Gesellschaft in München, wo Milton Friedman zum Präsidenten gewählt wurde. Anwesend waren Wesley Campbell und Martin Anderson von der Hoover Institution. 1974 trafen sich 300 Mitglieder der Gesellschaft in Brüssel, wo sie von Milton Friedman und seinem Schützling Murray Rothbard angesprochen wurden. Rothbard wurde vom Cato Institute gesponsert, einer „konservativen" Gruppe, deren Direktor, Earl C. Ravenel, auch Direktor des Institute for Policy Studies ist, der von James Paul Warburg gegründeten linksgerichteten

Organisation zur Politikgestaltung. Cato wird von Charles Koch aus Kansas finanziert, dem Chef von Koch Industries, der ein Vermögen von 700 Millionen Dollar angehäuft hat. Er finanziert auch die Libertarian Party, die die Öffnung der US-Grenzen für alle illegalen Einwanderer, die Legalisierung von Drogen und andere alarmierende Empfehlungen fordert. Koch finanziert diese Gruppen über seine Bank, den Morgan Guaranty Trust von N.Y. Cato, der Rothbard einen zweijährigen Zuschuss gewährte, um ein Buch zu schreiben, in dem es heißt: *For a New Liberty*,

> „Vor dem Zweiten Weltkrieg war Stalin dem Frieden so ergeben, dass er es versäumte, angemessene Vorkehrungen gegen den Angriff der Nazis zu treffen."

Rothbard hätte sagen sollen,

> „Stalin widmete sich so sehr dem Mord, dass er die meisten seiner Armeeoffiziere tötete, wodurch er für die Angriffe der Nazis anfällig wurde."

Rothbard behauptet, die USA seien imperialistisch und kriegstreiberisch, während die Sowjetunion friedliebend, rational und missverstanden sei! Die Zeitschrift *Inquiry* des Cato-Instituts listet 9 Mitarbeiter auf, darunter Natl Hentoff von der Village Voice, Marcus Raskin, Leiter des Instituts für Politikstudien, und Penny Lernoux, Korrespondentin der *Nation*, die alle verletzt wären, wenn sie nicht als Extremliberale bezeichnet würden.

1975 war George Roche III, der 1971 Mitglied der Gesellschaft geworden war, Gastgeber des Treffens am Hillsdale College, dessen Präsident er ist. William Buckley, ebenfalls Mitglied, sprach vor der Gruppe mit einem routinemässigen Lobgesang auf von Hayek.

1980 traf sich die Mont-Pelerin-Gesellschaft in der Hoover-Institution in Anwesenheit von 600 Mitgliedern und Gästen. Ralph Harris war Gastredner. Als Wirtschaftsdirektor von Margaret Thatcher war er 1979 zum Baron Harris von High Cross ernannt worden. Graf Max Thurn, ständiger Sekretär der Gesellschaft, sprach ebenfalls zu dem Treffen. Er ist ein Mitglied der wohlhabenden Familie Thurn und Taxis, die eng mit dem britischen Königshaus verwandt ist.

Die Enzyklopädie der Vereine listet die Mont Pelerin Gesellschaft auf c/o Edwin Feulner, Schatzmeister, Box 7031, Alexandria, Va; Sekretär Dr. Max Thurn, Elisabethstrasse 4, Wien. Feulner ist Präsident der Heritage Foundation, 1969-70 Verteidigungsminister, 1969-70; Admiral Phil Crane 1940-44, Public Affairs Fellow Hoover Institution

1965-67, chmn Institute European Strategy and Defense Studies London seit 1979.

Die Heritage Foundation, Teil des Netzwerks „konservativer" Gruppen, sponserte Reagans posthume Verleihung der Medal of Freedom an Whittaker Chambers im März 1984. Ihre Direktoren sind Shelby Cullom Davis, Direktorin von Hoover; Joseph Coors, Direktor von Hoover; Midge Decter, Geschäftsführerin, Direktor des Komitees für eine freie Welt; ihr Ehemann ist der „neokonservative" Norman Podhoretz, Herausgeber des Magazins Commentary; Robert Dee, chmn Smith Kline, Drogenfirma, Direktor United Technologies mit William Simon; William Simon, Direktor Citibank, ehemaliger Finanzminister; Lewis E. Lehman, Leiter des Lehman Institute; John D. Wrather, Erbe eines Ölvermögens, Leiter des Unterhaltungskonzerns Wrather Inc. und Direktor von Hoover.

Feulner behauptet, dass Heritage mit mehr als 400 Gruppen in den USA und 100 in Übersee zusammenarbeitet. Ehrenvorsitzender ist Frank Shakespeare. Vorsitzender des Redaktionsausschusses ist David Meiselman von der Mont Pelerin Society. Richard Reeves wird im *N.Y. Times* Magazine vom 15. Juli 1984 erwähnt,

> „Edwin J. Feulner ist Präsident der Heritage Foundation, einer der produktivsten Ideenfabriken der Rechten."

Er versäumte es, eine einzige „Idee" zu zitieren, die von dieser Fabrik produziert wurde. Der Star von Heritage und dem eng mit ihm verbundenen American Enterprise Institute ist Jeane Kirkpatrick, US-Botschafterin bei der UNO. Die *National Review* schwärmt von ihr und schwärmt auch von „dem stets galanten, charmanten, freiheitsliebenden Friedmans", dessen „Energie, Klarheit und Geduld" Buckleys Propagandisten beeindruckt.

Jeane Kirkpatrick ist seit 1967 Professorin an der Universität Georgetown, seit 1977 Forschungsleiterin des American Enterprise Institute und Direktorin des Center for Strategic and International Studies in Georgetown. Sie ist die Ehefrau des altgedienten Geheimdienstmitarbeiters Evron Kirkpatrick, OSS 1945, Geheimdienstspezialist des Außenministeriums 1946-54 als Leiterin des psychologischen Geheimdienst-Forschungsstabs mit Spezialisierung auf Verhaltensforschung (Menschenkontrolle). Er ist seit 1954 Leiter der American Political Science Association und Präsident der American Peace Society, die eine vierteljährlich erscheinende Zeitschrift mit dem Titel World Affairs herausgibt.

Jeane Kirkpatrick ist bekannt als „die Königin der amerikanischen Rechten" . Während ihres Dienstes als amerikanische Botschafterin bei den Vereinten Nationen verteidigte sie Israel so wütend, dass sie als Belohnung für ihr „persönliches Engagement für Israel" ein Geschenk von Raymond und Miriam Klein in Höhe von 100.000 Dollar erhielt. Uns sind keine Belohnungen bekannt, die ihr für ihr Engagement für die Vereinigten Staaten verliehen wurden. Aufgrund ihrer Loyalität zu Israel werden ihr routinemäßig 25.000 Dollar gezahlt, damit sie vor prozionistischen Gruppen spricht. Jahrelang war sie als unpolitische Beraterin des Demokratischen Nationalkomitees tätig, doch 1985 wurde sie plötzlich Republikanerin. Sie ist im Vorstand einer trotzkistischen Gruppe namens League for Industrial Democracy, die von den Rockefellers finanziert wird und der letzte Atemzug der alten Socialist Workers Party ist. Vielschichtige politische Persönlichkeiten wie Kirkpatrick verwirren viele Beobachter, die nicht verstehen, dass sie zu jener seltsamen Rasse gehört, die als „Neokonservative" bekannt ist. Sie unterscheiden sich von den echten amerikanischen Konservativen durch eine Reihe von Warnzeichen, aber lassen Sie sich dies von Peter Steinfels in seinem endgültigen Werk *„Die Neokonservativen"* erklären.

> „Die führenden Neokonservativen, die in jenen Jahren (den 1930er Jahren) Sozialisten waren, waren praktisch alle Antistalinisten (Trotzkisten). Sie waren gut ausgebildet in marxistischen Texten und sozialistischer Geschichte, sie wurden in den Stammeskriegen zwischen Kommunisten, demokratischen Sozialisten und siebenundfünfzig Arten von Trotzkisten gezüchtet, sie waren bereits ausgebildet und in Bewegung, als der Kalte Krieg ihre Fähigkeiten in den Vordergrund stellte."

Steinfels weist weiter darauf hin (S. 50), dass

> „Die Neokonservativen sind starke Befürworter Israels gewesen."

Jeane Kirkpatrick schreibt regelmäßig Kolumnen, die leicht vom Mossad geschrieben werden könnten, wie z.B. ihre Kolumne vom 20. Januar 1992 in der *Washington Post*, in der sie schluchzt, dass Israel in Washington untergraben wird und dass die Bush-Administration anti-israelisch sei. „Ist dies Teil der neuen Weltordnung? „stöhnt sie, gequält von der Vision eines weiteren Holocaust. Steinfels zitiert einen führenden Neokonservativen, Irving Kristol: „Der Neokonservatismus steht der Idee des Wohlfahrtsstaates keineswegs feindlich gegenüber. „Tatsächlich sind die Neokonservativen alle Statisten, was sie zu idealen Dienern der Weltordnung macht. Sie verfügen über eine Reihe von Think-Tank-Veröffentlichungen wie Commentary, finanziert vom American Jewish Committee, Partisan Review, New Leader und Public Interest, von denen viele mit CIA-Mitteln finanziert werden.

Eine weitere neokonservative Front ist die Vereinigungskirche von Pfarrer Sun Moon, die von der koreanischen CIA mit unseren eigenen CIA-Mitteln finanziert wird. Sie gibt Milliarden von Dollar für „konservative" Publikationen wie die *Washington Times* aus, die von Arnold de Borchgrave, einem Verwandten der Rothschilds, herausgegeben wird. Auch beim FBI ist J. Edgar Hoover in den „neokonservativen" Akt eingestiegen, indem er Roy Godson, einen selbsternannten „Sozialdemokraten", anheuerte, um FBI-Agenten über die marxistische Ideologie aufzuklären. Er war der Sohn von Joseph Godson, der Jay Lovestone half, die Kommunistische Partei Amerikas zu gründen. Roy Godson ist jetzt Berater des Nationalen Sicherheitsrates, der auf Geheiß von Henry Kissinger eingestellt wurde. J. Edgar Hoover war von Kommunisten fasziniert; er engagierte Jay Lovestone, den Gründer der Kommunistischen Partei Amerikas, für das Ghostwriting seines Bestsellers *Masters of Deceit*. Es war in der Tat ein Meisterwerk der Täuschung, da niemand wusste, dass es von einem Kommunisten geschrieben worden war.

Eine wichtige Kraft der CIA-Propaganda, der israelischen Beförderungen und der „neokonservativen" Agitprop ist die *National Review*. Sie wurde 1955 für William Buckely von William Casey, dem späteren Direktor des CIA, gegründet und wurde Teil des Netzwerks gefälschter „rechter" Organisationen in den Vereinigten Staaten, die die trotzkistische Bewegung im Kommunismus förderten, wie die Heritage Foundation, die von einem britischen Fabian-Sozialisten mit Coors' Bierprofiten geleitet wird, das American Enterprise Institute und viele andere ähnliche Betrügereien der Weltordnung. Da die Neokons immer von „Demokratie" schwadronieren, während sie die Öffentlichkeit lautstark durchschleudern, war ihre Meisterleistung ein Knüller namens Projekt Demokratie. Die Neokonservativen überzeugten den Kongress, dass sie ein Projekt finanzieren sollten, das die Demokratie in jedem Land der Welt fördern würde. Es war die Idee von Lane Kirkpatrick, Sozialistenveteran, zusammen mit Jay Lovestone, Jesuitenpater Edmund Walsh von der Georgetown University und dem strengen Sen. Orrin Hatch, einem Bischof der Mormonenkirche. Hatch manövrierte 1983 den National Endowment for Democracy Act durch den Kongress. Carl Gershman, ein Stabsdirektor der Anti-Defamation League, wurde zu ihrem Präsidenten gewählt. Er hat eine Reihe von neokonservativen Haustiergruppen finanziert, die sich alle als

Katastrophen erwiesen haben. In den Jahren 1990 und 1991 verteilte die Nationalstiftung für Demokratie Bestechungsgelder an russische Beamte, um „die Demokratie zu fördern", sowie enorme Summen, die nicht zurückverfolgt werden können, an verschiedene russische Gruppen, von denen keine beim Untergang des kommunistischen Systems eine Rolle spielte.

Der Pate der Neokonservativen ist Henry Kissinger. Als deutscher Staatsangehöriger kehrte Kissinger als Feldwebel der U.S. Army in seinen Geburtsort zurück und wurde bald als Rekrut für den KGB mit dem Codenamen „Bor" identifiziert. Er studierte an der Harvard-Universität und wurde bald von den Rockefellers als Schützling einer noch geheimnisvolleren Persönlichkeit angeheuert, eines Helmut Sonnenfeldt, der nach wie vor ein Insider aus Washington ist. Er kämpfte für Nelson Rockefellers Präsidentschaftskandidatur, und als Nixon gewann, verhöhnte Kissinger ihn öffentlich als Besserwisser. Wenige Tage später ernannte Nixon ihn auf Befehl zum Außenminister. Der israelische Botschafter in den USA, Abba Eban, zitierte den Terroristen Menachem Begin,

> „Die Ernennung von Dr. Kissinger zum Außenminister ist von ebenso großer Bedeutung wie das Votum der Vereinten Nationen zur Gründung des Staates Israel."

Kissinger trat später bei mehr als fünfundzwanzig Veranstaltungen der Anti-Defamation League während seiner Amtszeit als Redner auf. Er platzierte Spitzen-Zionisten in vielen Regierungsbehörden, entwickelte die Unterstützung der ADL in wichtigen evangelikalen Gruppen wie Jerry Falwell und Pat Robertson und überredete Sheldon Cohen, den ehemaligen Kommissar des Internal Revenue Service, die IRS-Bestimmungen umzuschreiben, die sicherstellten, dass die ADL und Hunderte von anderen zionistischen Organisationen einen dauerhaften steuerfreien Status erhielten. Er konzipierte das Projekt Demokratie als ein trotzkistisches Projekt und führte es als ein trotzkistisches Projekt durch den Kongress. Sein Hauptengagement galt jedoch dem britischen Geheimdienst, wie er sich am 10. Mai 1982 in einer Rede im Chatham House, dem Sitz des Royal Institute of International Affairs, in London rühmte,

> „In meiner damaligen Inkarnation im Weißen Haus habe ich das britische Außenministerium besser informiert und enger eingebunden als das amerikanische Außenministerium."

Warum arbeitete der Zionist Kissinger so eng mit dem britischen Außenministerium zusammen? Die Antwort liegt im Ursprung der Anti-Defamation League, die allgemein als eine streng jüdische

Operation angesehen wird. In Wirklichkeit handelt es sich um eine SIS-Niederlassung, die von Henry Lord Palmerston, dem britischen Außenminister, gegründet wurde, der auch die gesamte zionistische Bewegung als Waffe der britischen Spionage von 1843 bis 1860 schuf. Die ADL begann als B'Nai B'Rith und wurde nach dem Vorbild des Todeskultes der Isis im ptolemäischen Ägypten gegründet. Palmerston formulierte sie als einen Arm des britischen Geheimdienstes, der die spezifische Aufgabe hatte, die amerikanische Republik zu untergraben und zu zerstören. Dies ist auch heute noch seine Mission. Palmerston wurde bei der Entwicklung von B'Nai B'Rith zu einer Weltmacht von Baruch Rothschild unterstützt. In der Folge leitete er die Bewegung für die Abschaffung der Sklaverei im Norden der USA, die Südliche Sezession und den Bürgerkrieg, den er durch die Ermordung von Präsident Abraham Lincoln beendete. Die Lieblingswaffe der ADL, um ihre Gegner zu diskreditieren, ist der Vorwurf des Antisemitismus, den sie kürzlich dem Kolumnisten Pat Buchanan wegen seiner Präsidentschaftskandidatur vorwarf. Es ist lächerlich, wenn ein Arm des britischen Geheimdienstes jemanden als „antisemitisch" anprangert.

Mit einem Brief von Sekretär Balfour an Lord Rothschild vom 2. November 1917 während des Ersten Weltkriegs startete B'Nai B'Rith sein Ziel einer dauerhaften Destabilisierung des Nahen Ostens:

> „Lieber Lord Rothschild: es ist mir eine große Freude, Ihnen im Namen der Regierung Seiner Majestät die folgende Erklärung der Sympathie für die jüdisch-zionistischen Bestrebungen zu übermitteln, die dem Kabinett vorgelegt und von ihm gebilligt wurde. Die Regierung Seiner Majestät befürwortet die Errichtung eines nationalen Heims für das jüdische Volk in Palästina und wird sich nach besten Kräften bemühen, dieses Ziel zu erleichtern, wobei klar ist, dass nichts getan werden darf, um die bestehenden bürgerlichen und religiösen Rechte der bestehenden nichtjüdischen Gemeinschaften in Palästina oder die Rechte und den politischen Status der Juden in anderen Ländern zu beeinträchtigen."

Als Vertreter dieser Interessen ist Kissinger der Autor von Bushs neuem Weltordnungsprogramm und behauptet, dass es der Erbe von Lord Castlereaghs „Balance of Power" -Politik ist, die er 1815 auf dem Wiener Kongress ins Leben rief. Pat Buchanan merkt jedoch an, dass das Kräftegleichgewicht England in den Ersten und Zweiten Weltkrieg (der schließlich das Programm war) gebracht hat und dass diese Weltordnung nun zu Ende geht. Nach seinem Ausscheiden aus dem Amt setzte Kissinger seine Schützlinge in Washington in

Schlüsselpositionen ein. Mit einem Rothschild-Verwandten, Lord Carrington, gründete er eine Firma namens Kissinger Associates und verpflichtete Amerikas führende Unternehmen zur Förderung ihrer internationalen Interessen. Als Präsident ernannte er Lawrence Eagleburger, der jetzt amtierender Außenminister von Bush ist, und als Vorsitzenden General Brent Scowcroft, der Bushs Direktor des Nationalen Sicherheitsrates ist. Weitere Kissinger-Schützlinge in Washington sind Oberst Oliver North und General Alexander Haig. Kissinger ist mit einer Gruppe namens China Ventures an umfangreichen Geschäftsinteressen im kommunistischen China beteiligt. Er und Bush verteidigten tapfer das chinesische Massaker an unbewaffneten Studenten auf dem Platz des Himmlischen Friedens in Peking und plädierten dafür, dass es sich nicht mit solchen Geschäftsunternehmungen wie Prescott Bushs Angebot, Luxusimmobilien in China zu bauen, überschneiden sollte. Er ist der Bruder des Präsidenten. Deng Ziaoping, der chinesische Diktator, erklärte die Studentenmassaker,

> „Die jüngsten Unruhen haben uns sehr viel Erleuchtung gebracht und unseren Geist erfrischt. Ohne den sozialistischen Weg hat China keine Zukunft, und ohne ihn gäbe es das große Dreieck der Weltmacht China - USA - Russland nicht. Ich sage den Amerikanern, Chinas größter Trumpf ist seine Stabilität."

Vielleicht ist das trilaterale Ziel das Dreieck dessen, was die drei kommunistischen Großmächte der Welt werden sollten.

Das American Enterprise Institute wurde 1943 von William J. Baroody und Milton Friedman gegründet; Baroody verließ das Institut 1978, um das mit 7 Millionen Dollar jährlich dotierte Zentrum für strategische und internationale Studien in Georgetown zu übernehmen. Sein Sohn, William Jr., ehemaliger Berater von Präsident Nixon, übernahm das AEI und seine Mitarbeiter. Jr. wurde 1961-68 zum Kongressabgeordneten Melvin Laird ernannt, der dann Verteidigungsminister wurde; Baroody war spec, Berater bei der Verteidigung 1969-73, spec, Berater des Präsidenten der U.S.I. 1973-74 und ist Vorsizender des Woodrow Wilson International Center for scholars. Zu den Direktoren des American Enterprise Institute gehören Edward Bernstein; James S. Duesenberg, Presidential Council of Economic Advisers 1966-68, Professor in Harvard, Direktor der Federal Reserve Bank of Boston, Fulbright-Stipendiat in Cambridge, England 1954-55; Frederick A. Praeger, emigrierter Verleger aus New York, der eine Reihe von Propagandaarbeiten für die CIA veröffentlichte; Herbert Stein, A. Willis Robertson, Professor für Wirtschaftswissenschaften, Univ. of Va., Herausgeber der AEI-

Publikation The Economist seit 1977, war 1941-44 Mitglied des War Production Board, 1967-69 Stipendiat der Brookings Institution, 1969 Mitglied des Council of Economic Advisers, 1972-74 Vorsitzender; Robert H. Bork, Professor für Recht in Yale, ehemaliger Solicitor General und Acting Atty. General of U.S. 1973-77; Kenneth W. Daum, ehemaliger Partner Cravath Swaine & Moore, Anwaltskanzlei Wall Street, jetzt Rechtsprofessor an der Universität von Chicago; D. Gale Johnson, Professorin für Wirtschaft an der Universität von Chicago seit 1944, Wirtschaftswissenschaftlerin bei OPA 1942, State Dept. 1946, U.S. Army econ. 1948, Berater des Kongresses 1974-76, Berater der TVA, der Rand Corp. und der AID, Direktor William Benton Fndtn; Robert Nisbet, John Dewey Dozent an der John Dewey Society, Rockefeller Foundation Grant 1975-78, Stipendiat an der AEL seit 1978; James D. Wilson, Shattuck-Professor, in Harvard; Richard B. Madden, chmn. exec. Committee AEI, Vorsitzender Socony Mobil seit 1956, Direktor Pacific Gas & Electric, Del Monte und Weyerhauser; Willard. Butcher, ehemals chmn Chase Manhattan Bank; Charles T. Fisher III, Präsident der Natl Bank of Detroit, Direktor von General Motors, Detroit Edison; Richard D. Wood, Präsident von Eli Lilly drugs seit 1961, Direktor von Standard Oil of Indiana, und Chemical Bank.

So liest sich der Vorstand des gut finanzierten „Hard Right" American Enterprise Institute ähnlich wie der der Rockefeller Foundation oder der Hoover Institution, die üblichen New Yorker Banken, Standard Oil, General Motors Menge. Die Weltordnung behält die Kontrolle.

Lewis Lehman, Direktor der Heritage Foundation und Gründer der Drogeriemarktkette Rite Aid, gründete 1978 seine eigene Stiftung. Nachdem er sich über einen pointierten, aufmerksamkeitsstarken Namen gequält hatte, wählte er den naheliegenden Namen „Lewis Lehman Institute" . Sein Präsident ist Robert W. Tucker, Mitglied des Council on Foreign Relations, Professor an der John Hopkins School of International Studies, die durch die Amtszeit von Owen Lattimore berühmt wurde, der von Senator McCarthy als führender sowjetischer Agent denunziert wurde. Direktor des Lehman Institute ist Barton Biggs von der Brookings Institution. Lehman gab 13,9 Millionen Dollar aus, um für die Wahl zum Gouverneur von New York zu werben, wurde aber leicht von Mario Cuomo geschlagen, der nur 4,8 Millionen Dollar ausgab. Am 5. Dezember 1983 erschien in der *New Republic* ein Artikel von Sidney Blumenthal mit dem Titel „How Lewis Lehman Plans to Take Over America" (Wie Lewis Lehman plant, Amerika zu übernehmen)."

Nach der Untersuchung des verschwenderisch finanzierten Netzwerks von pseudo-rechtschaffenen Stiftungen ist es fast eine Erleichterung, auf die offen marxistische Ausrichtung der Stiftungsbewegung zurückzukommen, wie es die Ford Foundation beispielhaft zeigt. Der Sonderausschuss zur Untersuchung der steuerbefreiten Stiftung berichtete 1954,

> „Die Ford Foundation ist ein gutes Beispiel für den Einsatz einer Stiftung zur Lösung des Erbschaftssteuerproblems und gleichzeitig für das Problem, wie man die Kontrolle über ein großes Unternehmen in den Händen einer Familie behält. Neunzig Prozent des Eigentums an der Ford Motor Co. wurden auf die zu diesem Zweck gegründete Ford Foundation übertragen. Wäre dies nicht der Fall gewesen, hätte die Familie mit ziemlicher Sicherheit die Kontrolle verloren."

Die Familie Ford zahlte einen schrecklichen Preis, um das Unternehmen zu retten. Um eine Spaltung des Unternehmens zu verhindern, mussten sie es an die linkesten Elemente in den USA übergeben. Norman Dodd erklärt, dass er bei der Untersuchung steuerbefreiter Stiftungen H. Rowan Gaither, den Präsidenten der Ford Foundation, interviewt habe. Gaither beschwerte sich über die „schlechte Presse", die die Ford Foundation erhalte, und erklärte dies Dodd,

> „Die meisten von uns hier waren früher oder später entweder in der OSS oder in der Staatsabteilung oder in der Europäischen Wirtschaftsverwaltung tätig. Zu dieser Zeit arbeiteten wir ausnahmslos auf der Grundlage von Direktiven des Weißen Hauses, die im Wesentlichen besagen, dass wir alle Anstrengungen unternehmen sollten, das Leben in den USA so zu verändern, dass eine komfortable Fusion mit der Sowjetunion möglich wurde."

Dies ist nach wie vor das Ziel der Stiftungsbewegung.

1953 richtete die Ford Foundation den 15-Millionen-Dollar-Fonds für die Republik ein. Paul Hoffman, ehemaliger Chef des ERH, war mit Baruchs Sekretärin Anna Rosenberg verheiratet. Direktoren des Fonds waren der ehemalige Zionist und Arbeiterführer Arthur Goldberg und Henry Luce, von dem H.L. Mencken sagte: „Ich weiß, warum Henry so viele Kommunisten für seine Zeitschriften einstellt. Es ist, weil sie billig arbeiten."

Der Fonds für die Republik stellte Earl Browder, den Vorsitzenden der Kommunistischen Partei, ein, „um den Einfluss des Kommunismus im heutigen Amerika zu untersuchen" . Im Jahr 1968 gewährte der Fonds $215.000, um „in den USA das Wissen über das heutige Kuba zu fördern" . Die Fonds werden die Ausgaben von Personen unterstützen, die von der Castro-Regierung eingeladen wurden, um in Kuba zu forschen. „Der National Guardian vom 13. Januar 1968 wies darauf hin, dass „die Ford Foundation eine Schlüsselrolle bei der Finanzierung und Einflussnahme auf fast alle wichtigen Bürgerrechtsgruppen einschließlich des Kongresses für Rassengleichheit, der Southern Christian Leadership, der National Urban League und der NAACP spielt."

Die Ford Foundation hat viele Millionen ausgegeben, um rassistische Agitation und einen möglichen Bürgerkrieg in Amerika zu fördern und die Rassen vollständig zu polarisieren. Dabei setzt sie einfach den Plan fort, den die Rothschilds 1865 mit dem Peabody Fund, dem Slater Fund und später dem General Education Board, der heutigen Rockefeller Foundation, ins Leben gerufen haben. Es braucht Geld, um einen Bürgerkrieg zu fördern. Die Ford Foundation betrat den hispanischen Bereich, indem sie 1968 dem offen revolutionären Southwest Council of La Raza 600.000 Dollar und 1969 weitere 545.717 Dollar zur Verfügung stellte. Der Kongressabgeordnete Henry Gonzalez, selbst Hispanist, prangerte La Raza als Schüren von „blindem, dummen Hass" an.

Ford-Geld hat viele revolutionäre Gruppen in den USA unterstützt, die sich mit der Sprengung und Verbrennung von Gebäuden, der Anstiftung zu Unruhen, Entführungen und Attentaten beschäftigen. All dies sind Straftaten, aber niemand wird jemals verhaftet. Die Ford Motor Co. baute auch die riesige Lkw-Fabrik Kama River in Sowjetrussland, die der Roten Armee die Lkw für den Angriff auf Afghanistan zur Verfügung stellte. Sie rollten auf einer modernen Autobahn, die von der AID mit amerikanischen Steuergeldern gebaut worden war, in das fast wehrlose Land ein.

Die Ford Foundation hat viele kapitalistische und CIA-Verbindungen. Stephen Bechtel und der Chase-Anwalt John J. McCloy sind seit Jahren Vorstandsmitglieder, ebenso Frank Abrams, chmn Standard Oil Co. aus New Jersey. Der Präsident der Ford Foundation ist Franklin Thomas, ein Alibi-Schwarzer; er ist auch Direktor der 348 Millionen Dollar schweren John Hay Whitney Foundation. Whitney war 1956-61 Botschafter in England, Order of the British Empire, Vorsitzender Freeport Sulphur, Herausgeber der *N.Y. Tribune*; er heiratete Betsy Cushing Roosevelt. Seine Tochter Kate heiratete William Haddad von der *New York Post*, der 1961 das Friedenskorps für Kennedy ins Leben rief, ist Gouverneur des American Jewish

Congress, der Yale Corp. und des Museum of Modern Art; weitere Direktoren der J.H. Whitney Foundation sind Harold Howe, ebenfalls Direktor der Ford Foundation, Vernon Jordan, Direktor der Rockefeller Foundation, und James F. Brownlee, Partner der J.H. Whitney Co. und Direktor der Chase Manhattan Bank, R.H. Macy Co. & chmn Minute Maid Corp.

Zu den weiteren Direktoren der Ford Foundation gehört ihr europäischer Direktor Ralf Dahrendorf, ein Bewunderer der „utopischen" Politik von Marx. In seinem Werk *Marx in Perspective* behauptete er, dass Marx der größte Faktor für die Entstehung der modernen Gesellschaft ist. Dahrendorf war Stipendiat des Center of Advanced Study 1957-58, Prof., Soziologie Hamburg, 1958-60, Columbia Univ. 1960, Univ. von Tübingen 1960-64, Staatssekretär des Auswärtigen Amtes Deutschland 1969-70. Als Professor für Soziologie schuf er den Begriff des „neuen Menschen", den er als „homo sociologicus" bezeichnete, eines durch den Sozialismus veränderten Menschen, in dem alle Rassenunterschiede und vermutlich auch alle anderen Unterschiede verschwunden sind. Dahrendorf bestreitet, dass es Unterschiede zwischen den Rassen der Menschheit gibt, und prangert jede Vorstellung von „Überlegenheit" oder unterschiedlichen Fähigkeiten als „ideologische Verzerrung" an. Der „Homo Sociologicus" ist das Geschöpf der Sozialwissenschaften, der sozialisierte Mensch, der von den Kräften der Gesellschaft vollständig kontrolliert werden kann.

Die Ford Foundation führte 1956 durch den Direktor Donald K. David „Behaviorism" oder „People Control" in die Lehrpläne der Harvard Business School ein. David erhielt für dieses Programm von der Ford Foundation einen Zuschuss von 2 Millionen Dollar, als er noch Direktor der Stiftung war. 1970 gründete die Ford Foundation die Police Foundation unter der Leitung von Pat Murphy, um die Polizei in Behaviorismus und „menschlichen Beziehungen" auszubilden.

Weitere Direktoren der Ford Foundation sind Harriet S. Rabb, asst. Dekanin der Columbia U. Law School, seit 1978 Direktorin des NAACP-Rechtsfonds. Ihr Ehemann Bruce Rabb ist Partner der Anwaltskanzlei Stroock Stroock & Lavan an der Wall Street, die das Lehrman Institute organisierte und seit 1978 dessen Sekretär ist; sein Vater Maxwell Rabb ist ebenfalls Partner dieser Kanzlei - er war 1937-43 adm. asst. der Sen. Henry Cabot Lodge, Kabinettssekretär 1953-58 unter Eisenhower, kam 1958 zu Stroock Stroock & Lavan, jetzt Botschafter in Italien, chmn der U.S.-Delegation bei der UNESCO; weitere Partner dieser Firma sind William J. van den Heuvel, ehemaliger Rechtsanwaltspartner von General Donovan und sein

Assistent, als er Botschafter in Thailand war, Kampagnenmanager von Jimmy Carter 1976; Rita Hauser, Direktorin der Brookings Institution; und Robert B. Anderson, ehemaliger Marineminister und Finanzminister. Stroock Stroock & Lavan hat sich auf die Verwaltung der Familienfinanzen wohlhabender jüdischer Familien alter Linien spezialisiert und ist Treuhänder aller drei Warburg-Stiftungen.

Vorsitzender der Ford Foundation ist Alex Heard, der 1939-43 beim Kriegsministerium war, spec, Berater Präsident der USA 1970, Direktor von *Time* seit 1968; weitere Direktoren sind Hedley Donovan, Chefredakteurin von *Time*, Direktorin der Trilateralen Kommission; Walter A. Haas, Präsident von Levi Strauss, Direktor der Bank of America, des NAACP-Rechtsfonds, des chmn der United Jewish Appeal und der Alliance Israelite Universelle; Donald S. Perkins, von J.P. Morgan; Irving S. Shapiro, ehemaliger Vorsitzender von DuPont, Direktor von Citicorp und Citibank, IBM, Direktor des Handels- und Wirtschaftsrats der USUSSR; Glen E. Watt, von AFL-CIO, Mitglied des Club of Rome, der Trilateralen Kommission und des Aspen Institute.

Der Zweck der von Graf Coudenhove-Kalergi gegründeten und von den Rothschilds und Warburgs finanzierten Paneuropäischen Union war die Wiederherstellung der oligarchischen Kontrolle über Europa. Um dieses Ziel zu erreichen, war es notwendig, die mächtigen republikanischen Strömungen zu entmannen und zu besiegen, die ihren Ursprung in der Renaissance des 14. Jahrhunderts hatten, die mit ihrer Betonung der Freiheit des menschlichen Geistes den größten kulturellen Erguss in der Geschichte der Menschheit hervorbrachte. Dieser Individualismus drückte sich unmittelbar im Nationalismus aus; sein republikanischer Geist war der Beendigung der erblichen und willkürlichen Kontrolle und Diktatur über das Leben der Menschen gewidmet und fand seinen größten Ausdruck in der Verfassung der Vereinigten Staaten, die das Ergebnis einer Rebellion war.

Da die herrschenden Familien in Europa die direkten Nachkommen von Wilhelm von Oranien sind, der 1694 die Bank von England gegründet hat, wurde die Bewegung zur Zerstörung des Nationalismus und Individualismus von England aus gesteuert, fand aber ihren Ausdruck in der kommunistischen Bewegung. Die Weltordnung hat zwei Weltkriege geplant und durchgeführt, um die Weltherrschaft der Oligarchie wiederherzustellen, eine Weltherrschaft, die verschiedenartig Bolschewismus, Völkerbund oder Vereinte Nationen genannt wird, aber niemals die Weltordnung.

Die englische Kontrolle dieser Weltbewegung zeigt sich in der Ideologie der amerikanischen Stiftungen, die vom Tavistock Institute of Human Relations in London ins Leben gerufen wird. Der Herzog von Bedford, Marquess of Tavistock, der 11. Herzog, schenkte dem Institut 1921 ein Gebäude, um die Auswirkungen von Granatschlägen auf britische Soldaten zu untersuchen, die den Ersten Weltkrieg überlebten. Sein Zweck war es, unter der Leitung des British Army Bureau of Psychological Warfare, das von Sir John Rawlings-Reese kommandiert wurde, die „Sollbruchstelle" für Männer unter Stress zu schaffen.

Das Tavistock Institute hat seinen Sitz in London, weil sein Prophet Sigmund Freud sich hier in Maresfield Gardens niederließ, als er nach England zog. Er erhielt ein Herrenhaus von Prinzessin Bonaparte. Tavistocks Pionierarbeit in der Verhaltenswissenschaft entlang der Freudschen Linien der „Kontrolle" des Menschen machte es zum Weltzentrum der Stiftungsideologie. Sein Netzwerk erstreckt sich heute von der University of Sussex über das Stanford Research Institute, Esalen, das MIT, das Hudson Institute, das Hudson Institute, die Heritage Foundation, das Center of Strategic and International Studies in Georgetown, wo das Personal des State Dept. ausgebildet wird, den US-Luftwaffennachrichtendienst und die Unternehmen Rand und Mitre bis in die USA. Das Personal der Stiftungen muss sich in einer oder mehreren dieser von Tavistock kontrollierten Institutionen indoktrinieren lassen. Ein Netzwerk von geheimen Gruppen, die Mont-Pelerin-Gesellschaft, die Trilaterale Kommission, die Ditchley Foundation und der Club of Rome leiten Anweisungen an das Tavistock-Netzwerk weiter.

Das Tavistock-Institut entwickelte die Massenhirnwäsche-Techniken, die zuerst experimentell an amerikanischen Kriegsgefangenen in Korea eingesetzt wurden. Seine Experimente mit Methoden der Massenkontrolle wurden in der amerikanischen Öffentlichkeit weithin angewandt, ein heimlicher, aber dennoch empörender Angriff auf die menschliche Freiheit, indem das individuelle Verhalten durch aktuelle Psychologie modifiziert wurde. Ein deutscher Flüchtling, Kurt Lewin, wurde 1932 Direktor von Tavistock. Er kam 1933 als „Flüchtling" in die USA, der erste von vielen Infiltratoren, und gründete die Harvard Psychology Clinic, die den Ursprung der Propagandakampagne bildete, die die amerikanische Öffentlichkeit gegen Deutschland wenden und uns in den Zweiten Weltkrieg verwickeln sollte. 1938 schloss Roosevelt ein geheimes Abkommen mit Churchill, der die Souveränität der USA faktisch an England abtrat, weil er damit einverstanden war, dass die Special Operations Executive die Kontrolle über die US-Polizei übernahm. Zur

Umsetzung dieser Vereinbarung schickte Roosevelt General Donovan zur Indoktrination nach London, bevor er die OSS (jetzt die CIA) unter der Ägide des SOE-SIS einrichtete. Das gesamte OSS-Programm wie auch der CIA haben stets an Richtlinien gearbeitet, die vom Tavistock-Institut aufgestellt wurden.

Das Tavistock-Institut hat die von Roosevelt und Churchill durchgeführten zivilen Massenbombenangriffe als ein rein klinisches Experiment für Massenterrorismus ins Leben gerufen, wobei sie die Ergebnisse aufzeichneten, während sie die „Versuchskaninchen" unter „kontrollierten Laborbedingungen" beobachteten. Alle von Tavistock und den Amerikanern angewandten Gründungstechniken haben ein einziges Ziel - die psychologische Stärke des Einzelnen zu brechen und ihn hilflos zu machen, um sich den Diktatoren der Weltordnung entgegenzustellen. Jede Technik, die dazu beiträgt, die Familieneinheit und die von der Familie eingeschärften Prinzipien der Religion, der Ehre, des Patriotismus und des Sexualverhaltens aufzubrechen, wird von den Tavistock-Wissenschaftlern als Waffe zur Kontrolle der Menschenmenge eingesetzt. Die Methoden der Freudschen Psychotherapie induzieren bei denjenigen, die sich dieser Behandlung unterziehen, dauerhafte psychische Erkrankungen, indem sie ihren Charakter destabilisieren. Dem Opfer wird dann geraten, „neue Rituale der persönlichen Interaktion zu etablieren", d.h. sich kurzen sexuellen Begegnungen hinzugeben, die die Beteiligten ohne stabile persönliche Beziehungen in ihrem Leben tatsächlich in die Irre führen und ihre Fähigkeit, eine Familie zu gründen oder zu erhalten, zerstören.

Das Tavistock Institute hat in den USA eine solche Macht entwickelt, dass niemand in irgendeinem Bereich Berühmtheit erlangt, wenn er nicht bei Tavistock oder einem seiner Tochterunternehmen in Verhaltenswissenschaften ausgebildet wurde. Henry Kissinger, dessen kometenhafter Aufstieg zur Macht sonst unerklärlich ist, war ein deutscher Flüchtling und Schüler von Sir John Rawlings Reese bei SHAEF. Dr. Peter Bourne, Psychologe am Tavistock-Institut, wählte Carter nur deshalb zum Präsidenten der Vereinigten Staaten, weil er sich in Annapolis einer intensiven Gehirnwäsche unterzogen hatte, die von Admiral Hyman Rickover durchgeführt wurde. Die Old Dominion Foundation von Paul Mellon gab Tavistock 1956 97.000 Dollar und in den drei folgenden Jahren jeweils 12.000 Dollar. Old Dominion gab auch der Anna-Freud-Stiftung 8000 Dollar pro Jahr. Tavistock unterhält zwei Schulen in Frankfurt, dem Geburtsort der Rothschilds, die Frankfurter Schule und das Sigmund Freud Institut.

Das „Experiment" der obligatorischen Rassenintegration in den USA wurde von Ronald Lippert, von der OSS und dem American

Jewish Congress und Direktor für Kindererziehung bei der Kommission für Gemeindebeziehungen, organisiert. Das Programm war darauf ausgerichtet, den Sinn des Individuums für persönliches Wissen über seine Identität, sein rassisches Erbe, aufzubrechen. Über das Stanford Research Institute kontrolliert Tavistock die National Education Association. Das Institut für Sozialforschung im Natl Training Lab führt eine Gehirnwäsche bei führenden Führungskräften aus Wirtschaft und Regierung durch. Die Macht von Tavistock ist so groß, dass unser gesamtes Raumfahrtprogramm neun Jahre lang gestrichen wurde, damit die Sowjets aufholen konnten. Die Pause wurde in einem Artikel von Dr. Anatol Rapport gefordert und prompt von der Regierung gewährt, um alle, die mit der NASA zu tun hatten, völlig zu verwirren. Eine weitere prominente Tavistock-Operation ist die Wharton School of Finance.

Ein einziger gemeinsamer Nenner identifiziert die gemeinsame Tavistock-Strategie - den Drogenkonsum. Das berüchtigte MK Ultra-Programm der CIA unter der Leitung von Dr. Sidney Gottlieb, bei dem ahnungslose CIA-Beamte LSD verabreicht und ihre Reaktion wie Versuchskaninchen untersucht wurde, führte zu mehreren Todesfällen. Die US-Regierung musste den Familien der Opfer Schadenersatz in Millionenhöhe zahlen, aber die Täter wurden nie angeklagt. Das Programm entstand, als die Sandoz AG, eine Schweizer Arzneimittelfirma im Besitz von S.G. Warburg Co. aus London, Lysergsäure entwickelte. Roosevelts Berater, James Paul Warburg, Sohn von Paul Warburg, der den Federal Reserve Act verfasste, und Neffe von Max Warburg, der Hitler finanziert hatte, richtete das Institut für politische Studien ein, um das Medikament zu fördern. Das Ergebnis war die LSD-" Gegenkultur" der 1960er Jahre, die „Studentenrevolution", die mit 25 Millionen Dollar von der CIA finanziert wurde.

Ein Teil des MK Ultra war der Human Ecology Fund; der CIA bezahlte auch Dr. Herbert Kelman aus Harvard für die Durchführung weiterer Experimente zur Gedankenkontrolle. In den 1950er Jahren finanzierte der CIA umfangreiche LSD-Experimente in Kanada. Dr. D. Ewen Cameron, Präsident des kanadischen Psychologenverbandes und Direktor des Royal Victorian Hospital, Montreal, erhielt vom CIA hohe Zahlungen, um 53 Patienten große Dosen LSD zu verabreichen und ihre Reaktionen aufzuzeichnen; die Patienten wurden wochenlang unter Drogen gesetzt und dann mit Elektroschocks behandelt. Ein Opfer, die Frau eines Abgeordneten des kanadischen Parlaments, verklagt nun die US-Firmen, die das Medikament für den CIA bereitgestellt haben. In seiner Helms-Biographie stellt Powers fest, dass Helms in seinen letzten Tagen seiner Amtszeit Dr. Sidney Gottlieb, den Leiter des MK Ultra, anwies, alle Aufzeichnungen über das Drogentestprogramm der CIA zu vernichten, und dass Helms bis zum 14. Januar 1973 fünftausend Seiten mit Notizen vernichtet hatte, die er während seiner sechseinhalb Jahre als Direktor der CIA in seinem Büro gemacht hatte!

Da alle Bemühungen des Tavistock-Instituts darauf ausgerichtet sind, einen zyklischen Zusammenbruch herbeizuführen, sind die Auswirkungen der CIA-Programme tragischerweise offensichtlich. R. Emmett Tyrell Jr. zitiert in der *Washington Post* vom 20. August 1984 die „schmutzigen Folgen der 60er-Jahre-Radikalen im SDS", die zu „der wachsenden Rate von Illegitimität, Kleinkriminalität, Drogenabhängigkeit, Wohlfahrt, Geschlechtskrankheiten und psychischen Erkrankungen" führten. Dies ist das Vermächtnis der Warburgs und der CIA. Ihre wichtigste Agentur, das Institut für Politikstudien, wurde von James Paul Warburg finanziert; ihr Mitbegründer war Marcus Raskin, Schützling von McGeorge Bundy, Präsident der Ford Foundalion. Bundy ließ Raskin zum persönlichen Vertreter von Präsident Kennedy im Nationalen Sicherheitsrat ernennen und finanzierte 1963 Students for Democratic Society, über die der CIA die Drogenkultur betrieb.

Heute betreibt das Tavistock Institute in den USA ein Netzwerk von Stiftungen im Wert von 6 Milliarden Dollar pro Jahr, die alle aus Geldern der US-Steuerzahler finanziert werden. Zehn große Institutionen stehen unter seiner direkten Kontrolle, mit 400 Tochtergesellschaften und 3000 anderen Studiengruppen und Think Tanks, die viele Arten von Programmen zur Verstärkung der Kontrolle der Weltordnung über das amerikanische Volk ins Leben rufen. Typisch ist das Hudson Institute, ein Betrieb mit einem Jahresumsatz von 5 Millionen Dollar und 120 Mitarbeitern, der 1965 von Herman Kahn von dcr Rand Corp. und dem Stanford Research Institute gegründet wurde; zu seinen Direktoren gehören Alexander Haig, Präsident von United Technologies; Frank Carlucci, stellvertretender Verteidigungsminister und jetzt Vorsitzender der Sears World Trade Corp.; Daniel C. Searle, Chef von G.D. Searle Drug Co. und Gouverneur Pierre DuPont aus Delaware. Der Hauptarchitekt von Hudson war Frank Altschul, Direktor der Ford Foundation, Partner von Lazard Freres, der in die Lehman-Familie einheiratete, Präsident General American Investors, Direktor von U.S. Leather, International Bank of Amsterdam, American Eagle Fire Insurance, der Yale Corp., Institute of International Studies, China Institute in America, dessen Nachruf in *der Times* 1981 ihn als „einen Mann der Renaissance" bezeichnete, der die Yale Library und die Overbrook Press stiftete.

Weitere Mitarbeiter von Hudson sind Leo Cherne vom Foreign Advisory Intelligence Board und Sidney Hook von der Hoover Institution.

Das Stanford Research Institute, das an die Hoover Institution angrenzt, ist ein Betrieb mit einem Jahresumsatz von 150 Millionen Dollar und 3300 Mitarbeitern. Es führt Programmüberwachungen für Bechtel, Kaiser und 400 andere Unternehmen sowie umfangreiche Geheimdienstoperationen für die CIA durch. Es ist die größte Institution an der Westküste, die Gedankenkontrolle und Verhaltenswissenschaften fördert.

Eine der wichtigsten Agenturen als Kanal für geheime Anweisungen von Tavistock ist die Ditchley Foundation, die 1957 von Sir Philip Adams gegründet wurde. Adams, der lange Zeit im Auswärtigen Dienst tätig war, war 1954 Minister in Khartum, 1966-70 Botschafter in Jordanien und 1973-75 Botschafter in Ägypten; er heiratete die Tochter von Baron Trevethin (die Lawrence-Familie, zu der mehrere Lord Chief Justice Großbritanniens gehören).

Die Ditchley Foundation hat ihren Sitz in Ditchley Park, in der Nähe von Oxford, in einem Schloss, das im 16. Jahrhundert für den Earl of Lichfield erbaut wurde; der heutige Earl of Lichfield ist ein Cousin von Königin Elizabeth und als Fotograf schöner Frauen bekannt. Ditchley Park wurde der Stiftung von Ronald und Marietta Tree gestiftet. Ronald Tree, ein Patensohn von Marshall Field, war viele Jahre lang ein hoher Beamter des britischen Geheimdienstes. Er wurde zum parlamentarischen Privatsekretär des Rentenministers, des Ministers für Information und des Ministers für Planung ernannt. Er war zunächst mit Nancy Moncure Perkins verheiratet, die aus einer alten Familie aus Virginia stammte. Sie ließen sich scheiden, und er heiratete Marietta Peabody, Enkelin von Endicott Peabody, Schulleiterin von Groton, wo die amerikanische Elite ausgebildet wurde. Ihre Karriere brachte den Begriff „beautiful people" hervor, die schillernde internationale Gruppe, die sich für linke Anliegen einsetzt. Sie begann ihre Karriere 1942 als schöne junge „Gastgeberin" für Nelson Rockefeller, wurde Vertrauensperson für die Newspaper Guild at *Life* Magazine, Fair Housing Practices Committee for New York, 1958 Freiwillige für Stevenson, Menschenrechtskommission bei der UNO 1959-61, Menschenrechtskommission UNO 1961-64, Botschafterin bei der UNO 1961-64. Zeitschriftenartikel berichteten in glühenden Berichten über das Leben einer „schönen Person" in New York, ihr Stadthaus in der 123 E. 79th St., das mit antiken Möbeln und Kunstschätzen aus Ditchley Park gefüllt war, das Haus, das von einem englischen Butler tadellos geführt wurde, sowie ihr Sommerhaus auf Barbados, wo sie

1960 Winston Churchill unterhielten. Der amerikanische Zweig der Ditchley Foundation wird von Cyrus Vance, ehemaliger Außenminister und Direktor der Rockefeller Foundation, Alan Pifer, Präsident der Carnegie Foundation, und Winston Lord, Präsident des Council on Foreign Relations, geleitet. Lord war politischer und militärischer Offizier im Außenministerium 1961-64, internationaler Sicherheitsoffizier, Verteidigungsministerium 1969-73, spez. asst. zum Präsidenten der USA 1970-73, Direktor der Strategieplanung im Außenministerium 1973-77, Mitglied des Atlantikrats und des Atlantischen Instituts. Weitere Mitglieder in Ditchley waren Wallace Sterling, Präsident der Stanford University, Richard Steadman vom German Marshall Fund und Donald Perkins von der Brookings Institution. Perkins ist Direktor von *Time*, Thyssen Bornemitza, ATT, Corning, Cummins Engine, Freeport Moran, G.D. Searle und der Morgan Guaranty Trust Bank sowie Vorsitzender der Jewel Tea Co.

Eine der wichtigsten, aber wenig bekannten Tätigkeiten der Rockefeller Foundation waren ihre Techniken zur Kontrolle der weltweiten Landwirtschaft. Ihr Direktor, Kenneth Wernimont, richtete von Rockefeller kontrollierte landwirtschaftliche Programme in ganz Mexiko und Lateinamerika ein. Der unabhängige Landwirt ist eine große Bedrohung für die Weltordnung, weil er für sich selbst produziert und weil seine Erzeugnisse in Kapital umgewandelt werden können, was ihm Unabhängigkeit verleiht. In Sowjetrussland glaubten die Bolschewiki, die totale Kontrolle über das Volk erlangt zu haben; sie waren bestürzt, ihre Pläne durch die hartnäckige Unabhängigkeit der Kleinbauern, der Kulaken, bedroht zu sehen. Stalin befahl der OGPU, alle Lebensmittel und Tiere der Kulaken zu beschlagnahmen und sie auszuhungern. Der *Chicago American* Feb. 25. Februar 1935 titelte auf der Titelseite: SIX MILLION PERISH IN SOVIET FAMINE: Bauernkulturen beschlagnahmt, sie und ihre Tiere verhungern. Um die Aufmerksamkeit auf diese Gräueltat zu lenken, wurde später behauptet, dass die Deutschen, nicht die Sowjets, sechs Millionen Menschen getötet hätten, diese Zahl wurde von einem Chicagoer Publizisten der amerikanischen Schlagzeile entnommen.

Die Kommunistische Partei, die Partei der Bauern und Arbeiter, vernichtete die Bauern und versklavte die Arbeiter. Viele totalitäre Regime haben den Kleinbauern zu ihrem größten Stolperstein gemacht. Die französische Schreckensherrschaft richtete sich nicht gegen die Aristokraten, von denen viele mit ihr sympathisierten, sondern gegen die Kleinbauern, die sich weigerten, ihr Getreide den Revolutionstribunalen im Austausch gegen die wertlosen Assignaten zu übergeben. In den Vereinigten Staaten beteiligen sich die Stiftungen gegenwärtig an der gleichen Art von Vernichtungskrieg gegen den amerikanischen Bauern. Die traditionelle Formel von Land plus Arbeit für den Bauern wurde geändert, weil der Bauer Kaufkraft benötigt, um die für seine landwirtschaftlichen Betriebe benötigten Industriegüter zu kaufen. Wegen dieses Kapitalbedarfs ist der Bauer besonders anfällig für die Manipulation der Zinssätze durch die Weltordnung, die ihn in den Bankrott treibt. Genauso wie in der Sowjetunion Anfang der 1930er Jahre, als Stalin den Kulaken befahl, ihre kleinen Grundstücke aufzugeben, um in den Kolchosen zu leben und zu arbeiten, steht der amerikanische Kleinbauer vor der gleichen Art der Ausrottung, da er gezwungen ist, sein kleines Stück Land aufzugeben, um für die großen Agrar-Sowjets oder Trusts zu einem Lohnarbeiter zu werden. Die Brookings Institution und andere Stiftungen haben die vom Federal Reserve System umgesetzten Geldprogramme zur Vernichtung des amerikanischen Bauern ins Leben gerufen, eine Wiederholung der sowjetischen Tragödie in Russland, mit der einzigen Bedingung, dass der Bauer überleben darf, wenn er zum Sklavenarbeiter der riesigen Treuhandgesellschaften wird.

Sobald dem Bürger die wahre Rolle der Stiftungen bewusst wird, kann er die hohen Zinssätze, die hohen Steuern, die Zerstörung der Familie, die Degradierung der Kirchen zu Foren der Revolution, die Untergrabung der Universitäten zu CIA-Klärgruben der Drogensucht und die Regierungsgebäude zu Abwasserkanälen internationaler Spionage und Intrigen verstehen. Der amerikanische Bürger kann jetzt verstehen, warum jeder Agent der Bundesregierung gegen ihn ist; die Alphabet-Agenturen, das FBI, die IRS, die CIA und die BATF müssen gegen den Bürger Krieg führen, um die Programme der Stiftungen durchführen zu können.

Wir haben die enge Verzahnung der Stiftungen mit internationalen Banken und Konzernen gesehen, die alle aus dem Peabody-Fonds von 1865 und dem War Industries Board von Bernard Baruch im Ersten Weltkrieg stammen. Die Stiftungen verstoßen direkt gegen ihre Statuten, die sie zu „wohltätiger" Arbeit verpflichten, weil sie keine Zuwendungen gewähren, die nicht Teil eines unpolitischen Ziels sind. Es wurde der Vorwurf erhoben und nie bestritten, dass das Heritage AEI-Netzwerk mindestens zwei KGB-Maulwürfe in seinem Personal hat. Die Beschäftigung von professionellen Geheimdienstmitarbeitern als „wohltätige" Mitarbeiter, wie es 1917 bei der Mission des Roten Kreuzes in Russland geschah, entlarvt die finsteren politischen, wirtschaftlichen und sozialen Ziele, die die Weltordnung von den Stiftungen durch ihre „Vermächtnisse" verlangt.

Es handelt sich nicht nur um Steuerbetrug, weil den Stiftungen Steuerbefreiung ausschließlich für wohltätige Zwecke gewährt wird, sondern auch um kriminellen Syndikalismus, Verschwörung zur Begehung von Straftaten gegen die Vereinigten Staaten von Amerika, Verfassungsgesetz 213, Corpus Juris Secundum 16. Zum ersten Mal wurde die enge Verflechtung des „Syndikats" der Stiftung durch die Namen ihrer Hauptgründer deutlich - Daniel Coit Gilman, der den Peabody Fund und den John Slater Fund gründete und Gründungsmitglied des General Education Board (heute Rockefeller Foundation) wurde; Gilman, der 1856 auch den Russell Trust gründete, wurde später zusammen mit Andrew Dickson White (Russell Trust) und Frederic A. Delano Gründungsmitglied der Carnegie Institution. Delano war auch der ursprüngliche Gründer der Brookings Institution und des Carnegie Endowment for International Peace. Daniel Coit Gilman gründete die Russell Sage Foundation zusammen mit Cleveland H. Dodge von der National City Bank. Diese Stiftungsgründer waren eng mit dem Federal Reserve System, dem War Industries Board des Ersten Weltkriegs, der OSS des Zweiten Weltkriegs und dem CIA verbunden. Sie standen auch in enger Verbindung mit der American International Corporation, die gegründet wurde, um die bolschewistische Revolution in Russland anzustiften. Delano, ein Onkel von Franklin Delano Roosevelt, gehörte 1914 dem ursprünglichen Gouverneursrat des Federal Reserve System an. Sein Schwager gründete die einflussreiche Washingtoner Anwaltskanzlei Covington and Burling. Die Delanos und andere herrschende Familien der Weltordnung führen ihre Abstammung direkt auf Wilhelm von Oranien und das Regime zurück, das die Charta der Bank von England gewährte. Ihre Majestät Königin Elizabeth die Königinmutter, Lady Elizabeth Bowes-Lyon, ist die Tochter des 14. Grafen von Strathmore. Grafen von Strathmore. Als Wilhelm von Oranien 1688 in England einmarschierte, waren die schottischen Lords, die James II. treu gewesen waren, die letzten, die kapitulierten. Patrick Lyon legte 1690 den Treueeid auf Wilhelm ab und wurde der erste Earl of Strathmore. Die Familie residiert auf Schloss Glamis, das durch Shakespeares Stück *Macbeth* berühmt wurde. Der jetzige Lord Glamis ist Michael Fergus Bowes-Lyon, Erbe des 17. Earl of Strathmore, der weitere Titel als Earl of Kinghorne, Viscount Lyon, Farnedyce, Sydlaw und Strathdichtie trägt.

ANHANG I

Aachdem die Rockefeller Foundation die Kontrolle über die nationale Regierung übernommen hatte, ging sie dazu über, die Kontrolle über die staatlichen Gesetzgebungen zu übernehmen. Die Bewegung begann in Colorado, wo die Rockefellers das berüchtigte „Ludlow-Massaker" an den Arbeitern ihres Colorado Fuel & Iron-Werks verübt hatten. Staatssenator Henry Wolcott Toll, ein Rechtsanwalt aus Denver und Absolvent der Harvard Law School, stand 1925 an der Spitze der Organisation der American Legislators Association.

Zeit, 27. April 1936, bemerkte, dass Toll 1930 finanzielle Hilfe vom Spelman Rockefeller Fund erhielt und die Organisation auf den Campus der Rockefeller's University of Chicago verlegte. *Zeit* notiert,

> „Heute befindet sich das Capitol der USA immer noch in Washington, aber soweit die einzelnen Staaten irgendeine Kontaktstelle haben, ist es das Bürogebäude von Mr. Toll in Chicago. Gegenwärtig soll mit Rockefeller-Geldern ein 500.000 Dollar teures Gebäude am Chicagoer Midway errichtet werden, in dem diese Sekretariate untergebracht werden sollen, eine Art Völkerbundpalast für die lokalen Regierungen der 48 Staaten."

Daraus wurde der Rat der Staatsregierungen in 1313 60th St. Chicago, von dessen Ansprache aus die Rockefeller Foundation die staatlichen Gesetzgebungen kontrollierte und deren Programme durch meist ahnungslose staatliche Organe zerrissen wurden.

Die Zeit bemerkte auch, dass die Pläne von Toll von einer Hauptfigur in dieser Geschichte, Frederick A. Delano, gebilligt wurden.

> „Seine Ansichten wurden von Franklin Roosevelts Onkel, Frederick A. Delano, gebilligt, der als Vorsitzender des President's Committee on National Resources mit Rat und Tat zur Seite stand."

So haben wir den Gründer der Brookings Institution, der die Stiftungskontrolle der staatlichen Gesetzgeber leitet. Der Rat der Landesregierungen ist jetzt nach Lexington, Kentucky, umgezogen, wo er gegenwärtig die Konferenz der Obersten Richter, die Konferenz der Verwalter der Staatsgerichte und die nationalen Verbände der Generalstaatsanwälte, Staatssekretäre und Rechnungsprüfer, die staatlichen Einkaufsbüros, die Vizegouverneure und die Gesetzgeber der Bundesstaaten umfasst. Die Gouverneure der 50 Staaten bilden die Mitglieder des Rates der Staatsregierungen.

KAPITEL 9

DIE REGEL DES ORDENS

„Und siehe, bei der Abendflut gibt es Ärger; und vor dem Morgen ist er nicht. Das ist der Teil von ihnen, der uns verdirbt, und das Los derer, die uns berauben.“- Jesaja 17; 14.

Fünf Männer regieren die Welt. Dieser Rat der Fünf besteht aus Baron Guy de Rothschild, Evelyn de Rothschild, George Pratt Shultz, Robert Roosa (aus Bushs Familienunternehmen Brown Brothers Harriman) und einer freien Stelle, bei diesem Schreiben. In den vergangenen Jahren sind unter den verstorbenen Ratsmitgliedern Averill Harriman, Lord Victor Rothschild und Prinz Thurn und Taxis von Regensburg, Deutschland, zu finden. Keiner von ihnen bekleidet ein öffentliches Amt, aber sie wählen, wer in den Nationen ein Amt bekleiden soll. Diese fünf Männer bilden die Spitze der Machtpyramide, der Weltordnung. Wir dürfen fragen: Warum sollte es eine Weltordnung geben? Reicht es nicht aus, die absolute Macht in einer einzelnen Nation oder in einer Gruppe von Nationen zu halten? Die Antwort lautet: Nein, wegen der Natur des internationalen Reiseverkehrs, des internationalen Handels und der internationalen Finanzen. Internationale Reisen erfordern, dass eine Person in Frieden von einer Nation zur anderen reisen kann, ohne belästigt zu werden. Abgesehen von Fällen von Anarchie, Revolution oder Krieg kann diese Forderung in der Regel erfüllt werden. Der internationale Handel setzt voraus, dass Händler einer Nation in eine andere Nation reisen, ihre Geschäfte abwickeln und mit ihren Waren oder ihren Gewinnen zurückkehren können. Auch diese Bedingung ist in der Regel erfüllt. Wenn nicht, kann die beleidigte Nation militärische Gewalt ausüben, wie es Großbritannien in seinen Opiumkriegen getan hat.

Es ist das dritte Erfordernis, das internationale Finanzwesen, das die Weltordnung ins Leben gerufen hat. In früheren Zeiten, als der internationale Handel aus Tauschhandel, Zahlung in Gold oder Silber oder Piraterie, der gewaltsamen Beschlagnahme von Waren bestand, war es nicht nötig, dass ein Weltschiedsrichter den Wert der Handelsinstrumente bestimmte. Die Entwicklung von Papiergeld, Aktien, Obligationen, Akzepten und anderen handelbaren Instrumenten erforderte eine Macht, die in der Lage war, überall auf der Welt Einfluss auszuüben, um zu erklären, dass ein Stück Papier eine Milliarde Dollar an realem Reichtum oder sogar einen Dollar an realem Reichtum darstellt. Ein Eintrag auf einem Computer, der von London nach New York geflasht wurde, besagt, dass jemand einem anderen fünf Milliarden Dollar schuldet. Ohne wirkliche Rückendeckung der Macht könnte eine solche Summe niemals eingezogen werden, unabhängig von der Faktizität oder Moral der Schuld. Wie Ihnen jeder in der Mafia sagen kann, kassiert man nicht, es sei denn, man ist bereit, sich die Beine zu brechen. Die Weltordnung ist immer bereit, sich die Beine zu brechen, und zwar millionenfach.

Was wäre aus den frühesten Siedlern in Amerika geworden, wenn sie zu den Indianern gegangen wären und gesagt hätten,

> „Gebt uns eure Güter und die Urkunden für eure Häuser und Ländereien. Im Gegenzug erhalten Sie von uns dieses wunderschön bedruckte Blatt Papier."

Die Indianer würden sie angreifen, und das taten sie auch. Wenn die Siedler mit einer von einem Pizaro oder einem Cortez angeführten Armee ankamen, nahmen sie das Land ohne ein Stück Papier ein.

Die Weltordnung regiert mit ihren Papieren, aber hinter jedem Papier steht eine Kraft, die überall auf der Welt eingesetzt werden kann. Die Truppe kann durch verschiedene Täuschungsmanöver als internationale Abkommen, Vereinigungen oder andere Tarnung getarnt sein, aber ihre Basis ist immer die Gewalt.

Die Weltordnung regiert durch eine einfache Technik, Divide and Conquer (*Divide et impera*). Jede natürliche oder unnatürliche Spaltung unter den Menschen, jede Gelegenheit für Hass oder Gier wird bis an die Grenze ausgenutzt und verschärft. Die Polarisierung der rassischen und ethnischen Gruppen in den USA wird durch eine Flut von Regierungsdekreten beschleunigt, die ihren Ursprung in grundlegenden „Studien" haben, die einzig und allein darauf abzielen, Amerikaner gegen Amerikaner aufzubringen. Nur so kann die Weltordnung ihren eisernen Griff nach dem täglichen Leben der Menschen aufrechterhalten. Die Weltordnung regiert auch nach dem Prinzip von

1984 - keine Gruppen von zwei oder mehr Menschen dürfen sich versammeln, wenn nicht ein Vertreter der Weltordnung anwesend ist. Wenn Sie einen Klub von Löwenzahnanhängern gründen, schickt der Orden jemanden, der still und leise hilfsbereit ist, der es vermeidet, die vordere Position einzunehmen, und der Ihnen anbietet, die Miete für einen Versammlungsort oder den Druck des Protokolls zu bezahlen. In radikaleren Gruppen wird der Vertreter des Ordens der erste sein, der die Sprengung eines Gebäudes, die Ermordung eines Beamten oder eine andere gewalttätige Aktion vorschlägt.

Der internationale Terrorismus der Kommunistischen Partei hatte seinen Ursprung in einem kleinen Club deutscher und französischer Arbeiter in Paris, der sich der stillen Lektüre und Diskussion widmete, bis Karl Marx beitrat. Er wurde dann in eine revolutionäre Gruppe umgewandelt. Dieses eine Beispiel erklärt die Entschlossenheit des Ordens, keine noch so unbedeutende Gruppe unbeaufsichtigt zu lassen. Die Weltordnung übernahm die hegelsche Dialektik, die Dialektik des Materialismus, die die Welt als Macht und die Welt als Realität betrachtet. Sie leugnet alle anderen Mächte und alle anderen Realitäten. Sie funktioniert auf dem Prinzip von These, Antithese und einer Synthese, die sich ergibt, wenn These und Antithese für ein vorbestimmtes Ergebnis gegeneinander geworfen werden. So organisiert und finanziert die Weltordnung jüdische Gruppen; dann organisiert und finanziert sie antijüdische Gruppen; dann organisiert sie kommunistische Gruppen; dann organisiert und finanziert sie antikommunistische Gruppen. Es ist nicht notwendig, dass der Orden diese Gruppen gegeneinander wirft; sie suchen sich gegenseitig wie wärmesuchende Raketen auf und versuchen, sich gegenseitig zu vernichten. Indem die Weltordnung die Größe und die Ressourcen jeder Gruppe kontrolliert, kann sie das Ergebnis immer vorherbestimmen.

Bei dieser Technik werden die Mitglieder der Weltordnung oft mit der einen oder anderen Seite identifiziert. John Foster Dulles arrangierte die Finanzierung für Hitler, aber er war nie ein Nazi. David Rockefeller mag in Moskau bejubelt werden, aber er ist kein Kommunist. Der Orden taucht jedoch immer auf der Gewinnerseite auf. Ein charakteristisches Merkmal eines Mitglieds der Weltordnung ist, auch wenn es nicht zugegeben werden darf, dass es an nichts anderes als an die Weltordnung glaubt. Ein weiteres Unterscheidungsmerkmal ist seine absolute Verachtung für jeden, der tatsächlich an die Lehren des Kommunismus, Zionismus, Christentums oder irgendeiner nationalen, religiösen oder brüderlichen Gruppe glaubt, obwohl der Orden Mitglieder in Kontrollpositionen in all diesen Gruppen hat. Wenn Sie ein aufrichtiger Christ, Zionist oder Moslem sind, betrachtet die

Weltordnung Sie als einen Schwachkopf, der keinen Respekt verdient. Sie können und werden benutzt werden, aber Sie werden niemals respektiert werden.

Es hat Jahrhunderte geduldiger Bemühungen gebraucht, bis die Weltordnung die Macht erlangte, die sie heute ausübt. Ihre Ursprünge als internationale Truppe gehen auf die phönizischen Sklavenhändler zurück und setzen sich fort über die phanariotischen Familien des Byzantinischen Reiches, dann die venezianischen und genuesischen Händler und Bankiers des Mittelalters, die nach Spanien und Portugal und später nach England und Schottland zogen. Im 14. Jahrhundert kontrollierten die Genueser die schottischen Grundherren. Die kaiserliche Familie des Byzantinischen Reiches, die Paläologen (was „das Wort" bedeutet), wurden von der gnostischen Fraktion angegriffen, deren materialistische aristotelische Philosophie der Vorläufer der hegelschen Dialektik und des Marxismus war. Die Paläologen glaubten andächtig an den christlichen Glauben, wie er im orthodoxen Ritus zum Ausdruck kommt. Die materialistischen venezianischen und genuesischen Armeen plünderten und eroberten mit Hilfe der türkischen „Ungläubigen" Konstantinopel, die legendäre „Stadt Gottes". Die byzantinischen Überlebenden schufen ihre Kultur in Russland neu, mit Moskau als „drittem Rom". Der Plan, die orthodoxe Kirche und ihren Führer Romanow (das neue Rom) zu zerstören, war das versteckte Ziel des Ersten Weltkriegs. Die Sieger kamen mit einer Milliarde Dollar des Romanow-Vermögens davon, nachdem sie die Niederlage ihres verhassten Feindes, der orthodoxen Kirche, erreicht hatten.

Im Mittelalter schlossen sich die europäischen Machtzentren zu zwei Lagern zusammen, den Ghibellinen, die die staufische Familie des Kaisers unterstützten (eine italienische Adaption von Weinblingen, dem Namen des staufischen Guts), und den Welfen aus Welf, dem deutschen Fürsten, der mit Friedrich um die Kontrolle des Heiligen Römischen Reiches konkurrierte. Der Papst verbündete sich dann mit den Welfen gegen die Ghibellinen, was zu deren Sieg führte. Die gesamte neuzeitliche Geschichte ergibt sich direkt aus dem Kampf zwischen diesen beiden Mächten. Die Welfen, auch Neri oder Schwarze Welfen und Schwarzer Adel genannt, waren die Normannen, die England im 11. Jahrhundert eroberten; die Genuesen, die Robert Bruce bei der Eroberung Schottlands unterstützten und Wilhelm von Oranien bei der Eroberung des Throns von England halfen. Wilhelms Sieg führte zur Gründung der Bank von England und der Ostindischen Kompanie, die seit dem 17. Jahrhundert die Welt beherrschen. Jeder nachfolgende Staatsstreich, jede Revolution und jeder nachfolgende

Krieg konzentrierte sich auf den Kampf der Welfen, um ihre Macht, die heute die Weltordnung ist, zu halten und zu stärken.

Die Macht der Welfen wuchs durch ihre Kontrolle über das Bankwesen und den internationalen Handel. Sie erstreckte sich über die italienischen Zentren bis in den Norden von Florenz, in die Lombardei, die zu großen Finanzzentren wurden. Alle italienischen Bankiers, einschließlich der Genueser, Venezianer und Mailänder, wurden als „Lombarden" bezeichnet; Lombardisch bedeutet auf Deutsch „Einlagenbank"; die Lombarden waren Bankiers der gesamten mittelalterlichen Welt. Die moderne Geschichte beginnt mit der Verlagerung ihrer Operationen in den Norden nach Hamburg, Amsterdam und schließlich nach London.

Das große amerikanische Vermögen entstand mit dem welfischen Sklavenhandel in die Kolonien. Viele der Sklavenhändler verdoppelten sich in der Piraterie. Die Dreifaltigkeitskirche, deren führender Gemeindevertreter später J.P. Morgan war, war ursprünglich als „die Kirche der Piraten" bekannt. Kapitän William Kidd stellte 1697 das Material für den Bau der Kirche zur Verfügung, und eine Bank war für ihn reserviert. Im folgenden Jahr wurde er verhaftet und in Newgate in Ketten aufgehängt. 1711 wurde an der Wall Street in der Nähe der Kirche ein Sklavenmarkt eingerichtet, der dort viele Jahre lang funktionierte.

Zwei der mächtigsten Einflüsse in der heutigen Welt sind der internationale Drogenhandel, der mit der East India Co. begann, und die internationale Spionage, die mit der Bank of England begann. Die East India Co. erhielt 1600, in den letzten Tagen der Herrschaft von Königin Elizabeth, eine Gründungsurkunde. Im Jahr 1622 wurde sie unter Jakob I. in eine Aktiengesellschaft umgewandelt. In dem Versuch, seinen Thron zu behalten, gewährte Karl II. 1661 der East India Co. die Macht, Krieg zu führen. Von 1700 bis 1830 erlangte die East India Co. die Kontrolle über ganz Indien und entriss den Großmogulen das historische Opiummonopol.

Die Krone versuchte von Zeit zu Zeit, die Kontrolle über das von ihr entfesselte Monster zu behalten. State Papers (Domestic) Interregnum, xvi, Nr. 97 (1649-51) Staaten,

> „Während die Ostindische Kompanie mehrere Warrants für den Transport mehrerer großer Mengen Gold und Silber erhalten hat, wird das Ilksom-Tymes verschiedenen Händlern und anderen auf deren Bitten und Vorschläge hin gewährt, und unter dem Inhaber dieser Warrants verschiedenen anderen großen Geldsummen, sowohl englisches Gold als auch englisches Silber

aus der Nation heraustransportiert wird, was vom Staat verhindert werden könnte, würde ein vereidigter und kontrollierter Sachverständiger ernannt, der alle Abzeichen und Kisten mit Schätzen, die aus der Nation heraustransportiert werden, begutachtet und durchsucht und sich um die Verpackung und Zusammenstellung des Schatzes kümmert, und dass es dann nicht mehr gesendet werden, wofür das Statut die Lizenz gibt, sowohl für Quantität als auch für Qualität, und registriert und jährlich an den Staatsrat zurückgegeben wird, und dass der Kontrolleur für seine Ansicht und Suche und Versiegelung und Markierung verlangt und zwei Schillinge auf je hundert Pfund Sterling per Tayl haben soll, oder den Wert von je hundert Pfund Sterling, falls das Gold oder Silber in Barren oder Barren vorliegen sollte, für das gesamte Gold und Silber, das in Lizenz ausgeführt werden soll, entweder von der East India Company oder von irgendeiner anderen Person, und dass es für niemanden rechtmäßig ist, Gold oder Silber zu transportieren, bevor es von Tho besichtigt und geprüft wurde. Violett oder seine ausreichende Debitität, und registriert wird."

Die staatliche Aufsicht über die Kontrolle der internationalen Gold- und Silberbewegungen ist ein nationales Problem, seit Cicero im Forum von Rom dagegen angetreten ist. Sir Walter Raleigh wies in seinen *„Select Observations of the Incomparable Sir Walter Raleigh"*, MDCXCVI S.6, darauf hin,

„1. dass diese Nation nur in einem wohlhabenden Staat sein kann, der über eine verhältnismäßig große Menge Silber oder Gold verfügt, um die Stärke und den Handel seiner Nachbarn auszugleichen.

2. Während das derzeitige Bargeld dieses Königreichs in Barren umgewandelt werden kann und so zu einer Handelsware gemacht werden kann (wie es seit hundert Jahren praktiziert wird), wird es entweder auf den besten Markt gebracht oder zu Hause in Blech verarbeitet werden, ungeachtet der äußersten Strenge und Wachsamkeit, zum großen und täglichen Verbrauch der Münze und zum Schaden der Nation. Die Erhöhung des Wertes unserer Münze ist das einzige sichere Mittel, um sie in der Nation zu behalten, um uns zu einem reichen und blühenden Staat zu machen, um unseren verlorenen Handel zurückzugewinnen und das beste Bollwerk und die beste Verteidigung gegen alle Angriffe unserer Feinde zu sein. Dass im Gegensatz zur Politik der Nationen unsere Standardmünze an allen Orten von größerem Wert ist als zu Hause (Spanien nur

ausgenommen), weshalb wir das spanische Geld hierher bringen, und aus dem gleichen Grund wird unser Geld an andere Orte transportiert, zur großen Verarmung der Nation."

Sir Walter Raleigh, ein Patriot, sah, dass die Machenschaften der internationalen Geldhändler vielen Engländern zum Verhängnis wurden, und versuchte, sie zu stoppen. Diese wiederum verschworen sich gegen ihn und ließen ihn enthaupten. Der Orden setzt gegen seine Feinde stets „das Gesetz" ein.

Die East India Co. entstand als die London Staplers, wurde später als London Mercers Co. bekannt. bekannt, Kaufmannsgilden, die auf bestimmten Handelsstraßen Monopole besaßen. Sie war ein direkter Ableger der kommerziellen Bankinstitute Norditaliens, Venedigs und Genuas. Verwandte Firmen waren die deutsche Hansa und die Hanse der Niederen Länder mit Sitz in Brügge. Sie war auch mit der Levante Co. und der Anglo-Muscovy Co. verbündet. Sebastian Cabot, dessen Nachkommen im amerikanischen Bankwesen und Geheimdienst prominent sind, beschaffte das Startkapital für Anglo-Muscovy in Italien und London. Das Unternehmen betrieb nördliche Überlandhandelsrouten von der Ostsee nach Indien und China. Andere verwandte Firmen waren die London Company, die 1606 gegründet wurde, um The Virginian Plantation auf kommunistischer Basis zu gründen, und die Plymouth Company, deren Nachkommen die Geschäftswelt Neuenglands kontrollieren.

Die „City" -Banken, die das amerikanische Finanzwesen und die amerikanische Politik dominieren (Codename für Banken für die „City", Finanzdistrikt von London), stammen direkt von den Operationen in Ostindien und der Bank of England ab. Das Rockefeller Empire ist der prominenteste Spross dieser Dynastie.

Um ihre Kontrolle über Finanzen und Politik zu erleichtern, führten die Welfen eine Vielzahl von Kulten fort, die von den Manichäern abstammten, die wiederum von den Kulten Babyloniens und Ira, vom Atys-Kult des Kaukasus und vom hinduistischen Pantheismus abstammten. Zu ihren Ablegern gehören die Bogumilen auf dem Balkan, die Paulikaner in Kleinasien, die Täufer, Kommunisten und Antinomisten, die sich auf die Katharer, die Albigenser in Südfrankreich, die Patarener in Norditalien und die englischen Savoyarden konzentrieren. Diese gnostischen Glaubensrichtungen entwickelten sich zu den Rosenkreuzern, Schwedenborgern, Unitarier, der Fabian Society und dem Ökumenischen Rat der Kirchen. Die englischen Savoyarden beteiligten sich aktiv an den London Staplers und am Aufschwung des ozeanischen Handels, indem sie die venezianisch-flandrische Galeere nutzten, die das Lateinersegel aus Südostasien nach Europa brachte. Die Savoyarden bildeten eine extrem linke Partei unter der Führung von John Ball, die die Verstaatlichung des gesamten Landes forderte. Die Wycliffe-Lollards-Savoyards-Staplers bildeten die Königspartei gegen den Landadel (Republikanismus) und das Parlament. Damals wie heute strebten die Linken nach dem Besitz allen Landes durch einen absoluten Herrscher und eine totalitäre, zentralisierte Regierung.

Dieses linke Bündnis gipfelte in der Universität von London. Die University of London, die 1924 von Beardsley Ruml als Leiter des Laura Spelman Rockefeller-Fonds ein Stipendium in Höhe von 2 Millionen Dollar erhielt, und viele andere Stipendien von amerikanischen Stiftungshäusern wie dem Gresham College und der London School of Economics, wo Harold Laski John F. Kennedy und David Rockefeller die Prinzipien der Weltordnung lehrte. Die Universität London wurde ursprünglich von Jeremy Bentham von der East India Co. und John Stuart Mill finanziert, dessen Freund, der Investmentbanker George Grote, der Universität London 6000 Pfund für die Erforschung der psychischen Gesundheit, dem Ursprung der heutigen weltweiten Bewegung für „psychische Gesundheit", zur Verfügung stellte. Grote trug auch 500 Pfund zur Finanzierung der Julirevolution in Frankreich im Jahr 1830 bei, die Louis Philippe auf den Thron setzte.

Es war Bentham, der zuerst den später von Karl Marx aufgegriffenen Slogan „das größte Gut für die größte Zahl" prägte, der so nützlich war, um die Massen zu entflammen, die marxistische Flimflamme, der zufolge man seinen Interessen am besten dienen kann, indem man anderen dient. Benthams Geschäftspartner war der Fabrikant Robert Owen, ein Atheist, der die freie Liebe lehrte. Wie die meisten Weltverbesserer verursachten Owens Baumwollfabriken in Asien, die mit der East India Co. assoziiert waren, Konkurse und großes Elend in Indien. 1824 kaufte Owen Pater Rapps Täuferkommune in Amerika, Harmonie on the Wabash, und benannte sie in New Harmony um. Owens Mitarbeiterin bei New Harmony war Frances (Fanny) Wright, die die Praxis der freien Liebe in Amerika initiierte. Sie rief auch die Bewegung für die Gleichberechtigung der Frau ins Leben, die darauf abzielte, Familien auseinander zu reißen, indem sie zum Krieg zwischen Mann und Frau aufrief. Sie reiste durch den Süden, predigte die Verschmelzung der Rassen und gründete in Tennessee eine Kommune für befreite Neger. 1829 half sie bei der Gründung der Workingmen's Party in New York City, aus der später die Kommunistische Partei hervorging. Ihr Enkel, Rev. Wm. Norman

Guthrie, der Anne Norton Stuart heiratete, wurde als Roter Vikar in seiner Kirche St. Marks in der Bowerie bekannt, die Luziferianer in ihren Gottesdiensten aufnahm.

Ein Hauptnachkomme der East India Co. war die Fabian Society, gegründet von Sidney und Beatrice Potter Webb (deren Vater, Richard Potter, ein enger Freund von John Stuart Mill war). Beatrice's Schwester Georgina heiratete Daniel Meinertzhagen, den Vorsitzenden von Lazard Bros. London; eine weitere Schwester, Theresa, heiratete Sir Alfred Cripps. John Stuart Mill's Vater James, der bei der East India Co. tätig war, benannte seinen Sohn nach John Stuart, dem Chef der East India Co. John Stuart Mill war von 1856 bis zur Auflösung der East India Co. deren Sekretär. Einer von Mill's berühmtesten Schülern, David Ricardo, begründete die später von den Marxisten vertretene Rententheorie und das Lohngesetz des „bloßen Lebensunterhalts". Seine Nachfahrin, Rita Ricardo, verheiratet mit Wesley Campbell, dem Leiter der Hoover Institution, berät heute Präsident Reagan in Fragen der sozialen Sicherheit.

Robert Owen, Förderer der Kommune New Harmony, war einer der Hauptunterstützer der Präsidentschaftskampagne von John Quincy Adams. Adams hatte Madison während des Krieges von 1812 seine Unterstützung verweigert und mit der Abspaltung von der Union gedroht. Als Außenminister hatte Adams die Monroe-Doktrin verfasst, die der British East India Co. die Kontrolle über alle lateinamerikanischen Märkte übertrug und gleichzeitig alle Konkurrenten ausschloss! T.D. Allman enthüllte in *The Doctrine That Never Was*, *Harper's*, Jan. 1984, dass Monroe sich tatsächlich verpflichtete, sich nicht in eine europäische Macht einzumischen, es sei denn, sie errichteten „neue" Kolonien. Das Abkommen, das erst viele Jahre später als „Monroe-Doktrin" bezeichnet wurde, garantierte der East India Company ihre Märkte in dieser Hemisphäre. Als Großbritannien 1833 das Abkommen verletzte, indem es die Malvinas eroberte, unternahmen die USA nichts.

Die von Adams' Gruppe kontrollierten Banken- und Schifffahrtsinteressen in Neuengland schufen die Zweite Bank der Vereinigten Staaten durch wiederholte Aktienspekulationskampagnen, die durch typische Anfälle von Hyperinflation und plötzlicher Deflation gekennzeichnet waren, wodurch sie die Kontrolle über Millionen Hektar Ackerland im gesamten Mississippi-Tal von den Großen Seen bis zum Golf von Mexiko erlangten. Dies verschaffte ihnen enormen politischen Einfluss in der gesamten Region und ermöglichte es ihnen, das südliche Mississippi-Tal mit fanatischen Sezessionisten und Abolitionisten zu besäen, deren revolutionäre Handlungen den

Bürgerkrieg unausweichlich machten. Owen prägte auch den Begriff Sozialismus; er war Geschäftspartner eines Baumwollfabrikanten namens Engels, dessen Sohn später sein politischer Schüler wurde, und noch später wurde er der Partner von Karl Marx bei der Gründung der kommunistischen Weltbewegung.

Die Spur der Verschwörer zieht sich seit dem Mittelalter durch die Geschichte Europas. Im Jahr 1547 hatte die Republik Venedig von einer antichristlichen Verschwörung erfahren und ihre Anführer, Julian Trevisano und Francis de Rugo, erwürgt. Die überlebenden Verschwörer, Ochinus, Laelius Socinus, Peruta, Gentilis, Jacques Chiari, Francis Lenoir, Darius Socinus, Alicas und der Abbe Leonard, verbreiteten nun ihre giftigen Hasslehren in ganz Europa. Ihre Botschaft der Anarchie, des Atheismus und der Unmoral, der Nivellierung und Revolution brachte bei jeder nachfolgenden Umwälzung auf dem Kontinent Blutvergießen mit sich. In Deutschland wurde Adam Weishaupt, Professor für Kirchenrecht an der Universität München und später in Coburg-Gotha, nominelles Oberhaupt der Illuminaten; der entsprechende Zweig in Italien war die Alta Vendita, deren erster Führer ein italienischer Adliger, B. Nubius, war. Sein Hauptagent war Piccolo Tigre, ein jüdischer Bankier und Juwelier, der für die Alta Vendita durch ganz Europa reiste. Im Jahre 1822 wurden seine Anweisungen an die Kapitel konfisziert und veröffentlicht, aus denen wir einen Auszug entnehmen:

„Wir hören nicht auf, Ihnen, den angeschlossenen Personen jeder Klasse und jeder Art von Vereinigung, gleich welcher Art, nur unter der Voraussetzung zu empfehlen, dass Geheimnis und Geheimhaltung das vorherrschende Merkmal sein sollen. Unter einem höchst aussichtslosen, aber niemals politischen oder religiösen Vorwand, von Ihnen selbst geschaffen, oder besser noch, von anderen geschaffen zu werden, Vereinigungen, die die Musik, die bildende Kunst zum Gegenstand haben. Dann infiltrieren Sie das Gift in diese ausgewählten Künste; in kleinen Dosen infiltrieren. Ein Fürst, der kein Königreich zu erwarten hat, ist ein Glück für uns. Es gibt viele von ihnen in dieser Notlage. Diese armen Prinzen werden unseren Zielen dienen, während sie denken, dass sie nur für ihre eigenen Ziele arbeiten. Sie bilden ein großartiges Aushängeschild, und es gibt immer genug Dummköpfe, die bereit sind, sich im Dienste einer Verschwörung zu kompromittieren, bei der der eine oder andere Prinz der Anführer zu sein scheint. Selbst unter den moralischsten Menschen der Welt gibt es wenig Moral, und man kommt diesem Fortschritt schnell in die Quere. Ein guter Hass, durch und durch kalt, durch und durch kalkuliert, ist mehr wert als all diese künstlichen Feuer und all diese Erklärungen auf der Plattform. Gegenwärtig wird uns eine Druckerei in Malta zur Verfügung stehen. Wir werden dann ungestraft, mit einem sicheren Schlag und unter britischer Flagge von einem Ende Italiens zum anderen Bücher, Flugblätter usw. verstreuen können, deren Inverkehrbringen die Alta Vendita für richtig hält."

Karl Rothschild, Sohn von Mayer Amschel, wurde dann Leiter der Alta Vendita.

Am 1. Mai 1776 erteilte Adam Weishaupt den Illuminaten in Bayern weitere Anweisungen,

„Wir bemühen uns zuallererst darum, alle guten und gelehrten Schriftsteller in unsere Vereinigung aufzunehmen. Wir stellen uns vor, dass dies um so leichter zu erreichen sein wird, da sie einen offensichtlichen Vorteil daraus ziehen müssen. Neben solchen Männern versuchen wir, die Meister und Sekretäre der Postämter zu gewinnen, um unsere Korrespondenz zu erleichtern."

Die Tasso-Familie von Bologna, später Thurn und Taxis, erlangte die Kontrolle über Postämter und Geheimdienstarbeit in Europa und hielt diese Macht fünf Jahrhunderte lang. Obwohl diese Gruppen als Wohltätigkeits- oder Kunstorganisationen auftraten, wurden ihre Ziele der Anarchie in all ihren Bemühungen verschwiegen. Jahrhundert gipfelten sie im zwanzigsten Jahrhundert im Völkerbund, in den Vereinten Nationen, der Kommunistischen Partei, dem Königlichen Institut für Internationale Angelegenheiten, dem Rat für Auswärtige Beziehungen, den Stiftungen und einer Vielzahl kleinerer Gruppen. Die Paneuropa-Bewegung des Grafen Coudenhove-Kalergi, die von Aristokraten und internationalen Finanziers mächtig unterstützt wurde, war in den USA durch ihren amerikanischen Zweig vertreten, der von Herbert Hoover und Oberst House gegründet worden war, die sich ebenfalls für die Ratifizierung des Völkerbunds einsetzten. Coudenhove-Kalergi erwähnte in seiner Autobiographie, dass er von den Rothschilds und Warburgs und in den USA von Paul Warburg und Bernard Baruch finanziert worden war. Er war mit der Familie Thurn und Taxis verbunden. Sein Großvater, Graf Francis Coudenhove-Kalergi, österreichischer Botschafter in Paris, hatte 1850 Marie Kalergi geheiratet. Sie war eine der wohlhabendsten Erbinnen Europas und stammte vom byzantinischen Kaiser Nikophor Phikas ab; 1300, als Venedig die dominierende Macht im Mittelmeerraum war, hatte

Alexios Kalergis den Vertrag unterzeichnet, der Kreta zur Herrschaft Venedigs machte. Der jüngste griechische Premierminister, Emmanuel Tsouderos, war ein Kalergi.

Melchior Palyi enthüllt in *The Twilight of Gold* die Machtspiele der Weltordnung in der internationalen Finanzwelt, wenn er aus dem Tagebuch von Gouverneur Emile Moreau von der Bank von Frankreich zitiert. sagt Palyi,

"Im Oktober 1926 schickte der Gouverneur der Bank von Frankreich, Emile Moreau, seinen engsten Mitarbeiter nach London, um die Absichten des Gouverneurs der Bank von England, Montagu Norman, zu erkunden. Pierre Quesnay, der damalige Generaldirektor der Bank von Frankreich 1926-30 und der Bank für Internationalen Zahlungsausgleich 1930-37, brachte einen Bericht zurück, der von Moreau aufgezeichnet wurde: "Quesnay gibt mir auch interessante Ansichten über die Ambitionen von Montagu Norman und die Gruppe der Finanziers, die ihn umgeben: Sir Otto Niemeyer, Sir Arthur Salter, Sir Henry Strakosch, Sir Robert Kindersley - sie alle streben danach, London zum großen internationalen Finanzzentrum zu machen. Aber diejenigen, die Norman nahe stehen, erklären, dass dies nicht sein Ziel ist, sondern dass er mehr als alles andere die Herstellung von Verbindungen zwischen den verschiedenen Banken von Issue miterleben möchte. Die wirtschaftliche und finanzielle Organisation der Welt erscheint dem Gouverneur der Bank von England als die Hauptaufgabe des zwanzigsten Jahrhunderts. Seiner Ansicht nach sind Politiker und politische Institutionen nicht in der Lage, diese Organisationsaufgabe mit der notwendigen Kompetenz und Kontinuität zu leiten, die nach seinem Wunsch von Zentralbanken übernommen werden sollte, die gleichzeitig von Regierungen und privaten Finanzen unabhängig sind. Deshalb setzt er sich für völlig autonome Zentralbanken ein, die ihre eigenen Finanzmärkte beherrschen und ihre Macht aus einer gemeinsamen Übereinkunft untereinander beziehen. Es würde ihnen gelingen, jene Probleme aus dem politischen Bereich herauszunehmen, die für die Entwicklung und den Wohlstand der nationalen finanziellen Sicherheit, die Verteilung der Kredite und die Bewegung der Preise wesentlich sind. Auf diese Weise würden sie verhindern, dass innenpolitische Kämpfe dem Wohlstand und dem wirtschaftlichen Aufstieg der Nationen schaden.""

Kurz gesagt, Norman wünschte sich die Auferlegung der Weltordnung über die finanziellen Angelegenheiten der Nationen. Es war diese Vereinbarung zwischen den Zentralbanken und nicht die Frontorganisation, der Völkerbund, die zu ihrem letzten Machtinstrument wurde. Ausschlaggebend für diese Vereinbarungen war die monetaristische Schule, die Österreichische Schule der Wirtschaft, ein Auswuchs der paneuropäischen Bewegung. Margit Herzfeld vermerkt in ihrer Biografie über Ludwig von Mises, dass er 1943 an der Paneuropa-Bewegung des Grafen Coudenhove-Kalergi teilnahm. Er war 1940 durch ein Stipendium der Rockefeller Foundation in Höhe von $2500 pro Jahr in die USA geholt worden, um am Natl Bureau of Economic Research zu arbeiten, dessen Stipendium 1943 erneuert wurde. Von Mises' Schüler, Arthur B. Urnen und Milton Friedman erläutern nun die monetaristische Theorie durch ein Netzwerk supergeheimer „konservativer" Think Tanks unter der Leitung der Mont-Pelerin-Gesellschaft. Herzfeld sagt, dass von Mises' berühmtester Schützling der sowjetische Apologet Murray Rothbard war.

Einer der einflussreichsten Verschwörer war der Deutsche Walter Rathenau. Er begrüßte den Ersten Weltkrieg ekstatisch als die goldene Gelegenheit, den Weltsozialismus zu errichten. Er schrieb am 31. Juli 1916,

> „Jahrelang hatte ich das Zwielicht der Nationen vorausgesehen, das ich in meinen Reden und Schriften angekündigt hatte. (*Ein Volksstaat*, von Rathenau). Es setzte sich die Vorstellung durch, dass der Staat nicht mehr als der aufdringliche arme Verwandte anzusehen ist und widerwillig mit einem Zehnten abgespeist wird, sondern dass er das Recht hat, über das Kapital und die Einkünfte aller seiner Mitglieder nach eigenem Gutdünken zu verfügen."

Rathenaus Diktum wurde durch die weitreichenden und milliardenschweren Berechtigungsprogramme der Großen Gesellschaft von Lyndon B. Johnson in Kraft gesetzt, als er den Kongress dazu überredete, das gesamte Kapital und Einkommen des amerikanischen Volkes zu erheben, es ihm zur Erreichung der politischen Ziele der Weltordnung zur Verfügung zu stellen und die Nation schließlich an den Rand des Bankrotts zu treiben.

Rathenau schrieb *In den kommenden Tagen*, 1921,

> „Kein Teil der Welt ist uns jetzt verschlossen. Nein Materielle Aufgaben liegen außerhalb unserer Macht. Alle Schätze der Erde sind zum Greifen nah. Kein Gedanke bleibt uns

verborgen. Jedes Vorhaben kann zur Aufgabe gemacht und verwirklicht werden. Die befruchtende Verteilung der Besitztümer der Welt ist unsere Aufgabe. Wir müssen die Kraft entdecken, die eine Auf- und Abwärtsbewegung der Massen bewirken wird."

In *Die neue Gesellschaft*, 1921, schrieb Rathenau,

> „Eine weitreichende Politik der Sozialisierung ist notwendig und dringend... Das Ziel der Weltrevolution, auf das wir uns eingelassen haben, bedeutet in seiner materiellen Seite die Verschmelzung der gesamten Gesellschaft zu einer einzigen."

Dies war der „Nivellierungseffekt", der ein zentrales Ziel der Verschwörer, der Illuminaten und der Alta Vendita, war und zu Anarchie und dem Abbau von National- und Klassengrenzen führte. Bevor er seinen Traum vom Weltsozialismus verwirklichen konnte, wurde Rathenau ermordet.

Ortega bemerkte das Phänomen der Nivellierung in *The Revolt of the Masses*,

> „Ein Hurrikan der Farce, überall und in jeder Form, wütet gegenwärtig über den Ländern Europas. Fast alle Positionen, die eingenommen und verkündet werden, sind falsch. Wir leben auf komische Weise, und zwar umso komischer, je mehr die Maske, die man sich aufgesetzt hat, scheinbar tragisch ist. Das Komische existiert überall dort, wo das Leben keine Grundlage der Unvermeidbarkeit hat, auf der man rückhaltlos Stellung bezieht. Niemals wie heute haben wir diese Leben ohne Substanz oder Kunst - die ihrem eigenen Schicksal entgehen -, die sich auf dem leichtesten Strom treiben lassen."

Ortega kommentierte das auffälligste Phänomen des zwanzigsten Jahrhunderts, die Hegemonie des Parasitismus, die durch die Weltordnung erreicht wurde. Es war der Kongress von 1815 in Wien, der die Ratten aus ihren Nestern befreit hat, und es ist kein Zufall, dass die Wiener Wirtschaftsschule zum wichtigsten Vehikel geworden ist, durch das die Weltordnung ihre politische und finanzielle Macht erhält. Nach der Zerschlagung Napoleons erlangte die entstehende Oligarchie, die keiner Nation und keiner Lebensphilosophie verpflichtet war, die Macht, weil sie ihre Feinde, die Republikaner und Individualisten Europas, zu besiegen wusste; aber ihre Feinde wussten nicht, wie sie ihren geschickt getarnten Feind bekämpfen oder gar identifizieren sollten, denn diese Menschen waren ein biologischer Rückschlag für die weitere Entwicklung der Menschheit. Es waren Personen, die nicht in der Lage waren, produktive Mitglieder irgendeiner Gesellschaft zu werden, und die nur existieren konnten, indem sie eine parasitäre Bindung an einen Wirt aufrechterhielten. Unglaublich, dass sie diesen eklatanten Unterschied als ein Zeichen dafür auffassten, dass sie auserwählt worden waren, die ganze Menschheit zu beherrschen! Zunächst nicht mehr als eine harmlose Illusion, verwandelte sich diese Selbsttäuschung in einen Beweis für „Überlegenheit". Ihre biologische Einzigartigkeit, ihr Bekenntnis zu einer parasitären Lebensweise, wurde zu ihrem Hauptvorteil bei der Erreichung ihrer Ziele. Sie richteten Techniken ein, um sich in jedem Teil der Welt sofort wiederzuerkennen. Sie beschlossen, gegen ihren unbewussten Widerstand stets kohärent sowie gut ausgebildete und entschlossene Phalanx zu handeln. Sie machten vollen Gebrauch von ihren Qualitäten der Treue- und Blockfreiheit, die in Wirklichkeit Feindschaft, unsterblicher Hass gegenüber allen Nationen, Rassen und Glaubensbekenntnissen der Gastgebervölker war, die ihre Anwesenheit tolerierten. Diese Freiheit von allen Loyalitäten und Moralvorstellungen, wie sie für alle anderen Gruppen galten, verschaffte ihnen einen enormen taktischen Vorteil gegenüber denen, die sie versklaven und vernichten wollten.

Die Verschwörer wussten, dass ihre parasitäre Lebensweise von keinem Wirt lange ertragen werden würde. Sie mussten ein Programm zur Unterwerfung und Überwindung aller Regierungen, aller religiösen Glaubensrichtungen, aller Gruppentreue aufstellen und sie durch ihre eigene Weltordnung ersetzen, die jede Art von Perversion zulassen würde, solange die Gastgebervölker die Anwesenheit des Parasiten tolerierten. Die alte Moral basierte auf den Pflichten und Verantwortlichkeiten des Bürgers, eine Familie zu gründen, die Kirche zu besuchen und seine Nation zu unterstützen. Die „neue Moral", die „Befreiungstheologie", fegte alle Pflichten des Bürgers hinweg. Er hatte nun nur noch eine einzige Pflicht, nämlich der Weltordnung zu gehorchen. Im Gegenzug wurde er von seinen Pflichten entbunden und war frei, seine „Bedürfnisse" zu befriedigen, seine sexuellen Begierden, perverse Befriedigungen mit Kindern und Tieren, die Aufgabe des monogamen Lebens. Die neue Moral reduzierte den Bürger auf ein bloßes Tier, was die Weltordnung verlangte, um ihre parasitäre Lebensweise aufrechtzuerhalten.

Die Gesellschaft wurde nun durch eine bloße Fassade der Gesellschaft ersetzt. Nur ein Verbrechen würde streng bestraft werden - jeder Widerstand gegen die Weltordnung. Mord, Vergewaltigung, Brandstiftung, bewaffneter Raubüberfall, Inzest, Kindesmissbrauch, Alkoholismus, Drogenkonsum, Homosexualität - alles würde als geringfügige Verirrung entschuldigt, solange die Weltordnung ungehindert funktionieren durfte. Ein früheres Verbrechen, der Verrat, ist nun verschwunden, weil die nationalen Loyalitäten nicht mehr existierten. Von niemandem wurde erwartet, der Weltordnung gegenüber „loyal" zu sein, außer ihren eigenen Mitgliedern. Von den Aufnahmevölkern, den Sklaven, würde niemals Loyalität verlangt werden - nur Gehorsam.

Trotz dieser neuen „Toleranz", die an sich schon eine Revolution gegen die angeborenen Moralvorstellungen aller Völker war, leisteten viele Bürger weiterhin Widerstand gegen die Versklavung durch die Weltordnung. Hungersnöte, Unruhen, Revolutionen und Kriege wurden angezettelt, um die Unruhestifter loszuwerden, doch war eine universellere Zurückhaltung erforderlich. Diese fand sich in den Drogen. In Asien schickte man jahrhundertelang Attentäter, denen man Mengen von Drogen verabreicht hatte (Attentäter kommt von dem Wort für Haschisch), um ihre Aufgaben zu erfüllen. Die Weltordnung erkannte, dass Drogen die Mittel zur „Verhaltenspsychologie" oder zur Kontrolle der Menschen liefern würden, die sie gesucht hatten. Die Opiumklipper begannen, von England in den Fernen Osten zu segeln. Indem sie Drogen unter die asiatischen Massen drängten, betäubten und kontrollierten sie diese und ernteten nicht nur einen beträchtlichen Geldstrom, sondern auch die für ihre industrielle Revolution benötigten Rohstoffe. Im zwanzigsten Jahrhundert begannen die Stiftungen die europäische und amerikanische Bevölkerung mit Drogen zu betäuben, der letzte Schritt zur Inthronisierung der Weltordnung. Sie hatten den letzten ernsthaften Widerstand gegen ihr Programm ausgerottet.

Alle konspirativen Gesellschaften der letzten tausend Jahre haben ein einziges Ziel verfolgt - die Hegemonie des Parasitentums. Bharati Darma vertritt die Auffassung, dass die Welt eine Ordnung oder ein Kosmos ist - dass sie nicht Chaos ist - sie ist nicht zusammengewürfelt. Die existenzielle Philosophie des Parasitismus geht davon aus, dass der Mensch ohne Plan oder Programm in die Welt geworfen wird. Dies ist das Grundkonzept des Parasitismus, der sich in der Welt nur mit einer einzigen Mission wiederfindet: einen Wirt zu finden oder unterzugehen. Viele Physiker behaupten heute, dass das Universum das Ergebnis einer zufälligen Explosion ist, die seine Bestandteile ohne Plan oder Ordnung in die Vergangenheit geworfen hat, ein atheistisches Konzept, das leugnet, dass es im Universum entweder einen Logiker oder eine Logik gibt. Dar Darma erklärt, dass es der Wunsch nach dem Leben der Form ist, der das Universum hervorbringt, dass es eine Weltordnung gibt, durch die das Universum aufrechterhalten wird.

Der Parasit leugnet, dass es eine Weltordnung des Universums gibt, oder dass irgendein Wunsch nach Form im Universum besteht, oder dass irgendeine Form existiert. Daher steht es dem Parasiten frei, seine eigene Weltordnung durchzusetzen, die in keiner organischen Beziehung zum Universum oder zur Form steht. Die Hegemonie des Parasitismus ist einzig und allein der Aufrechterhaltung seiner Position auf dem Wirt gewidmet, von dem er seinen gesamten Lebensunterhalt bezieht. Der Wirt ist das gesamte Universum des Parasiten; er weiß nichts darüber hinaus und wünscht nichts darüber hinaus zu wissen. Geoffrey LaPage schreibt in *Parasitic Animals,*

> „Einige Arten von parasitären Tieren gehören zu den mächtigsten Feinden des Menschen und seiner Zivilisation."

Er postuliert ein Naturgesetz - dass der Parasit immer kleiner und schwächer als sein Wirt ist, und dass der Parasit sich und sein Ziel immer verschleiert, um seine parasitäre Mission zu erfüllen. sagt LaPage,

> „Der Kampf zwischen Wirt und Parasit ging nach den Gesetzen der Evolution weiter, und dieser Kampf wird heute ständig geführt."

LaPage stellt fest, dass der Parasit biologische Veränderungen verursachen kann, wobei er bestimmte Arten anführt, die Veränderungen in den Fortpflanzungsdrüsen des Wirtes verursachen. Der Parasit kastriert manchmal den Wirt, um ihn zu schwächen, wie z.B. das parasitäre Krebstier Sacculina, das die Fortpflanzungsorgane seines Wirts, des Kurzschwanz-Spinnenkrebses Inacus Mautitanicus, zerstört. Wir sehen heute den gleichen Prozess, bei dem die Hegemonie des Parasitentums versucht, den Fortpflanzungsprozess des Wirts zu verändern, indem sie die jüngere Generation zu Unisexualität und Homosexualität bekehrt und die unterschiedlichen Geschlechtsmerkmale von Mann und Frau unwirksam macht. Dies ist ein klassischer Fall der Kastration durch den Parasiten.

Die natürliche Weltordnung, die auf den unwiderruflichen Gesetzen des Universums beruht, ist auf der Erde vorübergehend durch die unnatürliche Weltordnung des Parasiten ersetzt worden. Alle Programme und Energien des Parasiten sind auf ein einziges Ziel ausgerichtet, indem er seine Nahrungsposition auf dem Wirt beibehält. Die Freudsche Psychologie wurde von der parasitären Ordnung entwickelt, um die unaufhörlichen Bemühungen des Wirts, den Parasiten abzuschütteln oder zu verdrängen, zu neutralisieren. Jeder Versuch, den Parasiten zu vertreiben, wird als „reaktionär" angeprangert. Er wird als ein Akt der Aggression, Feindseligkeit und

Entfremdung definiert und geächtet. Tatsächlich versucht der Wirt lediglich zu überleben, indem er den Parasiten abwirft. Ein weiteres Naturgesetz besagt, dass der Parasit den Wirt unweigerlich tötet, wenn er nicht nur die Lebensgrundlage des Wirtes absaugt, sondern auch seinen Lebenszyklus verändert. Dieser Prozess wird als „Niedergang und Fall der Zivilisation" bezeichnet.

LaPage stellt fest, dass ein Parasit keine bestimmte Art ist, sondern eine Art, die eine bestimmte Lebensweise angenommen hat, den Weg des Parasiten. Unabhängig davon, ob es sich um ein Virus handelt oder nicht, hat der Parasit eine virale Wirkung auf den Wirt, indem er ihn langsam vergiftet und vernichtet. Viren sind klassische Parasiten. Die Spirochete, das Syphilis-Virus, ist ein klassischer Parasitenorganismus. Im biologischen Sprachgebrauch wird eine Ansammlung von Spirochäten als „Kongress" bezeichnet.

Der US-Kongress hat viele parasitäre Funktionen in den philanthropischen Stiftungen ausdrücklich festgeschrieben. Diese Gruppen dominieren heute die Bildungs- und Regierungsinstitutionen und legen finanzielle und soziale Ziele fest, die einzig und allein darauf ausgerichtet sind, die Hegemonie des Parasitentums durch seine Weltordnung aufrechtzuerhalten. Die amerikanischen Stiftungen werden nicht einmal von Amerikanern geleitet; ihre Politik wird in London von den Finanziers formuliert und über das British Army Bureau of Psychological Warfare front Tavistock Institute an dieses Land übermittelt. Dies ist eine typische getarnte parasitäre Operation.

Zensur und die Einhaltung ihrer biologischen Tabus sind die Grundlage der Stammesregel des Parasitismus. Das strengste Tabu, das noch nie verletzt wurde, ist das Tabu gegen jegliche Erwähnung des Parasitismus als eine Kraft oder Macht in der Gesellschaft. Keine Zeitung, Zeitschrift, Radio- oder Fernsehsendung, kein Schul- oder Universitätskurs durfte jemals die gesellschaftlichen Auswirkungen des Parasitismus erwähnen! Es ist das größte und universellste Tabu in der heutigen Welt. In Michael Voslenskys *NOMENKLATURA, Die sowjetische Elite* identifiziert die kommunistische „neue Klasse" als eine parasitäre Gruppe. Bei der Durchsicht dieses Werkes im *Fortune* Oct 15, 1984, bemerkt Daniel Seligman,

> „Voslenskys Porträt lässt uns denken, dass die Nomenklatura eine völlig parasitäre Operation ist. Ihre Interessen sind eindeutig nicht die der meisten Sowjetbürger."

Dieselbe Beobachtung kann man heute in jeder Nation, insbesondere in den Vereinigten Staaten, über die herrschende Gruppe der Weltordnung machen.

Trotz ihrer gegenwärtigen Hegemonie ist sich die Weltordnung des Parasitismus bewusst, dass sie immer der Gefahr ausgesetzt ist, vertrieben zu werden, was faktisch ihre Zerstörung bedeuten würde. Daher ist es notwendig, nicht nur die Kommunikationskanäle des Gastgebers zu kontrollieren, sondern auch seine eigenen Denkprozesse; es muss ständig darauf geachtet werden, dass der Gastgeber keine Vorstellung von der Gefahr seiner Situation entwickelt und keine Macht entwickelt, den Parasiten abzuschütteln. Deshalb weist der Parasit den Wirt sorgfältig darauf hin, dass er nur wegen der „gutartigen" Anwesenheit des Parasiten existiert - dass er alles der Anwesenheit des Parasiten verdankt, seiner Religion, seiner sozialen Ordnung, seinem Geldsystem und seinem Bildungssystem. Der Parasit schürt im Wirt absichtlich die Furcht, dass der Wirt all diese Dinge verliert und nichts mehr hat, wenn der Parasit entfernt wird.

Obwohl die Weltordnung die Kontrolle über das Rechtssystem und die Gerichte hat, bleibt sie anfällig für jegliche Durchsetzung des bereits bestehenden Rechtskorpus, den der Gastgeber zum Schutz seiner Gesellschaft formuliert hatte. Dieser Rechtskörper verbietet alles, was der Parasit tut, und zwingt den Parasiten, eine prekäre Existenz außerhalb des Gesetzes aufrechtzuerhalten. Sollte das Gesetz zu irgendeinem Zeitpunkt durchgesetzt werden, würde der Parasit vertrieben werden. Der bestehende Gesetzeskorpus verbietet eindeutig den Betrieb von Verbrechersyndikaten, was genau das ist, was die Hegemonie des Parasitentums und seiner Weltordnung ausmacht. Der kriminelle Syndikalismus verweigert den Bürgern den gleichen Schutz durch das Gesetz. Nur wenn der Staat gegen den kriminellen Syndikalismus vorgeht, kann er seine Bürger schützen.

Corpus Juris Secundum 16: Verfassungsgesetz 213 (10) Staaten:

„Die Verfassungsgarantie der Redefreiheit beinhaltet nicht das Recht, die gewaltsame Zerstörung oder den gewaltsamen Sturz der Regierung oder die kriminelle Zerstörung von Eigentum zu befürworten oder zu konspirieren.

214: Die Verfassungsgarantie des Versammlungsrechts war nie als Freibrief für Illegalität oder als Einladung zum Betrug gedacht - das Recht auf Versammlungsfreiheit kann missbraucht werden, indem Versammlungen dazu benutzt werden, zu Gewalt und Verbrechen anzustiften, und die Menschen können sich durch ihre Gesetzgeber vor dem Missbrauch schützen."

Die Versammlung jeder Organisation der Weltordnung, wie z.B. der Rat für Auswärtige Beziehungen oder jede Stiftung, unterliegt den Gesetzen gegen Betrug (ihre Satzungen behaupten, dass sie sich in der

Philanthropie engagieren), und die Durchsetzung der Gesetze gegen kriminellen Syndikalismus würde den Institutionen, durch die die Weltordnung das Volk der Vereinigten Staaten illegal regiert, den illegalen Verschwörungen und der Einführung von Ausländergesetzen in unser System durch die Anweisungen der Stiftungen an den Kongress ein Ende setzen.

Wir haben bereits gezeigt, dass die Rockefeller-Stiftung und andere Schlüsselorganisationen der Weltordnung „Syndikate" sind, die sich in der Praxis des kriminellen Syndikalismus engagieren. Aber was ist ein „Syndikat" ? Das Oxford English Dictionary stellt fest, dass das Wort von „syndic" abstammt. Ein Syndikat ist definiert als „ein Regierungsbeamter, ein oberster Richter, ein Abgeordneter" . Im Jahre 1601 schrieb R. Johnson in King and Common „insbesondere Männer, Syndikate genannt, die die Verwaltung des gesamten Commonwealth übernehmen" . „So üben die Rockefeller-Stiftung und ihre angeschlossenen Gruppen ihre delegierte Funktion der Verwaltung des gesamten Commonwealth aus, aber nicht zum Wohle des Volkes oder irgendeiner Regierung mit Ausnahme der geheimen Superregierung, der Weltordnung, der sie dienen. Die Ökumenische Diakonie definiert einen Syndikus weiter als „Zensor der Handlungen eines anderen" . Zu beschuldigen. „Auch hier funktioniert das Syndikat gemäß seiner Definition - das Syndikat zensiert alle Gedanken und Medien, in erster Linie zum Schutz seiner eigenen Macht. Es bringt auch Anschuldigungen mit sich - wie viele amerikanische Bürger zu ihrem Leidwesen feststellen mussten. Nicht einmal Sir Walter Raleigh war dagegen immun. Als er sich in den internationalen Geldhandel einmischte, wurde er des „Hochverrats" beschuldigt und enthauptet.

Die Ökumenische Diakonie definiert ein „Syndikat" wie folgt:

> „" 3. Eine Kombination von Kapitalisten und Finanziers, die zum Zweck der Verfolgung eines Plans eingegangen wurde, der große Kapitalquellen erfordert, insbesondere eines Plans, der darauf abzielt, die Kontrolle über den Markt für eine bestimmte Ware zu erlangen. Die Kontrolle, Verwaltung oder Durchführung durch ein Syndikat."

Beachten Sie die Schlüsselwörter in dieser Definition - eine Kombination - strafrechtlich verfolgen - Kontrolle erlangen. Das Schema erfordert kein „großes Kapital" - es erfordert „große Kapitalquellen", die Bank von England oder das Federal Reserve System.

Corpus Juris Secundum 22 A sagt über kriminellen Syndikalismus,

„Bei einer Anklage wegen Mitgliedschaft in einer Organisation, die kriminellen Syndikalismus lehrt und fördert, sind Beweise für Verbrechen, die von früheren oder gegenwärtigen Mitgliedern der Organisation in ihrer Eigenschaft als Mitglieder begangen wurden, zulässig, um ihren Charakter zu zeigen."

Das Volk gegen LaRue 216 P 627 C.A. 276. So können Zeugenaussagen über die Finanzierung der Nazi-Regierung Deutschlands durch John Foster Dulles, sein den Koreakrieg auslösendes Telegramm und andere Beweise verwendet werden, um jedes Mitglied der Rockefeller Foundation in jedem Staat oder an jedem Ort, an dem die Rockefeller Foundation jemals in irgendeiner Weise aktiv war, anzuklagen. Da diese Organisationen alle eng miteinander verflochten sind und es so viele Beweise für ihre illegalen Operationen gibt, wird es relativ einfach sein, strafrechtliche Verurteilungen gegen sie für ihre kriminellen syndikalistischen Operationen zu erwirken.

Corpus Juris Secundum 22, Strafrecht 185 (10); Verschwörung und Monopole:

„Wenn das Statut die bloße Mitgliedschaft in einer Organisation, die zur Förderung des Syndikalismus gegründet wurde, ohne offensichtliche Handlung zu einem Verbrechen macht, ist dieses Vergehen in jedem Landkreis strafbar, in den sich ein Mitglied während des Fortbestehens seiner Mitgliedschaft begeben kann, und dies gilt, obwohl ein solches Mitglied unfreiwillig in einen Landkreis kommt. Das Volk gegen Johansen, 226 P 634, 66 C.A.343."

Corpus Juris Secundum 22, Strafrecht sec. 182 (3) Staaten,

„Eine Anklage wegen Verschwörung zur Begehung einer Straftat gegen die USA kann auch in jedem Distrikt erhoben werden, in dem eine offene Handlung zur Förderung der Verschwörung durchgeführt wird. Die USA gegen Cohen C. A.N.J. 197 F 2d 26."

So kann eine Veröffentlichung des Council on Foreign Relations, die die Entmachtung der Vereinigten Staaten von Amerika fördert, in jeden beliebigen Bezirk der USA verschickt werden; die Bezirksbehörden können den Council on Foreign Relations oder ein Mitglied desselben in diesem Bezirk vor Gericht bringen, und jede Handlung eines Mitglieds des Council on Foreign Relations in der Vergangenheit ist als Beweismittel zulässig, z.B. der Beginn des

Zweiten Weltkriegs, die Subventionierung der Nazi-Regierung oder die Subventionierung der UdSSR.

Krimineller Syndikalismus kann auch nach Corpus Juris Secundum 46, Aufstand und Volksverhetzung: sec. strafrechtlich verfolgt werden. 461c.

„Sabotage und Syndikalismus mit dem Ziel, das gegenwärtige politische und soziale System abzuschaffen, einschließlich direkter Aktionen oder Sabotage."

So kann jedes Programm einer Stiftung, das auf die Abschaffung des gegenwärtigen politischen oder sozialen Systems der Vereinigten Staaten abzielt, strafrechtlich verfolgt werden. Natürlich versucht jedes Stiftungsprogramm, genau das zu erreichen, und ist strafbar.

Nach Corpus Juris Secundum 46 462b können nicht nur Einzelpersonen, sondern jedes Unternehmen, das kriminellen Syndikalismus unterstützt, strafrechtlich verfolgt werden. Krimineller Syndikalismus.

„Die Statuten gegen kriminellen Syndikalismus gelten sowohl für Körperschaften als auch für Einzelpersonen, die eine kriminelle syndikalistische Gesellschaft organisieren oder ihr angehören; Beweise für den Charakter und die Aktivitäten anderer Organisationen, denen die Organisation, in der der Angeklagte Mitglied ist, angeschlossen ist, sind zulässig."

Die Mitglieder der Weltordnung können nicht nur überall verhaftet und vor Gericht gestellt werden, da sie weltweit in ihren konspirativen Aktivitäten zur Untergrabung und zum Sturz aller Regierungen und Nationen tätig sind, sondern weil ihre Organisationen so eng miteinander verflochten sind, kann jeder Beweis über eine von ihnen bei der Verfolgung jedes Mitglieds anderer Organisationen in jedem Teil der USA oder der Welt eingebracht werden. Ihre Versuche, die politischen und sozialen Ordnungen aller Völker zu untergraben, machen sie rechtlichen Vergeltungsmaßnahmen unterworfen. Das Volk der USA muss sofort damit beginnen, die Gesetze zur Ächtung krimineller syndikalistischer Aktivitäten durchzusetzen und die Kriminellen vor Gericht zu bringen.

Die Weltordnung ist sich ihrer Gefahr wohl bewusst und arbeitet verzweifelt daran, noch größere diktatorische Macht über die Nationen der Welt zu erlangen. Sie verschärft durch die Stiftungen ständig alle Probleme, so dass politische und wirtschaftliche Krisen die Völker der Welt daran hindern, sich gegen sie zu organisieren. Die Weltordnung muss ihre Gegner lähmen. Sie terrorisieren die Welt mit Propaganda über einen bevorstehenden internationalen Atomkrieg, obwohl Atombomben nur einmal eingesetzt wurden, nämlich 1945, als der Direktor der Rockefeller-Stiftung, Karl T. Compton, Truman befahl, die Atombombe auf Japan abzuwerfen.

Wegen der Milliarden von Menschenleben, die durch die Verschwörungen der Weltordnung durch ihre Hegemonie des Parasitismus vernichtet und zerstört wurden, erfordert die Rache für diese Gräueltaten die gründlichste und unerbittlichste Vergeltung gegen die kriminellen Syndikalisten. Ihre Bilanz ist eindeutig.

Während diese Worte geschrieben werden, beobachten wir das Jahr *1984*. George Orwells Buch, das 1949 geschrieben wurde, galt nur als Warnung vor dem, was kommen sollte. Es war keine Warnung. *1984* ist das Programm! Orwell, ein lebenslanger Sozialist, kämpfte viele Tage lang an der Front für die Kommunisten in Spanien. Er wurde verwundet, aber das tat seinem Engagement für die Ziele des Weltsozialismus keinen Abbruch. Der praktischste Weg, diese Ziele zu erreichen, bestand darin, das Programm zu formulieren, wie es Oberst House in *Philip Dru, Administrator,* getan hatte. Orwell legte das Diktum fest, dass in Newspeak Slogans stehen müssen: „Krieg ist Frieden, Freiheit ist Sklaverei, Unwissenheit ist Stärke" . Dies ist das Programm der Hegemonie des Parasitismus durch die Weltordnung. Orwell postulierte drei Superstaaten, Eurasien, Ozeanien und Ostasien, „die sich in der einen oder anderen Kombination ständig im Krieg befinden" . Er fährt fort,

> „Krieg ist jedoch nicht mehr der verzweifelte, vernichtende Kampf, der er in den ersten Jahrzehnten des [21]. Es ist ein Krieg mit begrenzten Zielen, zwischen Kämpfern, die nicht in der Lage sind, sich gegenseitig zu vernichten, die keinen materiellen Grund zum Kämpfen haben und die nicht durch einen echten ideologischen Unterschied getrennt sind... Es gibt in einem materiellen Sinne nichts mehr, worum man kämpfen könnte, das Kräfteverhältnis wird immer in etwa ausgeglichen bleiben, und das Territorium, das das Kernland eines jeden Superstaates bildet, bleibt immer unversehrt (ANMERKUNG: Der vorliegende Autor hat darauf hingewiesen, dass der CIA in Russland keine Sabotage betreibt und der KGB in den USA keine Sabotage betreibt)... Das vorrangige Ziel der modernen Kriegsführung (gemäß dem Prinzip des Doppeldenkens wird das Ziel von den führenden Köpfen der Partei gleichzeitig anerkannt und nicht anerkannt) ist es, die Produkte der Maschine zu verbrauchen, ohne den allgemeinen Lebensstandard zu erhöhen... der wesentliche Akt des Krieges ist die Zerstörung,

nicht unbedingt von Menschenleben, sondern von den Produkten menschlicher Arbeit. Die beiden Ziele der Partei bestehen darin, die gesamte Erdoberfläche zu erobern und die Möglichkeit unabhängigen Denkens ein für allemal auszulöschen."

Orwell schliesst *1984* mit der Leugnung, dass die Opfer der Weltordnung irgendeine Hoffnung haben. Er behauptet, die Weltordnung werde immer triumphieren, was eine große Propagandaleistung für die Hegemonie des Parasitismus sei. Er schreibt,

„Wenn Sie sich ein Bild von der Zukunft machen wollen, stellen Sie sich ein Stiefelstampfen auf ein menschliches Gesicht vor - für immer."

Er entledigt sich seines „Helden", eines Bürgers, der vergeblich versucht hatte, sich der Partei entgegenzustellen, indem er das Buch mit dem Wimmern des „Helden" beendet, dass „er den Großen Bruder liebte".

Die Völker der Welt werden Big Brother nicht nur niemals lieben, sondern sie werden sich bald für immer von ihm trennen.

Das Programm der Weltordnung bleibt dasselbe: Teile und herrsche.

„Und ich will die Ägypter gegen die Ägypter hetzen, und sie sollen kämpfen, ein jeder gegen seinen Bruder und ein jeder gegen seinen Nächsten: Stadt gegen Stadt und Königreich gegen Königreich. „Jesaja XIX: 2.

Zur gleichen Zeit, in der Regierungsbeamte heimlich die Zwietracht in allen Regionen des Landes fördern, richten sie auch Regierungsprogramme ein, mit denen eine totale Diktatur über die sich bekriegenden Fraktionen errichtet werden soll. Die Federal Emergency Management Agency, FEMA, kontrolliert jetzt das FBI, die staatlichen und lokalen Polizeidienststellen und hat umfangreiche Pläne für nationale Konzentrationslager in den gesamten Vereinigten Staaten. George Bush und Oberst North führten 1984 die Bereitschaftsübung Rex 84 als Erpressungslauf für eine nationale Diktatur durch. Der Forscher William Pabst aus Houston veröffentlichte 1983 eine Broschüre mit dem Titel *Concentration Camp Plans for U.S. Citizens (Konzentrationslagerpläne für US-Bürger)*, die im Rahmen eines Operationsplans namens GARDEN PLOT and Cable Splicer (GARTEN PLOT und Kabelspleißer) formuliert wurde und zum Kriegsrecht aufrief. Bush hat jetzt ein geheimes Versteck, Mt. Weather, in der Nähe von Berryville, Va., das dreihundert Fuß unter der Erde liegt, als Hauptquartier der Neuen Weltordnung. Es hat bereits 240 Arbeiter. Der Bunker des Federal Reserve System in Culpeper, Va. wurde vor zweiundzwanzig Jahren als Kommunikations- und Aufzeichnungszentrum gebaut. Er enthielt früher enorme Mengen an Bargeld, die still und leise entfernt wurden.

Dies sind die physischen Manifestationen der Vorbereitungen auf eine weltweite Diktatur, die der Bericht der Trilateralen Kommission, der auf einer Kommissionssitzung am 22. April 1990 in Washington verfasst wurde, als „Beyond Interdependence, the Meshing of the World's Economy and the Earth's Ecology" bezeichnet. David Rockefeller stellt in seinem Vorwort zu diesem Bericht fest,

> „Die Autoren zeigen, dass die Welt nun über die wirtschaftliche Interdependenz hinaus zu einer ökologischen Interdependenz gelangt ist - einer Verzahnung der beiden. Jim McNeill (Autor des Berichts) berät mich jetzt auf dem Weg nach Rio. Rio wird die größte Gipfelkonferenz sein, die jemals stattgefunden hat, und sie wird die politische Fähigkeit besitzen, die grundlegenden Veränderungen herbeizuführen, die in unseren nationalen und internationalen Wirtschaftsagenden und in unseren Regierungsinstitutionen erforderlich sind, um eine sichere und nachhaltige Zukunft für die Weltgemeinschaft zu gewährleisten. Bis zum Jahr 2012 müssen diese Veränderungen vollständig in unser wirtschaftliches und politisches Leben integriert werden."

Was Rockefeller fordert, ist, dass wir unsere Regierungsinstitutionen bis 2012 so verändern, dass sie alle Ziele der Weltordnung umfassen. Die Trilaterale Kommission: Fragen und Antworten (1990. erhältlich beim nordamerikanischen Büro, 345 E.46th st. NY 10017, Tel. 2 12 66 11180) fragt:

> „Was sind die Ziele der Trilateralen Kommission? Die wachsende gegenseitige Abhängigkeit ist eine Tatsache in der heutigen Welt. Sie geht über die nationalen Systeme hinaus und beeinflusst sie. Sie erfordert neue und intensivere Formen der internationalen Zusammenarbeit, um ihre Vorteile zu verwirklichen und dem wirtschaftlichen und politischen Nationalismus entgegenzuwirken."

> Außerdem wird eine neue Verfassung für die Vereinigten Staaten vorgeschlagen. Art. VIII Abschnitt 12. Niemand darf Waffen tragen oder tödliche Waffen besitzen, mit Ausnahme der

Polizei, der Angehörigen der Streitkräfte oder der gesetzlich zugelassenen Personen.

Dies ist seit vielen Jahren in allen kommunistischen Ländern das Gesetz. Die Diktatoren hoffen, die 200.000.000 Waffen, die sich jetzt in Privatbesitz in den Vereinigten Staaten befinden, konfiszieren zu können. Abschnitt 8 der neuen Verfassung sieht dies vor,

> „Die Nutzung von öffentlichem Land, der Luft oder Gewässern ist ein Privileg, das nur im nationalen Interesse und mit Einschränkungen durch befugte Stellen gewährt wird."

Artikel II, Der Wahlvorstand, sieht einen Aufseher vor, der alle politischen Parteien und Kandidaten beaufsichtigt. Es handelt sich dabei um denselben Aufseher, der vor dem Bürgerkrieg die absolute Macht auf den Plantagen hatte. Die Geschichte wiederholt sich.

Leider kämpfen die größenwahnsinnigen Pläne der Lakaien der Weltordnung auf verlorenem Posten. Die Zeit läuft ihnen davon. Ihre Weltordnung, die sie versuchten, wiederzubeleben, indem sie sie hastig als „eine neue Weltordnung" bezeichneten, bricht langsam zusammen und wird durch die rasante Zunahme der Kommunikation, des Computers, des Fernsehens und anderer Faktoren des modernen Lebens in ihrem Untergang beschleunigt. Die Weltordnung, die immer auf nackter Gewalt beruhte, funktionierte am besten im vorindustriellen Zeitalter. Da sie auf Planung und totale Kontrolle der Wirtschaft angewiesen ist, sind die Programme der Weltordnung zu unflexibel, um in der schnelllebigen Welt von heute überleben zu können. In den nächsten Jahren, wenn nicht sogar in den nächsten Monaten, werden wir eine verärgerte und erregte Öffentlichkeit erleben, die das vollendet, was bereits in den kommunistischen Satelliten und in Sowjetrussland stattgefunden hat, nämlich die endgültige Demontage des kommunistischen Systems der Weltordnung in den Vereinigten Staaten selbst. Dies ist weder Romantik noch Optimismus; es ist das Ergebnis jahrelanger Studien der gegenwärtigen Entwicklungen und einer realistischen Einschätzung der vor uns liegenden Aussichten. Es wird eine sehr lohnende Perspektive sein, abgesehen von den Parasiten, deren Fluch auf der Menschheit endlich beseitigt wird. Dies ist das einundzwanzigste Jahrhundert, wie ich es sehe.

ANDERE TITEL

Milton Keynes UK
Ingram Content Group UK Ltd.
UKHW022242270923
429475UK00014B/361